中国社会科学院老学者文库

三国儒学本论

李甡平 ◎ 著

中国社会科学出版社

图书在版编目(CIP)数据

三国儒学本论/李甦平著. —北京：中国社会科学出版社，2016.1
ISBN 978-7-5161-7573-6

Ⅰ.①三… Ⅱ.①李… Ⅲ.①儒学—文集 Ⅳ.①B222.05-53

中国版本图书馆 CIP 数据核字(2016)第 022479 号

出 版 人	赵剑英
责任编辑	冯春凤
责任校对	张爱华
责任印制	张雪娇

出　　版	中国社会科学出版社
社　　址	北京鼓楼西大街甲 158 号
邮　　编	100720
网　　址	http://www.csspw.cn
发 行 部	010-84083685
门 市 部	010-84029450
经　　销	新华书店及其他书店
印　　刷	北京君升印刷有限公司
装　　订	廊坊市广阳区广增装订厂
版　　次	2016 年 1 月第 1 版
印　　次	2016 年 1 月第 1 次印刷
开　　本	710×1000　1/16
印　　张	29
插　　页	2
字　　数	474 千字
定　　价	105.00 元

凡购买中国社会科学出版社图书，如有质量问题请与本社营销中心联系调换
电话：010-84083683
版权所有　侵权必究

目　录

自序 …………………………………………………………（1）

第一部分　中国儒学

论中国传统的阴阳思维模式 ……………………………（3）
简论中国传统的义理思维 ………………………………（13）
说象数思维 ………………………………………………（22）
释"舜水学" ………………………………………………（33）
王阳明"致良知"说的当代启示 …………………………（42）

第二部分　韩国儒学与中韩比较儒学

中韩朱子学比较 …………………………………………（59）
李退溪"敬"哲学和未来人格发展 ………………………（69）
中韩阳明学比较 …………………………………………（80）
从韩国阳明学的发展看儒学的生命力 …………………（90）
中韩"气"哲学比较研究 …………………………………（117）
韩国诠释学与"四七"论 …………………………………（130）
东学精神——民族主体性 ………………………………（149）
试论李栗谷的理气观 ……………………………………（157）
论三峰郑道传排佛的儒学 ………………………………（175）
韩国儒者对中国朱子学的几点发展 ……………………（193）
论韩国儒学的特性 ………………………………………（206）

论权近的性理学思想 …………………………………………（218）
论南塘韩元震的性理学思想 …………………………………（231）
朱子学在高丽时代的传播与发展 ……………………………（242）

第三部分　日本儒学与中日比较儒学

宋明理学在日本的传播和演变 ………………………………（261）
朱之瑜的哲学思想及其对日本哲学的影响 …………………（269）
中日阳明学之比较 ……………………………………………（277）
儒学与日本 ……………………………………………………（289）
朱熹"理"范畴在日本的嬗变及其与日本现代化的关联 ……（297）
中日早期儒学"忠"范畴比较 …………………………………（307）
中日近代新学"人"范畴比较 …………………………………（316）
中国气学与日本古学比较 ……………………………………（325）
中日朱子学"理"范畴比较 ……………………………………（335）
中日阳明学"知行"范畴比较 …………………………………（346）
李贽和吉田松阴 ………………………………………………（357）
中日心学比较 …………………………………………………（366）
中江藤树的儒佛融合思想 ……………………………………（379）
论石田梅岩的町人伦理思想 …………………………………（387）

第四部分　中韩日比较儒学

中、日、朝实学比较 …………………………………………（403）
阳明心学、石门心学、霞谷心学的比较 ……………………（415）
17世纪东亚"气"学的发展 …………………………………（428）

附：李甦平代表著作 …………………………………………（457）

自　序

孔子（公元前551年—前479年）是中国儒学的创始人。儒学是中国传统文化的主脉。中国儒学经多种渠道传入朝鲜半岛和日本列岛，形成了韩国儒学和日本儒学。本书所指的"三国儒学"即中国儒学、韩国儒学和日本儒学。本书所谓的"本"，其哲学意义即为本质、根本、本原之义，"本论"即指本书是对东亚儒学本质的深刻论述。

我自20世纪80年代起，30年间穿行于中国儒学、韩国儒学和日本儒学之间，发表论文百余篇。今从这些论文中挑选出36篇，辑成这本论文精选集。我之所以选出这36篇论文，是想表明我对东亚儒学的三点看法。

第一，不论是韩国还是日本，固然都具有本民族土生土长的固有传统文化。但是，对于韩国和日本人伦社会发生重要影响作用的儒家文化，又确实是从中国输入过去的。《朱子学在高丽时代的传播与发展》、《宋明理学在日本的传播和演变》、《朱之瑜的哲学思想及其对日本哲学的影响》等论文翔实地论述了中国儒学传入韩国和日本的时间、途径和代表人物，以及中国儒学对韩国和日本社会的影响和作用。中国儒学是韩国儒学和日本儒学的源头。

第二，由中国传入的儒家文化与韩国和日本的本土文化、社风民俗相融合之后，便产生了与中国儒学不同的、独具特色的儒学，这就是韩国儒学和日本儒学。之所以说韩国儒学和日本儒学不是中国儒学的简单变异，是因为通过中韩、中日、中韩日儒学的比较研究，可以清晰地透视出韩国儒学和日本儒学的魅力与光辉。为此，30年间我的学术视角主要集中在中韩日儒学的比较研究方面。例如《中韩阳明学比较》、《中韩"气"哲学比较研究》、《中日朱子学"理"范畴比较》、《中日阳明学"知行"范畴比较》等论文就是这方面的研究心得。没有比较，就没有分析；没有分析，就没有结论。正是通过比较研究，使我明晰地得出了韩国儒学具有重"气"、重"情"、重"实"这一基本特色。《论韩国儒学的特性》一文就是对这一结论的具体阐述。在《朱熹"理"范畴在日本的嬗变及其与日本现代化的关联》一文中，我指明了日本儒学相对中国儒学而言所具有的经验性、科学性的特质。这些特色和特质像基因一样标示着与中国儒学不同的韩国儒学和日本儒学的客观存在。正是由于它们的客观存在，才构成了五彩斑斓的东亚儒学。

第三，在东亚儒学史中，中国儒学是源，韩国儒学与日本儒学是流。没有源，就没有流；没有流的勃勃嬗变，亦没有源的生生不息。源流一体，相互交融，相互丰富。韩国儒学与日本儒学之所以能成为韩国儒学与日本儒学，是因为它们在中国儒学的基础上又有所发展，有所创新。《从韩国阳明学的发展看儒学的生命力》、《韩国儒者对中国朱子学的几点发展》和《17世纪东亚"气"学的发展——以王夫之、宋时烈、伊藤仁斋为代表》等论文就是从东亚之一体的视角出发对其源流关系的阐释和研究。总之，中国儒学、韩国儒学、日本儒学以其各自耀眼的特色，彰显了东亚儒学的多样性和丰富性；同时，它们又以其突出的共性而有别于西方的基督教文化和南亚的佛教文化，凸显了东亚儒学的社会性和世俗性。多样性和丰富性源自于东亚儒学的不断创新和变异，而这种创新和变异又恰恰成为东亚儒学勃勃生机的内在要因。社会性和世俗性使东亚儒学与东亚社会紧密相连。东亚社会的变革发展成为东亚儒学常青不衰的重要动力。可见，东亚儒学及其旺盛的生命力对东亚社会的发展，起着重要的影响和作用。为此，研究东亚儒学是当代学者的一种历史担当。

最后，向为本书出版付出辛劳的冯春凤编审和许国荣先生表示深深的谢意。

李甦平
2015年10月

第一部分　中国儒学

论中国传统的阴阳思维模式

阴阳思维是中华民族传统思维方式之一。我们的祖先很早就从事物对立的两端、两方面、两部分，解释复杂的自然现象和社会现象，把握事物变化的规律。阴阳思维是一种抽象的理性思维。它作为一种方法和工具，成为中国古代自然科学和哲学理论的框架与模式，在中国历史上起过重大作用。这种思维模式包含着阴阳思维、对应思维和辩证思维三种类型。

一 阴阳思维

阴阳思维的雏形发端于《易经》中的"—"、"– –"两个符号。而《易经》又是"近取诸身，远取诸物"的产物，所以，阴阳思维最初来源于对自然现象的观察，对社会现象的体悟。

作为阴阳思维基本概念的阴阳，其本义可析为一切事物具有的客观属性：对峙、变化和统一的功能。就阴阳对峙而言，它贯通于天、地、人三才。天为阳、地为阴，日为阳、月为阴，昼为阳、夜为阴，这是指天而言。下为阴、上为阳，右为阴、左为阳，西为阴、东为阳，这是就地而说。尊为阳、卑为阴，德为阳、刑为阴，君为阳、臣为阴，这是以人而论。这表明自然、社会、人身都具有阴阳互相对峙的两种势力。就阴阳统一而言，阴中包含着阳，阳中包含着阴，它们处于互包、互涵、互补、互转之中。没有阴阳代表的矛盾双方的统一，就没有客观事物的存在。就阴阳变化而言，它具有阴阳消长、刚柔生杀、昼夜递承、四时交替、寒暖相移等变化形式，正是由于阴阳的变化功能，使得自然界的事物能够升发败谢，永无止息。阴阳对峙、变化、统一关系渗透于自然现象、人生过程、社会变迁、历史事变之中，而客观存在的万物万象亦在事实经验上显现了阴阳对峙、变化及统一的关系，由此，阴阳便具有最大的包容性和普遍性。阴阳对峙、变化及统一关系也就规定了中国人的思维方式，构成了中华民族传统思维模式之一。

在中国思维发展史上，阴阳思维的发展演变，大略经历了四个阶段。第一阶段为形成期的阴阳思维，是一种朴素辩证思维；第二阶级为发展期的阴阳思维，是一种具有规律性的理性思维；第三阶段为阴阳与天文、地理、医学、农学等具体科学相结合，阴阳思维成为中国古代自然科学的工具；第四阶段为阴阳与理、气、心、性、诚等哲学范畴相结合，阴阳思维成为中国生成论的思维方法。

西周、春秋时，人们把阴阳作为解释如何治理国家、发展生产及人生疾病的原因。阴阳具有了解释客观事物的能力，这种能力的被发现，标志着我们的祖先已经能够自觉地把阴阳作为一种模式、规范，以此去认识世界、阐释世界中的各种变化现象。如周幽王二年（公元前780年），三川（泾水、渭水、洛水）发生了大地震。周太史伯阳父以阴阳的对待、变化和统一，对地震现象作了无神论的解释。他认为，地震的爆发，是阴阳二气失调的结果。由于阳气潜伏在地下不能散发出来，阴气阻塞也不能使之向上蒸发，于是这种矛盾发展到一定程度，就要冲破地壳而发生地震。

阴阳思维发展的第二阶段，在时间上指春秋战国时期，在内容上指阴阳思维向理性思维的飞跃。老子哲学被誉为东方辩证法的代表。他比较系统地揭示出事物的存在是相互依存、相互对立的，并将这一现象概括为"万物负阴而抱阳"。"万物负阴而抱阳"揭示了矛盾的对立统一，赋予阴阳思维以规律性。遵循这一思维方式，老子提出了许多有价值的辩证命题。在此基础上，《易传》提出了"一阴一阳之谓道"。这里的"道"，是总规律、总原则的意思。《易传》把阴阳的对峙、变化和统一看作是总的原则，用以表述自然界的普遍联系，其意是事物的矛盾对立、相辅相成的现象，均可以从事物内部、本身得到很好的解释，这样，就不需要有一个外来的力量推动事物的变化和发展。这种思维对于发展中国古代的辩证观念，起到积极的促进作用。

阴阳思维作为一种具有规律性的理性思维，长期规范着中国人的思维方式，形成了一种思维定式。秦汉之际，人们就把阴阳与天文、历算、医学、农学等具体科学相结合，使阴阳思维成为我国古代自然科学的指导工具。这是阴阳思维发展的第三阶段。在天文学方面，张衡自觉地用阴阳解释浑天说。天为阳、地为阴，阴阳对待、变化和统一，引起了天体的动静、行施、合化等一系列的变化。这种变化又是有规律的，即天体的运行是"天以阳回，地以阴浮"。[1]在算学方面，《周髀算经》同样沿着阴阳思维的路数，把四时、昼夜按阴阳属性加以分疏，并认为在阴阳的消长过程中，体现出万物生死枯荣的变化。在农学方面，《吕氏春秋》把阴阳、天文、律历及植物等组合成一个系统，这个系统表现为十二纪。它按照阴阳相对、相争、相和的思维方法，以华北平原为参照系，依据长期农业生产管理经验，构造出依阴阳而变化的气候、天象、物候、农事等相互联系的系统框架，描绘出一套完整的世界运行图式。在医学方面，被誉为医方学之祖的张仲景运用阴阳矛盾统一原理，通过望色、闻声、问证、切脉四诊诊断法，提出了著名的诊断学八纲的雏形。所谓八纲，就是先辨明是阳症还是阴症，由阴阳辨明表里、再辨明虚实、后辨明寒热，从而掌握整个疾病的发展、变化过程，由此对疾病获得总体的认识。在治疗方面，张仲景运用阴阳调和原理，以汗（发汗调阴阳）、吐（催吐调阴阳）、下（泻下调阴阳）、和（和解调阴阳）的四类方法，治愈疾病。张仲景沿着阴阳思维的路数，总结出的一套医学思想，体现了中华民族医学的独特风貌，闪耀着朴素辩证法的光辉。

随着阴阳思维的发展，阴阳不仅与自然科学相结合，而且进一步与中国哲学的固有范畴理、气、心、性、诚等相结合，成为中国哲学生成论的思维方法。这是阴阳思维发展的第四阶段。宋明理学是中国古代哲学成熟期。其中关于宇宙生成的理论，经先秦、两汉、魏晋、隋唐哲学的酝酿、辩论，至宋明臻于完善。此时宇宙生成论的特点是以阴阳对待、变化、统一原理为核心而展开。这种按阴阳思维逻辑形成的哲学思想，显示了中华民族独有的生成论特色，标志着中华民族古代理论思维的最高水平。张载将阴阳与"气"范畴相结合，而展开他的宇宙生成论哲学；二程以阴阳与"理"范畴相结合，构成了他的宇宙生成论模式；陆九渊把阴阳与"心"范畴相结合，形成了他的生成论哲学；王阳明生成论核心，是将阴阳与"性"范畴相融洽；王夫之生成论的特色，表现为阴阳与"诚"范畴的结合。如二程的宇宙生成论模式为：理→气→物。本体理如何生出气呢？二程认为："天地之间皆有对，有阴则有阳。"[2]这种辩证思维必然导致本体理亦有对,"道无无对,有阴则有阳,有善则有恶,有是则有非,无一亦无三"。[3]由于阴阳矛盾的斗争,使本体理具有了动静、盛衰、消长、生止等特性,所以在"天理生生,相续不息"[4]的变动下,产生了"气"。二程释气为阴阳的物质载体。由"气"生"物"的过程,则完全是阴阳二气的相互依存、相互对待和相互转变的矛盾展开。二程的生成论遵循阴阳思维逻辑,完全在阴阳对待、变化和统一原则下进行。

二 对应思维

对应思维是阴阳思维的扩展和延伸。阴阳强调的是事物矛盾体的对待、变化和统一的关系,按着阴阳思维方法思考,着眼点集中于从对立统一的整体观上,把握事物的性质。但自然界中的事物处在复杂的运动过程中,往往不只是两个方面在发生相互作用,而是多方面、多环节地错综发生作用。从总体上看,事物是对立的统一,但具体分析又是一个多层次的作用和反馈系统。通过作用和反馈,产生调节效果,使系统整体保持相对平衡。因此,要全面、深入地研究事物,就不仅要研究事物内部的构成,而且还要深入研究事物之间的联系、发展和制约关系。适应人类认识的不断深化,阴阳外化为五行,构成了阴阳五行。阴阳五行最早见之于因农业生产的需要而形成的"月令"图式中。"月令"图式中的阴阳五行模式,在战国后期得到迅速发展,形成了以邹衍为代表的阴阳五行学派。阴阳五行学派强调,以阴阳消长说明四季的更替代换,以五行相生相胜解释朝代的兴衰变异。秦汉时期,阴阳五行模式像酵母一样,扩散到各个思想领域,人们往往自觉不自觉地按照这种模式去思考、去认识。这样,阴阳五行模式就成了中国人的一种思维方式即阴阳五行思维。由于阴阳五行思维具有相待(对待、变化、统一)、相应(天人感应)、相乘(作用、制约)、相配(配合、联系)的性质,故又称为对应思维。阴阳五行对应思维,无论是在思维深度上、还是在思维广度上,比阴阳思维都前进了一步。

西汉大儒董仲舒在《春秋繁露》中论述天人感应反映出的阴阳五行对应思维,经皇权的认可,作为一种思维模式,推广开来,延续下去,直到鸦片战争前夕。

剖析董仲舒"天人感应"的思维方法，可以看到贯穿其中的对应思维特点：

1. 神学化。董仲舒的天人感应学说是为了论证王权的重要性而构建成的。为达此目的，他将阴阳五行伦理化、政治化，由被改朔了的阴阳五行所揭示的天与人、物与物、事与事之间的对立统一、相感相应、相乘相配关系，演变成了先验的、有目的的、神学化了的关系。这样，阴阳五行对应思维被董仲舒神学化了。

2. 信息性。剥去天人感应的神学外衣，可以看到天人感应所反映的思维方法是主（人）客（天）相应、相摄、互感、互制。释言之，这种思维方法视天人为一具有内在逻辑联系和相互变化的动态结构。它偏重于研究事物普遍存在的动态功能联系。如阳健取火、方诸取水、鼓宫宫动、鼓角角动、磁石召铁、琥珀掇介等。这种天人、事物之间相互感应的动态联系现象，用现代科学语言解释，就是此事物的属性，经过相互作用，在彼事物身上打下印迹，以另一种形式表现出来，就成为关于此事物的信息。

3. 整体性。贯穿天人感应的对应思维，融天、人、事、物为一体。由于它们处在同一整体结构内部，所以天、人、事、物之间，才能产生相感、相乘、相配、转换和变化，才能天人合一，事事无碍。这反映了对应思维的整体性。

如果说《春秋繁露》中反映出的对应思维尚多具有神学理性色彩的话，那么，《黄帝内经》中关于辨证施治反映出的对应思维，则更多地具有直观理性特色。

按照对应思维的对立统一逻辑，《黄帝内经》认为宇宙万物不是杂乱无章的堆积，而是一个互相对峙、相互牵制而又相融相应、井然有序的庞大系统。《素问·天元纪大论》说："夫五运阴阳者，天地之道也。"这是说，宇宙间的一切事物无一例外地均受阴阳五行的影响和制约。

总括贯穿于《黄帝内经》中的阴阳五行对应思维，具有如下特性：

1. 系统性。由于五行外延的应用扩展，形成了以五行为基准的对应系统。"天地之间，六合之内，不离于五。"[5]这个对应系统，大至天地宇宙，小到人体内脏。在总体系统中，与五行相对应的每一部分，又形成一个小系统。如五色、五气、五音、五方、五时、五味等，这些系统一一相互对应。对应思维的系统性揭示、证明了宇宙万物都有一定的相应结构，而且具有统一的结构模式。这种思维方式触及到了事物内部及事物之间的深层结构关系。

2. 全息性。在五行系统中，五行的相生相胜被视为具有活力的自然现象，而近似于有机体是消息的观念。从这种观念出发，研究人体病理机制时，只从某一局部信息入手，便可揭示整个有机体内部结构。这个"信息"，就是脉搏。中医理论认为，脉从阴阳开始，阴脉和阳脉各有五，与五行相应。通过切阴阳脉获得的信息，便可推知人体五脏的病症。《五藏生成论》说："夫脉之小大滑涩浮沉，可以指别；五藏之象可以类推；五藏相音，可以意识；五色微诊，可以目察。能合脉色，可以万全。"通过切脉，可以获得脉搏负载的信息，以此信息，可以类推五藏之象、意识五藏之音、目察五色，以判断病因，治疗疾病。

在整个五行系统中，不仅人体具有全息现象，通过切脉，察鼻、舌、面、耳等局部信息，可以反映全身状况，而且依据阴阳五行的互生、互转、互通原理，系统中每一部分的变异，都会引起整体的变化。因此，五行系统具有类似现代全息现象的特点。

3. 模式性。由于对应思维力求建立普遍适用的系统模式，以探求整体结构的内部关系，所以，它以五行为基准，企图含摄世界万物于其中。把这种五行模式作为普遍适用的系统模式，具有很大局限性，缺乏科学性。五行结构模式的确立，给人们心理上带来完善和守成感，亦带来思想上凝固化和形而上。

阴阳五行对应思维在两汉时期形成并臻于完善。汉代哲学家、科学家用对应思维，奠定了中国哲学的基本特征，开创了以天文学、数学、医学为主要内容的自然科学新格局。魏晋南北朝时期，对应思维在道教典籍中进一步得到反映。宋元明清时期，理学家遵照对应思维路数，阐述宇宙的生成和演变。对应思维作为中华民族的一种传统思维，影响久远，根深蒂固。

由于对应思维具有整体性、系统性和类似现代信息的感应性，所以它具有科学的内涵。另外，神秘性和模式性使对应思维趋于非科学和形而上。这是对应思维的两面性。

三 辩证思维

辩证思维是阴阳思维在中国佛教哲学中的运用和发展。佛教，作为一门宗教，在自身的发展、演变过程中，形成了别具风貌的一套独特思维模式。如神秘的直觉思维、非理性思维、宗教逻辑思维和辩证思维等。本文着重阐释佛教哲学中的辩证思维。

"缘起"论是佛教理论的基石和核心，佛学的全部基本精神都奠定在"缘起"论基础上。佛教所谓"缘起"的经典定义是："此有故彼有，此生（起）故彼生（起）；此无故彼无，此灭故彼灭。"[6]在自然界的普遍联系中，一物的存在或不存在，在一定条件下会引起另一物的存在或不存在；一物的产生或消亡，在一定条件下会引起另一物的产生或消亡。"缘起"的"缘"，是"因缘"二字的略称。其中"因"指"内因"，"缘"指"外因"，"起"是生起之意。所以"缘起"论讲的是宇宙间一切事物的产生和消亡，都是由于事物本身的内因和与之有关的外因相互配合的结果。"缘起"论主张世界万物都是因缘和合的结果，有因必有果、有果必有因，由因生果、从果探因。因此，"缘起"论的实质就是揭示事物间互相依存、互为条件、互为因果的关系。

因为"缘起"论认为，宇宙间一切事物因产生它的条件（内因和外因）的具备而存在，亦因产生它的条件的破坏而毁灭。这种存在（生）与毁灭（灭）的矛盾现象，构成了事物的运动过程。事物从产生到灭亡的全过程，可分四个阶段：生（产生）、住（存在）、异（衰变）、灭（消亡）。其中每一阶段都受一定的（主观、客观、主客观同时的）条件所制约。事物（或精神的或物质的，或抽象的或具体的）必然在一定条件成熟时产生（生）在条件相对稳定状态中存在（住）在条件变异时而发生变异（异）最后在条件完全消失时而消亡（灭）。这四个阶段天然地相互联系、相互制约、互为因果，从而构成了事物运动的基本模式。这一模式既适用于生物界，也适用于非生物界。就生物界而言，其生成和发展，表现为生、老、病、死，揭示的是由生的起点到死的终点的生灭矛盾发展全过程；就非生物界而言，成、住、坏、空展示的是由成为起点至空为终点的生灭矛盾运动全过程。所以，四阶段是一切事物运动的形式。四阶段不停地循环运动，一个四阶段的结束，意味着另一个新四阶段的开始。四阶段有始有终，而运动无始无终。这就是佛家常说的：世间一切现象是"无常"的（即不存在固定不变的现象），是"无我"的（即不存在永恒不死的主体）。"缘起"论得出的事物无常、无我的结论，反映了佛教哲学高度的辩证思维。

循着"缘起"论中的辩证思维逻辑，三论宗中的"三谛"说和"八不"模式中亦贯穿了辩证思维。"三谛"指"空谛"、"假谛"和"中谛"。"谛"在佛教中是认识、道理、真实和标准的意思。其中"空"，不是绝对的虚无，而是相对于"有"而言。根据缘起理论，诸法依赖于因缘而产生、存在、衰变、消亡，本身没有常存不变的主体（即事物质的规定性）。没有主体，意味着本来不存在。本来不存在便是"空"，即"空谛"。"假谛"即假名之意。众缘所生之法，既然理论上本无实体，徒有形式上存在，所以虽然随顺世俗，有其名言称谓（概念、范畴），但都是假名，并非真有实体，故曰"假谛"。"中谛"是联系"空"与"假"，而作出的全面的辩证观察。众缘所生之法，本无主体，所以执诸法为有是错误的；诸法虽无有实体，但有假设的名称，所以执诸法为空无，连假号的存在也否定，同样是错误的。正确的观点是既不执空而作绝对否定，也不执有而作绝对肯定的"中谛"说。因为空、假、中三谛间呈现出四重辩证关系："空"与"假"是矛盾、对立的，这是第一重辩证关系。由于真谛的"空"不是虚无，而是一种不可描述的存在，是有；俗谛的"有"，不是真有，是假有，是空，所以，"空"与"假"又是互相联系、不可分割的，这是第二重辩证关系。第三重辩证关系表现为"亦空亦假"。从肯定角度观察，诸法性空，假名为有；知空则不执有，知假则不执无，故"亦空亦假"。第四重辩证关系，表现为"非空非假"。从否定角度观察，将空进一步否定，曰"非空"，因为诸法有形式上的假有；将假进一步否定，曰"非假"，这是因为诸法本无质的规定性。"非空非假"就是中道、中观和中谛。为了使这种中道理论适用于更广泛的范围，三论宗又提出了"八不"模式。即"不生亦不灭，不常亦不断，不一亦不异，不来亦不出（去）"[7]。三论宗用生灭、常断、一异、来去标示一切存在，用否定概念"不"将它们连接起来，构成了一套正反双边否定的逻辑模式。这种模式只讲否定，不讲肯定，由此否定了一切事物的真实性、客观性，宣扬宗教。但去其宗教色彩，可以看到"八不"模式中所包含的辩证思维。这种辩证思维触及了一切事物都是相对的，此现象只有在与彼现象的对比中，才能探求此现象的性质。肯定了一切事物都处在刹那不停的变化中，并从变化中看到了否定的作用，猜测到了对立双方的转化。

"八识"论是唯识宗认识论的基础，其中亦贯穿了辩证思维。唯识宗的认识活动是在主观范围内进行的。认识对象都是识的变现，是主观的感觉印象，不是独立存在的。因此，这是一种地道的主观唯心主义认识论。但是，这种认识论又富有辩证思维的特点。"相分"（认识客体）和"见分"（认识主体）是对立的，又统一于"识"，它们是对立的统一。种子既是"因"，又是"果"，它又是统一的对立。真如和现象是不一又不异，真如与无明和合的阿赖耶识是染又是净，是迷又是悟，是有生有灭同时又是无生无灭，所以阿赖耶识是对立的统一体，统一中又充满了对立。在这种对立的统一、统一的对立思维方法指引下，阿赖耶识是唯识宗认识的客体（它是产生一切现象的根源），同时又是认识的主体（它是根本识）；由于种子内部的矛盾性，所以它既能变现出宇宙万象，同时又能主动认识它。这就是唯识宗认识论的虚妄本质，同时也充分体现了唯识宗认识论辩证思维。

恩格斯指出："辩证的思维——正因为它是以概念本性的研究为前提——只对于人才是可能的，并且只对于在较高发展阶段上的人（佛教徒和希腊人）才是可能的。"[8] 中国佛教哲学中的辩证思维正是在阴阳思维和对应思维基础上发展起来的一种高级形态的唯心主义思辨。它的特点是在宣扬宗教教义前提下，运用概念范畴探究宇宙的本体与现象、现象与现象、主体与客体、认识与对象间的辩证关系。

注释

[1]《灵宪》，《全后汉文》卷55。

[2][3]《河南程氏遗书》卷15。

[4]《天地篇》，《河南程氏粹言》卷2。

[5]《素问·天元纪大论》。

[6]《杂阿含经》。

[7]《中论观因缘品第一》。

[8]《自然辩证法》,人民出版社1957年版,第185页。

(载《中州学刊》1990年第1期,第47—51、66页)

简论中国传统的义理思维

义理思维是中华民族的传统思维模式之一。它以规律性、辩证性和能动性为其特征。它对魏晋南北朝时期的玄学和宋明时期的道学曾产生过重要影响。

义理思维始孕于《周易》。《周易》素来有象、数、理三因素。数是定象的，象有卦象、物象，古人认为象数之中有理存在。所谓"理"，即蕴含于象数中的卦象意义，及由此推导出的道理、原理、原则、规律。故古人又称易义、易理，即义理之意。

"《易》之为书，推天道以明人事者也。《左传》所记诸占，盖犹太卜之遗法，汉儒言象数，去古未远也。一变而为京（京房）焦（焦赣）入于机祥，再变而为陈（陈抟）邵（邵雍），务穷造化，《易》遂不切于民用。王弼尽黜象数，说以老庄，一变而胡瑗，程子（程颐），始阐明儒理。"[1]自秦汉以来，对《周易》的探索，从研究方法上看，表现为两种不同的形式：一讲象数，一讲义理。这两种研究方法形成了两种传统思维模式：象数思维和义理思维。从汉京房、焦赣到陈抟、邵雍为象数学（象数思维）；从王弼到胡瑗、程颐为义理学（义理思维）。宋代，虽胡瑗倡义理，然以《伊川易传》最醇；王弼虽尽黜象数，但经邵雍倡导，象数学盛行，与义理学并立，直至朱熹作《易学启蒙》，才合义理与象数为一，集义理之大成，使义理思维成为理学的理论工具。南宋陆九渊、明代王阳明又独倡心物说，遂使义理思维成为心学的思想方法。

义理思维研究的对象是天地之理，宇宙间事物的所以然。《系辞上》言："易简而天下之理得矣。"《说卦传》云："穷理尽性，以至于命。"义理思维追求的是形象事物背后的无形的道，是直观象数之中包摄的抽象的理，是主宰表层天地的深层的准则。

这里讲的义理思维主要是以王弼为代表的意象思维、以程朱为代表的理学思维和以陆王为代表的心物思维。下面拟对这三种主要的义理思维作一简要分析。

一　意象思维

意象思维是通过对言、象、意三个概念关系的辨析，探究宇宙本体，事物规律的一种理论思维。为了追求宇宙之本、事物之理，就必须涉及社会人事，所以它的侧重点在"全释人事"，而与"多参天象"的象数思维迥然异趣。关于这一点，唐人李鼎祚在《周易集解序》中作了精辟的论述。"自卜商入室，亲授微言，传注百家，绵历千古，虽竞有穿凿，犹未测深。唯王（弼）郑（玄）相沿，颇行于代。郑则多参天象，王乃全释人事。且易之为道，岂偏滞于天人者哉！致使后学之徒，纷然淆乱，各修局见，莫辨源流。天象远而难寻，人事近而易习"，王弼把象数思维的"多参天象"转移到意象思维的"全释人事"新轨道，这就从根本上改变了当时人们的理论思维模式。

王弼根据《系辞》"书不尽言，言不尽意"以及"圣人立象以尽意，设卦以尽情伪，系幼辞焉以尽其言"，辨析了言、象、意三者的关系。其中，言指卦爻辞，象指卦爻象，意指卦爻辞和卦爻象中蕴含的意义或义理。关于言、象、意三者的关系，王弼在《明象》开头说："夫象者出意者也。言者明象者也。尽意莫若象，尽象莫若言。言生于象，故可寻言观象。象生于意，故以寻象以观意。意以象尽，象以言著。故言者所以明象，得象而忘言；象者所以存意，得意而忘象。"这段话展示了两层意义。

第一层意义：象生于意。

王弼认为，言、象、意三者的关系为"言生于象"、"象生于意"、"意以象尽"、"象以言著"。就筮法说，卦象及其所取之物象，是用来表现圣人之心意或卦义的。卦爻辞是用来说明卦象的。因此，穷尽圣人之心意或卦义，莫如通过卦象；穷尽卦象的内容，莫如通过卦爻辞。有卦象方有卦爻辞的解释，有卦爻方有卦象以明其义。此即"意以象尽，象以言著"。就哲学意义讲，言指名言概念，象指事物的形象、现象，意指事物的本质、规律及对本质的认知。王弼认为，名言概念是用来反映事物现象的工具，而本质、规律常常隐藏在现象之后，现象只是本质、规律表现自己的一种形式或工具。所以不论是名言概念（言）还是现象（象），都是用来描述、反映本质、规律（意）的工具，因此在言、象、意三者中，意是第一性的，是最重要的。按照王弼的这种思路，言是说明象的工具，象是说明意的工具，意虽然居于首位，但不能离象而悬空存在，必须要"寻言以观象"，"寻象以观意"。王弼对《周易》中六十四卦卦象，作了具体分析，通过"寻象以观其意"，得出了六十四个必然之理。在《卦略》中，他以屯、蒙、复、临、观、大过、遯、大壮、明夷、睽、丰十一卦为例，说明每一卦由于六爻的不同组合（象不同）而具有不同的意义，其中所蕴含的必然之理（意）亦都是不同的具体真理。王弼提出的"象生于意"，其目的在于从对事物的具体分析中，引出其本质、规律，再进一步探究世界的统一性和宇宙的本体。

第二层意义：忘象求意。

由于"象生于意"，寻象可以观意，所以必然得出"忘象以求其意"的结论。"筌者所以在鱼，得鱼而忘筌；蹄者所以在兔，得兔而忘蹄；言者所以在意，得意而忘言。"[2]筌为捕鱼的工具，蹄是捕兔的工具。王弼曾引庄子这段话，来说明卦爻辞是用来阐明卦爻象的，"寻言以观象"，既得卦象内容，便可以忘掉卦爻辞；卦爻象及其所取物象是用来阐释卦爻的，"寻象以观意"，既得卦爻之义，便可以忘掉卦爻象了。如已得龙象，便可忘"潜龙勿用"之言；已得乾健之义，便可舍龙之象。因为言是相对于象而言，象是相对于意而言，唯有意是最重要的，言和象都是一种工具。那么，"存言者，非得象者也。存象者，非得意者也"。王弼的"忘象求意"，是他"象生于意"的逻辑思维的进一步展开。为什么必须要"忘象求其意"呢？

王弼解释说："象生于意而存象焉，则所存者乃非其象也。言生于象而存言焉，则所存者乃非其言也。然则忘象者乃得意者也，忘言者乃得象者也。得意在忘象，得象在忘言。故立象以尽意，而象可忘也。"[3]其意是讲，如果执着于卦爻象，那么这个象就不是表现义理的象；如果执着于卦爻辞，那么反而有碍于得象。如龙象生于刚健之义，是用来表现刚健的，但如果拘泥于龙象之中，认为刚健只限于龙象，则失去了凭借龙象以显刚健之义的作用。这就是"所存者乃非其象"。所以，要求得对意的真正理解，必须要忘言、忘象。从哲学角度分析王弼的"忘象以求其意"，可以看到，他指出了本质（意）与现象（象）的区别，认为探讨本质的东西时，不能被现象所迷惑，此即"存象者非得意者也"。这是他思想中的合理因素。

王弼所谓的"忘象求意"，并不是要离开卦象，空无依托地去捕捉意义，而是认为在"得意"之后，应该"忘象"，以摆脱感性现象的束缚。他还认为思维不能自始至终滞留于具体卦象的感性表层，通过"忘象求意"，使思维来一次飞跃，深入到感性现象后去领会把握卦象所蕴含的内在意义。

王弼的"象生于意"和"忘象求意"，作为一种思维方法，可以概括为"意象思维"。这种思维不是直观思维，也不是抽象思维，而是一种含有辩证因素的具体思维。这种具体思维是从具体到抽象，又从抽象回复到具体的两个认识过程的有机结合。在意象思维指导下，王弼建立了以无为本的哲学思想体系。遵循"以寡治众"、"统宗会无"的思维路数，导出了"以无为本"、"以无为体"的哲学命题。这一命题在中国哲学史上，把两汉的宇宙发生论引向本体论即存在论的探讨。王弼第一个自觉地把现象与本体的关系问题确定为哲学研究的对象，并利用本末、体用、有无、一多、动静、母子、自然与名教等成对范畴，建构"以无为本"的哲学思想体系。这样，就把哲学研究提高到对范畴和本体论的研究上来，从而引起了一场思维模式的巨大变革。

意象思维不仅影响了魏晋南北朝整个时代的哲学思想，而且对当时文学的发展也起了巨大的推动作用。

二 理学思维

理学思维是在意象思维基础上发展起来的一种理性思维，是义理思维的又一种具体形式。它运用"理气"等哲学范畴，沿着"天地之上为何物"思路，继续探求自然社会现象背后的本体，并从这个本体出发，建构了一套囊括自然、社会和人生的世界模式。

理学思维的发展分为两个阶段，一个是以程颐为代表的"凡事皆有理"、"万理出于一理"的思想初级阶段；另一个是以朱熹为代表的理学思想高级阶段。

程颐的理学思维将世界万物浓缩为"理"。他说："理在天下，只是一个理，故推之四海而皆准。"[4]根据"万物一理"的原则，他认为基于"此理"，一切都可以"类推"。于是他用义理思维推导出了社会政治原则。"上下之分，尊卑之义，理之当也，礼之本也。"[5]社会中各类人皆有其固定的地位，如父慈、子孝、君仁、臣敬就是人们各有其所的表现，是他们各自应当遵守的规则。这样，封建社会的等级名分就成为天经地义的永恒真理。他用理学思维推导出了人伦道德规律。"男女有尊卑之序，夫妇有倡随之礼，此常理也。"[6]并得出所谓"饿死事极小，失节事极大"的道理。他还用理学思维推导出了自然规律，"天者，理也"[7]。苍茫高远的天，"盖出于自然之理"[8]，有着自己运动变化的规律。从这一视律出发，他描述了宇宙万物生成演化的程序："阴阳之交相摩轧，八方之气相推荡，雷霆以动之，风雨以润之，日月运行，寒暑相推，而成造化之功。"[9]事物内部的矛盾运动规律成了宇宙万物生成演化的动力。变易才是自然之常理，即自然规律。

这种由理产生一切，由理支配一切的理学思维，在探讨宇宙本体论和事物规律性方面，较之意象思维，是一种更完备的理论思维。但是，这种理论思维对于"天地之所以高深，鬼神之所以幽显"的何谓"所以"还不能穷其究竟。于是，在这种理学思维基础上，产生了合象数与义理为一体的高级形态的理学思维。

南宋大儒朱熹对秦汉以来的所谓阴阳家易、道家易、谶纬家易、玄学家易，均有微词。他说："然自秦汉以来，考象辞者泥于术数，而不得其弘通简易之法；谈义理者论于空寂，而不适乎仁义中正之归。"[10]朱熹既不满囿于"术数"，也不满沦于"空寂"。于是，合"象数"与"义理"为一，构成了代表中国封建社会后期的官方哲学——理学。它反映出融"象数"与"义理"为一的义理思维。其基本特征是辩证性和规律性。

这种辩证性表现为两个方面：一是对待的交易，二是流行的变易。先剖析对待的交易。理学思维是一种高级形态的理论思维，它以一系列范畴进行逻辑推理。其中最基本的范畴是"理"和"太极"。朱熹认为"太极"是与"理"相当的范畴。"太极者，其理也。"[11]从无物之前、阴阳之外看,"太极"是世界万物产生之前,事物之外的"理";从立于有物之后,行乎阴阳之中看,"太极"不离阴阳,是"不离不杂"的对立统一关系。"太极"与"阴阳"的这种关系,相似于"理"、"气"关系。太极自身无可顿放,借阴阳而顿放,由于阴阳的动静变化,"阴生阳,阳生阴,其变无穷"[12]而生"四象",如春夏秋冬、金木水火、东西南北等等,无不可推;"四象"生"八卦",如天地山泽风雷水火,于是便产生自然界与人类社会。朱熹通过"太极"——"两仪"(阴阳)——"四象"——"八卦"……序列说明自然现象和社会现象的联系与变化及宇宙和社会的生成。而"太极"——"两仪"——"四象"——"八卦"……序列又是遵循着对待的"交易"即"一分为二"规律的。朱熹用《周易》的"象"(—、--)、数(奇、偶数)关系和变化,来揭示和概括宇宙及社会中极其复杂的矛盾结构,进而以阴阳对立统一和奇偶数律,作为宇宙生成的基本规律。在"太极"不断一分为二的演变过程中,均由于"阴阳"的对立统一和一奇一偶作用,而促使一分为二的不断演进。

再分析流行的变易。既有对待的交易,便有流行的变易。朱熹说:"变易是阳变阴,阴变阳,老阳变为少阴,老阴变为少阳,此是占筮之法,如昼夜、寒暑、屈伸、往来者是也。"[13]朱熹关于流行的变易思想,用象数来表示,则是"天下之万理出于一动一静,天下之万数出于一奇一偶,天下之万象出于一方一圆,尽只起于乾坤二画"[14]。他认为"理"与"数"的关系相当于"理"与"气"的关系。"气便是数,有是理便有是气,有是气便有是理,物物皆然。"[15]因为"数"只不过是个分界处。他举例说:"天一地二,天三地四,天五地六,天七地八,天九地十,是自然如此,走不得。如水数六,雪花便六出,不是安排做底。"[16]这是说,"数"是自然界事物的反映。为此,朱熹认为"河图"是圆之象,为常数;"洛书"是方之象,为变数。"河图"、"洛书"与流行的变易相联系,便构成了阴阳奇偶数律的变化。

"交易"与"变易"不离不杂,它们各以为主,相互为用;相互为主,各以为用。这是就理学思维辩证性的内容而言,就形式而言,朱熹通过"象数"来明"义理",以"义理"来释"象数"。

三 心物思维

作为义理思维之一的心物思维以强调思维的主体性和能动性为基本特征,以探索内心世界主体意识和心外世界客体事物的关系为其研究对象。心物思维作为一种主体思维模式,以"心物"范畴为基础,进行逻辑推演。

心物对偶范畴,在中国传统思想中,大体具有以下三层含义:

第一层含义,心与物是指主观意识与客观物体。我国古人已认识到人是能思维的,思维的载体是心(古人认为是心具有意识的机能)。思维、意识是客体物象的主观映象,具有主体性的特征。思维、意识体现了主观和客观的统一,即心与物的统一。物是表示客观实在的哲学范畴。在中国传统思想中,物是各种实物的总和。古人也把物理解为事,认为有形为物、无形为事,如事亲、事君等都是事。这就扩大了物的内涵。

第二层含义,心与物是指认识主体与认识客体。从认知角度看,知识主体是指具有心和各种感官的人。认识客体是指与认识主体相对而发生关系的物。由于认识既是主体对客体的反映,是主体能动地改造客体的过程,所以,这就决定了作为认识主体的心的能动性。

第三层含义,心与物是指伦理意识与礼仪践履。在中国传统文化中,心指诚意、正心;物指齐家、治国、平天下的各种礼仪制度。正心就是去掉一切不符合礼仪制度要求的伦理意识,诚意就是强调主体意识的道德自觉。礼仪制度是主体道德伦理意识的外在体现,道德伦理意识是礼仪制度的内在根据。中国传统文化的背景决定了心物范畴尚具有伦理学的色彩。

王阳明以心物范畴构建了他的心学哲学体系:心→物→心。形成了中国古代的独特心物思维。

王阳明认为"心"与"物"的关系,表现为以下两个方面。

其一,心为物的统一者。"心者,天地万物之主也。心即天,言心则天地万物皆举矣。"[17]这里,"心—天—万物"是一个心的内涵和功能扩展的进程。心如何统一万物呢?王阳明认为首先心与物可以沟通。沟通心物的桥梁是"感应之几",即人心对客观事物有所感,客观事物给人以所应。这就是人的感觉通过感官与外物发生联系,人心与外物发生感应的始端之时。王阳明抓住这一时刻,将人心与外物的联系扩大为人心与草木、天地、鬼神是同体的。其次,心(灵明)是天地、万物统一的基础。灵明充满天地之间,与天地、万物、鬼神一气流通,相依不离,从而成为天地、万物、鬼神的主宰和统一者。

其二,心为物的造作者。王阳明说:"位天地,育万物,未有出于吾心之外也。"[18]"人人自有定盘针,万化根缘总在心。"[19]"心"以定位天地、化育万物的功能,而成为万物产生、演变的根源。

王阳明沿着从内到外、从心到物的思辨途径,对"心"的能动作用做了一系列的片面夸大。首先,他从"心"与"物"的关系中,推导出心的能动性。由于心为物的统一者和逻辑设定者,所以,心便成为唯一的存在,它既是理性,又是意志,具有无限的创造力和能动力。其次,将"心"与"物"相分离,赋予"心"以绝对的能动性。在"心"的创造基础上,他进一步将心抽象化为绝对本体,即"良知"。视"良知"为"天下之本",即它是产生天地、万物、人类的本源,又是至善的封建伦理道德。王阳明的这种逻辑推理,便是理论化的心物思维。

心物思维在探索主体意识和客体事物的关系时,强调"心"是一种意志能力和主体精神。作为意志能力的心具有能作为、能生万物的特性,是万物根源性的实体;作为主体精神的心能够超越时间和空间,凌驾自然与社会之上,而又不脱离"吾心"。这就赋予了心以自主性和能动性。由于心物思维强调的是思维的主体性和能动性,所以,这种思维富于创造性,不囿于旧习惯、旧思维的窠臼,勇于创新和标异。

注释

[1]《四库全书总目·经部·易类一》。

[2]《庄子·外物》。

[3]《周易略例·明象》。

[4][7][8]《二程遗书》卷二、卷十一、卷一。

[5][6]《伊川易传》。

[9]《程氏经说》卷一。

[10]《朱文公文集·书伊川先生易传版本后》。

[11][12]《周易本义·系辞上传》第11、5章。

[13][14][15][16]《朱子语类》卷六十五。

[17]《王文成公全书·答季明德》。
[18]《王文成公全书·紫阳书院集序》。
[19]《王文成公全书·咏良知四首示诸生》。

（载《社会科学研究》1990年第1期，第48—53页）

说象数思维

象数思维是最具中华民族特色的传统思维模式。几千年来，它潜移默化，渗透到人们的生活方式、行为方式和情感方式等各个方面，沉积为中华民族的心理结构，决定了中国古代哲学的基本特点。

象数思维包括八卦思维、象数思维、太极思维三种类型。

一　八卦思维

八卦思维是象数思维模式的基本形态，它见之于中国古典《易经》。它是在占卜、巫术思维基础上发展起来的直观思维。八卦思维对于我国民族思维的发展，发挥了重要作用。

八卦思维是古代巫术宗教思维的高级形态。在古代，世界各国都发展出了一套巫术系统，古希腊推崇飞禽和动物肝腑占卜法；巴比伦则以天象、星象和肝脏占卜。我国周朝以龟卜和盆筮卜并用，并通过这种巫术思维，形成了具有直观化、模式化的八卦思维。

关于八卦的起源，《易·系辞传》说："古者包牺氏之王天下也，仰观象于天，俯则观法于地，观鸟兽之文与地之宜，近取诸身，远取诸物，于是始作八卦，以通神明之德，以类万物之情。"这表明八卦是观"象"、"法"、"文"、"宜"的结果，是对"身"与"物"模拟的结果，是对天、地、鸟、兽认识的结果。这种对八卦思维的特殊反映，决定了八卦思维的直观性和形式性。

八卦思维是一套直观的形式系统，它具有巨大的可纳性。根据《周易·说卦传》，八卦曾经被用来代表人伦、人体、颜色、方向、事物等。如：

关于人伦方面：

乾——父、君。坤——母。
震——长男。巽——长女。
坎——中男。离——中女。
艮——少男。兑——少女、妾。

关于人体方面：

乾——首。坤——腹。
震——足。巽——股、发。
坎——耳、血。离——目、大腹。
艮——手、指。兑——口。

关于方向方面：

震——东方。巽——东南。
离——南方。坤——西南。
兑——西方。乾——西北。
坎——北方。艮——东北。

关于物类方面：

乾——天。坤——地。
震——雷。巽——风。
坎——水。离——火。
艮——山。兑——泽。

关于动物方面：

乾——马。坤——牛。
震——龙。巽——鸡。

坎——豕。离——雉、鳖、蟹、龟。
艮——狗、鼠。兑——羊。

以上八卦所代表的这些与日常生活有关的许多观念，统统被纳入八卦符号系统之中。而这种纳入的实质，是以一种框架、图示、原则对思维内容的加工、整理、确定。其结果，说明了人们已经在某种意义上肯定了自然现象、社会现象的客观实在性，以及它们之间的区别和联系。这是认识能力的第一个飞跃。但是，纳入八卦系统的自然物既不能反映它们之间的本质联系，也不能包容复杂的社会现象。这种"纳入"，只是一种直观的、形式的比类、模拟。随着生产活动和社会交往活动的增多，人类思维的内容也逐渐丰富，于是，八卦进一步与象数、元气、阴阳、五行相结合，构筑了中国思维方式的特色。人们用这些观念阐释自然、社会的变化，推导宇宙的生成演变，表明天文地理的规律。这就形成了介于理智的抽象思维与情感的直观思维之间的一种特异思维形态——象数思维。

二　象数思维

象数思维是八卦思维的引申和发展。从思维性质来讲，这是一种系统思维和朴素的辩证思维。

象数思维的发展，大体经历了两个阶段：其一是汉代。汉代的孟喜和京房将八卦与天文学相结合，形成了一种试图预测天文变化规律的象数思维。其二是宋代。宋代的邵雍以八卦为框架，融天地自然之消长、社会人事之变异、宇宙万物之生灭，构造成一套象数图式，形成了一种具有系统性和朴素辩证性的高级形态的象数思维。

西汉时期，天文学有很大的发展，《淮南子·天文训》和《史记·天官书》是战国以来天象观测和天文学理论的总结。以《月令》为代表的历书，在西汉也很流行。武帝时，推行太初历，是古代历法的一大改革，其影响亦很大。天文学的发达，影响、启发了汉代的象数学家。于是，他们用六十四卦象数，模拟自然变化，建立了"卦气"说。

所谓"卦气"说，就是用《周易》卦象，解说一年节气的变化。象数家用四正卦（震、兑、离、坎）和十二辟卦（复、临、泰、大壮、夬、乾、姤、遯、否、观、剥、坤）描绘四季、十二月、二十四节气、七十二候。他们看到自然事物的运动变化，有着客观规律；六十四卦的象数模式，也具有一定序列，于是力图将二者相互配合，用卦象的阴阳消长序列模拟、预测四季气候、日月星辰、地理方位、生物繁衍的客观变化规律。

象数家以震、兑、离、坎配东、西、南、北四方。此说源于《说卦传》。同时，这四卦又主四季，震主春、兑主秋、离主夏、坎主冬。以四方配四季，见于《月令》等著作。太阳从东方升起，使人感到暖和，以东方配春天。太阳西落，使人感到阴凉，以西方配秋天。处于中原地区的人，认为南方热、北方寒，以南方配夏天，北方配冬天。象数家进一步以卦爻的奇偶数和爻象，解释用四正卦配四方、主四季的缘由。以阳爻奇数代表阳气，阴爻偶数代表阴气。把阳卦坎、震视为阳气生息的过程。坎卦阳爻，其数为七，意味阳气微弱；震卦阳爻，其数为九，意味阳气壮大。把离、兑看作阴气生息的过程。离卦阴爻，其数为八，意味阴气微弱，兑卦的阴爻，其数为六，意味阴气壮大。因为阳主进，以九为极限；阴主退，以六为极限。这样，四正卦所居的方位（四方），便代表阴阳二气于一年之中的消息过程（四季）。

四正卦有二十四爻，象数家用以模拟二十四节气。震主春，六爻值春分、清明、谷雨、立夏、小满、芒种；离主夏，六爻值夏至、小暑、大暑、立秋、处暑、白露；兑主秋，六爻值秋分、寒露、霜降、立冬、小雪、大雪；坎主冬，六爻值冬至、小寒、大寒、立春、雨水、惊蛰。象数家又提出十二辟卦，以代表一年十二月，其顺序如下：

復卦 ䷗	十一月	临卦 ䷒	十二月
泰卦 ䷊	正月	大壮卦 ䷡	二月
夬卦 ䷪	三月	乾卦 ䷀	四月
姤卦 ䷫	五月	遯卦 ䷠	六月
否卦 ䷋	七月	观卦 ䷓	八月
剥卦 ䷖	九月	坤卦 ䷁	十月

之所以选此十二卦代表十二月，是因为其中阴阳二爻的变化，体现了

阴阳二气消长的过程。如前六卦，即从复卦到乾卦，表示阳爻逐渐增加，从下往上增长。复卦象为一阳、临卦为二阳、泰卦为三阳、大壮卦为四阳、夬卦为五阳、乾卦六爻皆阳，表示阳气达到极点。此为阳息的过程，也是阴消的过程。这时，天气的变化是从冬至春入夏，冬去春来、万物复苏、一派生机。后六卦，从姤卦到坤卦，表示阴爻逐渐增加，阴气逐渐增长。姤卦为一阴、遯卦为二阴、否卦为三阴、观卦为四阴、剥卦为五阴、坤卦六爻皆阴，表示阴气达到极点。此为阴息（长）阳消（灭）过程。这时，气候的变化是由夏入秋至冬，秋去冬来、万物归寂、一片萧瑟。由此可见，以阴阳奇偶之数，以卦象中阴阳爻的变化，解释阴阳二气消息的过程，这是汉代象数家的特点。这一特点表明了象数思维的朴素辩证性。

代表十二月的十二卦，共七十二爻，象数家又以此模拟七十二候。七十二候是我国古代的物候学知识。它是从观察四季气候的变化与植物的生长荣枯、动物的生育往来之间的关系，概括、总结出来的一门知识。人们用它预测季节变化趋势、指导农业生产，具有一定科学价值。由于一年有二十四节气，每一节气分为三候即初候、次候、末候，共七十二候。如用復卦初九爻表示阳气始动，为十一月冬至初候，到乾卦六爻皆阳，表示阳气极盛，为四月小满次候；姤卦初六交表示阴气始动，为五月夏至次候，到坤卦六爻皆阴，表示阴气极盛，为十月小雪次候。就这样，用十二辟卦的七十二爻以拟七十二候。

汉代象数思维具有鲜明的两重性：一方面，用卦象阐发《易》理，通过形象思维的推导，探求事物的运动过程及其内在机制。又根据阴阳消长原理，结合星辰运转规律，万象变化周期，模拟造化、预测未来；另一方面，用主观象数推衍的结果，必定排斥严密的科学观察与实验，使人们堕入神学迷宫。汉代象数思维的两重性，为我国民族科学思维的发展，提供了宝贵的经验与教训。

宋代象数学家邵雍在汉代象数派的基础上，把道教思想与易理相结合，独树一帜，视象数学为宇宙的最高法则，创造了一个囊括宇宙、自然、社会、人生的完整的象数系统。由此，赋予象数思维以系统性和辩证性，使之发展成为介于情感和理性的整体思维形态。

邵雍对"象"和"数"非常重视，他说："君子于《易》，玩象、玩数、玩辞、玩意。"（《观物外篇下》，《邵子全书》卷之六）"象"与

"数",是他思想中的两个重要范畴。他用象、数罗织出一个宇宙万物形成的系统,"命数定象自为一家"(《皇极经世书》,《邵子全书》卷之一)。在这个别致的象数系统中,关于"数"与"象"的功能及由它们推衍出宇宙万物的程序,邵雍说:"太极,一也,不动,生二,二则神也,神生数,数生象,象生器。"(《观物外篇下》,《邵子全书》卷之六)太极是精神实体,是一。太极虽不动,却含有矛盾的运动,所以能生二。由"二"的数中,显示阴(--)和阳(—),--和—便是"象",所以说"数生象"。由数生的象,最基本的是☰(乾一)、☱(兑二)、☲(离三)、☳(震四)、☴(巽五)、☵(坎六)、☶(艮七)、☷(坤八)。这八种象,亦即邵雍说的"内象",再由这八种卦象,重叠演化为六十四种卦象,亦即邵雍说的"外象"。无论内象还是外象,每一种象,都可以代表一类具体事物。具体事物就是"器",就是"象生器"。这段话用公式表示即为:太极→神→数→象→器,加以精化,即为:数→象→器。

  这是邵雍关于宇宙万物发生的公式,也是他象数系统的表达公式。虽然这个公式是主观的、神秘的,但它仍是一个表达万物形成的完整的运行变化的系统。贯彻这一公式的思维,已不是简单的直观思维,而具备了抽象性。这里的"数"、"象"、"器"不是单一的某个数字、某种物象、某件器物,而是代表万物生长过程中,不同阶段的不同概念。"数"表示一种精神本体,是万物产生的根源;"象"表示介于精神与物质之间的概念,是"数"生"器"的必经环节;"器"表示万物,是数推衍的结果。这种介于直观与抽象之间的象数思维,所表述的是一种周密的整体系统。从这个意义上说,邵雍的象数思维是一种系统思维。

  这种思维的系统性,还表现在邵雍下面一段话中。"太极,不动,性也,发则神,神则数,数则象,象则器,器则变,复归于神也。"(《观物外篇下》,《邵子全书》卷之六)这是讲数产生宇宙万物,宇宙万物毁灭又复归于数。用公式表示即为:数→象→器→。宇宙由生成到毁灭又是一个完整的系统。固然这个系统具有极大的随意性、神学性,是很不科学的,但邵雍的用意是在探索宇宙生灭的始点和终点,万物形成的过程和步骤。可惜的是,他将这一切都归结为抽象的"数"。

  邵雍在阐述宇宙万物生成演化过程时,谈到了一系列的对立矛盾,如阴与阳、动与静、刚与柔、天与地、水与火、雷与风、山与泽等。并且认为，由于这些矛盾的"交易"，才产生宇宙万物，才引起宇宙万物的变化。所谓阳交于阴，阴交于阳，而生天之四象。刚交于柔，柔交于刚，而生地之四象。表明他对矛盾规律有一定程度的认识。这种认识标志着邵雍的象数思维决不是仅仅表现为表面现象的象、数符号，而是能够洞察事物内部变化的原理。

邵雍关于矛盾交易的思想是深刻的。"交易"包含两层内容：一是矛盾的对立，阴阳、刚柔……必须是对立的双方，才具备交易的条件。二是矛盾的统一，对立双方必须接触，阴阳交错、刚柔交错，才能产生第三者。"交易"的结果是分化、演化，即他所说的，世上万物由太极（一）演为两仪（二），两仪演为四象，四演为八，八演为十六，十六演为三十二，三十二演为六十四。这种演化犹如"根之有干，干之有枝，枝之有叶"，"合之斯为一，演之斯为万"。这是对立统一规律的"一分为二"、"合二为一"内容的古朴描述。

邵雍在阐释天地万物产生过程时，还谈到了"物极必反"规律。他曾说"动之极则生阴，静之极则生刚"。动（阳）盛到极点，便向阴转化，静（柔）盛到极点，便向刚转化。以上邵雍的朴素辩证思想，决定了象数思维的朴素辩证性。

德国近代哲学家莱布尼茨从邵雍的象数系统中得到启发，发明了二进位数学，作出了不朽贡献。他在给德雷蒙的信中说："《易经》，也就是变易之书。在伏羲以后许多世纪，文王和他的儿子周公以及在文王和周公以后五个世纪的著名的孔子，都曾在这六十四个图形中寻找过哲学的秘密，……这恰恰是二进制算术。……阴爻– –就是零（0），阳爻—就是1。这个算式提供了计算千变万化数目的最简便的方式。"（《致德雷蒙的信·论中国哲学》）按照阳爻—为1数，阴爻– –为零（0）数标示，六十四卦就成为000000 坤卦，000001 剥卦，000011 观卦……111111 乾卦这样的二进位算术形式。从坤卦000000到乾卦111111又形成了一个有序的二进位算术系列。这种现象又一次证明了邵雍象数系列的系统性和整体性。

在汉代象数思维基础上发展起来的宋代象数思维是一种系统思维。它是由直观思维向理性思维的过渡形式。它视自然万物与人类社会为一有机系统，力图探究天地、万物和人类社会产生的根源及其关联。其中阴阳消长的朴素辩证性有助于这种探究向事物本质方向的深化，但主观性和随意性又妨碍思维向纵深方面的发展。于是,以象数为工具的太极思维产生。

三 太极思维

太极思维是在直观思维基础上建构起来的理性思维。它的创始人周敦颐提出了融儒、释、道为一体,纳自然、社会、人生为一体的《太极图说》,从"本然之全体"上建立了思辨的哲学逻辑结构。而这种逻辑结构所遵循的思维方法,便是太极思维。其特点是抽象性和逻辑性。继而,朱熹从理论上进一步加以发挥和完善,使太极思维成为一种理性思维。

周敦颐的《太极图说》是道教《无极图》与儒家《易》说的结合,是用《周易》思想阐明《无极图》意蕴的一篇文献。其中关于宇宙万物的生成和演化程序,他认为太极动生阳、静生阴,从太极的动与静生出了阴与阳,阴阳形成了天地。由于阳变阴合,产生了金木水火土五行。五行之气的流布,推动着春夏秋冬四季的运行。阴阳与五行之"精"发生巧妙的凝合,形成天地间的男女、牝牡。男女、牝牡的交感,化生了天地间的万物。于是,便构成了动静、变合、妙凝、交感这样的逻辑结构:太极 $\xrightleftharpoons[]{动静}$ 阴阳 $\xrightleftharpoons[]{变合}$ 五行 $\xrightleftharpoons[]{妙凝}$ 男女 $\xrightleftharpoons[]{交感}$ 万物。

这里,以太极为源头,在动静、变合、妙凝、交感等动态中介的推动、作用下,太极有序地推衍出阴阳、五行、男女、万物。这种有序的推衍是逻辑演变的结果。没有太极的动静,就不会生出阴阳;没有阴阳的变合,就不会有五行;没有五行的妙凝,就不会有男女;没有男女、牝牡的交感,也就不会有人、兽、物的产生。所以,太极是总因,阴阳、五行、男女、万物都是它的果,而它们之间又前后相依地两两形成因果关系。在这因果链条上,由前一阶段向后一阶段的过渡,是有机的、必然的。这是因为制约由因变果的机制不同。只有"动静"的作用,才能使太极演出阴阳;只有"变合"的作用,才能使阴阳演变为五行;也只有在"妙凝"、"交感"作用下,男女、万物才能产生。这一有序的因果链条,体现了太极思维的逻辑性。

同时,这里的太极、阴阳、五行、男女、万物和动静、变合、妙凝、交感,已不是概念,而是范畴。如男女,不是指具体的男人、女人类概念，而是指一切具有雌与雄性质的动物、植物等极广泛的普遍性的范畴。这体现了太极思维的抽象性。

以上是《太极图说》的上半部内容，是从宇宙本体和构成而言，属于"立太极"系统。《太极图说》的下半部内容则是关于"立人极"系统。用哲学逻辑结构来表示，其内容如下：

形体→神知→五性→善恶→万事→中正仁义→主静。在这里，从主体的心身结构到作用于客体结构，都是一体化的思维模式。这种太极思维逻辑地贯彻于人、人性、精神、情感、意志、善恶及道德规范、道德行为、修养工夫等人类社会各个方面，提出了如上有序系统。这便是"立人极"系统。

《太极图说》中的"立太极"和"立人极"两个系统并非分离，而是一种"天人合一"模式。中国古代哲学的重要特点之一，就是"天人合一"。这也是中国古代哲学有别于西方古代哲学的特质。而"天人合一"的思维来源就是太极思维。

周敦颐纳自然、社会、人生一体化的太极思维，被理学大师朱熹作了详尽的发挥和完善。朱熹从理论上提出了一组与太极相关联的范畴，从而加深了太极思维的逻辑性和理论性。

《朱子语类》记载："太极只是一个理，迤逦分作两个气，里面动的是阳，静的是阴，又分作五行，又散为万物。"从横向的范畴之网联结来看，"太极"和"理"是名异实同，共同构成朱熹哲学体系的最高范畴；从纵向的范畴之网联结而言，"太极"与"阴阳"、"气"、"五行"、"物"构成了化生的序列。于是，朱熹哲学体系便可用"太极"→"物"（气）→"太极"这一逻辑系列来表示。这一系列的每一阶段，都是有序推理的结果。以朱熹哲学体系推衍，太极是形而上之理，是派生形而下的根源；形而下之物经过一番演变，其归宿又返本于形而上的太极。这表明太极是宇宙万物的本体，是抽象的理性范畴。虽然它是抽象的理性，但它又寓于具体的实物之中。朱熹曾屡次申明"人人有一太极，物物有一太极"这样一个观点。其意为一人一物中都包含着太极，太极不是离物而异在，而是内寓于物之中。同时，太极又超越于物，是万物的支配者。这就构成了"一理"与"万理"的关系。就"一理"说，"总天地万物之理，便是太极"（《朱子语类》卷九四），太极就是那个总的理，犹如月印万川一样，太极和理是天上的那个月亮；再就"万理"而言，是"理一分殊"后的事事物物中的理或太极，犹如印在江河湖海中的一个一个月亮。虽然水中月与天上月没有什么两样，但本质上却存在着形而上与形而下、抽象与具体、个别与一般、一与多及本体论、发生论等许多哲学理论问题。朱熹在周敦颐太极思维的基础上，将其进一步发展为一种高级形态的思维——理性思维。

由八卦思维、象数思维和太极思维构成了中国传统思维形态之一的象数思维。象数思维的基本功能有以下两点：

（一）统摄功能。《周易》的"象"，是经过归纳、概括和整饬过的，它包含着物象，但又不局限于个别的物象。从物象的角度说，《易》不仅有实象，而且有假象。孔颖达在《周易正义》中说："实象者，若地上有水，比也；地中升木，升也；皆非虚，故言实也。假象者，若天在山中，风自火出，如此之类，实无此象，假而为义，故谓之假也。"从物象来说，有实际存在或可能有的，也有自然界中所没有或不可能有的，但却都能在卦象中得到表现。这就说明了卦象对物象有着规范、加工和改作的功能。而这一功能的存在，使它"以义示人"的能力大大扩展了，同时也摆脱了个别物象的局限性。在思维中一面保留了"物象"的形象特点，同时又舍去了它们的偶然性因素，使形象整齐、划一。这种功能的存在，使它与抽象思维中的逻辑范畴一样，具有极强的统摄功能。

（二）中和功能。论《易》者规定：六爻之中，初、三、五为阳位，阳爻居之为当位；二、四、六为阴位，阴爻居之为当位。而阳爻居阴位、阴爻居阳位，谓之失位。由此得出，六爻之间，有相互感应关系。象数家认为，阴阳既当位、又相应，叫作中和。中和观念是儒家传统思想。它被认为是最和谐、最圆满、无矛盾、无缺陷的理想境界。

中和观念一方面把矛盾的同一性夸大为绝对性，抹杀矛盾的斗争性，否认矛盾转化，导致形而上学思维形式。但另一方面又具有一定合理性。它从整体着眼，强调统一体内部保持相对稳定的平衡。事物的发展是一个序列，每一个环节都不能孤立存在，需同其他环节保持和谐统一。如自然环境讲究生态平衡，人体脏腑注重阴阳协调等。易数的中和功能带有古代系统论的色彩。这是象数思维的中和功能。

象数思维的基本特点有以下三点：

第一，形象性。象数思维是通过一系列的物象、形象、图像工具，进行思维和表述的，所以它具有极鲜明的形象性。这种形象性是通过"比"、"兴"去反映事物的本质和联系。"比者，附也，兴者，起也。附理切类以指事，起情者依微以拟议。"(《文心雕龙·比兴》)所谓比、兴的实质，就是比附、类比。象数思维以天、地、人、物相比附，寻求相互间的统一道理。《周易》远取诸物，近取诸身，取象的范围很广，但取象的逻辑前提是以自身行为比附于自然现象或人事经验，从中探求人与自然物的关系怎样，人应该根据什么关系来行事。在这种探求中会产生两种思考：一是人把自己与自然现象混为一体来理解，从中推导出自身被超自然力所决定的结果；二是人自行无主，作为一个行为待意志决定的生灵来理解，从中推导出对自然现象的依托。

第二，序列性。象数思维多把思维对象通过排列、组合方式，构成有机的序列系统，以便从整体上进行思维。所以，序列性的实质是系统性。这种系统性表现在思维的价值取向是天、地、人的协调和谐，思维的探索对象是自然、社会、人生的一体化系统。它强调"天人合一"、"知行合一"、"情景合一"。这三大合一构成了中国传统哲学的重要特点，其思维来源就是象数思维的系统性。

第三，朴素的辩证性。象数思维从相互关系中、从发展变化中考察问题、分析矛盾，是一种古朴的辩证思维。象数思维的阴阳"交易"，使德国哲学家莱布尼茨入迷，探究其中的奥妙发现了二进位制。象数思维的"太极演为两仪，两仪演为四象，四象演为八卦"和"合之斯为一，衍之斯为万"，是辩证法"一分为二"、"合二为一"规律最朴素的表达方式。所以，象数思维是在辩证法发展史上起过重大作用的思维。但它的这种辩证性仅仅是直观的结果，因而尚需要改造、升华。

(载《孔子研究》1990年第1期，第16—22页)

释"舜水学"

在中国哲学思想发展史上,曾先后出现过先秦的诸子百家之学、两汉的经学、魏晋的玄学、隋唐的佛学、宋明的理学、近代的新学等。尤其值得一提的是在明清嬗代之际,还出现了一种启迪着民族智慧、光大着东方文明的经世致用之学,即为兴邦治国、化民成俗服务的实学思潮。而"舜水学"就是这实学思潮中的一个学派。"舜水学"也是相对于"朱子学"(指朱熹的学术思想及其学脉)、"阳明学"(指王阳明的学术思想及其学脉)而言的关于朱舜水学术思想及其学脉的一种称谓。

一 "舜水学"的特点

相对于中国学术思想史上各种学派而言,"舜水学"之所以能够被称为"舜水学",其特点主要有以下三点。

(一)"舜水学"以"实"字标宗

"舜水学"以"实"为主旨。"舜水学"的"实"主要是指以孔子和孟子为代表的元典儒学,即孔孟所谓的"下学功夫"。朱舜水把这种对国计民生有益的下学功夫,称为"实学"。他认为这种实学的特点,可以用"明白平常"四字标宗。朱舜水曾对安东守约说:"孔孟先儒将现前道理每每说到极微极妙处,一概都说得明明白白平平常常,好像肤浅庸陋,其实这才是精细功夫啊!"这表明,他的"舜水学"不像宋明理学家那样讲究雕文刻镂、锦绣纂组的学问,而是存在于木豆瓦凳、布锦菽粟这些实用的东西之中。

朱舜水常以儒家圣人孔子和颜渊为例,阐明学问不在乎玄妙高远,关键是于日用能事有益。他赞美不离民生日用彝伦之间的"下学功夫",讥笑吟诗作赋和宋明理学一类的所谓"精微妙理"。朱舜水说:"空梁落燕泥",工则工矣,但对于治理国家,有什么益处呢?"鸡声茅店月,人迹板桥霜",新则新矣,但对于事理机缘,有什么用处呢?"僧推月下门",核则核矣,但对于国计民生,有什么好处呢?朱舜水这种反对脱离社会、鄙弃玄妙高远之言的学风,始终贯彻不渝。他在日本讲学时,许多日本人想要和他讨论宋明理学方面的问题,均遭到婉言谢绝。在给安东守约的书信中,他屡次斥责空谈性命天理而不即事以求理的错误。他拿良工与宋明理学作一比喻:古时候,有位非常巧妙的工匠,能够在棘端雕刻沐猴,耳目口鼻刻得十分相像,连身上的毛发都可以看得到。这种工艺虽然巧妙,可是对人类社会有什么益处呢?朱舜水通过这个生动的例子,以表明自己的学问在不用时便退藏起来,万一能够大用,就可以使时和年丰、政治还醇、风俗归厚,而决不像宋儒一般,辨析毫厘,不曾做得一事。这种返诸实事的学风,决定了"舜水学"是一种可望可即、实实在在的学问。正因为"舜水学"内容明白简易,人人皆可在实际中学到,而且不说妙说玄、骛远骛高,而是根植于民生日用彝伦之间,有益于国家社稷,具有广泛的社会价值。

"实"像一条红线贯穿于"舜水学"的各个方面,如政治方面的"革新论",经济方面的"致用论",哲学方面的"实践论",史学方面的"尊史论"等。

(二)"舜水学"以"批"字为要

"舜水学"以强调实践为主旨,以批判宋明理学为主脉。他上继陈亮,下启颜元,继承和发扬了中国古代唯物、唯实的优良传统,与其同时代的唯物思想家黄宗羲、顾炎武、王夫之等共开哲学思想一代新风。

1. 以"实理"批"天理"

宋明理学是中国封建社会后期的统治思想。从11世纪到17世纪,历时七百年之久。宋明理学比中国哲学历史上的经学、玄学、佛学的流行时期都长,因此对中国哲学思想的发展具有决定性的作用。在中国哲学发展史上,自理学形成以后,哲学基本问题由天人关系转化为理与气、道与器的关系问题,这一转化标志着哲学思想的深化。其中,"天理"(理)范畴成为理学的基本范畴和理学家手中的武器。

朱舜水客身海外，无所顾忌，为了击碎压在人们头上的天理"华盖"，他以"实理"作为投向"天理"的匕首。

诚然，"实理"这个范畴最早也是由二程提出来的。二程为了将"天理"与佛教华严宗所谓的"理"区别开来，提出了"实理"。朱熹又将二程的"实理"进一步充实，指出：佛教的偏处是虚其理，而理是实理。如果视理为"虚"，那么将会"大本不立"。这就是说如果"虚其理"，便会"无物""无理""一切皆无"，最终在理论上导致否定本体"理"的实在性。

朱舜水接受了"实理"这一概念，但他思想中的所谓"实理"，其实是指通俗浅易、看得见摸得到、有实际效益的"现前道理"，也就是实实在在的具体事物之理、之道。他把这种"实理"规定为"明明白白、平平常常"的"现前道理"，认为"实理"就是孔子所讨论的"日用之能事，下学之功夫"。

朱舜水以"实理"同理学家的"天理"相抗衡，以"实理实学"同理学家的"说玄说妙"之学相对立。他反复告诫弟子："孔子的学说就如同布帛菽粟，没有什么诡怪离奇之处，不像后来理学家那样使人炫耀而令人羡慕。然而，天下可以没有云霄雾谷，却不能没有布帛；可以没有交梨火枣，却不能没有粱粟。这些虽然是下学功夫，却明白而易晓。"这些话说明朱舜水一再印证和强调的是"实理"不脱离实际事物，是实实在在的，并以此实现对理学家及"天理"的批评。

2. 以"学知"批"良知"

朱舜水与王阳明同里。对于王阳明的"事功"，他是赞赏的，但对其"良知"说则持批评态度。朱舜水明确指出：王阳明讲"良知"，创书院，天下翕然有道学之名；然高视阔步，优孟衣冠，是其病。他也常对他的日本学生说：陆象山、王阳明之非，自然可见。不论中国还是贵国，皆不当以之为法。他自己也声明：仆非宗阳明也。朱舜水提出了"学知"范畴与王阳明的"良知"范畴相对垒。

与王阳明的"良知"说相对立，朱舜水提出了"学知"范畴，即后天的学习与践履，亦是"日用之能事"，"下学之功夫"。他强调的是后天个人主观的努力和环境对人的影响。他重视的是实际的学习和亲身体验。

基于这种"学知"论，在对客观事物的认识方面，他批评了王阳明的"良知"（即生而知之的"生知"）说。朱舜水说：生知之资，自文王、周公而后，惟有孔子和颜渊具有。但孔子却说："我不是生而知之者，我是好古敏求者。"孔子还常常说："学而不厌""下学上达"等。颜渊被称作是"闻一知十"的人，可他却强调"亟道之从学来"。孔子和颜渊都否认自己是生而知之者，都强调学而知之的重要性。为此，朱舜水强调指出："道之至极者不在生之安行，而偏在于学知利行。"认识的来源，知识的获得，不在于"生知"，而出于"学知"。只有经过后天的学习和实行，才能获得真理。

进而，朱舜水尖锐地指出，阳明学的"良知"说"染于佛氏"。这就一针见血地抓住了"良知"说的思想根源。朱舜水指出：王阳明固染于佛氏，专主良知，与朱子相水火，但又以伪学为累。这是说，他深刻指出王阳明的"良知"说吸收了佛教"万法唯心"的理论，故而称其为"以伪学为累"，并斥责熏染上佛法的"良知"说是"三脚猫"，是应该摒弃的，唯有"学知"才是圣人真传，才是实实在在的学问。

（三）"舜水学"以"外"字显名

朱舜水生前在本国沉寂无闻，但在外国日本却声光焕著，名声显赫。"舜水学"的基本内容是在国外日本形成的。同样，"舜水学"的直接价值也是在日本社会的发展中体现出来的。"舜水学"是朱舜水在与其域外日本学生的讲述、交流、释疑过程中逐渐形成的，而其文字内容被其日本弟子整理出版。

朱舜水在日本的学生很多，其直接后继传人有：

德川光国，为水户藩第二世藩主。当光国听说明遗臣朱舜水耻食清粟，乞援于日本之事时，重金聘请舜水至水户，待为宾师，亲执弟子礼。光国虚心向舜水请教，受其影响甚深。

在朱舜水以仁义治天下的大同思想影响下，光国以儒家仁学思想广施天下，关心民瘼疾苦，严禁府下骄侈，仁恕御众，使国人皆乐为其用，成一代名主。

在朱舜水"尊王一统"史学思想影响下，德川光国正名分、倡尊王，尽心修史，以兴千古之废典，开日本史学一代新风。

朱舜水谢世后，德川光国叹息不已。在茨城县久慈郡太田町瑞龙山麓的德川墓地，为舜水下葬、建碑，并亲题"明徵君朱子墓"，备礼祭之。以后，每逢舜水忌日，必亲举祭礼。光国又命水户儒臣收辑舜水遗文30卷，题"门人源光国辑"。这就是《水户本》。借此书，舜水思想得以流传于世。

安东守约，世为柳川藩儒官。自公元1659年始，安东守约就与朱舜水互通书信，后奉舜水为师。舜水书"知己"二字赠予守约。从学脉上讲，安东守约是朱舜水的亲授嫡传。无论在学风、学旨，还是在学术思想上，他都秉受"舜水学"。由此被世人称为"关西大儒"。他的主要著作《省庵先生遗集》12卷等，贯穿了"舜水学"的基本精神。

安积觉，从13岁始，便奉父命拜朱舜水为师。他们朝夕相处，形同父子。在舜水的精心培育下，安积觉博学能文，而尤其擅长史学。后入彰考馆，充任《大日本史》的编修总裁。他以朱舜水纯忠尊王、大义名分的理论思想为《大日本史》的指导精神，使舜水思想浸注其中。由于《大日本史》的编纂，使安积觉名震四方。此时安积觉总是说："幼师事朱文恭，徒有其名而无其实。"可见他对恩师的怀念之情。在日本国天理大学图书馆珍藏着一份重要的历史资料，即安积觉写的《逐日功课自实簿》，也就是朱舜水教导他每日所读的书目记录。

而朱舜水在这部《逐日功课自实簿》的扉面，亲笔题词说："学者用功须是渐进而不已，日记则不足，岁记则有余。若一曝十寒，进锐退速皆非学也。今为尔严立课题，自非疾病及不得已礼际应酬之外，须逐日登记。朔望则温习前书，为令成诵，若其中无故旷废亦于朔望之次日稽考笞责，名曰逐日功课自实簿。每晚送簿填注，毋违毋忘。"从中可以看到朱舜水的殷殷教诲和期待。

朱舜水去世后，安积觉先后撰写了《舜水先生行实》等八篇悼念文章，翔实记述了朱舜水在日本的学术生涯和活动行踪，成为今人研究朱舜水的宝贵资料。

前田纲纪，加贺金泽藩主光高之子。前田纲纪因慕朱舜水之名，拜舜水为师。在朱舜水的教导下，儒学造诣颇深。他升任加贺藩主后，以儒家思想治理天下，厘革制度宪章，兴勤俭之风，又表彰南朝忠烈事迹，谋求朝典礼仪的保存。舜水去世后，前田纲纪命本藩儒臣源刚伯编辑舜水著作，为《明朱徵君集》10卷，世称为《加贺本》。

源刚伯，为加州儒臣。公元1675年（延宝三年），受加贺藩主之命，从朱舜水受业，深得"舜水学"真谛。舜水去世后，又奉命搜集、整理舜水著作。在源刚伯的精心编辑下，成《明朱徵君集》10卷，后被收入明治末年稻叶君山博士的《稻叶本》中。舜水遗著能够保留至今，有源刚伯一份功劳。

今井弘济，14岁时受德川光国之命，从朱舜水学。在舜水的苦心教育下，弘济学术日进，慷慨有奇气。今井弘济将平日从朱舜水处"所闻事物名称"分门别类作了详细记录，后与舜水另一子弟人见传的所闻所见记录，合于一辑，题名为《朱氏舜水谈绮》，流传于世。

人见传，数从朱舜水游，得朱舜水经学嫡传，喜读《易》，善治经。人见传虽身处要职，但未尝一日不读书，抄篡寻绎，更是至老不倦。为此，朱舜水称其纯笃，期以老成。人见传将从舜水那里学到的"简牍素笺之式，深衣幅巾之制，丧祭之礼"等翔实记载与今井弘济的记录放在一起，这就是今人看到的《朱氏舜水谈绮》。其印本于公元1708年由书林茨城多左卫门寿梓、神京书铺柳枝轩茨城方道藏版所刻。全书计上、中、下三卷，分装元、亨、利、贞四册。《朱氏舜水谈绮》是研究朱舜水思想的一部珍贵的资料。

奥村庸礼，金泽藩国老，历仕前田利常、光高、纲纪三世。他壮年时好禅学，受教舜水门下后，以禅为妄，翻然改图。奥村庸礼继承了舜水的"实理实学"思想，以躬行实践为求学之要。他出身巨室，担负重任，机务之暇，笃学力行，朝野皆服其德。庸礼不仅自己拜舜水为师，还令其子也赴江户受学于舜水，并将"舜水学"视为家学。

朱舜水对日本社会的影响力，绵延悠久，致使今人不能忘却。

二 "舜水学"的价值

"舜水学"的价值主要表现在两个方面，即在日本，"舜水学"促使了日本文运的转机；在中国，"舜水学"催化了中国社会的革新。

朱舜水是日本学术思想由迷津佛教、崇尚心性的朱子学，转向以经世治民、不务空谈为主旨的日本实学的促使者。

为了给禅风溺人、宋学嘘人的日本学术界注入一股讲究实学、倡导实践、注重实行、追求实功的清新学风，朱舜水积极反佛排佛。

朱舜水初到日本时，深感"嘘佛之气，足以飘我；濡佛之沫，足以溺我"。对此，朱舜水在给独立和尚的信中说道："东武户口百万，而名为儒者仅七八十人，加以妇女则两万人中一儒也。而其人又未必不佛。欲望儒教之兴，不几龟毛兔角乎？乃欲以此辟佛，是以蚊撼山也。"可见在佛教盛行的日本，反佛是极端艰辛的。但朱舜水力辟草莱，决心兴儒辟佛。一方面，他指出释氏以空疏之理害人的弊端，同时揭露佛教用荒唐却易懂、空疏而近理的语言佯诱人心的实质；另一方面，他积极创办学校，努力宣讲儒学。他在为大村因幡守纯长作的《座右箴》中写道："贵国近世无真儒，故使异端邪说日新月盛。然台下欲学圣人之道，欲以圣人之道驱除异端邪说也。"在以兴儒排佛思想支配下，朱舜水努力弘扬儒学，教导学生。在他的影响下，德川时期确实出现了一批反佛排佛的思想家。其中最卓越的代表者是日本唯气论的奠基人伊藤仁斋和他的长子伊藤东涯。仁斋父子不信鬼神，又斥卜筮之说。他们在其著作《训幼字义》中引述中国梁朝范缜的《神灭论》中的"形骸灭时则神亦灭"和宋代张载的"形溃反原"之说，认为古今鬼神之说，大都如此。在崇佛万分的神国日本，称伊藤仁斋父子的这种无神论思想为思想界之革新思潮，亦非为过。这实在是朱舜水促成日本学术界发生转机的重要历史意义之所在。

与反佛同步，带着对明亡的阵阵隐痛，朱舜水力矫性理学的空虚之弊，使重行尚实蔚为风尚。他向求学问道的日本官员、学者，历数"说玄道妙，言高谈远"的迂腐学风导致明亡的惨痛教训，竭力宣扬治学为国计民生的道理。在朱舜水重实儒学观的羽翼下，孵化出了具有偏重经济论（经国济民的理论）和批判性（对脱离实际的性理学的批评）为特征的日本儒学。

朱舜水是德川末期发动倒幕（推翻幕府统治）维新（变革社会）运动的日本水户学派的开山鼻祖。日本水户学派是以水户藩德川家编纂《大日本史》事业为中心而发达起来的。按时代可分水户前期和水户后期两个阶段。前期水户学派以德川光国所设彰考馆为中心，发展了水户史学；后期水户学派以德川齐昭所设弘道馆为中心，发展了水户政教学。但无论前期、后期，其根本精神都是提倡大义名分、尊王抑藩、尊王（拥护天皇）攘夷（驱逐洋人）。而这些思想都可溯源于朱舜水。

这诚如后藤新平男爵所赞誉的那样：

> 明季徵君朱之瑜，邻邦所贡之至琛又至宝也。道义则贯心肝，学术则主王业，不得行怀抱于故国，而却传衣钵于我邦。……之瑜既义不帝秦，坚守鲁连之志，遂来蹈东海，得以公（光国）之知遇，乃为与凑川之原告不朽千古之人。况于其纯忠尊王之精神，滂溥郁屈，潜默酝酿，可二百年，而遂发为志士勤王之倡议，一转王政复古，乃至翼成维新之大业，以致国运今日之蔚兴。我之所得于之瑜也固大矣。[1]

朱舜水还是中国近代社会革新的催化者。

朱舜水强烈的民族气节和情操是激发中国近代辛亥革命的催化剂。在朱舜水以绝伦逸君的才识、光明俊伟的人格、纯挚和蔼的情感给日本人民以莫大的感化之时，他在中国却鲜为人知。但到了中国近代，特别是辛亥革命之际，他的思想和学说在中国进步青年中发生了极大的影响。

由于朱舜水是明朝末年的民族志士，虽然没有做过明朝的官，却关心国家的存亡和人民的安危，仍忠于明室。为了匡复明室，他曾三赴安南（现越南）、五渡日本、奔走于厦门舟山之间，并不惜向日本乞师复仇。为了表达对明室的忠贞，他誓师不履清土、不食清粟、蹈海全身、亡命于日本，以传播中华文化为职志。在日本期间，他始终蓄明发、着大明衣冠。71岁时，自己用桧木做好棺木，叮嘱门人：逆虏不亡，满族不出关，灵柩不可运回故国。他不但自己忠贞守节，还教导他的子孙不要做清室官吏。由此可见他对明王朝的怀恋之情。

朱舜水的这种强烈的反清思想像电流一般，触及了清末立志推翻帝制、创立民国的一代青年人，尤其在留日中国学生中引起了强烈震颤。其作用如梁启超在《中国近三百年学术史》中所说：

> 夏峰、梨洲、亭林、船山、舜水这些大师，都是才气极倜傥而意志极坚强的人，舜水尤为伉烈。他反抗满族的精神，至老不衰。他著有《阳九述略》一篇，内分致虏之由、虏祸、灭虏之策等条，末题

"明孤臣朱之瑜泣血稽颡谨述"。此外，文集中关于这类的话很多。这类话入到晚清青年眼中，像触着电气一般，震得直跳，对于近二十年来的政治变动，影响实在不小。他死后葬在日本。现在东京第一高等学校，便是他生前的住宅，死后的坟园。这回大震灾，侥幸没有毁掉。听说日本人将我们的避难学生就收容在该校。我想，这些可爱的青年们当着患难时候，瞻仰这位二百多年前蒙难坚贞的老先生的遗迹，应该受不少的感化吧。

随着清末革命运动的发展，朱舜水的遗著逐渐传入中国。鲁迅说过："时当清的末年，在一部分青年的心中，革命思潮正盛，凡有叫喊复仇和反抗的，便容易引起感应。……别有一部分人，则专意搜集明末逸民的著作，钻在东京或其他的图书馆里，抄写出来，输入中国，希望使忘却的旧恨复活，助革命成功。于是，《扬州十日记》、《嘉定屠城记略》、《朱舜水集》、《张苍水集》等都翻印了。"

中国革命的先行者孙中山在日本组织同盟会时，时常引用朱舜水的反清言论，作为革命的宣传。

朱舜水强烈的反清言论和思想在清末广大进步青年和人士中引起了共鸣：人人思奋，个个感召，意图推翻清朝，创建民国。这便是"舜水学"在中国近代社会的价值。

注释

[1]《朱舜水全集序》，《朱舜水集》附录四，第796页。

（载《杭州师范大学学报》（社会科学版）2009年第4期，第15—19页）

王阳明"致良知"说的当代启示

我们党一贯坚持反对腐败,建设廉洁政治。因为这是关系到我们党生死存亡的重大问题,也是全国人民十分关注的政治问题。为此,胡锦涛同志在中国共产党第十八次全国代表大会上做报告时,针对"反腐倡廉"问题,特别指出:"坚定不移反对腐败,永葆共产党人清正廉洁的政治本色。反对腐败、建设廉洁政治,是党一贯坚持的鲜明政治立场,是人民关注的重大政治问题。这个问题解决不好,就会对党造成致命伤害,甚至亡党亡国。反腐倡廉必须常抓不懈,拒腐防变必须警钟长鸣。"在"反腐倡廉"的实际操作方面,我国于2003年12月加入了《联合国反腐败公约》。根据此公约的要求,于2007年9月,又成立了国家预防腐败局。一段时间以来,预防腐败的制度建设成为我党反腐倡廉体系的重要环节。透过这一环节,使党员和干部受到了教育和监督。在一定程度上,起到了廉政风险防控的作用。但这种外在的防控,毕竟是一种外因,是一种外力。这种外因、外力必须与内因、内力相结合,才能从根本上起到预防腐败、拒腐自廉的效果。笔者以为,这种内因、内力,就是通过自我不断地修养和觉悟,达到不断地提升自我的思想境界。这种思想境界,用中国传统文化之儒家的语言来表述,就是:去恶从善,大仁大义。而最能集中体现这种思想境界的,就是中国明代大儒王阳明临终前的最后一句话:"此心光明,亦复何言?"这就是阳明境界。王阳明将他的这种境界,概括为"致良知"。王阳明将"致良知"称之为"圣门之正法眼藏",并说"致良知"是他"从百死千难中得来的"。的确,"致良知"是王阳明在心灵经历了艰辛的磨炼后才提出来的。

一

王阳明（1472—1529）名守仁，字伯安，谥文成。祖籍浙江余姚，青年时父亲迁家至山阴（越城）。后来，他在距越城不远的阳明洞天结庐，自号阳明子，学者称他为阳明先生。[1]王阳明是明代最有影响的哲学家、政治家、军事家。他的思想和学说对中国社会产生了重要影响作用，尤其是"致良知"说。"致良知"是王阳明在经历了一生中的三次磨难，即"龙场"磨难、"平藩"磨难和"张许"磨难之后，于晚年悟出的真知灼见。

王阳明主要活动在明代中叶。明代开国初期的社会稳定、市场繁荣的景象此时已不复存在。当时的朝政大权把持在太监刘瑾手中。刘瑾专权，结党营私，排斥正直大臣，大肆淫威；同时，刘瑾又搜刮各地方财物据为己有，侵夺民间土地置为"皇庄"；集权力与腐败于一身。由此，使朝政日衰。这种政治局面，引起了当朝正直大臣的极大忧患。于是，他们纷纷上书，交章极谏，列论刘瑾等人罪状。但在刘瑾组成的权力网的监控下，这些正直的大臣或被削籍为民，或被下诏入狱，或被杖死狱中。面对此情此景，时任兵部主事的王阳明挺身而出，上疏力挺这些蒙冤的正直大臣。刘瑾大怒，逮捕阳明入狱，廷杖四十，贬为贵州龙场驿驿丞。在王阳明赴贵州的路上，刘瑾派人尾随阳明之后，意欲伺机加害。正德二年（1507年）夏，阳明行至杭州，因发现有人追杀，遂假托投钱塘江淹死，并作《绝命诗》二首。几经周折，于正德三年（1508年）春天，王阳明终于到达贵州龙场。龙场在今贵州省修文县境内，海拔高度在一千三百米左右，重峦叠嶂，峰岭连绵，雨量充沛，湿度较大，蛇虺魍魉，蛊毒瘴疠。在当时交通不便的情况下，龙场已是边荒极僻之地。当地居民以苗族为主，语言不通。王阳明只能岩居穴处，采蕨采薪，取水做糜。王阳明面对异常简陋的生活条件与艰苦的生存环境，始终思考这样一个问题："圣人处此，更有何道？"即若是圣人处于与自己同样的境地，圣人会怎样做呢？这种思考，实际上是他心灵的自我反省。这表明王阳明要求自己按照圣人的心态去观照自己所处的环境和当下生活。也就是说，王阳明在自己心灵之中切入了一种圣人心态。在这种圣人心态的观照下，王阳明的思想发生了重要转变。《年谱》云：

> （阳明）因念"圣人处此，更有何道？"忽中夜大悟格物致知之旨，寤寐中若有人语之者，不觉呼跃，从者皆惊。始知圣人之道，吾性自足，向之求理于事物者，误也。[2]

这就是后人所说的"龙场悟道"。"龙场悟道"的实质内容就是"圣人之道，吾性自足"。这就是说，不应当从外在的事物中去寻求"理"的实在，"理"的实在原只在"吾性"本身的灵明。这里的"理"，可理解为事物的道理、规则、规律等；这里的"吾性"，可理解为心灵、心性等。"圣人之道，吾性自足"就是说，在圣人心态的观照下，外界事物之理都归源于心灵本体的实在性。因此，外在的生活世界应该统摄于心体的管控之中。即是与非、善与恶、美与丑、苦与乐、好与坏等皆在心体的管控之中。所以，完成了"龙场悟道"的王阳明对其所处的环境，发生了根本改观。虽然仍处于患难，仍居于"夷狄"，但他的心却已经摆脱了"陋"的俗情的纠缠，而畅游于圣人的精神境界。谪居龙场，确实是王阳明生活中的巨大磨难，但源于他对生活真谛的不懈追求，使他在生命的痛苦之中完成了心灵境界的一次重要飞跃。王阳明在晚年揭示"致良知"说时，曾对这次"龙场"磨难的意义说道："吾良知二字，自龙场以后，便已不出此意，只是点此二字不出，与学者言，费却多少辞说。今幸见此意，一语下，洞见全体，真是痛快！"这是说，"龙场悟道"使王阳明认识到"心外无理"，即至善者为心之本体，至善根于本心，道德法则源于道德主体，这与他后来所说的"良知便是天理"是一个意思。[3] 可见，"龙场"之难为王阳明后来提出"致良知"说奠定了思想基础。

"平藩"之难是王阳明生活中的又一次重大磨难。朱元璋建立明朝后，拼命扶持朱姓势力，扩大统治支柱，分封自己的儿子及侄辈到各地去做"藩王"，第十七子朱权被封为宁王，封地在长城喜峰口外大宁。永乐元年（1403年），篡夺了皇帝宝座的燕王朱棣，把助其成事的朱权的封地改封到了南昌。正德年间袭封的朱宸濠，就是朱权的玄孙。朱宸濠见武宗朱厚照年近三十还没有儿子，心想将来皇位继承定会出现重大变故。于是，起了夺取皇位的反心。他暗自扩充王府护卫队，打造兵器，积蓄粮饷，勾结鄱阳湖强盗及山贼洞蛮，并与不少朝中权贵及专权太监串通配合，伺机起兵谋反。正德十四年（1519年）六月初，王阳明奉朝廷之命，前往福建戡平兵变。当他乘官船沿赣江顺流而下抵丰城县时，得知朱宸濠于六月十四日起兵谋反。王阳明面对这一严重的突发事件，立即作出了睿智的判断，立即乘船溯赣江而上，疾驶重返吉安，准备调兵"勤王"。朱宸濠闻知后，派兵急追。《年谱》记载此事说："（阳明）先生闻变，返舟，值南风急，舟弗能前，乃焚香拜泣告天曰：'天若哀悯生灵，许我匡扶社稷，愿即反风；若无意斯民，守仁无生望矣。'须臾，风渐止，北帆尽起。"为躲避朱宸濠的追兵，王阳明乘夜色弃官船，转乘小渔船抵达吉安。第二天，立即上报朝廷朱宸濠谋反之事。在朝廷援兵未到之时，面对朱宸濠的十万大兵，王阳明使用一系列的反间之计、攻心之策，收到了未战而折人之兵的效果。与此同时，王阳明又反复上奏朝廷，请派救兵平叛，但朝廷迟迟未果。在万分危急之中，王阳明设谋运筹，纠集义勇，施以急攻巧战，终于活擒朱宸濠，全面平息了朱宸濠谋反这一震惊朝野的严重事件。面对宁王朱宸濠谋反时的嚣张气焰，王阳明不计个人安危，将生死置之度外，以深邃的谋略、雄浑的胆略、宏阔的胸怀，举重若轻、履险若夷，只十余天时间，便一举平息了这次谋乱。这表明了王阳明磊落的心地、高远的气度和充沛的仁义。但是，迅速平定宁王朱宸濠叛乱这一重大事件，不但没有给王阳明带来好处，反而给他带来了耸人听闻的诬陷毁谤。这就是"张许"磨难。

正当王阳明生擒朱宸濠、平定南昌、抚慰军民、竭力恢复民众的生活，并将朱宸濠等俘虏登记造册即将遣送京城之际，朝廷却开始商讨要对江西"命将讨贼"。1519年8月，兵部会议征剿宸濠方略，武宗朱厚照下诏曰："江西宁王谋为不法，事情重大，朕当亲率六师，奉天征讨，不必命将。"于是，率京师官兵一万余人，浩浩荡荡出师南征。行到良乡（今北京市西南，属房山区）时，王阳明的《擒获宸濠捷音疏》送达，但武宗仍然坚持要御驾亲征。阳明得知后又上疏竭力劝阻，称将亲自押解朱宸濠赴京献于阙下。武宗非但不听，且屡次以"军门檄"令王阳明停止献俘，等候御驾。加之武宗佞臣张忠、许泰虽已得知王阳明将亲自献俘京师，但出入邀王阳明之功为己有之私心，竭力怂恿武宗"御驾亲征"，勒令王阳明停止献俘，并捏造军情，苛责王阳明"当此新乱之余"，不曾

"留心抚绥地方",而是"固执一见,辄要自行获解俘虏,私请回师"。尤其令王阳明意想不到的是,张忠、许泰为达到他们的卑鄙目的,不但全然无视王阳明最早倡议讨伐宁王并出生入死与之拼搏的事实及其活擒宁王的功绩,反而公然对王阳明大肆诬陷,竟然说王阳明是宁王朱宸濠的反叛同谋,因见朝廷出师,天兵降临,才不得已将朱宸濠抓获。张忠、许泰为罗织王阳明所谓交通朱宸濠的罪行,还在江西逮捕了王阳明的弟子冀元亨,将其押赴京师,投入锦衣狱,严刑逼供,备受折磨,元亨不屈而死。张忠、许泰率兵进驻南昌后,他们挟天子之令,肆意妄为,对江西人民荼毒残害。王阳明处于大仁大义,强抑内心的愤懑,一方面为江西人民少受其苦而尽力斡旋;另一方面为稳定时局,将原先的《擒获宸濠捷音疏》略加修改,把张忠、许泰等人的名字加入其中,作《重上江西捷音疏》。由此,促成武宗终于班师返回北京。从而,在很大程度上起到了稳定政治局势的作用。由此可见,王阳明为了国家之大义而忍辱负重,以公义之心而周旋于佞幸之间,表现了凛然的正义之气和仁爱之心。

"平藩"之难和"张许"之难使王阳明对于生命的本质有了一种切身的体悟,也使他面对困厄艰险有了一种独特的觉悟。从平定朱宸濠之变到经张许之难,王阳明在极其复杂险恶的政治军事环境中,沉着应变,终于摆脱了危机和困境。这使他觉悟到只要有一颗无私、至善的心,并使它发扬光大,就会遇险不惊,化险为夷。这就是"良知"和"致良知"。所以,在他以后的谈话和文字中,充满了对"良知"的赞美以及把"致良知"看作巨大发现的一种惊喜之情。如他说,"某于'良知'之说,从百死千难中得来,非是容易见得到此。"[4]又《年谱》记载:"自经宸濠、(张)忠、(许)泰之变,(阳明)益信良知真足以忘患难、出生死,所谓考三王,建天地,质鬼神,俟后圣,无弗同者。"[5]正因如此,王阳明确信:"我此'良知'二字,实千古圣圣相传一点滴骨血也。"[6]"近来信得'致良知'三字,真圣门正眼法藏。往年尚疑未尽,今自多事以来,只此良知无不具足。譬之操舟得舵,平澜浅濑,无不如意,虽遇颠风逆浪,舵柄在手,可免没溺之患矣。"[7]"'致良知'之外无学矣。自孔孟既没,此学失传几千年,赖天之灵,偶复有见,诚千古之一快!"[8]王阳明晚年征思田中,写信谆谆告诫儿子,强调"吾生平讲学,只是'致良知'三字"[9]。可见,王阳明从千死百难的磨难中悟出的"致良知"说是他思想的根本宗旨和最后归宿,这也标示着阳明哲学的圆满形成。[10]

二

王阳明"致良知"说的哲学意蕴包括以下三方面内容:

(一)"良知"的内涵

"良知"概念出于《孟子》。《孟子·尽心上》说:"人之所不学而能者,其良能也。所不虑而知者,其良知也。孩提之童无不知爱其亲者,及其长也,无不知敬其兄也。"按照这个说法,"良知"是指人的不依赖于环境和教育,自然而然具有的道德意识与道德情感。王阳明继承了孟子的这一思想,他认为:"心自然会知,见父自然知孝,见兄自然知悌,见孺子入井自然知恻隐,此便是良知不假外求。"[11]这里的"自然",表示"良知"不是外在东西内化的结果,而是主体内在本有的。这样的"良知",细分析具有三层意义。即:

第一,"良知"即谓圣。

"圣人"是中国传统文化中理想人格的典范,是儒家修养的最高境界,也是儒家固有的性善论的必然结果。王阳明认为,圣人不难求,因为"心之良知是谓圣"。关于"良知"与"圣人"的关系,《传习录下》有两条记录,集中记载了王阳明关于"良知"与"圣人"关系的观点。一条是九川所录:

> 在虔,与于中、谦之同侍。先生曰:"人胸中各有个圣人,只自信不及,都自埋倒了。"因顾于中曰:"尔胸中原是圣人。"于中起:"不敢当。"先生曰:"此是尔自家有的,如何要推?"于中又曰:"不敢。"先生曰:"众人皆有之,况在于中!却何故谦起来,谦亦不得。"于中乃笑受。又论:"良知在人,随你如何,不能泯灭,虽盗贼,亦自知不当为盗,唤他做贼,他还忸怩。"于中曰:"只是物欲遮蔽,良心在内,自不会失。如云自蔽日,日何尝失了!"先生曰:"于中如此聪明,他人见不及此。"

这条记录的主要意思是说，王阳明认为"人人胸中有圣人"，只是不自信，故被自埋了。于是对他的弟子于中说：你胸中原是圣人，众人胸中都有，因为良知在心中，不管怎样，都不能泯灭。比如盗贼，他自知不应偷盗，所以你唤他贼，他还会不好意思。弟子于中领悟说：良知在内，自不会失。只是物欲将它遮蔽，就如同云遮住太阳，太阳本身不会消失一样。王阳明称赞于中聪明。这条记录表明，王阳明提出"人胸中各有个圣人"是为了突出人的道德主体性和道德主体的内在圆满性。王阳明不仅认为人可以"成为"圣人，而且进一步提出来人"本来"就是圣人。这对常人而言，不啻一声惊雷。人从"不敢"确信自己内在的圆满性，到确信胸中本来有个圣人，必然是一个主体意识大大提高的过程。当人们觉悟到"良知"内在本有时，他就会自觉地在主观上按照"圣人"标准行事。

另一条是黄省曾录：

先生锻炼人处，一言之下，感人最深。一日，王汝止出游归，先生问曰："游何见？"对曰："见满街人都是圣人。"先生曰："你看满街人是圣人，满街人到看你是圣人。"又一日，董萝石出游而归，见先生曰："今日见一异事。"先生曰："何异？"对曰："见满街人都是圣人。"先生曰："此亦常事耳，何足为异！"

这条记录的意思是说，王阳明用"满街都是圣人"教育弟子，以此唤醒每个人对心中固有良知的信任。这里必须指出的是，所谓"满街都是圣人"，不是讲每个人现成地就是圣人，这与王阳明的本意相背。如上所述，王阳明认为每个人胸中有个圣人，是指良知本体而言，现实的人则只能说是潜在的圣人。严格地说，只能说良知即圣。王阳明说："心之良知是谓圣，圣人之学，惟是致此良知而已。自然而致者，圣人也。勉然而致者，贤人也。自蔽自昧不肯致之者，愚不肖者也。愚不肖者，虽具蔽昧之极，良知又何尝不存也。苟能致之，即与圣人无异矣。"[12]又说："善即良知，言良知则使人尤为易晓。故区区近有'心之良知是谓圣'之说。"[13]王阳明强调良知即圣，强调"人人胸中有圣人"，其目的是为了提醒人们要加强自我的道德修养以提升自我的道德境界。

第二,"良知"即是非之心。

王阳明认为"良知"是人的内在的道德判断与道德评价的体系。"良知"作为意识结构中的一个独立的部分,具有指导、监督、评价、判断的作用。所以,王阳明所说的"良知",无疑就是伦理学的"良心"范畴。为此,他强调"良知"就是是非之心。如他说:"是非之心,不虑而知,不学而能,所谓良知也。"[14]又说:"良知只是个是非之心。是非只是个好恶,只好恶就尽了是非,只是非就尽了万事万变。"[15]还说:"夫良知者即所谓'是非之心,人皆有之',不待学而有,不待虑而得者也。"[16]具体讲,王阳明之所以称"良知"为"是非之心",是因为它是判断好与坏、善与恶、邪与正的准则、指南针、明师。王阳明曾向陈九川明确指出:"尔那一点良知,是尔自家底准则。尔意念着处,他是便知是,非便知非,更瞒他一些不得。尔只不要欺他,实实落落依着他做去,善便存,恶便去。"[17]王阳明还教导他的弟子说:"这些子看得透彻,随他千言万语,是非诚伪,到前便明。合得的便是,合不得的便非,如佛家说心印相似,真是个试金石,指南针。"[18]"人若知这良知诀窍,随他多少邪思枉念,这里一觉,都自消融。真个是灵丹一粒,点铁成金。"[19]王阳明在回答一友提问时还讲道:"良知原是完完全全,是的还他是,非的还他非,是非只依着它,更无有不是处。这良知还是你的明师。"[20]众所周知,准则是人们行为的规范和尺度,指南针是人们辨别方向的依据和准绳,明师是教导人们如何做人的良师和益友。王阳明将"良知"比作准则、指南针、明师,其意义就在于他认为"良知"能指示人们何者为"是"、何者为"非"、何者为"善"、何者为"恶",进一步使人们行"是"弃"非",好"善"恶"恶"。这就是说,人们只有听从"良知"最本然的指引,依据"良知"最本真的召唤,才能积极地把握人生的路径,才能充分地了解自己人性的真实并拥有人应该拥有的尊严和价值。这里还有一点需要提及的是"良知"的监督作用,即"良知"与"心安"(自安)的关系。王阳明指出,"良知"在对是非善恶进行判断的同时,还体现为一定的心理、情感的体验(如好善恶恶),以强化对人的监督。这就是,当人的行为合于道德法则的思想和行为时,会引起欣慰;反之,违反道德法则的思想和行为时,会引起羞愧和不安。王阳明举例说:当抛弃富贵时应抛弃富贵,当听从父兄之命时应听从父兄之命,这是致良知。

其中权衡轻重,稍有私意,"于良知便不安",人心就会感到"不自安",也就是"心不安"。这是说"良知"的主要意义是为我们提供知善知恶、知是知非的准则,在帮助我们进行道德判断之外,还使我们对于自己的意念和行为,作出一定的心理的、感情的反应。当人不能依照"良知"的指引而屈服于一己私欲之时,人就会体验到"不自安"(心不安)感。这实际上是"良知"对我们的行为进行指导的另一种方式,也就是监督的方式。

第三,"良知"即人皆有之。

王阳明讲"良知"是谓"圣","良知"是"是非之心",是为了强调"良知"的内在性。与此同时,为了呼唤人们为道德理性的觉悟,他还强调"良知"的普遍性,如上所说的"满街都是圣人"。除此之外,关于"良知"的普遍性,他还说过:

> 良知良能,愚夫愚妇与圣人同。[21]
> 良知之在人心,无间于圣愚,天下古今之所同也。[22]

这里王阳明肯定了在"良知"面前,人人平等的真理。不管是圣人,还是愚人,"人人胸中都有良知",即"良知"是人人皆有的,不是某些人的专利特有。王阳明强调"良知"的普遍性,一方面是告诫人们并不需要到外部去寻找善恶是非的准则,这个准则是每个人所固有的,是完全相同的。同时又一方面,也是为了鼓励人们努力"致良知",提高道德修养,人人则可成为圣人。这就牵扯到了"致良知"。

(二)"致良知"的实践性

"良知"的内涵如上所述,"致"在王阳明的哲学思想中包含两层意义。一层意义,"致"为"充",即扩充、充拓、至极之义。"致良知"就是扩充自己发现于日常意识中的良知,使阻碍"良知"的"私意"全部去除,使"良知"全体得以充塞流行,毫无滞碍。如王阳明说:

> 若良知之发,更无私意障碍。即所谓"充其恻隐之心,而仁不可胜用矣"。然在常人不能无私意障碍,所以须用致知格物之功胜私

复理。即心之良知更无障碍，得以充塞流行，便是致其知。"[23]

这是说，如果能够剔除私意障碍，使"良知"充拓至其极，那就达到孟子所说的"扩充恻隐之至其极，则人不可胜用"。但是，普通人常由私欲私心遮蔽了"良知"，所以必须用功清除遮蔽，"良知"本体才能全体呈露，才能充塞流行，这就是"致良知"。可见，所谓"致良知"，从积极的方面说就是充拓"良知"到极致，从消极方面说就是去除私欲障蔽。简单地说，"致良知"就是把心之良知"扩充到底"。

"致"的另一层意义是"依良知而行"，就是按照"良知"的准则去做、去行、去落实、去实践，这是王阳明更为强调的一面。他在《答顾东桥书》一文中说："良知良能，愚夫愚妇与圣人同。但惟圣人能致其良知，而愚夫愚妇不能致，此圣愚之所有分也。"[24]这段话的第一句如上所述，是讲"良知"的普遍性。而第二句则是说圣愚的区别处便是这一"致"字。能依良知而行者为"圣"，不能依良知而行者为"愚"。可见，为"圣"为"愚"的关键是"行"。王阳明在《书朱守乾卷》一文中也表达了同样的意思。他说："人孰无良知乎？独有而不能致之耳。……良知也，是所谓天下之大本也；致是良知而行，则所谓天下之达道也。"[25]"致"就是依"良知"而行，这才是天下之达道。这两条语录说明只有依良知而行才能成为圣人；只有依良知而行，才是天下之达道。可见，王阳明认为"行"是致良知的一个内在的要求和规定。正是在强调"行"的这重意义上，后人又将阳明哲学称为力行哲学。王阳明自己也认为他的"致良知"说体现了他早年提出的"知行合一"说的精神。"良知"为"知"，"致"则有力行之义，所以"致良知"即"吾所谓知行合一"。

"致良知"的实践性告诫人们，由于"良知"本体常常会被小己私欲所遮蔽，或受到狭隘思虑杂念的干扰，因此人的行为往往带有功利性。这就需要通过"致良知"的功夫，恢复至善心体的全体大用，使良知本体之心全体呈现，无滞无碍，充沛流行，落实于社会生活的各个方面。依良知而行，就可以"念斯民之陷溺，则为之戚然痛心"，就可以"视人犹己，视国犹家，而以天地万物为一体"。由此达到一种大公无私、至善至仁、真诚无伪的崇高境界。

（三）"致良知"的修炼

"致良知"的实践性决定了其修炼工夫必须是"事上磨炼"。王阳明在回答弟子关于如何修炼时说："人须在事上磨，方立得住，方能静亦定，动亦定。"[26]又说："人须在事上磨炼做工夫，乃有益。若只好静，遇事遍乱，终无长进。"[27]这就说若只讲静坐冥思，而不接触实际，不在事上磨炼的话，那么一遇事便会乱，不知如何应对，如何处理。所以，只有经过事上磨炼，才能不动心，人才立得住。王阳明在回答聂文蔚关于如何"致良知"时说："故区区专说致良知，随时就事上致其良知。"[28]"就事上致其良知"是讲只有通过具体事情的磨炼，才能将私欲杂念去除掉，使至善至诚之心体完全呈露出来，做一个顶天立地的人。《传习录下》有两条记录，生动地说明了"就事上致其良知"的意思。

一条记录说：有一属官因久听阳明讲学，说："此学真好！只是簿书讼狱繁难，不好学。"王阳明听后对他说："我何尝教你离了簿书讼狱，悬空去学？你既有官司之事，便从官司的事上为学，才是真格物。比如断案不可因他应对无状，起了怒心；不可因他言语圆转，生了喜心；不可因厌他有所嘱托，加意惩治；不可因他有所请求，屈意服从；不可因自己事务繁冗，随意断案；不可因别人诽谤罗织，随人处置。这许多意思皆是私心，只有你知道。断案必须精细省察克治，不使此心有一毫偏差，杜人是非，这就是格物致知。簿书讼狱之间都是实学。若离了事上磨炼，就是著空。"[29]王阳明教导属官，要在簿书讼狱之事上磨炼，即不起怒心、不生喜心，不加意惩治、不屈意服从、不随意断案、不随人处置，去掉一切私心，以公正之心断案，便是"致良知"。

另一条记录说：有人认为童子不能格物，只能教他洒扫应对之事。王阳明闻后说："洒扫应对就是一件事，童子良知只到此，便教他去洒扫应对，就是致他这一点良知了。如童子知敬畏先生长者，这也是他的良知处。所以他在嬉戏时见了先生长者，便作揖恭敬，是他能格物以致敬师长之良知了。"又说："自童子以至圣人，皆是此等工夫。"[30]这里王阳明明确指出，童子在做洒扫应对之事时，就是致他勤劳认真工作这一点良知。童子在玩耍时见了先生长者，马上作揖敬礼，这表明他能致敬畏师长之良知。可见，童子不管是致勤劳认真工作之良知，还是致敬畏师长之良知，都是通过"事上磨炼"才达到致其良知的。这就是王阳明强调的"就事上致其良知"。

"致良知"说是王阳明一生学术思想最具有总结性意义的定论。"致良知"能够提升人的心性觉悟和心灵境界,使人类能够在良知的朗照指引下获得更合理、更健康的发展。总之,开人心之光明是"致良知"说的终极目的。[31]

三

王阳明是距今四百多年前的先人,他的思想和学说不能照搬于当下社会,但他提出的"致良知"说对当下社会确实具有借鉴和启示的作用。具体表现为以下几点:

第一,凡是心智健全的人都具有判断是非的能力,都具备恻隐之善心,即有良心、良知。这就是说人人都具备成为一个对社会有益的人的内因。不管你是普通群众还是共产党员,不管你是老百姓还是国家公务员,都应该依据良心、良知的准则去行动。当你的行为符合良心、良知的准则时,你会感到欣慰;当你的行为与良心、良知的准则相违背时,你会感到不自慊。这就是道德自律。共产党员和国家公务员更应该加强自我的道德自律性。这样才能不被一己之私利所诱惑,才能抗拒腐蚀,成为名副其实的共产党员和尽忠职守的国家公务员。

第二,当下社会是一个五彩斑斓、充满欲望和诱惑的时代,人们的良心、良知难免会被小己私欲所遮蔽,因此人们的行为也往往在功利性意欲的裹挟下进行,这就是贪婪。其结果就是腐败。可见,腐败就是当良心、良知被私心和私欲所蒙蔽时,人在功利欲望驱赶下的一种非本然性的行为。因此,防腐、治腐的关键就是要清除掉蒙在良心、良知上的各种障蔽,恢复良心、良知至善的本来面貌。这就要求人们加强自我道德修养,去恶存善、去邪存正、去非存是、去私存公,使吾心充满光明。在光明心体的朗照下,各种诱惑、各种圈套、各种手段,都会失去使人腐败的作用,而将人的行为纳入道德自律的轨道上来。

第三,"防腐倡廉"是当下的一个时代课题。每一名共产党员和每一位国家公务员在这一时代课题面前,应当警钟长鸣。其具体做法就是应当在自己的工作岗位上，随时随地在事上磨炼自己的品格和意志。不管是普通工作还是重要工作，都应该出于公心，兢兢业业、夙夜为公，做到对社会、对人民、对国家有担当、有责任心、有使命感，这样才能视人为己、视国为家，成为一个心胸坦荡、光明磊落的人。在这样的人身上，永远闻不到腐败的气味。所以，时时处处检讨自己的行为，这是每一名共产党员和每一位国家公务员"防腐倡廉"的必修课。

第四，如上文所述，"致良知"是王阳明在经历了百死千难才悟出来的。他不仅以此教导弟子门人，而且自己也付诸实行。王阳明一生坎坷多难，虽然他为大明王朝出生入死、尽忠职守，但始终受到朝中权臣的嫉恨谗妒和不公平的待遇。面对这一切，王阳明以仁义之心，浩然正气为民办事，为国解忧，直到去世。所以，他临终的遗嘱只有"此心光明"。活在当下的人们，比王阳明的境遇要好得多，但不免也会遇到各种各样的麻烦或误解，尤其是在反对腐败、防止腐败的问题上更是如此。这就需要人们坚定立场，面对纷繁复杂的现实社会，勇于磨炼自己、升华自己，以一颗正大光明之心，凛然正气之身，挺立于天地之间，做一个堂堂正正的、有价值的人。

注释

[1] 陈来：《有无之境——王阳明哲学的精神》，人民出版社1991年版，第1页。

[2] 吴光、钱明、董平、姚延福编校：《王阳明全集》卷33，上海古籍出版社1992年版，第1228页。

[3] 陈来：《有无之境——王阳明哲学的精神》，第161页。

[4]《王阳明全集》卷41，第1575页。

[5]《王阳明全集》卷34，第1278页。

[6]《王阳明全集》卷34，第1279页。

[7]《王阳明全集》卷34，第1278—1279页。

[8][12]《王阳明全集》卷8，第280页。

[9]《王阳明全集》卷26，第990页。

[10] 以上参见董平《王阳明的生活世界》，中国人民大学出版社2009年版，第2、5章；司燕人：《阳明境界》，中国社会科学出版社2007年版，第2章。

[11]《王阳明全集》卷1，第6页。

[13]《王阳明全集》卷6，第214页。

[14][22]《王阳明全集》卷2,第79页。

[15]《王阳明全集》卷3,第111页。

[16][25]《王阳明全集》卷8,第279页。

[17][27]《王阳明全集》卷3,第92页。

[18][19]《王阳明全集》卷3,第93页。

[20]《王阳明全集》卷3,第105页。

[21][24]《王阳明全集》卷2,第49页。

[23]《王阳明全集》卷1,第6页。

[26]《王阳明全集》卷1,第12页。

[28]《王阳明全集》卷2,第83页。

[29]《王阳明全集》卷3,第94—95页。

[30]《王阳明全集》卷3,第120页。

[31]以上参见陈来的《有无之境——王阳明哲学的精神》第7章,张新民的《儒家圣人思想意域的正法眼藏——王阳明的良知与致良知学说及其现代意义》,载《阳明学刊》第3辑,四川出版集团巴蜀书社2008年版。

(载《王阳明廉政思想与行为研究》,中国社会科学出版社2013年版,第112—125页)

第二部分

韩国儒学与中韩比较儒学

中韩朱子学比较

——"理"之比较

朱熹（1130—1200）是中国朱子学一代宗师。他以博大而精细的哲学体系在中国哲学思想史上占有重要地位。其中，"理"范畴是其哲学思想的重要范畴和价值体现。三百年后，在朝鲜李朝时代，出现了一位硕儒李退溪（1501—1570）。他以谨严精详的态度，继承和发展了朱熹思想，成为朝鲜朱子学大家。同样，"理"范畴仍然是退溪哲学思想中最基本、最重要的范畴。不过，由于时间的流迁，地域的转移，韩国朱子学（退溪哲学）之"理"已不是中国朱子学（朱熹哲学）之"理"了。因此，通过中韩朱子学"理"范畴的比较，可以透视中韩民族思维的特点和价值，以及东亚儒学思想流程的轨迹和嬗变的依据，阐释东亚儒学思想的发展和演绎。在这里，本文试图通过"理气观"、"理动观"和"穷理观"比较朱熹与退溪"理"范畴的异与同。

一 理气观之比较

理气观即理与气的关系问题，是朱熹哲学中的一个根本问题。在这个问题上，他吸取并发展了周敦颐、二程的思想，从宇宙生成论的角度论述理与气的关系。一方面，他坚持以理为第一性存在，是理本论者；另一方面，他又提出了以气为本的气化、形化学说，又具有唯物主义的思想因素。所以，在理气观上朱熹哲学存在着深刻的矛盾。

在朱熹看来，有一个由纯粹观念组成的理世界，它独立存在而又决定着物质世界的存在和发展。"未有天地之先，毕竟也只是理。有此理便有此天地。若无此理，便亦无天地，无人无物，都无该载了。"[1]他认为理先于物质世界而存在。"先有是理后有是气",这是朱熹的基本观点。理与气的关系除先、后外,尚有体、用关系。他说:"天地之间有理有气。理也者形而上之道也,生物之本也;气也者形而下之器也,生物之具也。是以人物之生,必禀此理,然后有性;必禀此气,然后有形。其性其形,虽不外乎一身,然其道器之间,分际甚明,不可乱也。"[2]这些话表明了由理与气构成世界万物及人类,但理是形而上者,是生物的根本;气是形而下者,是生物的材料。理是决定气的,气是由理派生的。理在气上,气由理宰。总之,理是体、是第一性的,气是用、是第二性的。朱熹的这些思想,表明他是理本论者。但在关于人和物如何产生的问题上,由于朱熹看到了理"无造作"的功能,所以只有提出"气化"、"形化"说,加以弥补。"气能凝结造作,理却无情意,无计度,无造作,只此气凝结处,理便在其中。且如天地间人物草木禽兽,其生也莫不有种,定不会无种子白地生出一个物事。这个都是气。"[3]朱熹"气化"、"形化"说的实质,在于提出了"理在气中","理不离气"的思想。而这一具有唯物论因素的思想,又与他"理先气后"、"理本气用"说相互抵牾。

朱熹理气观上的这一矛盾,成为朱子后学向气学转变的契机。明初期,薛瑄对朱熹的"理先气后"说进行批判,继承、改造了"理在气中"的思想,向唯物方面作了重要发展。在此基础上,明中期的罗钦顺又明确提出"理气为一"的唯物命题,建立了唯物论的理气观。

在朝鲜李朝时代,朱熹的"理气"说及罗钦顺的"理气为一"说,一并东传而去。在理气观上,李退溪反对罗钦顺把"理"与"气"看成无差别的一物,而没有分别。他说:"是则遂以理气为一物,而无所别矣,近世罗整庵倡为理气非异物之说,至以朱子说为非是。"[4]并进一步在《非理气为一物辩证》中指出:"今按孔子、周子明言阴阳是太极所生,若归理气本一物,则太极即是两仪,安有能生者乎?"[5]可是,按着太极⇌阴阳⇌五行⇌万物这一宇宙生成论的思想,朱熹确有"太极"即"两仪","理"即"气"的思想。如"太极只是一个气,迤逦分作两个气,里面动的是阳,静的是阴,又分作五气,又散为万物"[6]之说。为了避免朱熹理气观的矛盾,坚持朱熹的理一元论思想,李退溪在理气观上,另辟蹊径,不是从宇宙生成论,而是从存在构造论的角度来阐释理与气的关系。对于理气关系,他不像朱熹那样,强调先后、主次之别,而是侧重于不离不杂、即离即杂的"理气妙凝"。

退溪认为"理"与"气"是相依不离、相须不分的。他说："天地之间，有理有气，才有理便有气朕焉；才有气便有理从焉。"[7]存在于天地的唯有理与气，而理、气双方互以对方为自己存在的条件，无理就无所谓气，无气亦无所谓理。因而，"天下无无理之气，无无气之理。"[8]这便是"理气之相循不离"。理与气这种相互附着、不可分离的道理，是普遍适用的，即使是死槁土尘亦如此。"大要死槁土尘亦莫不有其气，有其气便有其理。"[9]这就是理与气的相须不分。以上是退溪就理、气的不分不离关系而言。与此同时，退溪认为理与气之间又呈即离即分的关系。他说："理为气之帅，气为理之卒，以遂天地之功。"[10]这里，退溪明确指出理就是理，非气也；气就是气，非理也，即理气决非一物。另一方面，从构造论角度，强调了"理"的价值性。他关于理气主帅卒从关系的阐发，是对朱熹理一元论思想的发扬，同时也是对罗钦顺气一元论思想的批驳。退溪认为，从存在构造论的角度来看，理与气这种不离不杂、即离即杂的辩证关系，倘若用一句话来概括，就是"理气妙凝"。而理气妙凝的结果，便是理学的最主境界——"天命"。

通过以上分析、比较，可以看到朱熹从宇宙生成论论述理、气关系，这时理对气来说，呈现"超越—内在"双重关系。理先气后、理体气用，这是理对气的超越；理在气中、理不离气，这是理对气的内在。而这种"超越—内在"的双重关系，就进一步决定了朱熹的理既是"形式因"（本体）又是"质料因"（材料）的双重性。由于朱熹"理"范畴双重性的自相矛盾，就决定了朱熹理气观的矛盾性。理气观的矛盾，进一步扩展为朱熹哲学体系的内在矛盾。而李退溪从存在构造论阐述理、气关系。理为帅、气为卒，这是讲它们的对待性；理、气相依不离、相须不分，这是讲它们的统一性。理、气间这种既对待又统一的辩证性，表明了朱熹"理"范畴的矛盾性，在退溪哲学中得到了统一。理帅气卒的对待性，强调了理的价值；理、气不离不分的统一性，表明了理的圆满。

二 理动观之比较

在理气观中，朱熹认为理不像气那样能酝酿变化，凝聚动静，造作万物。因此，理必须借助于气的动静，而凝聚生物。"太极，理也；动静，气也。气行则理亦行，二者常相依而未尝相离也。"[11]在这里，他把动静的功能归结为气，那么，理究竟有无动静？理无动静，气有动静；气之动静，理"使之然也"——这是朱熹的理动观。他认为，理是形而上者，是"寂然不动"的。气是形而下者，物质世界是运动发展的，这就是他所谓的"气有动静，理无动静"，"理不可以动静言"之意。但是，理虽无动静，却是事物运动变化的根源。"从古至今，凭地滚将去，只是个阴阳。是孰使之然哉？乃道也。"[12]无动静的理，之所以成为气动静的"所以然"者，朱熹认为这是由于有动静之理的缘故。他说："有这动之理，便能动而生阳；有这静之理，便能静而生阴。既动则理又在动之中，既静则理又在静之中。"[13]正是因为存在着形而上的动之理，所以形而下的气才能产生运动。而当形而下的气发生运动时，形而上的理便寓于气中而随之运动。朱熹把这一关系，形象地比喻为"如人跨马相似"。动静之理不可见，必须搭在阴阳之气上，才能实现，这就是"所乘之机"。"乘，如乘载之乘，其动静者，乃乘载在气上，不觉动了静，静了又动。""机，是关捩子。踏着动底机，便挑拨得那静底；踏着静底机，便挑拨得那动底。""所乘之机"，亦是"太极犹人，动静犹马；马所以载人，人所以乘马。马之一出一入，人亦与之一出一入，盖一动一静，而太极之妙未尝不在焉"[14]。这就是说，从形而上的本体而言，理无动静却是气所以动静的根据；从形而下的气来说，由于有动静之理的主宰，所以才有气的动静流行不息。在理动观上，朱熹侧重于理为气动的"所以然"。

理无动静，只是使气动静的所以然。从思维方法上探讨朱熹这一理动观，是由于他认为形而上的理是无对的。虽然朱熹提出了对立统一、一分为二的辩证法思想，但他认为这只适用于形而下之"器"（气）。对于形而上的道、太极、理，他更强调的是"道无对"、"太极无对"、理"常在而不变"[15]。这种理无对的形而上思维方法，决定了朱熹在理动观上，注重于理为气动之"所以然"的思想。

正是由于朱熹片面强调了理为气动"所以然"的一面，因此在理动观上，暴露出牵强附会的弱点。既然动静之理是绝对静止的，那它为什么会成为气动静流行的终极原因呢？对于这一点，明儒曹端批评说："观《语录》，却谓太极不自会动静，乘阴阳之动静而动静耳。遂谓理之乘气，犹人之乘马。……以喻气之一动一静,而理亦与之一动一静。若然,则人为死人,而不足以为万物之灵;理为死理,而不足以为万物之原,理何足尚,而人何足贵哉?"[16] 较曹端之后的薛瑄,也认为朱熹的理无动静便是"死理"。"太极无动静,则为枯寂之物。"[17] 他们对于朱熹的"太极(理)不自会动静"说,提出了指责。

作为一代理学大师的李退溪,熟谙朱熹及明儒的理学思想。为了解决死人骑活马、死理乘活气的矛盾,亦为了维护朱子学,李退溪明确以"理"有动静。当李公浩问道:"太极动而生阳,静而生阴。朱子曰理无情意,无造作,既无情意造作,则恐不能生阴阳。"他回答说:"理有动静,故气有动静。若理无动静,气何自有动静乎?知此则无此疑矣。盖无情意云云,本然之体能发能生至妙之用也。"[18] 李退溪明确了作为本然之体的"理"具有能发能生至妙(神)的功能。这就承认了"太极(理)自会动静"说。"太极之有动静,太极自动静也。天命之流行,天命之自流行也。岂复有使之者欤!"[19] 太极(理)的动静,天命的流行,都是其自身固有的属性,因为没有一个主使者使太极(理)动静。"太极(理)自会动静"的理论价值在于,退溪认为"理"既是使气动静的"所以然",又是自身具有动静功能的"所当然"。因为它是"所当然",所以理自身具有能动性;又因为它是"所以然"所以理能使气发生运动。这样,理成了"所以然"与"所当然"的统一体。基于这种统一,就解决了朱熹哲学中的死人骑活马、死理乘活气的矛盾,避免了曹端、薛瑄理为死理、太极为死太极的责难,理顺了太极动静生阴阳,理自动静生气的根本。理自能动静——这是退溪在理动观上对朱子学的发展,这一发展构成了退溪理学在整个理学思潮中独特的风格和旨趣。

理之所以有动静,既不是神灵,也不是他物的主宰,而是理自动静。这便从理之外去寻找动静的原因,转而从理自身去探索动静的根据,这一从外到内的转变,是符合辩证思维的。遵循理气观"理"与"气"不离不杂的辩证思维,退溪仍将不离不杂作为构筑他理动观的重要思辨方法。关于动与静不离不杂的辩证关系,退溪说:"若以天理观之,动之不能无静,犹静之不能无动也。……但见得一动一静,互为其根,不容间断之意,则虽下静字,元非死物,至静之中自有动之端焉。"[20] 从动静不杂来看,动即是动,非静也;静即是静,非动也,二者不能混杂。从动静不离来看，动静互相联系，不可偏废，动必有静，静必有动，静中有动，动中有静。动与静不离不杂的辩证关系表明了，倘若动而无静，静而无动，就间断为二了，这是不对的，只有动静互为其根，不能间断，那么虽讲静，也不是绝对的静，而是静中自有动，意谓静不是死物，理不是死物。这与后来王夫之总结宋明以来的动静观，提出"静者，静动"[21]的命题相接近，把静看作是动的一种特殊形态。遵循退溪动与静不离不杂的辩证思维，就不难理解他在《静斋记》开章所云"太极有动静之妙，而其动也本于静"[22]。这里退溪是说太极（理）之所以有能动能静的妙用，是由动静不离不杂的关系决定的，这是其一。其二，动本于静之"静"，并非绝对静止之静，而是静动之动。其三，由以上两点表明了理是动静的矛盾统一体，所以理非死物，它自身具有能动性。

通过朱熹与退溪理动观之比较，可以看出，由于朱熹强调"理"的永恒不变、无对性，所以理自身无动静的功能，它只是使气动静的"所以然"者。而退溪以不离不杂的辩证思维方法考察"理"，理不仅是能使气发生动静的"所以然"，而且也是理自能动静的"所当然"。由此，退溪哲学中的"理"范畴更加符合辩证思维原则。

三 穷理观之比较

由于朱熹认为理是形而上者，"太极（理）不自会动静"。因此，在穷理观中，朱熹强调由主观至客观，即从心到物的"心到"说。

穷理是理学家所追求的最终目的，因为穷理的结果是"天人合一"精神境界的实现。而这种境界必须通过一系列具体途径，运用一系列认识和实践方法才能达到。朱熹主张通过格物而达穷理。"盖人心之灵，莫不有知，而天下之物，莫不有理。惟于理有未穷，故其知有不尽也。是以大学始教，必使学者即凡天下之物，莫不因其已知以理而益穷之，以求至乎其极。至于用力之久，而一旦豁然贯通焉，则众物之表里精粗无不到，而吾心之全体大用无不明矣。"[23]这是朱熹对格物穷理的全面系统论述。在这里，朱熹明确划分了认识主体（心）与认识客体（理）。认识主体——人心具有"知"的能力；"物理"是认识的对象。这就是"知在我，理在物"[24]。"我心"、"物理"之别，即主体与客体之分又称之为"主宾之辨"。朱熹说:"知者,吾心之知;理者,事物之理,以此知彼,自有主宾之辨,不当以此字训彼字也。"[25]作为主体的人心,去穷极客观的事物之理,就是"以此知彼"。这种"以此知彼"的认识方法是符合朱熹理学本意的。在朱熹哲学中,"理"被视为"无情意、无计度、无造作"、无动静者,所以格物穷理的方法就是以"心知"去尽、去穷、去至"物理"。这种认识途径便是从"我"→"彼",从"主"→"宾",从"心"→"理"。这一认识途径表明了朱熹格物穷理的实质是心到理之极处。这就是朱熹的"心到"说。"心到"说强调的是"心"的主动性、能动性,而"理"则处于被动地位。

李退溪遵循其理动观中"理自有动静"的思维路数,在穷理观中强调"理"的主动性、能动性,由此形成了有别于朱熹的穷理观。

退溪的穷理观是在朝鲜李朝特定的学术环境中形成的。与退溪同时代的学者奇高峰(1527—1572,名大升,字明彦)在穷理观上倡"物格"说。《大学或问》释"物格"曰:"物格者,事物之理各有以诣其极无余之谓也。理之在物者既诣其极而无余,则知之在我者亦随所诣而无不尽也。"《大学》经一章朱注"物格"云:"物格者,物理之极处无不到也。"这里的到极处与《大学或问》中的诣其极是一个意思,都是指事物之理被彻底考究完毕。而奇高峰则把到极处和诣其极解释为"理自到于极处",即"理到"说。他在释物格的诗中说:"致巧在雕物,物雕巧乃宣,物之雕诣极,我巧亦随全。"[26]其中,"致巧"相当于"致知","雕物"相当于"格物","物雕"相当于"物格","巧宣"相当于"知至"。其意是致知在格物,物格乃知至,物之理诣其极,则心之知亦随所诣而无不尽。这里突出的是"理"的能动性,当理自到于极处时,心之知则随着理而无不尽。如果说朱熹的格物说是从"我"(主体、心)→"彼"(客体、理)的话,那么,奇高峰的"物格"说则是从"彼"(客体、理)→"我"(主体、心)。李退溪同意奇高峰"理到"说对理能动性的强调,但又要顾及朱熹"心到"说对理"无情意、无计度、无造作"的规定,于是倡"理有体用"说,将"心到"说与"理到"说结合起来,构成了独具特色的穷理观。

退溪以"穷"和"至"分疏"格物"与"物格"。"格物"以"穷"为重,"物格"以"至"为重。他说:"格字有穷而至之义,格物重在穷字,故云物格。物格重在至字,故云物格。"[27] 关于"穷"和"至"的区别,退溪在《俗说辨疑》中指出,格物是"理在事物,故就事物而穷究其理到极处"[28]。由人心穷究到理的极处为"穷",故"穷"是从"心知"到"物理",从"内"至"外"的认识方法。对物格,退溪说:"只是说那事物之理之极处无不到云耳。"[29] "理"到极处为"至",因此"至"强调的是理自到极处或理到心处,故"至"是从"物理"到"心知",从"外"向"内"的认识方法。这两种认识方法,一是从主观到客观,一是从客观到主观,退溪认为都失之偏颇,于是从"理"有体用的角度,统合"格物"与"物格"说。

退溪在答奇高峰书中说:"则其(理)用虽不外乎人心,而其所以为用之妙,实是理之发见者随人心所至而无所不到、无所不尽。但恐吾之格物有未至,不患理不能自到也。然则方其言格物也,则是我穷至物理之极处;及其言物格也,则岂不可谓物理之极处随吾所穷而无不到乎,是知无情意造作者,此理本然之体也;其随寓发见而无所不到者,此理至神之用也。问也见于本体之无为,而不知妙用之能显行,殆若认理为死物,其去道不亦远甚乎!"[30] 这里,退溪认为无情意、无造作者为理之体,无所不到、无所不尽者为理之用。从理之体来说,它是没有意志、没有作为的,所以靠心中之知来穷物中之理,这是朱熹的格物穷理说;从理之用来说,它是活泼泼的,具有至神之妙用,所以理能自到极处,这是奇高峰的物格穷理说。退溪赞同奇高峰的物格穷理说,但又与他有重要的区别。其区别处在于,退溪认为理具有主动性和能动性,但其主动性和能动性的发挥、显现,必须与心的作用相结合,才得以实现。因此,他不同意奇高峰"理自到极处"的说法,而强调"理之发见者随人心所至而无所不到,无所不尽","其(理)随寓发见而无所不到",即理所具有的发示显现的功能。随着人心的穷究钻研,才能够显现、发示出来。"心到"说与"理到"说融洽在一起。而其融洽的结果,表明了理不是死物,它具有"显现—到来"能动的妙用,所以在人心的穷究下,物理最本质的极限,必然能够全部显示出来。这样,在心知与物理相结合的立场上,达到了认识主体与认识客体的统一。这就是李退溪的穷理观。

通过以上分析、比较,可以看出,由于朱熹侧重于"理"的本体性,固在穷理观上强调认识主体心的能动性,主张由心知穷究物理最本质极限的格物穷理。而退溪从"理有体用"说出发，在心知作用基础上，突出了理的能动性和主动性，视"理"为一活物，而绝非死物。

通过朱熹与退溪"理"的比较研究，可以看到东亚新儒学发展和演绎的轨迹。

对于中国古代哲学来说，朱熹的理学思想可谓兼采众说、"综罗百代"，所以他被称为中国理学集大成者。但也正因为他是理学集大成者，要把各种不同倾向的哲学思想，经过改造，熔铸在一个体系之中，这就为他自己提出了一个极其困难的任务。由于历史和认识的局限，在朱熹的哲学体系中，包含着深刻的内在矛盾。这一矛盾集中反映为"理"范畴的自身矛盾性。朱熹视"理"为本体范畴，但在其哲学体系中，由于"理"本身的"无情意、无计度、无造作"性，理本体论同气化、形化学说产生了矛盾；由于"理不自会动静"，又引起了"死人骑活马、死理乘活气"的矛盾及由"心知"穷"物理"的认识论的片面性。"理"自身的矛盾性引发了朱熹学的分化。

当中国朱子学式微之际，在异国韩国朝鲜李朝时代，出现了一位以弘扬朱子学为己任的儒学家，他就是被誉为"东方小朱子"的李退溪从继承、发展朱子学立场出发，以不离不杂、即离即杂的辩证思维方法，用存在结构论释阐理气关系，明确提出了"理自会动静"的思想，并首倡"理有体用"说，由此弥补了朱熹哲学中"理"范畴的某些不完备处，解决了其自身矛盾性，使"理"范畴更加圆满、丰富。

朱熹与退溪，一位是中国理学宗师，一位是东亚理学大家；一位是理学的缔造、完成者，一位是理学的传播、发展者。他们在不同的国域和时代，为理学的发扬光大，耗尽了毕生精力，所以他们堪称是理学发展史上的一对双璧。

注释

[1][3]《朱子语类》卷一。

[2]《答黄道夫》，《朱文公文集》卷五十八。

[4]《答李明彦（论四端七情第一书）》，《陶山全书》（二），第22页。

[5]《非理气为一物辩证》，《陶山全书》（三），第241页。

[6]《朱子语类》卷三。

[7][10]《天命图说》,《陶山全书》(三),第600页。

[8][9]《答李宏仲问目》,《陶山全书》(三),第89、80页。

[11][13][14]《朱子语类》卷九十四。

[12]《朱子语类》卷七十四。

[15]《答陈允夫》,《朱文公文集》卷四十一。

[16]《明儒学案》卷四十四。

[17]《读书录》卷九。

[18]《答李公浩问目》,《陶山全书》(三),第185页。

[19]《答李达李天机》,《陶山全书》(一),第376页。

[20][22]《静斋记》,《陶山全书》(三),第269、268页。

[21]《内篇》,《思问录》,古籍出版社1956年版,第12页。

[23]《大学章句》第5章。

[24]《朱子语类》卷十五。

[25]《答江德功》,《朱文公文集》卷四十四。

[26]《高峰全集》,第374页。

[27]《答郑中子别纸》,《陶山全书》(二),第366页。此段两处"故云物格",依文章,前一"故云物格"疑当作"故云格物",传抄之误也。

[28][29]《文集》二十六,《俗说辨疑答郑子中》。

[30]《文集》十八,《与奇明彦别纸》。

(载《社会科学研究》1993年第2期,第82—87页)

李退溪"敬"哲学和未来人格发展

李退溪（1501—1570）以"集大成于群儒，上以继绝绪，下以开来学，使孔孟程朱之道焕然复明于世"[1]而成为李氏朝鲜一代哲人。

李退溪的代表著作是他在宣祖元年（隆庆二年，公元1568年）十二月所献的《圣学十图》。《圣学十图》是退溪晚年深思熟虑、提纲挈领的结晶，也是他体认圣学大端、最具概括性的总结。《圣学十图》的核心是人学，即学做圣人之学。而圣人之学的实质又是一个"敬"字。李退溪说："今兹十图，皆以敬为主焉。"[2] "敬"贯通十图，彻上彻下，彻里彻外。

《第一太极图》讲的是世界或存在的根源问题。退溪认为，世界或存在的理法不能单单是观念思辨的产物，而且也是人伦理法，即"敬"的问题。

周敦颐的《太极图说》上部分为宇宙生成论。他说："无极而太极。太极动而生阳，动极而静；静而生阴，静极复动。一动一静，互为其根。分阴分阳，两仪立焉。阳变阴合，而生水、火、木、金、土。五气顺布，四时行焉。五行，一阴阳也。阴阳，一太极也。太极本无极也。五行之生也，各一其性。无极之真，二五之精，妙合而凝。乾道成男，坤道成女。二气交感，化生万物。万物生生，而变化无穷焉。"这表明宇宙生成的逻辑模式为：无极——太极 $\xrightarrow{动静}$ 阴阳 $\xrightarrow{变合}$ 五行 $\xrightarrow{妙凝}$ 男女 $\xrightarrow{交感}$ 万物。这一逻辑模式揭示了万物产生的根源在于"无极而太极"。这就是《太极图说》的"立太极"。

与"立太极"相呼应的是"立人极"。所谓"立人极"是说当宇宙间产生了人类男女以后，便提出了一个如何做人和治理人的问题。因此，

《太极图说》的下部分便讲为"圣"的标准、内容、功夫等问题。周敦颐说:"惟人也得其秀而最灵。形既生矣,神发知矣。五性感动而善恶分,万事出矣。圣人定之以中正仁义而主静,立人极焉。"这说明"立人极"的逻辑模式是:人——形体 $\xrightarrow{生}$ 神知 $\xrightarrow{发}$ 五性 $\xrightarrow{感动}$ 善恶 $\xrightarrow{分}$ 万事 $\xrightarrow{出}$ 中正仁义 $\xrightarrow{定}$ 主静。

可见,周敦颐强调"立人极"的关键是"主静"。对此,二程有所修正和发展。二程提出以"敬"代"静"。据记载:

> 又问:"敬莫是静否?"曰:"才说静,便入于释氏之说也。不用静字,只用敬字。才说著静字,便是忘也。"[3]

二程之所以要修"静"为"敬",是因为只讲"静"有流入释氏之弊。如果静修到"身如枯木,心如死灰",则便是死物了。所以,二程主张:"盖人活物也,又安得为槁木死灰?既活,则须有动作,须有思虑。……敬以直内,则须君则是君,臣则是臣,凡事如此。"[4]

二程的"主敬"思想又被朱熹所继承和弘扬。他说:"盖为学之道,莫先于穷理,穷理之要,必在于读书,读书之法,莫贵于循序而致精,而致精之本,则又在于居敬而持志。"[5]这就是说,穷理之要在"居敬持志"。

二程和朱熹的"主敬"说在李退溪的《第一太极图》中得到了充分的体现。退溪说:

> 圣人不假修为而自然也。未至此而修之,君子之所以吉也。不知此而悖之,小人之所以凶也。修之悖之,亦在乎敬肆之间而已矣。敬则欲寡而理明,寡之又寡,以至于无,则静虚动直而圣可学矣。[6]

这里,退溪指出,只有"敬"才能"欲寡",当寡至"无"时,才可成"圣"。由此可见,"敬"是"立人极"的关键。退溪之所以重视"敬"在"立人极"中的重要作用,是为了阐明作为人伦理法的"敬"

也是世界或存在的理法。因为《太极图》中的"立人极"与"立太极"不是截然分离的，而是有机地和合为一体。这就是《太极图》说的"故圣人与天地合其德，日月合其明，四时合其序，鬼神合其吉凶……立天之道，曰阴与阳；立地之道，曰柔与刚；立人之道，曰仁与义"。这也就是儒家的"天人合一"模式。从这种"天人合一"模式中，退溪指出"敬"也是世界或存在的理法。

关于《第二西铭图》，李退溪根据"理一分殊"的理论，认为人都是同胞，因此，作为人的主体道德行为的"仁"是普遍的。而"持敬"是实践"仁"的自觉和根据。

对于北宋哲学家张载的《西铭》篇，二程和朱熹注重的是其中阐释的"理一分殊"的辩证思想。而李退溪则更加强调《西铭》中宣扬的"仁"的思想。如他在引述朱熹和杨时论述后讲：

> 右《铭》，横渠张子所作。初名《订顽》，程子改之为《西铭》。林隐程氏作此图，盖圣学在于求仁。须深体此意，方见得与天地万物为一体，真实如此处。为仁之功，始亲切有味，免于莽荡无交涉之患。又无认物为己之病，而心德全矣。故程子曰："《西铭》，意极完备，乃仁之体也。"又曰："充得尽时，圣人也。"[7]

这里，退溪强调"圣学"的精义在于"求仁"，只有深刻体认这一道理，才能做到与天地万物为一体。而"求仁"的过程，也就是对心进行"持敬"的修炼过程。当心修炼到"主一无适"时，即达到"敬"时，此时的心充满仁爱之理，这样的心发动时，又表现为仁爱之举。

《第三小学图》和《第四大学图》讲的是成为圣人的基础训练和最终目的。所以，《小学》是"持敬"的开始，《大学》是"持敬"的终结。

李退溪按朱子及宋儒的思想，依据自己的体悟，以简明的图的形式，发展了朱子思想，如《第三小学图》以立教、明伦、敬身为纲，这就把小学教育的组织、内容、目的、宗旨讲得非常明确具体。又如《第四大学图》以三纲领的"明明德"为本为体，"新民"为末为用，"止至善"为"极自新新民"和"体用之标的"。进一步，退溪又指出《圣学十图》与这两图是相沟通的。

然非但二说当通看，并与上下八图，皆当通此二图而看。盖上二图是求端扩充，体天尽道极致之处，为小学大学之标准本原。下六图是明善诚身，崇德广业用力之处，为小学大学之田地事功。而敬者又彻上彻下著工收效，皆当从事而勿失者也。故朱子之说如彼，而今兹十图皆以敬为主焉。[8]

上二图即《第一太极图》和《第二西铭图》是"小学大学之标准本原"，下六图即《白鹿洞规图》《心统性情图》《仁说图》《心学图》《敬斋箴图》和《夙兴夜寐箴图》是"小学大学之田地事功"，更为重要的是"敬"贯彻十图，因此"皆当从事而勿失者也"。

《第五白鹿洞规图》旨在说明书院教育的目的在昌明道学，即以"敬"为宗旨。

退溪根据朱子在《白鹿洞书院学规》中揭出的五个方面：（1）五教之目：父子有亲，君臣有义，夫妇有别，长幼有序，朋友有信；（2）为学之序：博学之，审问之，谨思之，明辨之，笃行之；（3）修身之要：言忠信，行笃敬，惩忿窒欲，迁善改过；（4）处事之要：正其义不谋其利，明其道不计其功；（5）接物之要：己所不欲，勿施于人，行有不得，反求诸己，绘制出了第五图。关于绘制此图的目的，李退溪说：

盖唐虞之教，在五品三代之学，皆所以明人伦。故规之穷理力行，皆本于五伦。且帝王之学，其规矩禁防之具，虽与凡学者有不能尽同者，然本之彝伦，而穷理力行，以求得夫心法切要处，未尝不同也。[9]

这表明不论是唐虞之教，还是帝王之学，其要点"皆本于五伦"。因此，穷理力行的目的就是"求得心法切要处"。这个切要处就是"修心"、"修身"，也就是"持敬"功夫。

《第六心统性情图》的要点是"兼理气、统性情者，心也"。因此，必须根据"敬"的原则来涵养作为一身主宰的心。

《第六心统性情图》包括上、中、下三图，上图为程复心所作，中、下图为退溪所作。程氏所理解的心统性情是指心的寂然不动为性,即未发之性,为体;感而遂通为情,即已发之情,为用。李退溪中、下二图与程氏的区别,是在于对张载提出的心统性情命题和经由程朱发挥的思想更加深刻体会的基础上,把性情与理气结合起来,提出"要之,兼理气,统性情者,心也"。由此,中图是"就气禀中指出,本然之性不杂乎气禀而为言",即就善恶几言善的一边。下图是讲"理发而气随之"的恻隐、辞让、羞恶、是非的四端与"气发而理乘之"的喜怒哀惧爱恶欲七情之间的相互渗透关系。这样,"精一执中之圣学、存体应用之心法,皆可不待外求而得之于此矣",即内求于心。而求心的关键是"学者诚能一于持敬,不昧理欲,而大致谨于此"。[10]

《第七仁说图》根据朱熹"仁者,天地生物之心,而人之所得以为心"的原则,退溪认为"敬"是实现"仁"的可能和条件。

在《第七仁说图》中,退溪是借朱子的《仁说图》来作为他贯通天地自然(天)与社会人类(人)之间的中介环节。因为朱子的《仁说图》旨在阐明四德与四端之间及其自身之间的关系。仁义礼智四德之间,仁包四德;四德发为四端,恻隐、辞让、羞恶、是非之间,恻隐贯四端。而仁作为统摄四德与四端的道德理性,既是天地生物之心,又是人所得以为心。这就是"天人合一"的理论。由此,退溪以为人必须克服自己的私欲,复归自然之理,也就是对心进行"持敬"功夫,"仁"才能得以实现。可见,"敬"是"仁"实现的依据。

《第八心学图》讲"心"是一身主宰,而"敬"是一心主宰。所以,押遏欲望,归于道心的正确途径是"持敬"。

《心学图》把心分为赤子心与大人心,人心与道心。人心道心的"惟精惟一",而择善固执,以便进行遏人欲而存天理的修养功夫。这两种修养功夫又都可以统一到敬字上来。因为敬是一心之主宰,所以,遏人欲和存天理都是"敬"的功夫。

《第九敬斋箴图》讲的是有关实施"敬"的具体细目,《第十夙兴夜寐箴图》告诫人们要早起晚睡,努力实践"敬"。

《第九敬斋箴图》以心为核心而展开敬的功夫。如此图讲"敬须主一",具体讲从敬的静弗违来说,便是"正其衣冠,尊其瞻视。潜心以居,对越上帝";从动弗违来说,便是"足容必重,手容必恭。择地而蹈，折旋蚁封"。动静弗违是主体心对于客体敬的被动接受。从持敬表交正而言，便是"出门如宾，承事如祭，战战兢兢，罔敢或易"；从裹交正而言，便是"守口如瓶，防意如城，洞洞属属，罔敢或轻"。表里交正是主体心对于客体敬的主动适应。

《第十夙兴夜寐箴图》以敬为核心而辐射敬的思想情感和行为规范。如从鸡鸣而寤，到昧爽乃兴；从读书对越圣贤到应事则验于为；从日间动静循环、休养性情到晚上日暮人倦、心神归宿，都作了仔细的规定。

第九、第十两图的精义，如李退溪所言："敬为圣学之始终，岂不信哉！""而要在勉日用，崇敬畏。"[11]

归纳李退溪《圣学十图》中关于"敬"的思想，笔者以为李退溪敬哲学的基本内容包括以下三个方面。

第一，"敬"是心的存在方式。

李退溪《圣学十图》中的各个图式，不是无序的、分离的，而是一个有机的体系。关于这个体系的构成，中国研究李退溪的著名学者张立文教授指出："正是由于《太极图》具有融会自然、社会、人生和天道、地道、人道整体思考的特性，因而被李退溪作为《圣学十图》的第一图。而其他九图实际上是《太极图》'立太极'和'立人极'的展开。"[12]他以《第一太极图》为《圣学十图》的核心。日本研究李退溪的前辈高桥进教授认为："《圣学十图》的枢轴是《小学》和《大学》。"[13]他以《第三小学图》和《第四大学图》为《圣学十图》的轴心。韩国学者李东俊教授在《东方思想论考（一）》中指出："《圣学十图》以第四图为主。"[14]

而笔者以为《第八心学图》才是《圣学十图》的中核，其他九个图是第八图的延伸和演绎。围绕第八图的精义，构成了李退溪立体的"敬"哲学体系。

这是因为李退溪在《进圣学十图劄》中开宗明义指出：

> 圣学有大端，心法有至要。揭之以为图，指之以为说，以示人入道之门，积德之基。……而持敬者，又所以兼思学、贯动静、合内外、一显微之道也。其为之之法，必也存此心于斋庄精一之中。[15]

这段话的重点有二，其一表明退溪认为圣学大端，在心法至要；其二表明退溪进一步指出，心法大要在持敬。而退溪的"成圣→心法→持敬"这一基本思想又集中体现在《第八心学图》中。其图云：

> 林隐程氏（复心）曰："……要之，用工之要，俱不离乎一敬。盖心者，一身之主宰，而敬又一心之主宰也。学者熟究于主一无适之说，整齐严肃之说，与夫其心收敛常惺惺之说，则其为工夫也。尽而优入于圣域，亦不难矣。"右林隐程氏掇取圣贤论心学名言为是图。分类对置，多而不厌，以见圣学心法，亦非一端，皆不可不用功力云尔。其从上排下，只以浅深生熟之大概言之，有如此者，非谓其工程节次。如致知、诚意、正心、修身之有先后也。或疑，既云以大概叙之，求放心是用工初头事，不当在于心在之后。臣窃以为，求放心，浅言之，则固为第一下手著脚处；就其深而机言之，瞬息之顷，一念少差，亦是放颜子，犹不能无违于三月之后，只不能无违斯涉于放。[16]

这表明李退溪承袭了宋代儒家思想，视"敬"为成圣的用工之要。因为心是一身主宰，敬是一心主宰。作为主中之主的"敬"，也就是宋儒讲的主一无适、整齐严肃、常惺惺，当心处于这种境界时，即心为主敬、居敬、持敬时，便可优入于圣域。在此基础上，退溪作了发展和深化。他强调指出：圣学心法的"持敬"工程目次，如致知、诚意、正心、修身等用工程序，"求放心是用工初头事"。"求放心"是孟子"尽心、知性、知天"修养方法的一个重要环节。所谓"求放心"，就是反求诸己，即进行思想意识方面的反省、检讨和克除不善的欲念，达到善的境界。可见，"求放心"的过程，就是发挥主体道德的自觉性和能动性，积极地对心进行主敬的涵养过程，使心达到"敬"。因此，"求放心"就是"敬"。所以，退溪哲学思想中的"敬"是一个具有极强的主体性、能动性、自觉性意义的概念。具有这重意义的"敬"是退溪敬哲学体系的核心。

围绕这个核心，《第六心统性情图》是第八图的演绎。这是因为理、气、心、性、情是理学家们常常争议的问题，深得理学精义的退溪对其间关系作了简要的概括："要之，兼理气、统性情者，心也。"心，兼理气、统性情，而统心者又是"敬"。这就是退溪所说的要使"性""未发而存养之功深"，"情""已发而省察之习熟"，必须"真积力久而不已焉，则所谓精一执中之圣学、存体应用之心法，皆不可外求而得之于此矣"。[17] 即发挥主体能动性和自觉性，使心居敬是其关键。这就构成了退溪"敬"的性情观。

而第二、七、三、四、五、九、十图则是第八图的延伸。其中，《第二西铭图》和《第七仁说图》是退溪"敬"思想在认知观方面的延伸，构成了退溪"敬"的认知观。其中的《第三小学图》《第四大学图》《第五白鹿洞规图》和《第九敬斋箴图》《第十夙兴夜寐箴图》则是退溪"敬"思想在实践观方面的延伸，并构成了退溪"敬"的实践观。

作为十图之首的《第一太极图》是第八图的前提。《太极图》的中心是"立太极"和"立人极"，而这两者的关系又是互补的。诚如张立文教授所云："立太极"与"立人极"互补。"立太极"要落到实处，无情意、无计度的太极要通过生命实存来表现，"人极"是"太极"的挂搭处、顿放处。只有"立人极"，"立太极"才具有价值和意义。[18]"人极"是做人的典范，这个典范在退溪思想中便是"圣人"。所以，"立人极"就是为圣、成圣的过程。这个过程，也就是持敬、居敬、主敬。这样，在退溪思想中，圣人是敬的前提和目的，敬是圣人涵养此心的过程和关键。这就构成了退溪敬的圣人观。

以具有自主性、能动性、自觉性意义的"敬"范畴为中核，衍生、形成了李退溪的圣人观、性情观、认知观和实践观，构成了退溪立体的敬哲学体系。退溪的这种敬哲学，与中国宋明理学相比较，具有两个基本特点。

特点一是退溪的敬哲学是以成圣为其前提和目的，也就是以人格的、道德主体确立为其目标，而敬就是作为这种人格的、道德主体确立的方式，即心的存在方式。当心涵养为敬时，便可超凡入圣。敬与圣不可分离，互为表里。从这重意义上说，退溪的敬哲学也就是内圣哲学。故此，高桥进教授讲，退溪的儒学就是圣学。

特点二是李退溪更加强调敬的主体性、功能性、自觉性和能动性。在退溪思想中，敬是兼思学、贯动静、合内外、一显微之道；敬是治百病之药；敬是彻上彻下著工。[19]而思学、动静、内外、治百病、彻上彻下著工，都是指对"心"而言。正是由于敬的主体性和自觉性，心才可以不断地去恶从善、去人欲明天理；正是由于敬的功能性和能动性，心才可以超凡达圣。

以上两个特点表明，在退溪思想中，敬不离心，心不违敬。敬既是心涵养的过程，也是心修炼的目标。所以，敬是心的存在方式。

第二，"敬"是仁的实现条件。

这是对退溪"敬"哲学体系中敬的认知观的说明。这里说的认知，是指对于敬的体认。

根据敬是心存在的方式，说明当心达到纯粹无私的境界时，这种状态的心就是敬之体，即敬的本体；而当这种状态的心发动时，其思虑、情意一定正直、自然，这就是敬之用，即敬的作用。而敬之用的结果，便是仁爱的实现。所以，敬是仁实现的条件。

第三，"敬"是行的主客合一。

这是对退溪"敬"哲学体系中敬的实践观的阐述。

李退溪十分强调"敬"贯穿于人身心活动的诸方面。如他在答禹景善问目时说：

以敬兼知行贯动静言，则如公说。[20]

为此，才有《圣学十图》的第三、第四、第五图。这三图讲的是"知敬"，即作为行的主体对敬的认识和了解。知敬的目的是"行敬"，所以又有第九图和第十图。这两图说的是作为行的客体怎样实践敬。而当知与行和合于"敬"时，人格的、道德主体才能确立。这里，李退溪强调的是只有知敬和行敬统一时，才能确立人的实存的主体性。

李退溪敬哲学基本内容的逻辑推衍和深层递进，便是"天人合一"（"立太极"与"立人极"合）、"知行合一"（"知敬"与"行敬"合）、"情景合一"（知为情、行为景）的三合一境界。而这种境界也就是儒家赞美的"真"、"善"、"美"的完满的圣人人格。

人格一词来自拉丁文面具（Persona）。把面具指义为人格，实际上说明两层意思：（一）一个人在生活舞台上演出的种种行为；（二）一个人真实的自我。而关于人格的定义，据人格心理学家阿尔波特的统计，大约有五十个之多。而实际上最为合适和最有概括意义的是中国古代一句老话："蕴蓄于中，形诸于外。"这就是说，人格的主要结构就是人的表里的统一体。所谓人的表里的统一体，就意味着人格是个体内在的在行为上的倾向性，是具有动力一致性和连续性的持久的自我，是人在社会化过程中形成的给予人特色的身心组织。[21]所以，心的修养是人格完善的关键。而退溪推崇的具有主动性、能动性的"敬"，贯穿人身心活动的诸方面。无疑，退溪的"敬"哲学是自我人格形成和完善的根源。[22]这是因为李退溪的"敬"哲学中孕育了造就未来完美型人格的因素，与未来社会人格的发展是相沟通的。

李退溪的"敬"哲学渊源于中国，盛行于李氏朝鲜，又影响于日本近世儒学。为了迎接属于我们亚洲的21世纪的到来，中国、韩国、日本学者有责任、有义务认真研究李退溪的"敬"哲学，积极地塑造未来社会的理想人格。

注释

[1]《增补退溪全书》（四），成均馆大学校大东文化研究院，第16页。
[2]《增补退溪全书》（一），第203下页。
[3]《河南程氏遗书》卷第18，《二程集》，第189页。
[4]《河南程氏遗书》卷第2，《二程集》，第26页。
[5]《朱文公文集》卷14。
[6]《增补退溪全书》（一），第199上页。
[7]《增补退溪全书》（一），第201上页。
[8]《增补退溪全书》（一），第203上—203下页。
[9]《增补退溪全书》（一），第204上、下页。
[10]《增补退溪全书》（一），第205上—206上页。
[11]《增补退溪全书》（一），第201上页、211上页。又，以上参阅高桥进《李退溪和敬的哲学》，东洋书院，第7章2节。
[12]张立文主编：《退溪书节要》，第9—10页。
[13]高桥进：《李退溪和敬的哲学》，第195页。
[14]季东俊：《东方思想论考》（一），第135页。
[15]《增补退溪全书》（一），第195下—198上页。

［16］《增补退溪全书》（一），第 208 上、下页。

［17］《增补退溪全书》（一），第 206 上页。

［18］张立文主编：《退溪书节要》，第 19—20 页。

［19］参阅《增补退溪全书》（一）第 198 上页，（二）第 93 上页，（一）第 203 下页。

［20］《增补退溪全书》（二），第 160 上页。

［21］参阅陈仲庚、张雨新《人格心理学》，辽宁人民出版社 1986 年版，第 2、49、50 页。

［22］参阅高桥进《李退溪和敬的哲学》，第 265 页。

（载《韩国学论文集》第五辑，1996 年）

中韩阳明学比较

中国阳明学是由中国明代大儒王阳明（1472—1528）创立的盛行于中国明代的一个重要学派。韩国阳明学即霞谷学，是由朝鲜阳明学主要代表者郑齐斗（号霞谷，1649—1736）兴建的流传于朝鲜朝后期的一门家学。

由于中国阳明学和韩国阳明学都是以"心"范畴为其思想体系的核心，又由于中国阳明学和韩国阳明学形成的历史条件、社会背景有异，这就决定了它们在理论体系建构、重要范畴理解等方面的相异性。研究、探讨中韩阳明学的共性与异性，即通过中韩阳明学的比较研究，可以透视东亚传统文化的基本特质及其核心——东亚意识。关于中韩阳明学的比较研究，可以分为四个方面进行。

一 中韩阳明学的理论依据比较

按照冯友兰先生的观点，儒家经典《大学》是中国阳明学的理论根据。王阳明对《大学》提出了一个通盘全新的解释，以作为他的哲学在经典上的理论依据。这部著作就是《大学问》。他的大弟子钱德洪就说过："大学问者，师门之教典也。学者初及门，必先以此意授。"由于中国阳明学以《大学》为其理论基础，所以，这就决定了中国阳明学的两个基本特点，即一点是主张"以天地万物一体"为"仁"；另一点是强调阳明学的核心思想是"致良知"，中国阳明学的理论体系由"心即理"、"知行合一"、"致良知"三部分构成。其中，"心即理"虽然不是王阳明的独创，但这一命题却是王阳明"龙场悟道"的真心所得。所以，它具有中国阳明学的特色。这一特色就是强调心与理、心与性、心与物的统一性。这个统一性的深化发展，其结果便是指向"良知"本体的"致良知"，即"心"。而"知行合一"说的思想实质就是"致良知"。这又诚如冯友兰先生所云：王阳明讲"知行合一"并不是一般地讲认识和行为的关系，也不是一般地讲理论和实践的关系。"知行合一"是王阳明哲学思想中一个重要部分，他所讲的"知行合一"也就是"致良知"[1]。由此可见，中国阳明学的本质特点是其主体性。

韩国阳明学最根本的理论依据是王阳明的《传习录》。据韩国史料《纳斋集·年谱》和《十清轩集》的记载，认为《传习录》在朝鲜中宗十六年（1521年）传入朝鲜；另一说法是据《西涯文集》记载，《传习录》在朝鲜明宗十三年（1558年）传入朝鲜。但《传习录》一传入朝鲜半岛，就受到了朝鲜性理学大师李退溪（1501—1570）的批评。退溪著《传习录论辩》，从朱熹理学立场对王阳明思想进行了理论的辩斥。与退溪同样著名的朝鲜大儒李栗谷（1536—1584）在理气观上批评了退溪的"理优位说"立场而主张"气发理乘一途说"[2]。朝鲜性理学之间的论辩和排斥中国阳明学为异端的斗争，对郑齐斗建立韩国阳明学，产生了重要影响作用。所以，韩国阳明学是在全面摄取《传习录》的基础上，又吸取了栗谷学的"理气观"。按照韩国哲学会编著的《韩国哲学史》的观点，霞谷学由"生气说"、"生理说"、"良知说"、"至善说"四部分构成[3]。无疑，"良知说"是韩国阳明学的中核部分，但"生气说"却是韩国阳明学很别致的一个组成部分。所谓"生气说"是针对朱学将理气分为二而发。郑齐斗认为朱子学只强调"气道之条理"，而这种"理"是抽象虚无的，是无实体的死理。"朱子则以气道之条路者，为之理。气道之条路者，无生理，无实体，与死物同其体焉。苟其理者，不在于人心神明，而只是虚条，则彼枯木死灰之物，亦可以与人心神明同其性道而可以谓之大本性体者欤？可以谓之人性，由木之性；木之理，由心之理欤？"[4]并认为这种"理""非所以为统体本领之宗主者也"[5]。所以，他取"主气说"，并认为"气亦理，理亦气"[6]。从理气一体出发，他视良知为天理，认为理和气为一。气是生生不息的，为此，良知、太极、神亦生生不息。"周程曰：太极阴阳动静相生。阴阳无始，动静无端，此天道之生生不息也。独其血气生生不息，而其良知生生不息也，此乃性体也。"[7]生气的灵通处，就是理。这就是郑齐斗的"主气说"。"发者气也

（非气无所发），发之者理也（非理无能发）"[8]。这里，值得注意的是郑齐斗所谓的气，不是存在论的气，而是人心神明上的生气。所以，理气不在心外，而是"气者，心包气膜"[9]。由此可见，韩国阳明学这种主气的心学，其实质是一种主体性哲学。

通过以上比较分析，可以看到中国阳明学和韩国阳明学都属于主体哲学范围。而中国阳明学强调的是"致良知"，即心本体，属于主体的主体性。韩国阳明学是主气的心学，可视为是客体的主体性。

另外，中韩阳明学都主张人与天地万物为一体，以天地万物一体为仁，这是东亚阳明学的一个特点。

二 心、性范畴的比较

"心"范畴和"性"范畴是阳明学的基本范畴。对此，中国阳明学关于"心"与"性"的关系，认为"心之本体即是性，心即性"[10]。但是，王阳明思想中的"本心"或"心之本体"概念不能等同于朱子理学意义上的"性"概念。当王阳明说"心之本体即是性"的时候，并不表示他把心之本体理解为朱子哲学的性。也就是说，王阳明所谓的"性"，就是心之本体，而不是宋儒的性理观念。所以，在朱子学中，心、性为二；而在阳明学中，心、性不是二物，二者实际是同一的。

《传习录》上载："晦庵先生曰：'人之所以为学者，心与理而已'，此说如何？曰：心即理，性即理，下一与字，未免为二，此在学者善观之。"这表示，对王阳明来说，一方面，他用"意"收容了朱子哲学中经验心的内容，使"心"的概念纯粹化了；另一方面，"心即性"或"心即理"，严格地说，是指"心之本体"而言。

《传习录》上徐爱录："先生曰：性是心之体，天是性之原，尽心即是尽性。"王阳明晚年答顾东桥讨论尽心知性时也说："夫心之体，性也；性之原，天也。能尽其心，是能尽其性矣。"朱子曾认为，"尽其心者知其性也"是指所以能尽其心者，以能知其性之故也，就是说知性是尽心的前提。王阳明则不赞同此说，认为尽心应当在先，因为事实上尽心与尽性是一回事，尽了心也就尽了性，并不存在两个先后不同的阶段。这就是说，心之外并没有什么与此心不同的性。

可见，在朱子哲学中，"性是心之体"表明心性为二，而在王阳明哲学中，虽然也讲"性是心之体"，心性却不是二物，二者实际是同一的。[11]

韩国阳明学在心、性范畴方面，基本上遵循的是王阳明心学思想，但在"性"与"情"的规定上，与王阳明心学有细微的分殊。如郑齐斗在《天地良知体用图》中，将最里面的圆圈叫作"心之性"。"心之性"圈，包括"仁、义、礼、智"，他认为这是"心之本然，良知之体"。他把《良知体用图》的第二个圆圈，叫作"心之情"，"心之情"圈包括"恻隐、羞恶、辞让、是非"和"喜怒哀惧爱恶欲"内容。他把"心之情"圈规定为"心之发、心之情、良知之用"[12]。可见，郑齐斗认为"仁义礼智"四端是心之性，属"良知之体，心之本然"，即未发之性。又把"恻隐、羞恶、辞让、是非"和七情，规定为心之情，视为"良知之用，心之发"，即已发之情。这种思维路数与朱熹哲学相近，而与王阳明哲学有异。在王阳明思想中，四端作为良知，就是本心的呈现，未发之性是不必要的。如《传习录》上载："澄问：仁义礼智之名因已发而有？曰：然。他日澄问：恻隐羞恶辞让是非之表德邪？曰：仁义礼智也是表德。性一而已。自其形体也谓之天，主宰也谓之帝，流行也谓之命。赋予人也谓之性，主于身也谓之心。心之发也，遇父便谓之孝，遇君便谓之忠，自此以往至于无穷，只一性而已。犹人一而已，对父谓之子，对子谓之父，自此以至于无穷，只一人而已。"在朱子哲学中，仁义礼智分别对应于恻隐羞恶辞让是非。前者为性，为未发；后者为情，为已发。在王阳明哲学中，四端作为良知，就是本心的呈现，未发之性是不必要的，因此，仁义礼智也是已发。这是第一层意思。王阳明认为，心之发动，遇父谓之孝，遇君谓之忠，因此，与孝悌忠信一样，仁义礼智也都是此心在各种不同场合下的具体表现。这种具体表现，用理学的语言来说，就是"表德"。王阳明认为，一切道德规范、道德准则都是"一性"的不同的具体表现。根据他的"心之发也"的说法，他所说的一性，其实就是一心，这个心当然是指本心，而不是经验的习心。这是第二层意思[13]。可见，郑齐斗将"四端"作为"心之本然"的未发，旨在表明这是"良知之体"；将"七情"作为"心之发"的已发，意在说明这是"良知之用"。郑齐斗强调良知（心）"体"与"用"的思想是对王阳明"体即良知之体，用即良知之用"思想的深化。

通过以上比较分析，可以看到中国阳明学是在批评朱子理学中发展起来的，因此，在一些基本理论观点上与朱子理学相背。其中一个重要差别是中国阳明学中的"性"，其实质就是"心"。所以，中国阳明学只讲"心"，而这个"心"更多地具有道德属性。韩国阳明学在"心"、"性"范畴方面，基本上继承了王阳明心学思想，不过，在良知（心）体、用说方面深化了王阳明思想。这一深化表明了韩国阳明学思维的细微性。

三 致良知、生理范畴的比较

"致良知"是王阳明哲学的一个专有范畴。在王阳明思想中，"良知"是至善至美，完好无缺的。为了使良知毫无滞碍地充塞流行，王阳明吸收了孟子"扩充四端"的思想，以"充"解释"致"。如孟子说："凡有四端于我者，知皆扩而充之矣，若火之始燃，泉之始达，苟能充之，不足以事父母。"又说："人能充无欲害人之心，而仁不可胜用也"等。而王阳明在《传习录》上也隐约地提出致（良）知就是充扩自己发见于日常意识中的良知，使阻碍良知的"私意"全部去除，使良知全体得以充塞流行，毫无滞碍。

王阳明在《大学问》里说："致者，至也。如云'丧致乎哀'之致，《易》言：'知至至之'，知至者知也，至之者致也。致知云者，非若后儒所谓充广其知识之谓也，致吾心之良知焉耳。"以"至"训致，这里的"至"是指至乎极的意思。使良知致其极，就是"充拓"至其极。阳明说："孩提之童无不知爱其亲，无不知敬其兄，只是这个灵能不为私欲遮隔，充拓得尽，便完完是他本体。"可见，只有从这些发见的良知进一步充扩至极，良知本体才能全体呈露。从反面来说，良知本体不能全体呈露，是由于私欲障蔽了良知。因而，致良知功夫，从积极的方面来说，是充拓良知到极致，从消极的方面来说，是去除私欲障蔽。人无不有良知发现，但此发现还不是良知完完全全的本体，须要有一个致知的过程。阳明指出："诚意之本又在于致知也，所谓人虽不知而己所独知者，此正吾心之良知处。然知得善却不依这个良知便做去，知得不善却不依这个良知便不做去，则这个良知便遮蔽了，是不能致知也。吾心之良知既不能扩充到底,则善虽知好,不能著实好了。恶虽知恶不能著实恶了,如何得意诚!"这是强调致知是诚意之本,也表明致良知就是把心之良知"扩充到底"。[14]

"生理"是韩国阳明学的独特用语[15],也是霞谷学的一个重要范畴。郑齐斗的"生理"出自王阳明的《传习录》,也是对王阳明思想的一个深化和发展。关于"生理",《传习录》上载:"先生曰:美色令人目盲,美声令人耳聋,美味令人口爽,驰骋田猎令人发狂。这都是害汝耳目口鼻四肢的,岂得是为汝耳目口鼻四肢?若为着耳目口鼻四肢时,便须思量耳如何听,目如何视,口如何言,四肢如何动;必须非礼勿视听言动,方才成得个耳目口鼻四肢,这个才是为着耳目口鼻四肢。汝今终日向外驰求,为名为利,这都是为着躯壳外面的物事。若汝为着耳目口鼻四肢,要非礼勿视听言动时,岂是汝之耳目口鼻四肢自能勿视听言动,须由汝心。这视听言动皆是汝心:汝心之视,发窍于目;汝心之听,发窍于耳;汝心之言,发窍于口;汝心之动,发窍于四肢。若无汝心,便无耳目口鼻。所谓汝心,亦不专是那一团血肉。若是那一团血肉,如今已死的人,那一团血肉还在,缘何不能视听言动?所谓汝心,却是那能视听言动的,这个便是性,便是天理。有这个性才能生。这性之生理便谓之仁。这性之生理,发在目便会视,发在耳便会听,发在口便会言,发在四肢便会动,都只是那天理发生,以其主宰一身,故谓之心。这个心之本体,原只是个天理。"这里的"生理",是王阳明在回答学生萧惠"如何克己"时使用的一个概念。他的意思是说,"生理"发出的视听言动,便是仁,是善。郑齐斗将这一概念,加以深化,进行了哲学意义的界说。他说:"一团生气之元,一点灵昭之精,其一个生理(即精神生气为一身之生理)者,宅窍于方寸,团团于中极,其植根在肾,开华在面,而其充即满于一身,弥乎天地,其灵通不测,妙用不穷,可以主宰万理,真所谓周流六虚变动不居也。其为体也,实有粹然本有之衷,莫不各有所则,此即为其生身命根,所谓性也。只以其生理,则日生之谓性,所谓天地之大德曰生,惟以其本有之衷,故曰性善,所谓天命之谓性,谓道者其实一也。"又说:"万事万理,皆由此出焉。人之皆可以为尧舜者,即以此也,老氏之不死,释氏之不灭,亦皆以此也;凡夫之贪利殉欲,亦出于此,而以其弃弊也,禽兽之各一其性,亦得于此,而持其一端也。此即生身命根,所谓天地之大德曰生。然帷其本有之衷,为之命元,故有不则乎此也,则生亦有所不取,利亦有所不居。"[16]郑齐斗的这些话,可以从"人身论"、"宇宙论"、"人性论"三方面来理解"生理"的含义。

所谓"人身论",是讲郑齐斗认为"生理"就是"精神"与"生气"为一身之生理。它存于方寸间,植根在肾,开华在面,充满全身。它是生气之元,灵昭之精,是生身命根。也就是心。

所谓"宇宙论",是讲"生理"可以弥乎天地,灵通不测,妙用无穷,使天地生生不息。所以,它是"中",是"性"。"性者,天降之衷,明德也,自有之良也,有是生之德,为物之则也,故曰明德,曰降衷,故曰良知良能。"[17]也就是良知。

所谓"人性论",是讲有了"生理",人皆可以为尧舜。所以,"仁为生理之主"[18],也就是"仁"。

通过以上比较分析,可以看到中国阳明学的"致良知"思想是对孟学充扩良知思想的高度发扬。中国哲学史上出现的流派主要有三派,即气学派、理学派和心学派。孟子可称为心学派的鼻祖。因此,王阳明也主要吸取了孟子的这一思想,他的"致良知"就是强调对"心"的工夫。而郑齐斗的"生理"则明显地具有气学特色。他强调"生理"是"生气之元",这表明他的"生理"是一个活生生的概念,正因为它是活泼泼的,是具有生命的,所以,"万事万理"才能"由此出焉"。这正是郑齐斗对王阳明"生理"思想的深化、丰富和发展。因为王阳明的"生理"实质是指"心体"、"心性"。可见,王阳明重心之体、心之性,而韩国阳明学将"气"的思想放入心之中,使"心"范畴具有了活力和生气,内涵更加充实和丰富。

四 社会价值的比较

社会价值主要是指对本国当时社会所起的作用。就此而言,中国阳明学的作用,表现为以下三点:

第一点,对人的主体作用的肯定。

在中国传统哲学中,从汉至宋,"天"、"天命"、"天理"、"理"等哲学范畴不仅具有至上性,而且能主宰、支配自然、社会和人事。个人完全是被动的、消极的，也就是说，人被取消了独立存在的价值。与此相对立，王阳明哲学把"良知"作为哲学思想体系的最高范畴，并取"天"、"天理"而代之。这就突破了"天理"的一统局面，而使"良知"确立了最高本体的地位，其实质是对人的主观能动作用的肯定。

第二点，对传统价值观的否定。

自从汉代"罢黜百家，独尊儒术"以后，孔子逐渐被历代封建者和士人学子尊为"圣人"，"大成至圣先师"，成了人们顶礼膜拜的偶像。孔子的言论也成了判断善恶、是非的唯一标准。而王阳明哲学却主张"良知"是检验真理，判断是非的标准。人们的善恶是非，只有人人先天具有的"良知"，才能做出判断，与"良知"合的就是善，就是是，不合的就是恶、就是非，离了"良知"是无法进行判断的。王阳明哲学的这种反权威、反偶像崇拜的思想，是对传统价值观的否定。这一否定对中国近现代许多进步思想起了重要的影响作用。

第三点，对"所以然"与"所当然"的解释。

"所以然"指事物的所以道理，"所当然"指人的行为规范。"所以然"与"所当然"在程朱理学中统一于"理"。如《大学或问》说："天下之物则各有所以然之故，与其所当然之则，所谓理也。"可王阳明哲学指出，知与行的统一就是所以然之故（知）与所当然之则（行）的统一，不过这二者是统一于"心"。王阳明哲学通过强调把"所以然"与"所当然"在"心"中统一起来，而力倡"知行合一"。其结果，使文昌实衰的大明王朝得以补救偏弊。

韩国阳明学的社会价值，可以归纳为以下两项：

一项是对实学的影响。

如柳承国教授指出："在实学派中，欲脱离朱子学的权威，受阳明学的学问与精神相当影响者，从李瀷、洪大容等学者的思想中亦可见。"[19]又据《韩国哲学史》讲：洪大容的《毉山问答》与郑齐斗的《存言》，讲的都是一个"实"[20]。此外，洪大容认为矜心、胜心、权心、利心都是"虚"，而只有实心是"实"。这些思想与韩国阳明学都有一定关联。

另一项是对西学的影响。

霞谷学敢于排斥被指为异端学说的批评，而昌明韩国阳明学的观点。这种勇敢学风，给西学派以很大影响。如柳承国先生讲："在完全受朱子学支配的社会中，不顾被指为异端的批判，而探求阳明学问者，一如朱子学派追求正统思想的纯粹性的意志，阳明学派发挥了寻求学问自由的意志，欲从正统思想的权威下解脱，寻求学问自由的风气，对形成朝鲜近世思想的一支的实学派与西学派，造成相当的影响……此乃西学派学者权哲身试图接近阳明学的原因。"[21]

中国阳明学和韩国阳明学是同中有异，异中有同，通过对它们的比较分析，可以明晰东亚传统文化的核心——东亚意识。这就是：

主体意识：从哲学主体性来看，虽然中国阳明学属一种主体的主体性，韩国阳明学属客体的主体性，但它们都是主体性哲学，都强调主体作用和主体价值。东亚阳明学的这种主体精神，从东亚意识来看，就是一种"主体意识"。这种主体意识的现代价值，表现在对西方一元价值观的冲击。近代以来的价值判断标准，都以西方文化、西方模式为标准、为准则，而这种主体意识则要打破以往既定的价值标准，强调东亚文化的优质和功用，确立东亚价值标准。这是东亚主体意识的世纪意义。

人文意识：从道德哲学来看，中国阳明学强调"致良知"（追求人性完美），提出"人人皆可成圣"；韩国阳明学高唱"至善说"，"良知说"。这表明东亚阳明学的一个重要特点是重视人的道德修养，以追求至善至美为理想道德目的。这种道德观念，从东亚意识来分析，便是一种人文意识。东亚人文意识的特点在于：注重人的道德主体价值和道德修养，热衷于对人的本性的探求。这一特点符合"21世纪将是生命世纪"的时代发展。东亚人文意识将在下一世纪中，具有重要指导作用。

多元意识：从相异性观点来看，虽然中国阳明学和韩国阳明学都属于心学范畴，都强调道德主体性，但它们又有许多相殊性。中国阳明学是中国的一种文化形态，是强调"心"的一种哲学形态；韩国阳明学是朝鲜朝的一种文化，它是强调主气的心学形态。这就是东亚文化的多元性。这种多元性演绎为东亚意识的多元意识。今天，多元意识的价值在于可以营造进行"真正的文化交流"的氛围。所谓"真正的文化交流"，就是指"平等条件"下的文化交流。只有这种"平等"条件下的"真正文化交流"[22]，才能使东亚文化在当代社会发挥更大的作用。

注释

[1] 冯友兰：《中国哲学史新编》第 5 册，第 215 页。

[2] 柳承国：《韩国儒学史》，第 5 章第 4 节。

[3] 《韩国哲学史》下卷，第 5 章。

[4][5][9]《霞谷集·存言上》。

[6][7]《霞谷集·存言中》。

[8]《霞谷集·存言上》，《生理虚势说》。

[10]《传习录》（上）。

[11] 陈来：《有无之境——王阳明哲学的精神》，第 84 页。

[12]《韩国哲学史》下卷，第 57 页。

[13] 陈来：《有无之境——王阳明哲学的精神》，第 85 页。

[14] 陈来：《有无之境——王阳明哲学的精神》，第 179、180 页。

[15] 李丙焘：《韩国儒学史论》，第 272 页。

[16]《霞谷集·存言上》，"一点生理说"。

[17]《霞谷集·存言下》。

[18]《霞谷集·存言中》。

[19] 柳承国：《韩国儒学史》，第 161 页。

[20]《韩国儒学史》下卷，第 40 页。

[21]《韩国儒学史》下卷，第 160 页。

[22] 沟口雄三：《写于"亚文"发刊之际》，《亚文》1996 年 1 月。

（载《韩国学论文集》第七辑，1998 年，第 266—272 页）

从韩国阳明学的发展看儒学的生命力

儒学是一种活的哲学、活的文化、活的学问。这是说,儒学能够随着历史的发展、社会的演变、民族的变异而因时制宜地发展、变化,并能够因地制宜发挥作用。儒学具有旺盛的生命力。从中国历史发展角度考察,中国儒学大体经历了五个发展阶段。这就是(一)原典儒学——先秦儒学;(二)经学儒学——两汉至隋唐儒学;(三)理学儒学——宋元明清儒学;(四)新学儒学——近代儒学;(五)新儒家儒学——现代儒学。关于这方面的论述颇多,本文不再赘言。本文的主题是要论述当中国阳明学传到韩国,形成韩国阳明学后,从韩国阳明学的发展论证儒学是一种充满生命力的文化。下面分四个问题进行论述。

一 韩国没有阳明学吗?

学术界长期流传着一种观点,认为中国和日本有阳明学,而朝鲜没有形成阳明学。果真如此吗?史料证明这种观点是不科学的,中国阳明学传到了朝鲜,并形成了独特的韩国阳明学。

关于中国阳明学传入朝鲜的时间,韩国学术界主要有三种观点。

一种观点认为:中国阳明学传入朝鲜的时间应在朝鲜中宗十六年,即1521年左右。如吴钟逸教授认为:阳明学传入朝鲜的时间应该在1521年[1]。这一观点的根据是朴祥(1472—1530,号讷斋)的《讷斋集》和金世弼(1473—1533,号十清轩)的《十清轩集》两部文集。其中,《讷斋集·年谱》中有"阳明文字东来,东儒莫知其为何等语,先生见其《传习录》,斥谓禅学","辨王阳明守仁《传习录》于辛巳"的记载,时为朝鲜中宗十六年。《十清轩集》卷二中则有"阳明老子治心学,也人三家晚有闻,道脉千年传孔孟,一毫差爽亦嫌云"的诗句。可知《传习录》初刊本(1518年)在1521年左右传入朝鲜。又如刘明钟教授在《韩国哲学史》第十六篇第一章中说:

> 阳明学向韩半岛的传播是从阳明在世的时候就开始了的。笔者也曾根据《西崖集》认为起始时间是明宗十三年(1558年),但目前根据朴祥(1472—1530)的《讷斋集》和金世弼(1473—1553)的《十清轩集》判断,《传习录》初刊本传到韩半岛那是中宗十六年(1521年),也就是王阳明五十岁时候的事。因此,我认为,将初刊本的刊行时间(1518年)往后推三年,即公元1521年才是正确的。[2]

另一种观点认为:中国阳明学传入朝鲜的时间是在明宗十三年,即1558年。如金忠烈教授根据柳成龙(1542—1607,号西崖)的《西崖文集》的有关资料,提出了明宗十三年(1558年)说[3]。关于阳明学传入朝鲜的问题,《西崖文集》中有这样的记载:

> 右《阳明文集》,余年十七趋庭义州,适谢恩使沈通源自燕京回,台劾不检,罢弃重于鸭绿江边而去,行囊中有此集。时阳明之文未及东来,余见之而喜,遂白诸先君,令州吏善写者誊出,既而藏箧笥中。

按《西崖文集》的记载,柳成龙从沈通源丢弃的行囊中获得《王阳明文集》的时候当是在1558年。又如柳承国教授在《韩国儒学史》第六章第二节中写道:"王阳明学说初传来韩半岛是在朝鲜前的明宗代。明宗十三年(1558年),少年时节的柳成龙(1542—1607)在侍奉义州府史的父亲同住之时,赴明而返的谢恩使一行在回程时为逃避检查而将行囊弃于江边,由其拾得行囊中得到《阳明集》一书,此乃阳明学最早传来的记录。"

第三种观点认为:中国阳明学传入朝鲜的时间为李退溪(1501—1570,号滉)当年时。其理由是退溪生前著有《传习录论辨》一文,对阳明学作了批判。退溪的批判是朝鲜学术史上对阳明学所作的最早的公开批判，例如李丙焘教授在《韩国儒学史略》第三编第六章第一节中说：

> 王书之传来我东，始自何时？年代未可得知。然李退溪生存时，已得见《传习录》而为之辨证一篇，载在其文集（见《退溪集》，卷41）矣。退溪之作辨证，又不知在何时。假使其作系于晚年，王书之传来，恐不后于明宗朝矣。王书之东来也，最初著为文字，以加一棒者，除退溪外，未闻其人焉。[4]

关于阳明学在韩国传播、发展的脉络，笔者以为可以分为以下六个阶段，即：

（一）阳明学早期传播期

从历史记载看，朝鲜最早的阳明学信徒当推东冈南彦经和庆安令李瑶。

南彦经是徐敬德的门客，但同时又与李滉交游过。所以，他的阳明学思想可从《陶山全书》的《静斋记》[5]考察。其内容主要有：

1. 主张"一气长存说"，认为"虚静微妙者，气之湛寂而先天之体也；生动充满者，气之流行而后天之用也"。

2. 反对李滉的"静时气不运，理自然存在"的主张，同时亦反对"理非静有动无，气也非静无动有"的主理说。

3. 南彦经说："涵养体察为我之宗旨，天理与人间之理并非两种事物。"这就是说：天理就是人间之理，即我心。其实，这就是王阳明的"心即理"思想。

4. 李滉认为："时甫前次所言心有善有恶，其主张大错"，南彦经的"心有善有恶"说与王阳明弟子钱德洪的"无善无恶心之体，有善有恶意之动"有一定关系。

5. 南彦经说："若曰静而气未用事，则所谓气者，静处无而动处有；所谓理者，静处明而动处暗。安见其理气合一、流行无端之妙手！"理气合一之妙即暗示"良知"。

南彦经的"一气长存"说和"理气合一即为良知"的观点，表明了他对理气问题的关心及对气的重视。这一思想演为朝鲜阳明学的主气说。

李瑶就学于南彦经,深信阳明学。他曾向宣祖宣讲过阳明学。据《宣祖实录》记载,宣祖曾对李瑶说:若按南彦经说,用阳明学治国可一扫倭寇;阳明才气过人,吾人才气低下,难以学之。李瑶对答说:"常省吾心"的主张很对,阳明的意思要先正其心,事事必求正当,阳明的主旨为致良知。

(二) 阳明学奠基期

张维(1587—1638,号溪谷)是朝鲜阳明学的奠基者,其阳明学的代表著作为《溪谷漫笔》。朝鲜阳明学集大成者郑霞谷是通过《溪谷漫笔》受到启发而潜心钻研阳明学。

张维关于阳明学的主要思想有:

1. 张维与南彦经一样,主张气一元论。不过,张维的气是把老子、庄子、阳明的气与朝鲜学者李珥的气综合在一起。这表现了他好老庄之道的遗风。关于气,他在《溪谷集·杂记》卷三中说:"气的本体是极其虚无的,往前无始,往后无终,大无际,小无心,无处不在。此处谁也难得,谁也难失,谁也难让其死,谁也难让其活,因为天地万物没有不是气的。"这表明:他认为气具有绝对性、普遍性、永恒性,是作为宇宙本体的一种实体。这种作为宇宙本体的实体气,在张维看来,就是良知之气,即心气的宇宙化。

2. 张维主张自治、自立和自主。这一观点是以阳明学尊重自由、个性为其根本。他批评朝鲜学术界没有实心、实事、实功、实得和志气。他在《溪谷漫笔》卷一第二十四页中认为:中国学术多种多样,有正学、禅学、道教、程朱学、陆王学等,而我们朝鲜不管有知无知,只要是能识字者,就只知程、朱而不知其他,其原因在于没有一个真正的学者。没有实心的学问或对学问没有实得,就会过于拘谨,缺乏志气,耳听口说都是程朱学的重要,行动上的表现也只是进行捧场。这不是假学问,又是什么?而究其根源则是缺乏自治、自立、自主之心。而缺乏自治、自立、自主之心的实质是对良知自我拓展之缺乏。

3. 张维主张"慎独"说。在心性修养方面,他批评了程、朱的穷理和居敬,认为即物穷理和居敬与我们的心性修养不合,而"慎独"更为切合实际。为此他写了《慎独箴》一文:"有幽有室,有默其处。人莫闻睹,神其临汝。警尔惰体,遏尔邪思。"慎独就是神的降临,要像站在神面前一样进行自身警惕,防止邪思,实现良知的虔诚的心境。慎独的实质就是心身修养。而心身修养不仅是知,也是行。张维认为:先儒以穷理为格物致知之事,专属于知。唯阳明以为兼知行而言。范淳夫曰:"自君臣而言之,为君尽君道,为臣尽臣道,此穷理也,与阳明之说合。"[6]张维这一思想是对王阳明"知行合一"说的一种具体阐述。

(三) 阳明学被实学派摄取期

实学是朝鲜朝后期的一个重要学派。朝鲜实学以强调"实事求是"、"经世致用"、"利用厚生"为其目标。因此,实学学者对阳明学表现出较多的关心。他们认为阳明学在打破道学(即朝鲜朱子学)以正统主义实现一元僵化统治而走向学术多元化方面有积极的贡献。而且,阳明学的"知行合一"思想成为鼓励实学派努力实践的理论。实学派从阳明学中找到了自己的哲学根据。实学派对阳明学的这一态度,在客观上亦构成了阳明学在朝鲜传播、发展的一个重要环节。例如,许筠(1569—1618)、李晬光(1563—1628)是实学启蒙派,他们的思想都受到阳明学的影响。

许筠与王阳明及阳明左派何心隐、李贽,公安派袁宗道、袁宏道、袁中道的新文学运动之间有许多相似之处。像许筠反对嫡庶差别,尊重民众意识;反对朱子学的教条主义,并揭露其虚伪性,严格区别真与伪、公与私;反对禁欲的礼教主义,肯定人欲;反对文艺的陈腐框架,提倡白话文。

李晬光号芝峰,是个百科全书派,可是他的著作《芝峰集》或《芝峰类说》却很特别,对理学几乎没有论及,对王阳明的学说则进行了简单的评价。如他在《芝峰类说·学问》卷五中称赞阳明学说:

> 王守仁说:"人生大病,只是一傲字。为子而傲,必不孝;为臣而傲,必不忠;为父而傲,必不慈;为友而傲,必不信。"他又说:"今人病痛,大段只是傲,千罪百恶,皆从傲上来。傲则自高自足,不肯屈下人。故为子而傲,必不能孝;为弟而傲,必不能悌;为臣而傲,必不能忠。……为学,先要除此病根,方才有地步可进。傲之反

为谦，谦字便是对症之药。"世上舞墨弄笔的人如果自高自大，不仅寸步难行，反会倒退，其原因都在于这种病痛。仿病者何止都是学者，千罪万恶都起源于傲，我认为这才是对的。[7]

这里，李晬光引用了王阳明《书正宪扇》中的语言，赞同王阳明所说的人生大病只是一个傲字的主张。另处，李晬光还十分称赞王阳明的"知行合一"说。如他认为：

> 所谓学问只有"知行"两个字。《大学》的格物致知是求知之因，诚意二相也就是行动条目这个因。《中庸》提出了博学、审问、慎思、明辨等四个为知之因，笃行为行动之因。圣贤之教诲虽有千言万语，但其要领却离不开这一条。我从小时候起主张的"真知中有行"，以行为主，学问和阳明的知行合一说没有什么两样。阳明的"知行合一"说实际上是以行为主，强调自得和实践。[8]

可见，李晬光以王阳明的"知行合一"思想对光说不干的后进学者之弊端进行了揭露和批评。

梁得中（1665—1742，号德村）则从阳朱阴王的立场发展阳明学。梁得中的阳明学思想，一是强调良知，二是主张立诚，并提倡诚与良知的统一。

王阳明哲学的要旨是致良知。而梁得中则用朱子学佐证良知说。他在《德村集·答尹大源书》中解释良知说："人皆有良知，故朱夫子补《大学》格致之说，莫不因其已知之理而益穷之，盖言其不待学问，本有良知也。""当行吾所明，无行吾所疑，盖言其学未至、见未透者，且从吾良知之明白无疑处，作得去也。"这里，先以朱熹思想解释良知本有，然后证明"且从吾良知之明白无疑处，做得去也"是阳明学的精髓。梁得中认为"良知"的实质是"一诚"。李建芳评论他的思想时说：德村的根本是一诚。这句话是以王阳明所说的以诚意为主就是不必再添一个敬字，之所以只用"诚意"二字，是因为它是以学问的大头脑处[9]为基础的。梁得中将"诚"具体化为"实事求是"，如他对英祖说：不掺入一丝私意，行至诚，勤磨炼，不期而成，自然就会使国家太平。英祖答道：看来

"实事求是"这句话非常好,我应该把这四个字挂在墙上,经常看到它。于是英祖用"实事求是"四字代替了原来的"荡平"二字。可见,实事求是就是诚,就是良知。主张良知和实事求是的实学是以"诚"之道德为原理的。

以利用厚生为旗帜的洪大容(1731—1783)、朴趾源、朴齐家等被称为实学中的北学派。而北学派在学术思想上是实学和阳明学的折中。

洪大容从内心深处喜欢阳明学,故郑寅普认为:洪大容的《毉山问答》的虚实论与王阳明的拔本塞源论自成表里之关系。洪大容在《毉山问答》中认为:扶助正学、排斥邪说、救世之仁、保身之哲,都来自于体认矜心、胜心、权心和利心不过是一种虚。因而,他主张要有实心。贯穿这一问答的根本精神是"万物一体"论。而王阳明讲的拔本塞源论本是从"万物一体"论而来的。由此可见洪大容对阳明学的吸取和发展。

朴趾源的文学思想对阳明左派何心隐、李贽、三袁公安派进行了不同程度的吸取,而表现为民主、平等意识。

朴齐家吸取阳明学者刘宗周的"慎独"思想,强调慎独为治国之根本。"无慎独,则虽治国平天下,皆假也。"

(四) 阳明学确立期

朝鲜阳明学派自16世纪中叶引入中国阳明学后,历经百年之久,到17世纪中叶才由郑齐斗开创为一个学派,在朝鲜学术思想上占有一席地位。

(五) 阳明学江华期

江华传统指郑霞谷的后代以阳明学为基础,在史学、书法、诗歌、实学等广泛领域的研究成果,而对霞谷学(即朝鲜阳明学)有所继承和发展。例如,恒斋李匡臣在《书斋壁》中写道:"学问只有从心随入微之处努力,才能到达笃实光辉境界。只要确立了大本,即使会产生私欲的萌芽,也不可怕。"这里所说的"心随入微"、"立大本"即是心学。这与阳明的"吾人为学,当从心随入微处用力,自然笃实光辉;虽私欲之萌,真是洪炉点雪,天下之大本立矣"[10]这一思想是一致的。另外,李匡臣对霞谷学加以评论:"先生之学,专于内,实于己,如乔岳之蓄、大海之藏，荣华不显于外，接待人言词详尽，仁和旁畅而人自异之也。余识浅不敢知造道至何地，而概其去外诱，存实理，别无余境矣。古所谓笃恭者，先生其几矣。"[11]他认为这里所说的诚实和"专于内"、"实于己"、"去外诱"、"存真理"等是郑霞谷对王阳明的"诚是实理，又是一个良知"思想的发挥。

又如李建昌、李建升、李建芳一起努力阐明阳明学，并继承了王阳明、郑霞谷的思想。他们在江华开办了启明义塾（1907年），义塾宗旨为：1. 四民皆学；2. 务实；3. 心即事；4. 实心实事；5. 恢复独立权。他们撰写论述真与假的《原论》上、中、下和《续原论》，认为假和假心不是良知，强调真、真实、实心的重要性，以此提倡阳明学的"良知"说。

（六）阳明学近代光复期

韩国的光复运动指韩国近代史上对日本帝国主义的民族抵抗时期。这一时期具有代表性的阳明学者首推朴殷植和郑寅普。

朴殷植是韩国近代史具有代表性的爱国启蒙家和阳明学者。

郑寅普（1892—?）的《阳明学演论》对"致良知"、"至善"、"拔本塞源"等进行了论述和发展，并从宏观上对韩国阳明学进行了归纳、分析。郑寅普将韩国阳明学者分为三类，即（1）明确承袭阳明学的，如张维、郑霞谷及江华阳明学派；（2）阳朱阴王的，如李匡师、李令翊、李忠翊等；（3）不谈阳明学，但精神为阳明学的，如洪大容等。[12]

韩国阳明学在以朱子学（性理学）为主导思潮的社会环境中，以不屈不挠的精神在与性理学的对抗中流传、发展，显示了顽强的生命力。

二　郑霞谷的阳明学思想

郑霞谷的阳明学思想一方面是对南彦经、张维、李晬光等前期阳明学者的继承，另一方面则是对朝鲜性理学者对朝鲜阳明学攻击之反动。

众所周知，以李退溪为代表的朝鲜性理学（即朱子学）是朝鲜的统治思想。作为统治思想的性理学在阳明学一传入朝鲜时，就对它进行了残酷的打击。例如，李退溪著《传习录论辨》，对王阳明的学说进行批评，要点如下：

（一）王阳明、陈献章的学问是以陆九渊之学为出发点，形式为儒而实质为佛。

（二）笃信唯心论，不以物之理为然，认所有事物皆为心障，唯有排除心障，本心、良知的作用才能得到自由发挥。总之，六经为心之支柱，凡事可从心得，不一定非读书不可。

（三）"知行合一"说与究理之心相悖。

（四）阳明所谓的"性"实为古时告子所说的"生之谓性"之理，但朱子认识到纯属理之本体的仁、义、礼、智四德就是"本然之性"。

另外，退溪的弟子柳成龙对阳明学也作过批评。他指出：第一，阳明学虽富实践性，但心中并无准则，若持主心说，会滋长猖狂妄为之弊端；第二，王阳明主张致良知，不读书，哪会对一切事物皆了如指掌？陈献章不精道学，阳明以儒学代替禅学；第三，虚灵为心之本体，知觉为心之作用，心中所藏之理即仁、义、礼、智，也就是所谓的"性"。若将虚灵和知觉均归为性，那必然与佛学相近。格物致知的"知"说的是心知，"物"说的是物之理。王阳明将致良知视为学问的精髓，贬朱子学为支离破碎，属外道即佛家学说。

再如朝鲜大儒李栗谷（1536—1584，名珥）也曾批评阳明学说，但是，栗谷创建的"栗谷学"却受到了阳明学风的影响。

在这一思潮背景下，郑霞谷创建了韩国阳明学——霞谷学。霞谷学的主要内容如下：

（一）生气论

霞谷学的一个显著特点或基本特点，是把"气"概念引入阳明学，所以，在这种意义上可以称霞谷学为主气心学。而郑霞谷之所以重视"气"也正是朝鲜学术界理气之辨的具体反映。

被誉为朝鲜朱子的李退溪是朝鲜朱子学的主要代表者。他对朱熹思想作了全面的继承和发展。在理气观上，退溪主张"理先气后"的理一元论。如他说："天下之物，必各有所以然之故，与共所当然之则，所谓理也。……凡事皆能然必然者，理在事先。"[13]"理为气之帅，气为理之卒，以遂天地之功。"[14]而与退溪齐名的另一位重要学者李栗谷则反对退溪的"理一元"论,而主张"理气二元"论。在理和气的关系问题上,李栗谷既反对退溪的"理先气后"论,又批评徐敬德的"气一元"论,而主张把二者调和起来,认为"理"与"气"同时形成世界的本源。如他说:

> 非理则气无所根底,非气则理无所依着,既非二物,又非一物。非一物,故一而二;非二物,故二而一也。非一物者何谓也?理气虽相离不得,而妙含之中,理自理,气自气,不相挟杂,故非一物也。非二物者何谓也?虽曰理自理,气自气,而浑沦无间,无先后,无离合,不见其为二物,故非二物也。是故动静无端,阴阳无始。理无始,故气亦无始也。[15]

栗谷的这种理气观被郑霞谷摄取,演绎为他的"生气"论。霞谷学"生气"论的内容,主要有以下两点。

第一点:大气元神。

郑霞谷认为:"气"充满天地万物之中,无始无终,是无限的,而且,"气"还是生动活泼,生生不已。他说:

> 窃谓大气元神,活泼生全,充满无穷。妙不测而其流动变化,生生不已者,是天之体也,为命之源也。[16]

在这里,郑霞谷虽然没有明确提出"生气"一概念,但其思想中的"气"是"元神",是"活泼生全",是"神妙不测"的,是以"生生不已"为其机能的,即为"天之体、命之源"。故他又说:

> 是故凡有动气处,皆是气之动;凡有作为者,皆是气之作。[17]

这里的"凡有动,皆是气之动;凡有作为,皆是气之作为"就是提纲挈领地总括了"气"的生生不息之机能。

进而,郑霞谷又把气的生生不息之机能比喻为"相火"。

他说:

气之用皆是相火。

故如凡动气嗜欲，皆是相火也。[18]

把"气"形象地比喻为"火"，引"火"入"气"这一思维在中国始自方以智（1611—1671）。方以智的早期哲学观点可以概括为"气一元论"。如他认为："塞两间，皆气也。知其所以为气，气即神矣。"就是说，天地之间万物的基础在于"气"，即为"气"所充塞、由"气"所构成，正是在这个意义上称为"所以为气"；就其造物之功能言，称之为"神"。与早期相比，方以智中期较为自觉地探讨"气"的功能，即注意研究"气"何以生物。这一研究使他引"火"入"气"，提出了"气以火运"说，或曰"气动皆火"。他指出"凡运动皆火为之"，是因为"火"本身就意味着矛盾。他借用朱震亨的医学术语，把这种矛盾称之为"君火"与"相火"的对立统一，叫作"君相道合"[19]。据笔者所阅资料，还未发现郑霞谷直接吸取方以智著作的证据。但郑、方二人的思维路数是很贴近的。除了引"火"入"气"处，霞谷从"气"的活泼运动、神妙不测的功能出发，也称"气"为"神"、"元神"。

另外，霞谷亦从医学角度论证"气"为"生命之源"的功能。如他说：

录曰：婴儿在母腹只是纯气，有何知识？是一点纯气。……医经曰：心主脉，脉舍神（注：脉为血气之先）。又曰：一息不运，则机缄穷；一毫不续，则穹壤判（注：是先天一气，先天之灵。人之脉者是血气之妙、神之主也，是理之形体也）。[20]

方以智在中国明清之际，是一位很有独特见解的哲学家。郑霞谷对"气"的论述，在朝鲜学术界中也颇具特色。

第二点：理气非二。

如上所述，霞谷的理气观与栗谷的理气观很接近。李栗谷的理气观如他自己所言：

理气元不相离，似是一物，而其所以异者，理无形也，气有形也；理无为也，气有为也。无形无为而为有形有为之主者，理也；有形有为而为无形无为之器者，气也。理无形，气有形，故理通而气局；理无为，气有为，故气发而理乘。[21]

这表明：栗谷的理气观从性能分析，是"气发而理乘"；从结构分析，是"理通而气局"。这一理气观被郑霞谷所摄取和发展。

关于理和气的关系，郑霞谷说：

理者，气之灵通处，神是也；气者，气之充实处，质是也。一个气而其能灵通者为理（注：是为气之精处、明处），凡其充实处为气（注：是为气之粗者、质者）。[22]

理为神，气为质，理是气的灵通处。这种观点与栗谷的"理通气局"、"气发理乘"的观点很接近，但也有分歧之处。其分歧即为栗谷强调"主者，理也；器者，气也"。这语言即是程颐和朱熹的语言，强调了"理"与"气"之分。而霞谷则强调"理者，气之灵通处，神是也；气者，气之充实处，质是也"，即强调"理"与"气"之合。关于理气不分的思想，郑霞谷在《存言篇》中有更明确的论述，如：

其以心性以言于理气者，以其性有善恶，心有邪正，故以此而以善者为理也，邪与恶者气也。遂以其性者为理，心者为气；理为善，气为恶，遂以此分歧者，如此耳然。其实，只一理也，只一气也，不可分贰。气亦理，理亦气；性亦情，情亦性。又以心有主理而言者？有主气而言者，其言亦似明而实非。心只是理也，亦只是气也，不可以分贰也，故只可以言理也。[23]

如见其理不出于此心，理气非二。[24]

这四段论述主要表明了三层意思，即第一层意思：霞谷对程朱理学和退溪学进行了批评，将心与性、理与气分离开来，并视理为性为善，气为心为恶。这种思维路数正是程朱、退溪常讲的。霞谷批评说：其实只是一个气,只是一个理,因为理与气不可以分为二物。

第二层意思:霞谷明确指出"气亦理,理亦气","理气非二",这种观点是对栗谷"理通气局"、"气发理乘"思想的发展。之所以说是发展,还是因为霞谷这里所说的"气亦理,理亦气","理气非二"的实质是以"气"为价值视角而作出的评论。如上所述,霞谷认为:一个气,其灵通者为理,其充实处为气;气之精处、明处为理;气之粗者、质者为气。可见在霞谷的理气观中,他强调的是"气"。

第三层意思:霞谷追随阳明,亦讲"心即理"。按照霞谷以气为质的"理气非二"价值观发展,必然可以得出"心即气"这一命题。霞谷自己也说过:"心只是理也,亦只是气也,不可以分贰也。"但是,他又强调理是"气之灵通处,神是也"。这种人心神明上的生命元气,就是他所讲的"理",又特命名为"生理"。而这样的"理不出于此心",故只可以言"心即理"。为此,霞谷也说过"气者,心包气膜"[25]这样的话。

(二) 生理论

"生理"是霞谷学的一个重要概念,也是韩国阳明学的独特用语。郑霞谷的"生理"出自王阳明的《传习录》,也是对王阳明思想的深化和发展。关于"生理"《传习录》上载:

> 先生曰:美色令人目盲,美声令人耳聋,美味令人口爽,驰骋田猎令人发狂。这都是害汝耳目口鼻四肢的,岂得是为汝耳目口鼻四肢?若为着耳目口鼻四肢时,便须思量耳如何听,目如何视,口如何言,四肢如何动;必须非礼勿视听言动,方才成得个耳目口鼻四肢,这个才是为着耳目口鼻四肢。汝今终日向外驰求,为名为利,这都为着躯壳外面的物事。若汝为着耳目口鼻四肢,要非礼勿视听言动时,岂是汝之耳目口鼻四肢自能勿视听言动,须由汝心。这视听言动皆是汝心:汝心之视,发窍于目;汝心之动,发窍于耳;汝心之言,发窍于口;汝心之动,发窍于四肢。若无汝心,便无耳目口鼻四肢。所谓汝心,亦不专是那一团血肉。若是那一团血肉,如今已死的人,那一团血肉还在,缘何不能视听言动?所谓汝心,却是那能视听言动的,这个便是性,便是天理。有这个性,才能生,这性之生理便谓之仁。

这性之生理，发在目，便会视，发在耳，便会听，发在口，便会言，发在四肢，便会动，都只是那天理发生，以其主宰一身，故谓之心。这个心之本体，原只是个天理。

这里的"生理"是王阳明在回答学生萧惠"如何克己"问答时使用的一个概念。王阳明的意思是说："生理"发出的视听言动便是仁、便是善，强调"生理"是"性"的重要功能。

霞谷将"生理"这一概念进行了深化，并加以哲学界说。他说：

一团生气之元，一点灵昭之精，其一个生理［原注：即精神生气为一身生理］者，宅窍于方寸，团圆于中极。其植根在肾，开华在面，而其充即满于一身，弥乎天地。其灵通不测，妙用不穷，可以主宰万理，真所谓周流六虚，变动不居也。其为体也，实有粹然本有之衷，莫不各有所则，此即为其生身命根，所谓性也。只以其生理，则曰"生之谓性"，所谓"天地之大德曰生"。惟以其本有之衷，故曰"性善"。所谓天命之谓性。谓道者，其实一也，万事万理，皆由此出焉。人之皆可以为尧、舜者，即以此也。老氏之不死，释氏之不灭，亦皆以此也。凡夫之贪利殉欲，亦出于此，而以其弃弊也。禽兽之各一其性，亦得于此，而持其一端也。此即其生身命根，所谓"天地之大德曰生"。然惟其本有之衷，为之命元，故有不则乎此也，则生亦有所不取，利亦有所不居。[26]

郑霞谷的这些话，可以从"人身论"、"人性论"、"宇宙论"三方面来理解"生理"的含义。所谓"人身论"，霞谷认为："生理"就是"精神"与"生气"为一身生理。它存于方寸间，根植于肾，开华在面，充满全身，这是生气之元，又是灵昭之精。这就是说生气的根源与智慧精华相结合，就是生理。所以，生理是生气的灵通性。而就"人身论"而言，生理是生身命根，也就是心。

所谓"人性论"，霞谷认为：有了"生理"，人人皆可以为尧、舜。这是因为在上述引言中，霞谷把"生理"之体称为"衷"，并三次强调"衷"是"生理""本有之"的。关于"衷"，霞谷解释说：

性者，天降之衷，明德也，自有之良也，有是生之德，为物之则者也，故曰明德，曰降衷，故曰良知良能，故曰秉彝。自有之中，故曰天地之中。生生一理于穆流行者，性之源也。[27]

可见，"衷"是明德，是良知良能，而且是"天降之"，即先验地生而有之的。正是由于"衷"是明德、是良知良能，所以"性善"，"人人皆可以为尧、舜"。而当"衷"即良知被掩蔽时，则"凡夫之贪利殉欲"，这就是恶的起源。

所谓"宇宙论"，霞谷认为："生理"可以弥乎天地，灵通不测，妙用无穷，使天地生生不息。因此，它"可以主宰万理"，"万事万理皆由此出焉"。"生理"是宇宙间万事万理的本源。

可知，"生理"在郑霞谷思想中是"心"，是"良知"，亦是万事万物之源。郑霞谷之所以特别提出"生理"这一概念，是为了批评朱子学的"理"概念。他认为：朱子把气道之条路称为"理"就是称气的根源为"理"。这种"理"是空虚的，如同枯木死灰一般，没有任何生气。

朱子以气所有条路者谓之理，虽可以之该通于事物，然而是即不过在物之虚条空道耳，茫荡然无可以为本领宗主者也。夫圣人以气主之明体者为理，其能仁义礼智者是也。朱子则以气道之条路者为之理。气道之条路者，无生理，无实体，与死者同其体焉。苟其理者，不在于人心神明，而只是虚条，则彼枯木死灰之物，亦可以与人心神明同其性道，而可以谓之大本性体者欤？可以谓人之性犹木之性，木之理犹心之理欤？[28]

换言之，朱子以气之条路为理，这种理"在气之上"，虽然能"为其各物之条贯"，但"非所以为统体本领之宗主者也"[29]。因此，朱子的"理"没有实体，没有生气，是死物枯木。"生理"是指心的神明所存在的内在之理，即"圣人以气主之明体者为理"。这样，霞谷的"生理"就不是像朱子那样的物理之"理"，而是人心的神明，即心气的灵通途径。这样的"生理"是活生生的、有生命力的，所以，它能主宰、统领万事万物。

(三) 生道论

"生道"这一概念在郑霞谷思想中,相当于"良知"。霞谷明确说过:

> 恻隐之心,人之生道也。良知即亦生道者也。[30]

郑霞谷思想中的"生道"就是指生命的根本、生命的原理。按上述引文的分析,"恻隐之心,人之生道也。"这就是说,"恻隐之心"是生命的根本、生命的原理。故郑霞谷说:

> 凡此生道不息,即所谓仁理也。此仁理即天地之体,五性备焉;于事物无不尽,于天地无不具,惟在充之而已。不知何故,必欲添岐物理邪?其求于物理者,盖谓欲识天地之性,以求性命之源焉耳。其为心固是也,然所谓天地之性即此仁体,吾之仁体即天地之性也。岂有不能尽吾仁之体,而可以求性命之源者乎?[31]

霞谷认为作生命根本的"生道"是"恻隐之心",亦是"仁"。"仁"是天地之体、性命之源。这表明霞谷是性善论者,他认为:如果不扩充善性,仁理灭绝,"生道"就将覆灭。

> 凡有四端于我者,良知也,人皆有之,多不能察。及其知之也,则悉皆张大而充之,是致知也。如火燃泉达,则是其端始发,而其势不可遏者,充之至于炎炽流溢,而燎于原,放于海,则其体充尽而仁道之成也。四海虽远,皆吾度内,何不保之?有所谓可运掌也。如遏其心而不充,则其端灭息,岂复有水火乎?是仁理灭绝,无复生道。虽有至亲,何能保也?[32]

致良知的过程,就是将"仁"之善端扩充的过程。这一过程也就是"生道"亨通的过程,性命之源扩张、显现的过程。否则,遏制善端,灭绝仁理,那么将无复"生道",生命的根本亦将枯竭。可见,郑霞谷十分重视"仁"、"善"。他视"仁"、"善"为性命之源、"生道"之本。这也表明了霞谷的道德情感色彩,即是说霞谷是从"恻隐"、"仁"、"善"这一道德角度来把握"生道"(良知),诠释"生道"(良知)。如他谈到"良知"(生道)时,多以"恻隐之心"来解释。"良知即是恻隐之心之体,惟其能恻隐,故谓之良知耳。""恻隐之心是人所固有之良知也。"[33]郑霞谷的这一思想,还表现在他的《良知体用图》中。

图中最里面的圆圈叫作"心之性"。"心之性"圈包括"仁、义、礼、智",霞谷认为这是"心之本然、良知之体"。图中的第二个圆圈,叫作"心之情"。"心之情"圈包括"恻隐、羞恶、辞让、是非"和"喜怒哀惧爱恶欲"的内容。霞谷将"心之情"圈视为"心之发、心之情、良知之用"。可见郑霞谷认为:"仁义礼智"四端是心之性,属"良知之体、心之本然",即未发之性;又把"恻隐、羞恶、辞让、是非"和七情,规定为心之情,视为"良知之用、心之发",即已发之情。此图不论是良知之体(仁义礼智)还是良知之用(恻隐、羞恶、辞让、是非、喜怒哀惧爱恶欲),都是从道德价值判断的角度加以确认。视"良知"(生道)为道德理性,这是霞谷学的一个重要特点。

"生气"(气)、"生理"(心)、"生道"(良知)构成了霞谷学的基本概念和主体思想。在《霞谷全集》中,阳明学的基本命题如"理气"、"良知"、"心即理"也使用或出现过,但郑霞谷又常使用"生气"、"生理"、"生道"等独特的概念。这一方面说明了郑霞谷的思想是对中国阳明学的发展,另一方面也表明了霞谷学是一种强调生命智慧的哲学。"生气论"阐明了由于气的生生不息,才有活泼的生命力之生生不已;"生理论"说明了正是由于生理永不停息地运动和变化,它才成为宇宙生成的命根;"生道论"表明了流行发育、化化生生的生道(良知)是宇宙的原理、生命的根本。这一个"生"字,凸显了霞谷学对宇宙生命的终极关怀。生生不息的元气是宇宙生命的根本,而对仁、对善的不断扩充致尽,则是宇宙生命永保长青的本根。

三 朴殷植的阳明学思想

朴殷植(1859—1925),字圣七,号谦谷、白岩,是19世纪末20世纪初韩国爱国文化启蒙运动的主要代表之一,也是韩国的近代国史学的创立者。朴殷植思想的特点在于通过"儒教求新"的道路,创立了以阳明学为基础的"大同思想",使韩国阳明学成为民族抵抗时代的哲学思想。

朴殷植的阳明学思想的形成过程,大致可分为三个阶段。

第一阶段:醉心朱子学

朴殷植于1859年9月30日(阴历)出生在黄海道黄州郡南边一农村书堂训长家庭[34]。他17岁时,在身为私塾老师的父亲的影响下,接受了纯粹的正统派朱子学的教育。这段时间他笃信朱子学,每日清晨都向挂在自己房里的朱子像行礼,这一举动足见他醉心于朱子学的程度。这是他初涉学问研究的青少年时期,因此,朱子学对他产生了深远的影响作用。

第二阶段:移心茶山学

1880年,22岁的朴殷植对茶山丁若镛的实学思想产生了兴趣,并进行初步研究。他拜访了住在京畿道广州斗陵的丁茶山的弟子耆永和丁观燮,向他们请教丁茶山从政治与法律方面治理世事的学问。24岁时,朴殷植在京城亲眼目睹了壬午兵乱的经过,决心实现"治理国家,拯救百姓"的志向。于是,他针对当时的时政,上书朝廷,力陈自己的主张,但都未被采纳。这件事发生在他研究丁茶山治理世事学说之后。残酷的事实使他大失所望,于是便回到家乡,潜心研究学问。虽然他对茶山实学的研究是蜻蜓点水,但在当时社会条件不断变化的情况下,对于性理学者朴殷植来说,对实学的研究使他萌发了批判朱子学的意念。

第三阶段:潜心阳明学

据朴殷植自己的回顾,他是在40岁时对性理学及卫正斥邪思想产生怀疑,并开始关心新学问、新知识,同时开始认识到开化的重要性。身为卫正斥邪派学者的朴殷植,经历了1890年的"东学运动"和"甲午革新",认识到单纯性理学不能解决那一时期的民族问题和社会问题。于是,深受由独立协会倡导并已全面展开的"自主民权自强运动"的影响,他开始了由卫正斥邪派"性理学者"向开化自强派思想家的转变。这一转变也就意味着他要否定自己从前一直研究的以性理学为基础的所有学问。

1905年11月丧权辱国的《乙巳条约》的签订,使朴殷植受到强烈的震撼,同时,也使他进一步转变为要求变法和开化自强的思想家。与此同时，他对韩民族丧失国权的原因进行了深刻的反省，沉痛地意识到被动挨打的根源在于未能及早培养挫败日本帝国主义侵略者嚣张气焰的力量，而更深层的原因则在于李朝时期儒教与儒林的弊端。在这样的思想基础上，他开始对自己的学术研究中早已根深蒂固的旧学问进行深入的批评，辛辣地抨击卫正斥邪思想，严厉地批评笃信儒道的学者，极力主张只有吸收新学问才能解救处于危难之中的祖国。

朴殷植认为他一生挚爱的儒教不应当是站在帝王的立场上而无视民众的朱子学，主张用言简意赅的阳明学对它进行改革，使它与新时代的文化相适应。同时，他还试图调动阳明学中的积极因素，积极地投入恢复国权的运动中。

这一时期朴殷植的著作有《王阳明实记》《儒教求新论》《旧习改良论》等百余篇论文，论述了以阳明学为基础、开创儒教求新的理论。

朴殷植阳明学思想的主要内容有如下两个方面：

（一）以阳明学为基础，开创儒教求新之路

朝鲜朝末期，《乙巳条约》的签订使韩民族丧失了国家主权，国家处于生死存亡的紧要关头，朴殷植认为这恰是通过分析国权丧失的原因而唤醒民族的好时机。于是，他尖锐指出：为恢复国家主权，全民族都应发奋图强，增加国家实力；若要增强实力，就应努力发展能够发挥人民的才智、提高人民素质的教育实业，并应摒弃陋习，提倡新文化。而要实现这些目标的一个大前提，也就是全体韩国人都应反思的一个重要命题，那便是要对儒教——这一始终贯穿于韩国文化的核心内容——进行深入的反省和考察。

朴殷植认为：儒教的本质是美好的。朝鲜王朝初期，儒教成为国家的理念、百姓的师表。但朝鲜王朝末期，儒教成了虚学，儒者的腐化状况更加严重，国家也被推向了衰亡之路。为此，朴殷植写了《儒教求新论》，揭示了朝鲜王朝末期儒教的三大弊病。

在《儒教求新论》中，朴殷植认为韩国儒教在其发展过程中之所以逐渐衰退，是因为存在着三大问题，此即：

第一大问题，儒教派完全站在帝王的立场，不把儒教精神向社会和人民进行普及。朴殷植指出：孔子的"大同之义"和孟子的"民为重"之

说，都体现了向人民普及教义的精神。然而，孔子死后的诸子百家分别宣传他们的学说，孟子提出"民为重"，而荀子则强调"尊君权"。后来，孟子的学说未能得到广泛传播，而荀子的学说却被李斯采纳，在秦国得到推广，后又传入汉朝，形成了"尊君权"学说。汉高祖为草莽之臣时曾憎恶儒教，但尊为皇帝后，提倡六经，重用儒臣，名义上崇尚儒教，而实际上并非尊奉孔子，而是试图用儒生的礼仪规范来提高自己的身价。

朴殷植还指出：因帝王厚遇儒生，使得数千年间东方儒教在国家政权中常常高居要位，这种状况是其他学派无法比拟的。所以儒林中的君子不过是把儒教作为羁络君心的法宝，儒林中的小人只是把儒教视为迎合帝王心意的绝妙之计。

朴殷植认为在开发民智、伸张民权的当今时代，要想充分发挥儒教的功能，就应努力推广孟子学说，同时改革与完善这一学说，并向广大民众普及。为此，他特别指出：

儒教精神若只存在于帝王将相之中，不向人民普及，便无法在世界范围内得到充分发展。孔子的弟子，不宣传孟子之说，而只宣扬荀子观点，此为产生百姓大不幸之一大弊端。更何况如今正是开发民智，继而伸张民权的时代，若不改良求新，则无法将其发展。儒林为了保住自己的利益与地位而常蹈痼习，不思变通。如果他们要真正成为孔门之忠臣，发扬孔教之功德，谋求民生之幸福的话，就必须改良儒教，并向全社会普及孟子的学说。

第二大问题，不寻求改变天下的主义，固执坚持"不是我求幼稚的孩童，是无知的孩童求我"。朴殷植指出：孔子思易天下，释迦普度众生，基督舍身救民，其救世主义同出一辙。佛教教义有大乘法、小乘法，在哲人与百姓中得到普及。基督教的宣教范围也极为广泛，竭诚向五大洋、六大洲传播福音。与他们相反，儒教的教徒不遵循孔子周游列国、思易天下的主张，顽固地坚持"我不启发童蒙，而让童蒙启发我"，紧闭书门，静待别人登门求教。这样，不仅不能将儒教普及于民众之中，而且自己也孤陋寡闻，不谙世事。

朴殷植认为要使儒教得到发挥，儒者必须满怀热忱之心，积极宣扬儒教教义。

第三大问题，韩国的儒学家不愿接受简单直接的教义，反而崇尚支离破碎的学问。朴殷植指出：儒教的内容虽然极为广泛，但是了解了"根本"和"要点"便可以掌握它。然而，在韩国儒教历史的六百年间，全国儒者传授的儒教教义几乎都是朱子学，如果有人从与朱子学不同的角度建立学说的话，那他就会被斥为"斯文乱贼"，其学说也被视为异端邪说而遭到排斥。

朴殷植认为朱子学虽无所不包，但因其有支离、烦琐的特征，所以许多人倾注一生心血进行研究，也未能领悟，这是一大弊端。这一弊端使得青年们会因其晦涩而感困难，因其复杂而感厌倦，从而不再研习儒教。这是儒学界一个不能忽视的问题。

基于以上存在的诸多问题，朴殷植主张对韩国儒教进行改革。他在《儒教求新论》中指出：

> 十九、二十世纪是西方文明发达、主导世界的时代，二十一、二十二世纪将是东方文明高度发达、主导世界的时代，孔子之道将再次在全世界大显光辉。为迎接这一时代的到来，儒教改革势在必行。如果没有马丁·路德的宗教改革，欧洲便不能开创出现代文明。同样，东亚儒教界也必须实行改革，才能开创大韩和东亚的新文明。[35]

关于儒教改革的具体方法，朴殷植指出：只有以阳明学为基础，才能开出儒教求新之路。这是因为阳明学具有教义简明扼要、切合实际、致良知说能够直指人心、知行合一说能够言行一致等优点，从而对于培养由于日帝侵略而丧失了国家主权的韩民族的民族气节，开创恢复国家主权的伟业，具有极大的功效。

（二）对阳明学的新解释、新发展

朴殷植于1910年刊行的《王阳明实记》详细地记述了他对阳明学的新解释。这种新解释集中体现在他对"良知"概念的新发展上。关于"良知"，朴殷植说："良知者，自然明觉之知，纯一无伪之知，流行不息之知，泛应不滞之知，圣愚无间之知，天人合一之知，神乎！妙乎！"[36]

以上内容可分为三部分，即：

1. "自然明觉之知"和"纯一无伪之知"表明了朴殷植对"良知"本体性的强调。

朴殷植在《王阳明实记》一文中说：

> 呜呼！良知二字，先生从石樟三年而得来，是天启之也。但其与学者说话，有提示本体之直捷也故。盖良知之本体即天理，天理以上更有何物可加乎？学者惟当一心在天理上，静则存此而养之，动则循此而行之，方能以人合天，而语其发穷处则吾心之良知。是可知良知者，自然明觉之知，纯一无伪之知。

这里所言"良知只是自然明觉之知"与王阳明所说"盖良知只是一个天理自然明觉"[37]之意基本相同。为强调天理为良知之本体，朴殷植又讲良知是"纯一无伪之知"，旨在表明良知是纯正的、至真的。与此同时，为反驳世儒将阳明学视为狂禅之说，朴殷植专门写道：

> 世儒或讥为近禅，殊不知禅专求本心而遗物理。先生以本心与物理合而为一，此其界限之别，固较然矣。且就上一截言之，王学之良知有似乎禅教之净智，然良知以天理为本体，净智以空寂为本体。其大本已自不同，则又何疑于近禅乎？未窥王学之真谛而辄肆讥诋者，不过门户之偏见矣。[38]

禅宗的"净智"把空寂作为本质，而阳明学的"良知"则把天理视为本质。

2. "流行不息之知"和"泛应不滞之知"表明了朴殷植对"良知"动态性的强调。

朴殷植以动态主义诠释"良知"，对王阳明的"知行合一"说与"致良知"说作了能动化和实践化的发展。如朴殷植指出：王阳明特别强调"知行合一"与"致良知"，并将入悟"良知"的方法分为"解悟"、"证悟"、"彻悟"。对这三种方法，朴殷植从追求永不停滞的动态之知出发，特别重视从世事磨炼之中获得的真知，即"彻悟"。

> 从人事磨炼而得者，忘言忘境，触处逢原，愈摇荡愈凝众，始为彻悟。盖先生之学，提掇本体之知而不假闻见之增益，宜若澜于实用者矣。乃其临事处变，回出常度，每过一层难处，愈加一层精神，如良金入火，愈放其光彩。较诸世儒闻见之识，其效相万，何也？盖世儒闻见之识，泛滥不切，未离言诠者也。先生之本体工夫，从事上磨炼而致其精明，彻悟到底者也。故其鉴别之识，不眩于天下之事上磨炼，是即知即行，即动即静，本体即工夫，工夫即本体，不落空，不滞物，而为万事之主宰者也。呜呼，其妙矣！神矣！[39]

朴殷植认为从世事磨炼中得到的知，才是真知。因为这种知不是滞留于书本上的凝固不变的知，而是随着社会、时代的发展而不断更新、变化的知。

朴殷植对王阳明的"致良知"也作了动态主义的诠释。

> 王学以致良知三字为头脑，而良知是本体，致字是工夫，故曰本体即工夫，工夫即本体，而知行合一也，事上磨炼也。[40]

可见，朴殷植认为：本体与工夫是不能分开的，工夫是变动的、普遍的，所以，良知是流行不息的、泛应不滞的。进而，朴殷植在良知动态性基础上提出了进化论主张。他说：

> 其（指王阳明）论学之旨，亦多随时变易之义，如云良知即是易。其为道也，屡迁变动不居，周流六虚，上下无常，不可为典要，随时变易。如何执得，须是因时制宜。
>
> 呜呼！天地之进化无穷，故圣人之应变无穷，所以因时制宜，以成天下之务者也。顾世儒不达于此，将一个道理执之为不可变之格式。殊不知宜于古者而不宜于今，不能因时制之，逆天地之进化，以祸其民国者多矣。[41]

这里，朴殷植将他所接受的欧洲进化论思想与阳明学有机地结合在一起。他将"良知"规定为"流行不息之知"和"泛应不滞之知"，强调良知的变动性，并进一步将这种变动性与进化论结合在一起。他指出：由于世界在变化，而且这种变化永无止境，因而良知的应变也如天地之变一样无穷。所以，天下万事万物都要因时制宜。处于被日帝蹂躏下的韩民族，因爱国启蒙运动的需要，应积极改革儒教，以阳明学对公民进行爱国教育。

3. "圣愚无间之知"和"天人合一之知"表明了朴殷植对"良知"民主性的强调。

朴殷植对阳明学中的民主要素十分重视，并有所发展。他认为：古往今来，对于圣贤和凡人来说，良知都是相同的，如他所说："鸣呼！此其所谓良知，无间于圣愚，而天下古今之所同也。"这表明圣人与凡愚的良知是平等的。这种平等亦具有民主性，如朴殷植很强调阳明学的"天地人万物一体之仁"的思想，用"天人合一之知"解释良知。他说："吾见先生（指王阳明）之学说，获取本心良知，做到万物同体，故可谓仁也。"他认为王阳明将《大学》"亲民"解释为"与百姓亲近"，反映了阳明学所具备的普遍的民主主义要素。朴殷植提出的"圣愚无间之知"和"天人合一之知"强调了人们在道德与本质上的平等，同时也体现了他所主张的"天下为公"、"天下一家"的大同思想。

以阳明学"良知"民主性为基础，糅合西欧社会理论，朴殷植创建了大同教，发展了大同思想，并以此作为拯救国难的手段。他的大同思想具有以下的独特性：

第一，他的大同思想主张公德和公利。朴殷植认为：只有国家和社会的利益得到保证，自身和自家才能得以保全；也就是说，首先应把为国家和社会献身视为一种美德，由此号召韩国人应投身于恢复国权的运动中去。

第二，他的大同思想主张救世主义的大乘教。他认为：未来的学术研究和教育都应依据大同思想的大乘法，以国家、民族、社会为根本，创立赈世济民的公共原理。为此，他提倡依据大乘主义，发展能够拯救因日帝的侵略而丧失国权的大韩民族的新学说、新教育。

第三，他的大同思想主张"尊我国主义"。朴殷植指出：大同思想首先应成为尊崇大韩思想。继而，他提倡韩民族的民族主体性和爱国性。

第四，他的大同思想主张爱国的"知行合一"。他指出：当时一般人士只口头念及要热爱祖国，但若不承担爱国的义务，那么，所说的都只是一纸空谈。他立足阳明学的"知行合一"思想，指出对于求索救国之路的人来说，走爱国的"知行合一"之路是他们唯一的选择。

由此可见，朴殷植的大同思想就是为恢复国权而进行的爱国运动的实践思想。[42]

四　总结

韩国阳明学与中国阳明学相比较，具有独特的魅力和价值。例如，霞谷学在朝鲜朝理气之争的背景下，将生生不息的"气"概念吸收到阳明学中，凸显了霞谷学对生命哲学的关怀，使之更具生命力、更生动、更活跃。由此，霞谷学对朝鲜实学的发展和西学的引进，具有重要的社会价值。

朴殷植提倡以阳明学为基础的儒教求新论的实质，是企图用他所发展的阳明学对韩民族进行爱国启蒙教育。他对阳明学的发展集中体现在赋予阳明学的中核——良知——以"流行不息"、"泛应不滞"的动态性，使韩民族之"国魂"与阳明学之"良知"紧密相连。由此，这种充满生机和力量的阳明学，成为拯救沦于殖民地的韩民族的主体哲学。这是朴殷植阳明学思想重要的历史价值。

由此可以证明：儒学的生命力永不枯竭。因为它是活的哲学、活的文化。儒学随着历史、社会、民族的发展而发展，变化而变化。在当代，东亚儒学凝聚为"东亚意识"。这种"东亚意识"将通过对21世纪东亚社会的影响作用而继续展现儒学的生命力。

注释

[1] 参见朱七星主编《中国、朝鲜、日本传统哲学比较研究》，延边人民出版社1995年版，第370页。另见张立文《李退溪思想研究》，东方出版社1997年版，第27页；楼宇烈主编：《东方哲学概论》，北京大学出版社1997年版，第221页。

［2］韩国哲学会编：《韩国哲学史》，社会科学文献出版社1996年版，下册，第3页。

［3］见朱七星主编《中国、朝鲜、日本传统哲学比较研究》，第370—371页。

［4］李丙焘：《韩国儒学史略》，汉城：亚细亚文化社1986年版，第266页。

［5］《静斋记》，《陶山全书》3，京畿道城南市：韩国精神文化研究院1980年版，第269—270页。

［6］《溪谷漫笔》，肃兰市：大学社1996年版，卷1，第22页。

［7］［8］李晬光撰、青柳纲太郎编：《芝峰类说（原文和译）》，京城：朝鲜研究会1916年版，卷5，第153、154页。

［9］参见《传习录》上，《王文成公全书》，卷1。

［10］《阳明文录·与黄宗贤》，《王阳明全集》，红旗出版社1996年版，第2册。

［11］《霞谷全集·门人语录》，汉城：骊江出版社1988年版。

［12］参见韩国哲学会编《韩国哲学史》，下册，第9—48、65—70页。

［13］《增补退溪全书》，汉城：成均馆大学校大东文化研究院1958年版，卷25，第7—8页。

［14］《天命图说》，《陶山全书》，汉城：韩国精神文化研究院，1980年版，第3册，第600下页。

［15］《栗谷全书》1，汉城：成均馆大学校大东文化研究院1958年版，卷10。

［16］《霞谷全集·存言中》。

［17］［18］《霞谷全集·存言上》。

［19］参阅王茂、蒋国保、金秉颐、陶清着《清代哲学》，安徽人民出版社1992年版，第501、502页。

［20］［23］［31］《霞谷全集·存言中》。

［21］《栗谷全书·答成浩原》。

［22］［24］［25］［26］［28］［29］《霞谷全集·存言上》。

［27］［32］《霞谷全集·存言下》。

［30］［33］《霞谷全书·与闵彦晖论辩言正术书》。

［34］参阅慎庸厦《八月文化人物——朴殷植》，韩国文化体育部·韩国文化艺术振兴院，第2页。

［35］参阅韩国哲学会编《韩国哲学史》，下册，第272—280页。

［36］《朴殷植全书·王阳明先生实记》，汉城：檀国大学校东洋文化研究所1968年版。

［37］《王文成公全书·答聂文蔚》，卷2。

[38][39][40][41]《朴殷植全书·王阳明先生实记》。

[42] 参阅韩国哲学会编《韩国哲学史》,下册,第290页。

(载《儒家思想在现代东亚:韩国与东南亚篇》,刘述先主编,台北:"中研院"中国文哲研究所筹备处,2001年,第43—80页)

中韩"气"哲学比较研究

——以张载和花潭为代表

一

张载（1020—1077），字子厚，陕西人。他在中国哲学史上的地位，可以用气本论之大成者来评价。之所以说张载是中国气本论之大成者，是因为他继承、吸取了中国历史上丰富的气哲学思想。

在中国哲学中，"气"是一个重要的范畴。"气"作为一个哲学范畴，其发展、演变的历程大致如下：

（一）殷至春秋时期，气为云气、阴阳之气和冲气。如《说文》释为"云气"，《左传》把6种客观事物及其现象如阴、阳、风、雨、晦、明说成六气。《国语》对于《左传》的六气，着重发挥了其中阴阳二气。

（二）战国时期，气为浩然之气和精气。孟子提出了浩然之气，强调心、志、气的相辅相成，批判心气相离，构造了儒家心性学说。《管子》作为稷下学派的总集，提出了精气论，认为五谷、群星、形体、精神，都由精气构成，精气构成了万物统一的基础。战国时期，随着人们对各种复杂事物统一根源的探讨，气成为普遍的、各种事物的共同基础和本质。

（三）秦汉时期，气为元气自然之气。汉初60余年的黄老无为之治，赢得了中华民族的振兴，代表此时气发展水平的是后来王充加以概括和总结的元气自然论。他认为天之所以自然无为，是因为元气自然无为，从而反对天是有意志的、有为的，其实际意义是反对以有为干扰人民的休养生息。

（四）魏晋南北朝时期，气为有无之气。当时，学术界打破了汉代思想领域规则性的一尊化局面，学派林立，各说其是，竞放异彩。然而各派都在探索现象背后的现象之所以存在的根据,这是玄学思维的特征。因而,在气的发展中,便表现为杨泉的元气自然本体论。它较之王充的元气自然论的描述性规定,更加接近天地万物的本质。

(五)隋唐时期,气为佛、道之气。自从魏晋玄学打破汉代儒学一统的格局以来,儒、释、道、玄在论争和融合中各自发展。佛教以禅释气,把气范畴纳入佛教修行理论,认为调整气息、摈除杂念、神气清白、念心明净是禅定的基本功夫。这样,便把气、气息、神气纳入佛教坐禅工夫之中,成为佛教化的气论。而道教则引气驻形,是道教修炼丹功的方法。此时,儒家气论的突出贡献,是柳宗元提出的元气自动论。这是继杨泉元气自然本体论之后,从功能角度,对于元气论的丰富和发展。

张载的气本论思想丰富多彩,但最基本、最突出的有以下两点。

第一点:"太虚即气"。

关于"气",张载有经典论述,他说:"所谓气也者,非待其蒸郁凝聚,接于目而后知之;苟健、顺、动、止、浩然、湛然之得言,皆可。""名之象尔。然则象若非气,指何为象?时若非象,指何为时?"(《正蒙·神化篇》)在这段话中,张载对"气"作了质的规定:

一是"气"为物质。它一般说来具有一定的形象。凡是有形象的东西,无疑能"接于目而后知之",被人们的感官感知。当然,并不一定待气蒸发、凝聚起来为人们的感官所感觉到才是物质。感官感觉不到也可能是物质,如气未聚之时,处于"太虚"状态,即气隐而未显之时,不能说不是物质性的东西。

二是"气"无所不在、无处不在,充塞宇宙。这是说,不仅为人们的感官所感知者为"气",而且凡是具有刚柔、动静、广大、深远等自然现象的,也都是"气"。具体讲,能为我们眼睛所见到的云雾等有形象的固然是"气",但没有形象,不能被器官直接观察到的运动、静止、刚健、柔顺、无限的空间和时间等现象,也都属于"气"。这样,就把"气"与具体的气体、某一物质区别开来,使"气"具有了抽象的意义。

三是"气"为太虚。"太虚"是气存在的基本形式,是气没有凝聚成物、或聚而后又散的状态。张载把"气"与"太虚"的关系,比喻为冰与水的关系。他认为"气"在"太虚"中的"聚"与"散",就犹如冰在水中凝结和溶解一样,是一个物质在运动变化过程中所表现的不同形态。因此,张载说:"知太虚即气,则无无。"(《正蒙·太和篇》)即世界上不存在"虚无"的本体,宇宙间充满了"气"。如果把自然界区分为有物质的存在和"虚无"的不存在,就会导致承认在"有"之外、"有"之上,还有"无"的存在。所以,在张载看来,宇宙万物的本体,只能是"气"。正是在这重意义上,称张载哲学为"气本论"。张岱年讲:"唯气的本根论之大成者,是北宋张横渠(载)。张子认为气是最根本的,气即是道,非别有道。宇宙一切皆是气,更没有外于气的;气自本自根,更没有为气之本的。"[1]

第二点:"一物两体"。

张载"气本论"哲学的逻辑顺序是:气为宇宙之本,由于气的动静、聚散,形成了万事万物。那么,气之所以能够运动、变化的根源是什么?对此,他提出了"气有阴阳"的理论。具体说,就是张载改造了《易·系辞上传》"易有太极,是生两仪"的太极生阴阳说,而同时吸取阴阳对立的观点。他认为阴阳是气本身具有的对立统一的属性,但阴阳之气不是太极产生的,太极不过是与太虚相当的本然状态的气而已。所以,张载"气有阴阳"的理论强调的是气具有阴阳对立的属性,物质世界在阴阳二气的作用下,不断地运动变化。他肯定了事物运动的根源在于事物内部存在着的这种矛盾性。张载指出:"气有阴阳,屈伸相感之无穷,故神之应也无穷。"(《正蒙·乾称》)这是说,由于阴阳二气的相互感应和屈伸变化是永无止境的,是客观存在并不以人的意志为转移的,所以称之为"神",即神妙莫测,变化多端之意。事物的变化,来源于阴阳二气的相互作用,阴阳是所有变化的根源,这是气固有的性质;阴阳变化的属性又体现在万事万物之中,通过具体事物得以表现。这就是张载的"气一分殊"。这与程朱"理一分殊"理论的逻辑相同,不过前提相异。一个是"气",一个是"理",这就决定了双方哲学性质的相殊。

从"气有阴阳"观点出发,张载提出了"一物两体"的辩证观点。他说:"一物两体者,气也。一故神(自注:两在故不测),两故化(自注:推行于一),此天之所以参也。"(《正蒙·参两篇》)这是说,气是一,其中有两,即阴阳。因为其中有两,相感、相荡,所以气的变化就不可测,"两在故不测"。可是,"两"是"推行于一",不是离开一而有两。阴阳的推移就是气的变化,这说明"一"与"两"的关系。《周易》

说:"参天两地而倚数。"张载认为"参"就是"三"。一加二成为三,三中涵有一和二。

这段话的哲学意义,可以诠释为:作为宇宙本原的气是阴阳对立的统一体,没有对立就没有统一,没有统一也就没有对立;一与两是相互依存、相互转化的,天地万物交互相参共成化育。张载指出:"两不立则一不可见,一不可见则两之用息。两体者,虚实也、动静也、聚散也、清浊也,其究一而已。"(《正蒙·参两篇》)虚实、动静、聚散、清浊等,是对立两方面的具体表现,也是一气之阴阳的具体内涵。这些阴阳对立的双方,共同组成气的统一体,它们是一切运动变化的根源,在运动变化之中,万物得以产生。这表明,一方面运动产生万物;另一方面万物为运动的物质载体。关于运动的形态,张载提出有渐化和著变两种。"变,言其著;化,言其渐。"(《横渠易说·上经·乾》)变与化又是可以互相转化的,事物通过渐化达到著变。"变则化,由粗入精也;化而裁之为之变,以著显微也。"(《正蒙·神化》)张载以"一物两体"的形式肯定了阴阳二气的相互感应和运动变化,由此构成整个宇宙气化流行、生生不息和天地万物普遍联系、相互作用的存在模式。运动变化的动因来自事物内部,"凡圈转之物,动必有机。既谓之机,则动非自外也。"(《正蒙·参两篇》)这就是阴阳二气的相互作用。阴阳二气的无穷变化,推动了整个宇宙的发展变化。

在中国哲学史上,张载"气本论"理论的价值在于把太虚与气联系起来,指出太虚是气的无形和本然的状态,气是宇宙的主体,太虚和万物为气之聚散的两种不同形态,气兼有无、虚实、隐显等相反相成的属性。由于阴阳二气的相互作用,使得物质世界不断地运动变化。张载以气为最高范畴的气本论哲学是中国古代气哲学发展的高峰。[2]

二

朝鲜朝是韩国儒学的勃勃生机时代。主理派、主气派、心气派、折衷派、实理派……真可谓百家争鸣,百花齐放。但其中最具权威的学派,则非主理和主气派莫属。而朝鲜朝的主气派不论在韩国儒学史上,还是在东亚学术史中,都别具特色和占有重要地位。而花潭徐敬德(1489—1546)

则是朝鲜朝主气派的开创者,他对"气"的哲学研究和思辨论述,为朝鲜朝的集大成者。徐花潭以其建树气哲学而成为朝鲜朝前期有代表性的儒学者。

中国清朝乾隆年间完成的《四库全书总目》中收录并介绍了徐花潭的文集和气思想。在《四库全书总目》卷178中记有:《徐花潭集》二卷"是集杂文杂诗其二卷,其文中原理气一篇、理气论一篇、太虚说一篇、鬼神生死论一篇……敬德之学,一以宋儒为宗,而尤究心于周子太极图说、邵子皇极经世。集中杂著,皆发挥二书之旨。……亦颇究心于礼、制,盖东土之务正学者。诗则强为击壤集派,又多杂其国方音……其卓然传濂洛关闽之说以教其乡者,自敬德始。亦可谓豪杰之士矣。故诗文虽不入格,特存其目,以表其人焉。"[3]

这表明,徐花潭的气哲学不仅在韩国朝鲜朝时代具有重要价值,还受到中国学者的重视。这是韩国气哲学思想向中国学术界的流动。而花潭气哲学的形成,却又是中国以张载为代表的气哲学在朝鲜朝传播、发展的结果。

如韩国学者李丙焘讲:"花潭私淑邵康节(雍)及张横渠(载),深被其思想之影响。而即其气数之学则追踪康节,理气之学则出于横渠。"[4]柳承国说:"关于花潭的学问,一般视为源于宋朝的张横渠。"[5]花潭的思想源于张载,但又与张载有所不同。花潭与张载关于气哲学的同与异,构成了东亚气哲学的丰富内容。

花潭与张载同是气一元论者,认为气的聚散形成万物的生灭,而气是永恒的、不灭的。关于这些基本相同之处,本文不再赘言。本文的着眼点在于从花潭与张载的细微分殊处,仅就太虚与气、气与理、气与数之间的关系,阐释徐花潭的气哲学。

(一)"太虚先天"说

"太虚"和"气",这两个范畴是气哲学的基本范畴。关于"太虚"和"气"的关系,张载的思想如上所述,视"太虚即气"。而花潭的论述要比张载更加细密,更加全面。花潭是从"体"和"用"两个方面疏理"太虚"与"气"的关系。

一方面,从"体"上说:

花潭在《原理气》开章就讲：

> 太虚湛然无形，号之曰先天。其大无外，其先无始，其来不可究，其湛然虚静，气之原也。弥漫无外之远，逼塞充实，无有空阙，无一毫可容间也。然把之则虚，执之则无，然而却实不得谓之无也。到此田地，无声可耳，无臭可接，千圣不下语，周张引不发，邵翁不得下一字处也。撼圣贤之语，诉而原之，易所谓寂然不动，庸所谓诚者自成。语其湛然之体曰一气，语其混然之周曰太一。濂溪于此无奈何，只消下语曰无极而太极。[6]

这段话中，值得注意的一个关键词是"原"。本段引文中第一句话的缩写，就是"太虚，号之曰先天，气之原也"。译为白话，意思便是："太虚又称先天，是气的本原"。笔者以为"太虚是气之本原"，这是徐花潭"太虚先天"说的一层重要意义。但多数观点，将文中的"原"解释为"原形"之意。例如《韩国哲学史》（中册）第135页将"太虚……其湛然虚静，气之原也"解释为"太虚之湛然虚静，乃气之原形"。这种解释固然无错，但忽视了"原"作为"本原"的哲学意蕴。笔者之所以说花潭视"太虚为气之本原"，还可以从《原理气》及《理气说》中的有关论述中加以佐证。

例一，《原理气》的补充部分有："先生又曰：'虚者，气之渊也。'"（《花潭集》，第181页）这个"渊"，就是"渊源"、"本原"的意思。可见，花潭将"太虚"作为"气"的本原。

例二，徐花潭在另一篇重要著作《理气说》中说："原其所以能阖闢，能动静，能生克者，而名之曰太极。"（《花潭集》，第184页）这是说，能阖闢、能动静、能生克的"原"，又叫作"太极"。关于"太极"之说，初见于《易传》。《周易·系辞上》载有："是故易有太极，是生两仪……"两仪，即指"阴阳"或"天地"。因此，派生"两仪"的"太极"，无疑是指阴阳或天地的本原概念。至北宋，视"太极"为"本原"的思维被周敦颐所继承。他说："无极而太极。太极动而生阳，动极而是静，静而生阴。阴极复动，一动一静，互为其根。分阴分阳，两仪立焉。阳变阴合，而生水火木金土。"（《太极图书》）宇宙最初只是一无极而太极。由于太极的动静而产生阴阳；阴阳的变合，又产生了五行（万物）。这表明，在周敦颐的哲学思想中，"太极"是作为宇宙的"本原"概念。邵雍亦以"太极"为宇宙"本原"。如他视"道"为"太极"。"以道生天地，则天地亦万物也。道为太极。"（《皇极经世·观物外篇》）道生天地万物，为宇宙之本，而道即为太极。道与太极同类，故太极为天地万物之本。所以，花潭这里与"太极"同名为"原"，无疑就是"本原"的意思。

例三，徐花潭在《理气说》中还说过："气之源，其初一也。……太虚为一，其中涵二。"这里的"源"很明显是指"渊源"、"本原"的意义。花潭认为，作为"气"之"源"，"气"之"本"的是"一"；而这个"一"，又指"太虚"。故"太虚"无疑是气之"源"。

既然"太虚"是"气"之"本"（本原），那么作为本原的太虚，是一种空泛的虚无，还是一种存在的实体？对此，花潭有明确的论述。他多次指出："虚即气也。（《理气说》）太虚虚而不虚，虚即气。知虚之不为虚，则不得谓之无。老氏曰，有生于无，不知虚即气也。"（《太虚说》）这表明花潭认为"太虚"就是"气"，"太虚先天"就是"气"之实体。花潭的这一思想与张载的"太虚即气"是一致的。

可见，在花潭思想中，"太虚"与"气"的关系有两层意义，一是说"太虚"为"气"之本原；一是说"太虚"即"气"之实体。这样，"太虚"就具有两重价值，即是本原，又是气。花潭这样论述的主旨在于企图以此讲明周敦颐的"无极而太极"就是"太虚先天"，就是"气"。周敦颐的《太极图说》："无极而太极。太极动而生阳，动极而静，静而生阴，静极复动。一动一静，互为其根。分阴分阳，两仪立焉。阳变阴合，而生水火木金土。"在周敦颐的哲学逻辑中，先有"无极而太极"，而后产生了阴阳、五行等宇宙万物。所以，"无极而太极"就成为宇宙的本原。而这个"无极而太极"是什么呢？花潭在《原理气》中说过"濂溪于此无奈何，只有下语曰无极而太极"。周敦颐的"无奈"，张载没有解决（没有明确解决），而被徐花潭解决了。他将"太虚"界定为"本原"和"气"，既表明了太虚具有派生他者的本原价值，又说明了"太虚"不是虚无，就是"气"之实体。这是花潭吸取张载思想而又在细微处胜过张载之处。这也是中韩气哲学相殊的具体表现。

另一方面，从"用"上说：

在东亚哲学中，"体"为本原，由本原流出或发生者为"用"。这一体用关系具体到徐花潭气哲学则为"太虚"（气）为体，体之动为"气"之用。关于"气"的作用，花潭的主要论述有："一气之分为阴阳，阳极其鼓而为天，阴极其聚而为地。阳鼓之极，结其精者为日；阴聚之极，结其精者为月；馀精之散为星辰。其在地为水火焉，是谓之后天，乃用事者也。天运其气，一主乎动而环转不息；地凝其形，一主乎静而权在中间。气之性动腾上者也，形之质量坠下者也。气包形外，形载气中，腾上坠下之相停，是则悬于太虚之中，而不上不下，左右环转，亘古今而不坠者也。"（《原理气》）很明显，这是在讲由于"气"的运动而生出了天、地、日、月、星、辰及万事万物。进而探之，"气"之所以能动的契机是什么？花潭以为："是则先天，不其奇乎？奇乎奇；不其妙乎？妙乎妙。倏尔曜，忽尔闢，孰使之乎？自能尔也。不能无动静，无阖闢，何其故哉？机自尔也。"（《原理气》）"动静之不能不相禅，而用事之机自尔。"（《原理气·补充》）这是说，"气"运动、变化的原因不是外部的超越的力量，而是由于"气"自身的原因，是"自能尔"，并且是"机自尔"，具有内在的必然性。

特别要指出的是，花潭在《原理气》中接连两次提出"机自尔"这一概念。"机自尔"是花潭的独创语。在他的思想中，这个"机"可释为动机、活机之意。"自"即强调内在性、自律性。"机自尔"是讲运动是"气"的内具的必然属性，是不靠任何外力影响的一种自律机制。也可以理解为气具有自律性运动因。韩国学者对徐花潭的"机自尔"一语十分重视。如李丙焘讲："（机自尔）一语，亦花潭之独创语也。机有机关、机械、动机、活机主义，则谓能动能静之神妙势力或倾向也。"[7]李云九认为"机自尔"是物质运动变化的契机。[8]安炳周称"机自尔"是运动变化的必然的内在原因。[9]而由花潭独创的"机自尔"对李栗谷产生了重要影响。如栗谷在谈到气之动时也讲"阴静阳动，机自尔也，非有使之者也"、"阴静阳动，其机自尔"。[10]可见，花潭的"机自尔"概念在韩国儒学史上具有一定地位和价值。

花潭独创的"机自尔"还有一层意义，即"机自尔"表明了在探究"气"的作用时，花潭侧重于"气"动的所以然者，而张载则偏重于

"气"动的流程和方式（虽然也讲过"动必有机"）。这又是中韩气哲学相异的一个具体表现。

其实，花潭独创的"机自尔"用理学家的习惯语汇"理"与"气"之关系来表述，就是：亦自不得不尔，是谓理之时也。易所谓感而遂通，庸所谓道自道，周所谓太极动而生阳者也。（《原理气》）气外无理，理者气之宰也。所谓宰，非自外来，而宰之指其气之用事，能不失所以然之正者，而谓之宰。（《理气说》）理之一其虚，气之一其粗，合之则妙乎妙。（《原理气·补充》）

以上三段引文表明了在花潭思想中，"气"与"理"的关系具有三重性。这就是：

第一，"气外无理"。花潭是主气派学者，认为宇宙之本原为气，宇宙中的事物均是气之动静所使然。所以，"理"在"气"中，"气"外无"理"。

第二，"理者气之宰"。"气"之所以能够"自能尔"、"机自尔"，是"理之时"、"理之宰"也。这里的"时"和"宰"，具有规律性、法则性的意义。也就是说，气之所以具有自律性的运动因，是因为它按照自体内的必然法则之理在运动。

第三，"理气妙合"。花潭认为，理不依附于气，即没有气实体的理，自身是虚的；而气没有理为之主宰，即失去理之法则的气，则不能动静，亦不能成为万物存在的根据，自身就是粗。只有理气不分，互为作用，妙合生化，世界才多彩纷呈，万物才有条有序。

综上所述，在花潭的气哲学中，气（太虚）为万物之"体"，而气之"用"的结果是宇宙的生成。"体"是气之体，"用"是气之用。这就是说，"体"是"用"之体，"用"是"体"之用；即体即用，亦体亦用。可见，花潭的思路仍然是中国理学家"体用一原"的思维模式。也可以说，"体用一原"是东亚哲学家的共识。

（二）"气数"学

徐花潭的"气数"学是对邵雍"象数"学的继承和发展。所谓花潭的"气数"学是用气哲学和数来解析宇宙中的各种现象。

例如，关于宇宙万物的生成，花潭吸取了邵雍"一气分而为阴阳，判得阳之灵者为天,判得阴之多者为地"(《皇极经世卷五·观物外篇上》)和"动之大者,谓之太阳;动之小者,谓之少阳。静之大者,为之太阴;静之小者,为之少阴。太阳为日,太阴为月,少阳为星,少阴为辰。日月星辰交而天之体尽之矣。太柔为水,太刚为火,少柔为土,少刚为石。水火土石交而地之体尽之矣"(《皇极经世卷三·观物内篇一》)的思想,认为:"即曰一气,一自含二。既曰太一,一便涵二。一不得不生二,二自得生克。生则克,克则生。气之自微以致鼓荡,其生克使之也。一生二,二者何谓也?阴阳也、动静也、亦曰坎离也。一者何谓也?阴阳之始、坎离之体、淡然为一者也。一气之分为阴阳,阴极其鼓而为天,阴极其聚而为地。阳鼓之极,结其精者为日。阴聚之极,结其精者为月。馀精之散,为星辰。其在地,为水火焉。是谓之后天,乃用事者也。"(《原理气》)

这里的"一"和"二",既是数字,又是"气"。花潭认为"一"(太虚先天之气)含有"二"(阴气和阳气),一气不得不分为阴阳二气。阳动阴静,阳气鼓动最大者为天,阴气凝聚最大者为地。天地形成之际,结阳精者为日,结阴精者为月。馀精者,散在天为星辰,落在地为水火。这就是花潭用"气数"对宇宙生成的解释。[11]

又如,花潭还用"气数"对声音进行解释,他说:"时之与物,有数存焉。物有声色气味,声之数为盛。故邵子穷阴阳刚柔大小之数,原本以推体以致用,致用则体数退而本数藏矣。天之用数,百有十二,地之用数,百有五十二。于是推正声正音之字母,列之为图。声有高下,故分以平上去入,闢随焉,音有屈伸,故别以开发收闭,清浊随焉。日日声,阳之阳也,其声宜平以闢。……日月声,阳与阴也,其声宜平以翕。……日星声,太阳中之少阳也,其声亦宜平闢。……日辰声,太阳中之少阴也,其声宜平翕。声之数止七,音之数止九,何也?天之用数,常盈于六而极于七,……地之用数,常止于九。"(《声音解》)

上述引文有三层意思,一是讲声音与天地的阴、阳爻数字的关系。花潭吸取邵雍象数思想,认为天和地共有44个卦,其中内卦和外卦相加的爻共有264爻。264爻中有152个阳爻和112个阴爻,而声的高下、音的屈伸,就是按着152个阳爻、112个阴爻进行的。

二是讲声音与阴阳的关系。他认为所有的发声、音调都是阴、阳,太阳、少阴、太阴、少阳相互配合的结果。

三是声音与天地之数的关系。他认为声之数止于七，是由于天之数极于七；音之声止于九，是因为地之数常于九。

可见，花潭用气（阴、阳、太阳、太阴、少阳、少阴）和数（152、112、7、9）对声音作了详细分析。

再如，花潭用"气数"解释宇宙时间。徐花潭作《皇极经世数解》解释了邵雍的《皇极经世》中的象数哲学，同时也对宇宙时间作了气数学的解释。

邵雍在《皇极经世》中为宇宙作了一个年谱。这个年谱用"元"、"会"、"运"、"世"计算时间。十二会为一元，三十运为一会，十二世为一运，三十年为一世。计算法为以十二乘三十得三百六十，即一"运"之数；以三十乘三百六十，得一万零八百即一"会"之数；用十二乘一万零八百得十二万九千六百，即一"元"之数。其结果，宇宙的时间为十二万九千六百年。花潭将这一宇宙时间与易经64卦原理相联系，把元、会、运、世的计算方法简化为 $1 \times 12 \times 30 = 360$ 的自乘，其结果仍为一元之年数为十二万九千六百年。通过这一时间计算法，徐花潭把世界看作是循环往复的，这与他的循环不灭的气哲学相吻合。

徐花潭积极吸取邵雍"象数"思想，形成了独具特色的"气数"学。这又是他与张载气学不同之处。

三

通过对张载和花潭"气"哲学的比较研究，可以得出以下三点结论：

第一，中国宋元明清时代是学术思想由繁荣发达到钦为一尊的时代。张载以其丰富的气论思想构筑了"气本论"哲学，二程和朱熹建构了"理本论"哲学，陆九渊提出了"心本论"哲学，胡宏和张栻提倡"性本论"哲学。但自元仁宗于皇庆二年（1313年）钦定朱子学为官方哲学后，程朱的"理本论"哲学在学术界占据了"独尊"地位，张载的"气本论"哲学同其他学派受到了冷落和压抑。明以后，王阳明的心学一度得到发展，而气哲学则一直处于不被重视的地位。即使明清之际的大学者王夫之提出了许多关于"气"的真知灼见，但他仍然没能超脱"张横渠之正学"、"六经责我开生面"的框架，不可能开出真"生面"来，也不可能拯救气哲学于辉煌。

近代，中国知识分子在西方近代工业文化的冲击和坚船利炮的攻击下，开始学习西方的近代科学技术和知识，并努力将"气"与光、电、质点相结合，以此发挥气的功能。但这种中西结合的气文化既无理论深度，也无实践基础，只是一种生硬的、表层的结合。所以，中国气哲学的被冷落和不发达，直接导致了中国近代社会自然科学的不发达和中国近代化的滞后。

第二，比张载晚诞生近500年的徐花潭在前辈关于"气"与"理"关系辩论愈益深入的前提下，吸取了张载的气哲学，但又有所发展、有所创新，形成了具有韩民族特色思维的韩国气哲学。这种气哲学在韩国历史上具有重要价值。如徐花潭的气哲学为朝鲜朝后期兴起的实学奠定了坚实的理论基础。韩国学者尹丝淳在《实学思想之哲学性格》一文中，考察了11位有代表性的实学者的理气观。其中主气与主理的比例为7：3，主气是主理的两倍以上，是压倒性的倾向。也就是说，"主气"是实学派理气说的"代表性倾向"或"基调"。[12]实学派从"主气"的立场出发，追求实际性，提出了一系列利国利民的改革策略，促使社会向着近代转型。在韩国社会发展史上，韩国实学具有指向近代的重要价值。从这重意义上说，徐花潭气哲学的思维模式在韩国近代化的进程中，仍具有潜在的影响力。

第三，从"体用"范畴考察花潭的气哲学，与中国张载的思想一样，都是主张"体用一原"。可以说，"体用一原"是东亚哲学家都遵循的一种思维模式。

在东亚哲学中，"体用"范畴是对本质与现象、本体与作用、实体与属性某种真实关系的反映。关于"体"与"用"的关系，东亚哲学与西方哲学认为的本体在现象背后，现象现而不实，本体实而不现，现象与本体是对立的两世界的观点不同，而认为体用一本，有体即有用，体即用之体，用即体之用。体即用之藏，用即体之显。用即由体出，非体之外别起一用，与体对立并峙。这就是说，在东亚哲学中，体与用的关系，不是背后的实在与表面的假象的关系，而是源流根枝的关系。用程颐的话说，就是"体用一原，显微无间"。[13]

"体用一原，显微无间"真实地反映了客观事物的存在。人们在生活中所遇到的事物，没有一个不是"体用一原，显微无间"的。这就表明"体用一原"成为了人类社会的一个法则。马克斯·韦伯认为西方社会的现代化是新教伦理的结果，这是"体用一原"；而新儒家亦认为东亚社会经济的腾飞，也是儒学伦理的结果，这也是"体用一原"；在多元化的今天，世界要走向和平，人类要创造新的文明，仍然要遵循"体用一原"的法则。可以说，"体用一原"是未来文明发展的模式。

注释

[1] 张岱年：《中国哲学大纲》，中国社会科学出版社1982年版，第42页。

[2] 以上参阅张立文的《宋明理学研究》，中国人民大学出版社1985年版，第212—213页；冯友兰的《中国哲学史新编》（第5册），人民出版社1988年，第13页；张立文主编的《中国哲学范畴精粹丛书——气》，第137—139页。

[3]《四库全书总目》卷178，中华书局1965年版，第1609页中。

[4] 李丙焘：《韩国哲学史略》，第131页。

[5] 柳承国：《韩国儒学史》，商务印书馆1989年版，第130页。

[6]《花潭集》，世界社图书出版社1992年版，第178页。

[7] 李丙焘：《韩国儒学史略》，第180页。

[8] 参阅李云九的《以徐敬德为中心的气一元论的考察》，第59页。

[9] 参阅安炳周的《读〈徐敬德气一元论〉后》，第173、174页。

[10]《栗谷全书》卷10。

[11] 参阅李丙焘的《韩国儒学史略》，第133页。

[12] 参阅尹丝淳的《实学思想之哲学性格》，载《韩国儒学研究》，新华出版社1998年版，第299页。

[13] 参阅张岱年的《中国哲学大纲》，第14、15页。

（载《当代韩国》2002年第4期，第23—29页）

韩国诠释学与"四七"论[1]

黄俊杰教授近来提出了一个新概念——"东亚诠释学"。他的解释是:"所谓'东亚诠释学',是指东亚学术史上源远流长的经典注疏传统中所呈现的,具有东亚文化特质的诠释学。"[2]本文拟在这一前提下,通过韩国儒学史上著名的"四七论辩",剖析韩国诠释学的特点、内容及其反映出的韩民族的思维方式。

一 韩国诠释学的特点

韩国诠释学是对中国诠释学的继承和发展,其特点可在其与中国诠释学的比较中窥见。

在中国,自古以来就有昌盛的注疏之学。诠释者借助于文字、音韵、训诂、考据学等方法,以解释古人思想的原意和文本的原义。由于所采取的诠释方法和侧重点的差异,而有今文经学与古文经学、汉学与宋学之争。从解释的视角来看,古文经学侧重于文字训诂,他们认为"读书当先通训诂,始能治经"[3]。这是强调必须先搞通文字的形、音、义及其形体结构,然后方可理解原典的意义。"学者之考字,因形以得其音,因音以得其义,治经莫重于得义。"(《广雅疏证序》)注重名物考证,以为考证的材料愈接近原典产生的时代,愈可靠和有说服力。因而汉学家不用唐以后的文字资料,提倡以经解经,以此消除诠释者与原作者之间由于时间差而造成的误解,以求还原典的本来面目,与西方古典诠释学的历史还原思想相近。

如果说古文经学主张在诠释原典时依靠文字、音韵、训诂的方法,以忘却自我(无我),跨越时间差,还原经典文本的原意,那么,今文经学在不排斥文字、音韵、训诂方法的情况下,主张诠释者不忘却自我(有我),其首务是发现原典中的微言大义,不是简单去还原原典文本的原意,而是领会其中的思想精神意义。一般来说,原典文本精神意义是一个永远敞开的历史过程。从这个意义上说,是历史形而上学的存在,但又在历史时空存在之中,不同历史时空存在会对原典文本作出不同的解释、理解,甚至作出前理解者未曾发现的新的意蕴,从而构成了原典文本的理解史或诠释史。这与西方现代诠释学有相似之处[4]。

可见,中国的诠释学可分为两大流派:一是侧重于文字训诂、名物考证的古文经学,后来有所谓的汉学;二是着意发现原典微言大义的今文经学,后来有所谓的宋学。

与中国这种诠释学相比较,韩国诠释学在继承中国诠释学的基础上,又有所发展,故呈现出以下特点:

特点一,范畴诠释。

所谓范畴诠释,是指韩国性理学家通过对儒家经典及理学家言论的摘录、编排,对理学基本概念范畴作出的诠释。其特色是按理学的基本问题(基本范畴)为序,进行摘录、整理,最后在自我理解基础上作出诠释。

李退溪(名滉,字退溪,1501—1570)是朝鲜朝伟大的朱子学家,他在《四书释义》[5]中,对《大学》、《中庸》、《论语》、《孟子》四部经典加以诠释,他的诠释与朱子的《四书章句集注》不同,既不分章,亦不逐字逐句的解释,而是对其中的重要的范畴和命题加以诠释。如《大学释义》对"明明德"、"知止"、"正心"、"诚意"、"在格物"、"物格"、"日新"、"新民"、"维新"、"慎独"等进行诠释;《中庸释义》对"天命"、"率性"、"道"、"未发"、"中和"、"中庸"、"费隐"、"亲亲"、"至诚之道"等进行诠释;《论语释义》对"为仁之本"、"为政以德"、"三省"、"易色"、"主忠信"、"思无邪"等进行诠释;《孟子释义》对"有以利"、"权"、"度"、"反其本"、"集义"、"天视"、"生之谓性"、"存心养性"等进行诠释。

退溪的《四书释义》是他研究《四书》的体认,他对于《四书》概念范畴的诠释,是非常慎重和严肃的。据其门人琴应壎记载,退溪对每个概念范畴都把"诸家训释搜集证订,又根据门人提问、辨析而进行研究"[6],然后记录下来,因此,他的《四书释义》是试图贴近《四书》

文本的本来意义的。

其二，退溪的《四书释义》，既吸收前人的诠释，又有自己独到的创见。他对"在格物"诠释说："在于穷究事物的原理。有种误说，即穷究于事物。"这就是说"在格物"，不是仅穷究于事物，而在于穷究事物的原理，这种诠释凸显了性理学家的义理性，也符合朱熹"穷至事物之理"的意蕴。

其三，退溪的《四书释义》虽本之于朱熹《四书章句集注》，但辨析更为精详。如"物格"，朱熹释为"物理之极处无不到也"；退溪则释为"对事物的原理推想得明白透彻"，指出李复古把"物格"释为"心到极处"是错误的。退溪认为，如果说是"心到极处"的话，那么，这便是属于"知止"，而不属于"物格"。他曾向尹大成（倬）请问：所谓"到"是否指"心到极处"？尹回答："否"。

其四，退溪的《四书释义》用比较、综合的方法，以求其真。如对《中庸》首三句的诠释："说天性为本体、为适中、为隐微；说中庸之道为聪明、和合、广大；说教化也为聪明、广大就对了。"[7]如果把智慧、仁爱、勇敢，附会于天性、正道、教化，就显得牵强。退溪认为，对四书经典的诠释，不能执着自我，执意要把相异的合而为一，越强求其同就越不相合，离文本的本真便越来越远。退溪主张，诠释经典文本的"目的在于究明其细微的部分来指出其异同"[8]，使文本的本义呈现出来，而不是紊乱晦涩而失其大意。

李栗谷（名珥，号栗谷，1536—1584）是朝鲜朝继退溪之后伟大的朱子学家，他的《圣学辑要》则是通过对《大学》、《中庸》、《论语》、《孟子》及朱熹言论的摘要，对理学基本范畴进行诠释。细言之，《圣学辑要》共分五章：统说第一、修己第二、正家第三、为政第四、圣贤道统第五。其中，修己章分立志、收敛、穷理、诚实、矫气质、养气、正心、检身、恢德量、辅德、敦笃、功效十二个范畴；正家章分孝敬、刑内、教子、亲亲、谨严、节俭、功效七个范畴；为政章分用贤、取善、识时务、法先王、谨天戒、立纪纲、安民、明教、功效九个范畴。[9]今以修己章为例加以分析。

此章在分立诸范畴之前，有一总论。在"总论"中，栗谷摘录了《中庸》、《论语》中的文字和朱熹的言论，以说明"修己工夫有知有行，知以明善，行以诚身。今取合知行"以修身的道理。在"总论"最后，加一按语曰："臣按：修己之功不出居敬、穷理、力行三者，于此章略发其端其详在下。"[10] 这是说，按理学的居敬、穷理、力行而分若干范畴，发其端、发其详，进行诠释。

在"立志"范畴中，栗谷把朱熹的阐释及儒家经典按"泛言立志"、"立志之目"、"立志之效"、"立志之反"四方面，加以摘录、整理，最后附上自己对"立志"的解释，说："臣按：志者，气之帅也。志一，则气无不动。学者终身读书不能有成，只是志不立耳。志之不立，其病有三。一曰不信；二曰不智；三曰不勇。"这里，栗谷将"志"诠释为"气之帅"，并说明不"立志"有不信、不智、不勇三种害处。

在"收敛"范畴中，栗谷又按"收敛其容止"、"收敛其言语"、"收敛其心"及"居敬为穷理之本"四个方面，摘录、梳理圣贤言论，并附按语曰："臣按：收放心为学问之基址。盖古人自能食能言，便有教动罔或悖思罔或逾其所以。养其良心，尊其德性者，无时无事而不然。故格物致知工夫据此有所凑泊，今者自少无此工夫，径欲从事于穷理修身，则方寸昏扰举止逾违。其所用功若存若亡，绝无有成之理。故先正教人静坐且以九容持身，此是学者最初用力处也"[11]。这里，栗谷把"收敛"诠释为"居敬"的基本内容和功夫。

在"穷理"范畴中，栗谷首先就"格物致知"范畴，摘录了二程、李侗和朱熹等人的论述，称为"穷理用功之方"。然后，又分"读书之法"、"读小学法"、"读四书法"、"读六经法"、"读史之法"、"天地人物之理"、"在人之理"、"论气质之性"、"论心性情"、"论王霸之略"、"辨异端之害"等部分，摘录、清理了有关的圣贤言论。文最后写有按语："臣窃谓圣贤穷理之说，大要不出乎此章。所引苟因其言实下工夫。循序渐进，则贯通之效不期自臻矣。……专心致志，抵死血战至忘寝食方有所悟。……穷来穷去渐致心明，则前日之未透者忽有自悟之时矣。……此三条，互相发明是穷理要法。"[12] "穷理"是理学的重要范畴，故栗谷从"穷理"的次序、方法等方面加以诠释，凸显了"穷理"的功夫论层面的意义。栗谷对其他诸范畴的诠释，可以此类推。

退溪的《四书释义》和栗谷的《圣学辑要》代表了韩国性理学者通用的一种诠释方法，即范畴诠释。范畴诠释的价值表现在论述集中，一目了然，概括举要，穷究要旨。

特点二，逻辑结构诠释。

所谓逻辑结构诠释，是指韩国性理学家对理学基本范畴之间关系的解释。其特色是图文并茂，以图解文。这种诠释法的代表作是李退溪的《圣学十图》。

《圣学十图》是退溪68岁时所作，可谓其晚年对宋明理学深思熟虑的结晶。退溪认为理学的核心是人学，即关于成圣的学问。基于这一点，他认为"今兹十图，皆以敬为主焉"[13]。围绕"敬"范畴，退溪将"太极"、"理一分殊"、"五伦"、"心"、"性"、"情"、"理气"、"仁"诸范畴之间的关系列为十图，加以诠释。依次序，这十图是《第一太极图》、《第二西铭图》、《第三小学图》、《第四大学图》、《第五白鹿洞规图》、《第六心统性情图》、《第七仁说图》、《第八心学图》、《第九敬斋箴图》、《第十夙兴夜寐箴图》。退溪以百世道术渊源的《太极图》为第一图。他解释说："此图即《系辞》：'易有太极，是生两仪，两仪生四象'之义……盖学圣人者求端自此，而用力于小、大学之类。"[14]《太极图》是融会自然、社会、人生和天道、地道、人道的整体思考，对此图的具体展开便是《西铭图》。在这里，退溪引了朱熹、杨时和饶双峰的言论，诠释了"理一分殊"的道理。为提高主体人的素质，又有了《第三小学图》和《第四大学图》。这二图的中心是突出一个"敬"字。退溪引朱熹语对"敬"作了诠释："敬者，一心之主宰，而万事之本根也"，"然则敬之一字，岂非圣学始终之要也哉"[15]。"敬"是成圣的关键，也是理学的一个重要范畴，为进一步诠释"敬"，又引出了以下六图。"下六图是明善诚身，崇德广业用力之处，为小学大学之田地事功。而敬者又彻上彻下著工收效，皆当从事而勿失者也。"[16]其中，《第五白鹿洞规图》为退溪所作，旨在说明"穷理力行，皆本于五伦"[17]。按照朱熹"孔门传授心法"的说法，退溪认为"穷理力行，以求得夫心法切要处"而自然进入第六图《心统性情图》。此图对由张载提出并由程朱发挥的心统性情命题作了具体诠释，将"性情"与"理气"结合起来，上张"合理气，统性情"。由此引发了"善恶之所由分"的争论，为进一步诠释"善"的来源，又有了《第七仁说图》。此图通过对"四德"与"四端"的诠释，论述了"仁"范畴。退溪为"欲求古昔帝王传心体仁之妙"[18]，由"仁"进入

"心",即《第八心学图》。此图将"心"分为"人心"与"道心",并规定为:生于形气而觉于欲者是人心,原于性命而觉于义理者是道心。人心道心的"惟精惟一",而择善固执,以便进行遏人欲而存天理的修养功夫。这一功夫就是"敬",因为"敬是一心之主宰"。这样,顺理成章地有了《第九敬斋箴图》和《第十夙兴夜寐箴图》。这两图的区别在于,"一是按事件而列敬的修持,一是依时间而讲敬的要求;一是以心为核心而展开的工夫,一是以敬为核心一而辐射敬的思想情感和行为规范"[19]。

上述《圣学十图》对理学基本范畴之间的逻辑关系,作了详细诠释,即"太极"→"理一分殊"→"五伦"→"心"→"性"→"情"→"理气"→"仁"→"敬"。由"太极"依次递进直到"敬"的逻辑结构,表明了退溪人学的实质和核心,即退溪学可概括为"敬"哲学。[20] 可见,逻辑结构诠释法不仅对范畴间的逻辑关系作了细密梳理,而且还展示了作者本人的思想特点和要点。这就是逻辑结构诠释的价值。

关于逻辑结构诠释法,除了上述退溪的《圣学十图》之外,比较有代表性的还有南冥曹植(号南冥,字楗仲,1501—1572)依《近思录》而作的二十四图(其中十六图为自造)。此二十四图分为"道体"与"为学之要"两部分,按照顺序结构(是指范畴横向逻辑顺序结构与纵向逻辑顺序结构)如《忠恕一贯图》、《三才一太极图》、《博约图》、《易书学庸语孟一道图》等,选择结构(是指诸多范畴关系结构方式的选择)如《太极道学通书表里图》、《人说图》等,反复结构(是指诸多范畴联结的复杂性及主体对范畴的反复比较和选择)如《理气图》、《天理气图》、《人理气图》等,对理学范畴之间的逻辑结构关系,作了诠释并表明了自己的性理学观点。[21]

韩国诠释学的上述特点亦充分体现在韩国学术史上著名的"四七论辩"之中。

二 "四七"论与韩国诠释学

"四七"论是韩国性理学史上一场著名的论辩。这场论辩分为两个高峰期。第一个高峰期为李退溪与奇高峰(名大升,号高峰,1527—1572)之间的论辩,时间长达八年之久。论辩的内容集中反映在《李退溪答奇明彦论四端七情》第一书、第二书、第三书和奇高峰给李退溪的六封书信即《高峰上退溪四端七情说》、《高峰答退溪论四端七情书》、《高峰答退溪再论四端七情书》、《高峰答退溪书》、《四端七情后说》、《四端七情总论》之中。第二个高峰期为李栗谷与成牛溪（名浑，字浩源，号牛溪，1535—1598）之间的论辩。其中成牛溪给李栗谷书信九封，但可惜第三、第七、第八、第九封书信佚失，现仅存第一、第二、第四、第五、第六共五封书信；栗谷给牛溪的书信则集中于答成浩源的十八封书信之中。

所谓"四七"论，其中的"四"是指《孟子·公孙丑上》所说"恻隐之心，仁之端也；羞恶之心，义之端也；辞让之心，礼之端也；是非之心，智之端也"的"四端"；而"七"则指《礼记·礼运》中的"喜、怒、哀、惧、爱、恶、欲""七情"。所以，"四七"论就是关于四端和七情关系、苗脉的论辩。

"四七"论的过程如下：

李退溪把郑之云（1509—1561）的《天命图》中的"四端发于理，七情发于气"，修改为"四端理之发，七情气之发"[22]，这是依据程颐和朱熹以"性即理也"[23]，属形而上层次；情即是气，属形而下层次的分别，以及朱熹理气不离不杂的不杂言："所谓理与气，此决是二物"[24]的思想，把理与气、四端与七情分开来，构成了理→四端与气→七情的二分。朱熹也曾说过："四端是理之发，七情是气之发"[25]，与退溪的创见相符合。尽管退溪对郑之云的修改，仅是文字性而于意思丝毫无损，但却诱导了韩国性理学主理与主气的分野的由来，展开了韩国性理学独特的四端七情的论辩。

退溪"四端理之发，七情气之发"，实乃单向发动，而非互发。因而引发了奇高峰的问难。奇氏主张理气浑沦说："子思就理气妙合之中而浑沦言之，则情固兼理气有善恶也。"[26]批评退溪理气四端七情二分说。"今若以谓四端发于理，而无不善；七情发于气，而有善恶，则是理与气判而为两物也。"[27]退溪曾修改为"四端之发，纯理，故无不善；七情之发，兼气，故有善恶者。"[28]四端七情"均是情"[29]。这是就理与气的发动言。理发的四端之情，是无夹杂的纯情；气发的七情之情，是有善有恶的杂情。奇高峰认为，退溪的这个修改"虽似稍胜于前说，而愚意亦恐未安"[30]。之所以不妥，是因为"孟子所谓四端者也，此固纯是天理所发，然非能出于七情之外也，乃七情中发而中节者之苗脉也。然则以四端七情对举互言而谓之纯理兼气可乎！论人心道心则或可如此说，若四端七情则恐不得如此说"[31]。按奇氏看法应这样说才妥：理气共发相因，无时空之先后左右。这是说七情中合乎节度的，便是理发之四端，便是善；七情中不合乎节度的，便是气发来，便有恶。在奇氏看来，作为形而上本体理的发动，必须落实到人的心性的情上，通过七情来展现；气的发动，也以七情来体现。从这个意义上说，四端是七情的理气共发中之理发。由此，奇氏对朱熹的"四端是理之发，七情是气之发"作了新的理解和解释：此"非对说也，乃因说也。盖对说者，如说左右，便是对待底；因说者，如说上下，便是因仍底。圣贤言语，固自有对说、因说之不同，不可不察也"[32]。理气共发因仍说，而展开七情包四端说。

退溪在与奇高峰四端七情的论辩中，注意吸收不同意见，而修正自己的观点："若以七情对四端而各以其分言之，七情之于气，犹四端之于理也。其发各有血脉，其名皆有所指，故可随其所主而分属之耳。虽亦非谓七情不干于理，外物偶相凑著而感动也，且四端感物而动，固不异于七情，但四则理发而气随之，七则气发而理乘之耳"[33]。四端七情的道德原则与情感原则关系的论辩，提升为形而上学本体的理气之辩，使人间性的道德原则与情感原则，获得形而上学本体论的支撑，使宇宙本体与人间伦理相统一。这个统一亦促使退溪把朱熹的理气"决是二物"的"不杂"与理气不分的"不离"圆通起来，理气相须互发。退溪晚年最终所作的《圣学十图》中，把四端与七情关系规定为："理发而气随之，气发而理乘之。"[34]这样退溪便从理气单向发转变为理气互相发。

栗谷不同意退溪理气互发论，而只讲气发理乘说。他说："朱子之意亦不过曰：四端专言理，七情兼言气云尔耳。非曰四端则理先发，七情则气先发。退溪因此而立论曰：四端理发而气随之，七情气发而理乘之。所谓气发而理乘之者可也，非特七情为然，四端亦是气发而理乘之也。"[35]栗谷一方面批评退溪未能理解朱熹之真意；另一方面认为，不仅七情是气发理乘，四端亦是气发理乘。他举例说明："见孺子入井，然后乃发恻隐之心，见之而恻隐者，气也。此所谓气发也。恻隐之本，则仁也，此所谓理乘之也。非特人心为然，天地之化无非气化而理乘之也。"[36]四端与七情均是气发理乘。

栗谷之所以批评退溪的理气互发论,是因为:其一,退溪虽企图把朱熹理气"决是二物"与理气不可分两者圆通起来,但在栗谷看来,退溪理发气随,气发理乘,仍是二分。"所谓理气互发,则是理气二物各为根柢于方寸之中,未发之时已有人心道心之苗脉,理发则为道心,气发则为人心矣。然则吾心有二本矣,岂不大错乎!朱子曰:心之虚灵知觉一而已矣,吾兄何从而得此理气互发之说乎!"[37]其实,退溪、栗谷都依朱熹文本为据,由于两人理解的角度、主次的不同,而有分歧。退溪认为,理作为形而上学本体,乃是自然事物之理和伦理道德之理的升华,这种升华使理超越具体事物和伦理之理,而异化为绝对的理。在这个异化过程中,能动之理发动,气便可随之;能造作的气发动,理便可乘载。栗谷认为,理发、气发,必然陷入二本的困境,便回到二元分立的状态,也就回到朱熹理所为形而上学本体是无造作、净洁空阔的世界与形而下的气会凝聚、造作的世界的意义上来。由其无造作,必须依有造作的气,理便安顿、挂搭在气上而展开理的活动,而得出"理无为而气有为,故气发而理乘"[38]的观点。在这里,栗谷并非贬低理,而是以理为气发的所以然者。

其二,退溪理气互发论的偏失是,"若退溪互发二字,则似非下语之失,恐不能深见理气不相离之妙也"[39]。又说:"退溪之病,专在于互发二字。"[40]所谓"理气之妙",是指理气不离,其源为一。"理气之妙,难见亦难说,夫理之源一而已矣,气之源亦一而已矣。气流行而参差不齐,理亦流行而参差不齐,气不离理,理不离气,夫如是则理气一也。"[41]理气之妙超越主理、主气的局限,而强调其不离的统一性。按照栗谷的理解,"理气浑然无间,无不相离"[42]。其思想更接近于奇高峰的浑沦论,但亦有异。"理形而上者也,气形而下者也。二者不能相离,既不能相离,则其发用一也,不可谓互有发用也。"[43]这是栗谷对于"体用一源"的领悟,并依此思维方法阐发其气发理乘论,批评退溪理气互发论。

其三,栗谷认为,若依退溪互发论,便会在解释道心人心、性情等理论问题上,陷入自相矛盾的困境。"盖退溪则以内出为道心,以外感为人心。珥则以为,人心道心皆内出,而其动也,皆由于外感也,是果相合而可援而就之耶。"[44]在性情上,"气质之性、本然之性,决非二性。特就气质上单指其理曰本然之性,合理气而命之曰气质之性耳。性既一则情岂二源乎!除是有二性,然后方有二情耳!若如退溪之说,则本然之性在东，气质之性在西，自东而出者谓之道心也，自西而出者谓之人心，岂此理耶"[45]。道心人心本于一心，本然之性、气质之情源于一性，不可谓有二本、二源。

退溪与栗谷由理气的四端七情的发展，而展开道心与人心、本然之性与气质之性、善与恶的论证。由退溪与栗谷哲学逻辑结构的核心范畴——理气，而推及其思想的各个层面，构成其哲学的整体性、圆融性。

对于栗谷以气发理乘论批评退溪理气互发论，自幼与栗谷私交甚笃的成浑[46]，又与之展开辩论，而形成继退溪与高峰以后的"四七"之辩的第二个高潮。牛溪基本上持退溪立场。他说："今为四端七情之图，而曰发于理、发于气，有何不可乎！理与气之互发，乃为天下之定理，而退翁所见亦自正当耶。"[47]以理气互发论是天下普遍的原理或定理，既为定理，便可遵之而行。不过牛溪认为"气随之、理乘之之说，正自拖引大长，似失于名理也。愚意以为四七对举而言，则谓之四发于理，七发于气可也"[48]。其实气随、理乘之说，并非画蛇添足，故意拖引，而是超越理气决是二物，从理气单向发动转变为理气相资互发，气随、理乘正是相资的呈现。若不讲随之、乘之，便回到了退溪最初改郑之云之说为"四端理之发，七情气之发"阶段。

肯定理气互发，是对栗谷否定理发气随的否定。这个否定，是在更深一层意义上的展开，如人心道心、性情、善恶等。牛溪说："顷日读朱子人心道心之说，有或生、或原之论，似与退溪之意合，故慨然以为在虞舜无许多议论时，已有此理气互发之说，则退翁之见不易论也。"[49]所谓"或生"与"或原"，是指朱熹所说人心生于"形气之私"，道心原于"性命之正"而言。原于性命之正的道心，是纯善无恶；生于形气之私的人心，有善有恶。"四端之情，理发而气随之，自纯善无恶，必理发未遂而掩于气，然后流为不善。七者之情，气发而理乘之，亦无有不善，若气发不中，而灭其理，则放而为恶云。究此议论以理气之发，当初皆无不善，而气之不中乃流于恶云矣。人心道心之说，既如彼，其分理气之发，而从古圣贤皆宗之，则退翁之论，自不为过耶"[50]。四端七情都是情，理发为纯善，气发亦有善，恶是理发未遂和气发不中产生的，解释了何以有善恶的问题。这样由理发气发的形而上学的本体问题而把心性，善恶的人间性问题贯通起来，作整体的思考和理解。[51]

可见"四七"论的实质是对"四端"、"七情"、"理气"、"人心"、"道心"、"善恶"等诸范畴内涵的释义及对这些范畴间逻辑结构关系的释义。不论是退溪、高峰还是栗谷、牛溪,他们都以对儒家经典的忠实精神,展开各自的释义。他们的释义不仅凸显了韩国诠释学的上述特点(范畴诠释和逻辑结构诠释),而且也涵盖了韩国诠释学的基本内容。这就是:

其一,对儒家经典语义的释义。

韩国性理学家在精研儒家经典中,对于其中的关键词语的意义,非常重视并给予详细的解释。例如关于"四端"、"七情"与"理气"的关系,朱熹曾经说过"四端是理之发,七情是气之发"[52]。这里的"发",被韩国性理学者极为关注。由此引出了退溪将郑之云的"四端发于理,七情发于气"修正为"四端理之发,七情气之发"。这一论述在受到奇高峰的批评后,退溪晚年在《圣学十图》的《第六心统性情图》将之修正为"理发而气随之,气发而理乘之"[53]。这一修正虽然增加了"气随之"、"理乘之",但其实质还是在强调"理发"和"气发"。故退溪修正的解释,可作如下再解释,即:"四端可谓理之发,但此时少仁非无气,气的作为表现为顺理(随之)而为。七情可谓气之发,但并非惟气之发,此时亦有理(乘之)。"[54]这表明了退溪对"发"的整体性发用的理解及其对"发"的功效的诠释。

又如朱熹在《中庸章句》中说过:"盖尝论心,心之虚灵知觉,一而已矣。而以为有人心道心之异者,则以其或生于形气之私,或原于性命之正。而所以为知觉者,不同,是以或危殆而不安,或微妙而难见耳。"这里的"或生"、"或原"引起了成牛溪的注意,并对此作了诠释。他说:"愿更深察或原或生之义,常加精思。何如续有所得,当即驰禀也。愚以为人心道心,以其发于心者而言,则与四七之发于性之目意味差不同云耳。非谓人心道心只发于心而不与性情干涉也。"[55]这一诠释,表明"或生"、"或原"不仅与朱熹退溪相符合,而且在中国古代的道心人心说中已蕴含了理气互发的意蕴。

其二,对儒家经典理论的释义。

"性善"论是儒家的重要理论之一。事实上,孟子从"四端"(特别是恻隐之心和羞恶之心)的表露现象推测到所谓仁义礼智之性是人所具有的，而且从四端皆性的意义上主张人性善。所以，"性善"说乃是孟子的"四端"的本旨所在。因此，李退溪站在孟子"性善"说的立场上，在"四七论辩"中始终在为"性善"说作解释。可见，退溪强调"四端为理之发"，正表明了他是根据孟子的"本旨"而将自己的学问观建立在"性善"论的轨道上。[56]

"体用一源"是程朱理学的一个重要理论。李栗谷依此思维方式，在"四七论辩"中主张"气发理乘"论并以此批评退溪的"理气互发"论。栗谷从理气体用、显微无间的角度，诠释"体用一源"说："抑愚之所见，则理也、气也、数也，其体相因，而其用相通，不知其乖戾也"[57]。理气体用不离、相因相通，由此推知理气相互依存、相互融通。"理气元不相离，似是一物，而其所以异者，理无形也，气有形也；理无为也，气有为也。无形无为而为有形有为之主者，理也；有形有为而为无形无为之器者，气也。理无形，气有形，故理通而气局；理无为，气有为，故气发而理乘。"[58]不论是"四端"还是"七情"，都是"气发而理乘"。这一结论亦是栗谷在"四七论辩"中对"体用一源"这一理论诠释的结果。

其三，在经典释义中对我见的释义。

韩国诠释学的一项重要内容是在对儒家经典进行解释的过程中，性理学家们同时也全面地阐释了自己的理论观点。由此形成了有别于中国理学的韩国性理学。

例如李退溪。

韩国学者尹丝淳认为：退溪及其学说之所以能在那个时代闻名于世，就是由于"四端七情"的论辩。退溪在诠释程朱理学的过程中，形成了具有退溪特色的理气观，即运用"理"和"气"来说明、解释一切现象。正是由于这个缘故，他被称为"性理学者"[59]。

退溪的理气观是在对朱熹理气思想诠释的基础上的发展。如朱熹在谈到理气时认为："盖气则能凝结造作，理却无情意、无计度、无造作。只此气凝聚处，理便在其中。"[60]这便产生了一个矛盾，"理"既"无造作"，又要成为万物的所以然。李退溪看到了这个矛盾，对此，解释为："是知无情意、造作者，此理本然之体也；其随寓发见而无不到者，此理至神之用也仁，向也但有见于本体之无为，而不知妙用之能显行。殆若认理为死物，其去道不亦远甚矣乎"[61]。从本然之体看，"理"是无情意、无造作的,但从至神之用看,"理"又是随处发见,无所不在的。正由于"理"具有体、用双重性格,而解决了理为死物的矛盾。因此,退溪明确提出"理"有动静。他说:"理有动静,故气有动静。若理无动静,气何自而有动静乎?知此则无此疑矣,盖无情意云云,本然之体能发能生至妙之用也。"[62]退溪认为若以"气"有动静,"理"无动静,则"气"之动静知何来?所以,作为本然之体的"理"能发能生至妙之用。可见,退溪在诠释朱熹思想的同时,对自己的思想亦作了诠释。由于他对"理"的强调,被后世学者称为"主理"派。

又如李栗谷。

如上所述,他在诠释"四七"与"理发"、"气发"关系时,也阐释了自己的"气发理乘"思想。除此而外,他理气观的另一特色"理通气局"亦是对程朱理学"理一分殊"思想诠释过程中自我诠释的结果。栗谷解释程朱理学"理一分殊"时说:"所谓理一分殊者,理本一矣。而由气之不齐,故随所寓而各为一理,此所以分殊也。非理本不一也。"[63]为了进一步解释这一思想,他提出了"理通气局"说。关于"理通",栗谷说:"理通者,何谓也?理者无本末也,无先后也。无本末、无先后,故未应不是先,亦应不是后,是故乘气流行,参差不齐,而其本然之妙,无乎不在。……此之谓理之通一也。"[64]这是说所谓"理通",一是无时间之先后、无本体之本末的限制;二是有本然之妙用,可乘气流行。关于"气局",栗谷说:"气局者,何谓也?气已涉形迹,故有本末也,有先后也。气之本则湛一清虚而已,曷尝有糟粕煨尽粪坏污秽之气哉!惟其升降飞扬,未尝止息,故参差不齐,而万变生焉。……此之谓气之局也。"这是说,所谓"气局",一是因已涉形迹,故有本末,有先后,即有界定;二是因气局有限定,故其所生之清浊、偏全、糟粕、污秽等,都有其质的规定性;三是气虽局,但并不丧失气的本然变化运动的功能,正因为此,理必然要落到气上,通过气的参差不齐的变异,而呈现自己,而无所不在。这就是说,理通的通,是通过气局的局来实现的。可见,理通与气局,相对而言,不离不杂。[65]栗谷由于"气发理乘"、"理通气局"思想的提出,被后人称为"主气"派。

韩国性理学者就是这样,在对儒家经典进行诠释的过程中,亦对自己的理论观点进行了阐释。这样,便形成了韩国的儒学。韩国儒学的特色,就表现在围绕"四七"论而形成的主理、主气或岭南、畿湖两派的对立学说。

三 "四七"论所反映出的韩民族的思维方式

黄俊杰教授说:"透过对儒家经典诠释学之分析,可以探讨东亚思维方式之特质。"[66]"四七"论就是对儒家经典的深刻诠释,从中反映出了主要诠释者退溪、栗谷、高峰的思维方式以及他们所表现出的韩民族的思维特质。

李退溪、李栗谷、奇高峰都是韩国性理学史的大家,他们都本着维护儒家经典的精神,对同一经典进行诠释,但结论却往往互相背离。其中一个重要原因是他们对性理学诠释对象切入点的差分而造成的。而这一差分正好反映出了他们思维方式的差异。

在"四七论辩"中,李退溪之所以强调"四端发于理,七情发于气",经高峰批评后修正为"理发而气随之,气发而理乘之"(虽作修正,但还是强调"理发"和"气发"),是因为在退溪思想中,关于"理气",他更强调"理"一方,即退溪重"理",由此导致了思维方式的"二分"。在退溪哲学思想中,"气"虽然有独立的品格,但它不能离"理"而单纯存在。这是就"理"的主导性而言。与此同时,退溪反对把"理"与"气"看成无差别的一物,曾作《非理气为一物辩证》,指出:"今按孔子、周子明言阴阳是太极所生,若曰理气本一物,则太极即是两仪,安有能生一者乎?"又说:"朱子平日论理气许多说话,皆未尝有二者为一物之云,至于此书则直谓之理气决是二物。"[67]可见,"理"与"气"非一而二。退溪主张理与气"二分"的思维方式还取决于他坚持理与气是"所以然"与"然"的关系。退溪在解释"鸢飞鱼跃"时说:"其飞其跃固是气也,而所以飞、所以跃者,乃是理也。"[68]飞和跃是"气"的运动,是"然";其所以飞跃,那是由于"理"的使然,即"所以然"之故。这表明,在退溪思想中,他更重视的是理与气的对峙关系,由此导致他的"二分"思想方式。

奇高峰接着子思的观点,强调七情包四端,而批评退溪理气、四端七情二分说。因此,与退溪重"理"的观点相反,高峰重"理气浑沦"说。

这种观点亦导致了高峰"合一"的思维方式。如高峰在答退溪论四端七情书时说:"盖人之情一也,而其所以为情者,固兼理气有善恶也。但孟子就理气妙合之中,专指其发于理,而无不善者言之,四端是也。子思就理气妙合之中,而浑沦言之,则情固兼理气有善恶矣,七情是也。此正所就以言之不同者也。"[69]高峰认为情的来源或根据是兼理气,而非仅为理或仅为气。虽然孟子强调理发而善的"四端"层面,子思强调理气浑沦而有善恶的"七情"层面,二人有异,但高峰认为二人有共同处即"理气妙合"。高峰从此切入,引出了他在"四七"论中的"理气浑沦"观点和思维方式的"合一"。

李栗谷与退溪和高峰又不同,他对朱熹思想的切入点是在"理气之妙"处。"理气之妙"的依据是朱熹说的"盖气则能凝结造作,理却无情意、无计度、无造作,只此气凝结处,理便在其中。且如天地间人物、草木、禽兽,其生也,莫不有种,定不会无种子,白地生出一个物事,这个都是气。若理则只是个净洁空阔的世界,无形迹,他却不会造作。气则能酝酿凝聚生物也,但有此气则理便在其中"[70]。"天地之间,有理有气。理也者,形而上之道也,生物之本也;气也者,形而下之器也,生物之具也。"[71]栗谷认为朱熹的主旨在于强调作为形而上之道的"理"与形而下之器的"气"的"妙合",才可以凝结造作,酝酿生物。所以,他在"四七"论中坚持不论是"四端",还是"七情",都是"气发理乘",即理气妙合的结果。可见,"理气妙合"是栗谷思想的一个焦点。不怪乎韩国学者柳承国评价栗谷思想时说:"在栗谷那里,'难得处'不是'气'或'理','理气妙合'才是难见难说之处。"[72]栗谷的"理气妙合"决定了他思维方式的"一而二,二而一"。"今以理气为说,幸勿挥斥。天理者,气之主宰也;气者,理之所乘也。非理则气无所根柢,非气则理无所依着,既非二物,又非一物。非一物,故一而二,非二物,故二而一也。非一者,何谓也?理气虽相离不得,而妙合之中,理自理,气自气,不相夹杂,故非一物也。非二物者,何谓也?虽曰理自理,气自气,而浑沦无间,无先后,无离合,不见其为二物,故非二物也。"[73]

退溪的"二分"思维,高峰的"合一"思想,栗谷的"一而二,二而一"思维,虽然代表了不同性理学家各自的思维特点,但从整体看,它又表明了韩民族思维方式的特质。这一特质可以用"融突"思维加以涵概。不论是"二分"、"合一",还是"一而二,二而一",其实质都是在讲"融"(合一,二而一)和"突"(分二,一而二)的辩证关系。所谓"融突"是指任何可差分的诸要素,在其差分或继存过程中,它们各自的生命潜能、力量、特质、价值均有赖于另一方的聚会、渗透、补充和支援。"融合"在"冲突"的过程中实现,是"冲突"的果或表现方式;"冲突"是"融合"的因,"融合"是"冲突"的理势。可见,"融突"思维是指矛盾双方的对立与融洽的关系。韩民族的这一思维特质就像是韩国的国旗一样。韩国的国旗称为"太极旗"。中间是一太极(一阴一阳两仪),四周是乾、坤、坎、离四卦。其中乾卦与坤卦相对(天与地),坎卦与离卦相峙(水与火)。整个国旗就是一个阴阳、天地、水火的"融突"。其"融突"的结果是象征着光明、和平、正义和富饶。

笔者将韩民族的思维方式特质,界定为"融突"思维,这是与中华民族的"阴阳"思维和日本民族的"融合"思维相比较而言的。

笔者认为中华民族的思维特质可以概括为"阴阳"思维。阴阳思维是一种抽象的理性思维。中华民族的祖先很早就意识到,从事物对立的两端、两方面、两部分,来解释复杂的自然现象和社会现象,以便把握事物变化的规律。正如李约瑟博士所说的那样:在希腊人和印度人对形式逻辑感兴趣之时,中国人则一直倾向于发展辩证逻辑。[74]

日本民族思维的特质可以概括为"融合"思维。"融合"思维用日本新京都学派代表者梅原猛的话说,就是"和"。梅原猛把日本人重视人际关系、以宽宥态度处理人际关系概括为"和"的观念。他并上溯到飞鸟时代圣德太子的思想,认为"和"的思维在圣德太子制定的十七条宪法中就已经存在。因此,"和"是日本社会结构原理的中心。[75]

中华民族的"阴阳"思维,日本民族的"融合"思维,韩民族的"融突"思维,它们分别代表了东亚中、日、韩三个不同民族思维的特质,但从东亚思维方式(相对欧美思维方式而言)来看,它们又有共同性,这就是"和合"思维。"和合"思维是张立文教授提出的一个新概念。所谓"和合"思维,就是指冲突蕴涵融合,融合统摄冲突,在反复冲突融合中,新和合体生生不息。东方人循着"仰则观象于天,俯则观法于地,观鸟兽之文与地之宜,近取诸身,远取诸物"[76]的观法,以类万物之情。人们从人类自身的生产中发现,由于男女、夫妇、阴阳对待双方的交合而生出许多的儿女，新生儿女作为男女融突的和合体，他们的本质，只能在和合中存在，离和合，就无在。然后，人们由人类自身而推到天地万物的融突和合。"天地絪缊，万物化醇，男女构精，万物化生。"[77]这便是天男为阳、地女为阴，各相互对待的元素、要素经融合，而构成天地万物的和合体。这种诸多相互差分、对待、冲突的元素、要素和合育物，与西方讲单一的、唯一绝对存有的、无对待的、无冲突的，完美的上帝造物的神创思维，大异其趣。

注释

[1] 此文为在台湾大学黄俊杰教授主持的"东亚近世儒学中的经典诠释传统"计划的第三次学术研讨会上的发表稿。

[2] 黄俊杰：《东亚儒学史研究的新视野：儒家诠释学探索》（打印稿），第3页。

[3] 臧庸：《与顾子明书》，载《释经堂文集》卷三。

[4] 张立文：《中国哲学范畴精粹丛书——性》，中国人民大学出版社1995年版，第390页。

[5] 贾顺先主编：《四书释义》，《退溪全书今注今译》（五），四川人民出版社1994年版。

[6] 同上书，第465页。

[7][8] 贾顺先主编：《四书释义》，《退溪全书今注今译》（五），四川人民出版社1994年版，第472、473页。

[9]《圣学辑要》一，载《栗谷全书》卷十九，成均馆大学大东文化研究院，1958年版。

[10][11][12]《圣学辑要》二，载《栗谷全书》卷二十，成均馆大学大东文化研究院1958年版。

[13][14]《圣学十图》，《增补退溪全书》（一），成均馆大学大东文化研究院，第203下页，第198下页—199下页。

[15][16][17][18]《圣学十图》，《增补退溪全书》（一），第203上页、203下页、204下页、207下页，成均馆大学大东文化研究院。

[19] 张立文：《李退溪思想研究》，东方出版社1997年版，第43页。

[20] 李甦平：《李退溪"敬"哲学和未来人格发展》，载《韩国学论文集》第5辑，社会科学文献出版社1996年版。

[21] 张立文、李甦平：《南冥曹植》，载《东方著名哲学家评传·韩国卷》，山

东人民出版社2000年版,第340页。

[22]《天命图说后叙·附图》,《增补退溪全书》(二),成均馆大学大东文化研究院。

[23]《河南程氏遗书》卷二十二,朱熹《中庸章句》第一章。

[24]《答刘叔文》,《朱文公文集》,卷四十六。

[25][52]《朱子语类》卷五十三。

[26]《四七理气往复书》,《高峰集》。

[27]《增补退溪全书》(一),第408上页。

[28][29]《增补退溪全书》(一),第402上页、405下页。

[30][31]《增补退溪全书》(一),第408上页。

[32]《高峰答退溪再论四端七情第一书(改本)》,《高峰集》。

[33]《增补退溪全书》(一),第417上、下页。

[34]《增补退溪全书》(一),第204下页。

[35][36]《答成浩源》第九书,《栗谷全书》(一),第198下页。

[37]《答成浩源》第九书,《栗谷全书》(一),第198上页。

[38][42]《圣学辑要》,《栗谷全书》(一),第457上页、456下页。

[39]《答成浩源》第十二书,《栗谷全书》(一),第210下页。

[40][41][43]《答成浩源》第十书,《栗谷全书》(一),第202下页、204下—205上页、202上页。

[44][45]《答成浩源》第十二书,《栗谷全书》(一),第210—211页。

[46]参见《牛溪年谱补遗》卷一,《坡山世稿》,坡山世稿刊行委员会,第420上页。

[47][48]《与栗谷论理气第一书别纸》,《牛溪先生集》卷四,《坡山世稿》第139下页。

[49]《与栗谷论理气第二书》,《牛溪先生集》卷四,《坡山世稿》第141上页。

[50]《与栗谷论理气第一书》,《牛溪先生集》卷四,《坡山世稿》第139上页。

[51]张立文:《李退溪思想研究》,第11—15页。

[53]《第六心统性情图》,《增补退溪全书》(一),第204下页。

[54]尹丝淳:《韩国儒学研究》,新华出版社1998年版,第99页。

[55]《与栗谷论理气第二书》,《牛溪先生集》卷四,《坡山世稿》第141下页。

[56]《韩国儒学研究》,第101页。

[57]《寿天策》,《栗谷全书·拾遗》卷五,第558上页。

[58]《答成浩源》第十二书,《栗谷全书》卷十,第208下页。

[59]《韩国儒学研究》,第57、61页。

［60］《理气上》,《朱子语类》卷一。

［61］《答奇明彦·别纸》,《陶山全书》(二),第114下页。

［62］《答李公浩·问目》,《陶山全书》(三),第185下页。

［63］《圣学辑要》二,《栗谷全书》卷十二,第457页。

［64］《答成浩源》第十二书,《栗谷全书》卷十,第209上页。

［65］张立文:《栗谷的理气观》,载《第3回栗谷思想国际学术会议论文集》。

［66］黄俊杰:《东亚儒学史研究的新视野——儒家诠释与探索》,第5页。

［67］《天命图说》,《陶山全书》(三),第600下页。

［68］《答界侄问目〈中庸〉》,《陶山全书》(三),第209上页。

［69］《高峰答退溪论四端七情书》,《高峰集》。

［70］《朱子语类》卷一。

［71］《朱文公文集》卷五十八。

［72］柳承国:《栗谷李珥》,载《东方著名哲学家评传·韩国卷》,第403页。

［73］《答成浩源》第九书,《栗谷全书》卷十,第197上页。

［74］李甦平:《中国思维坐标之谜——传统人思维向现代人思维的转型》,职工教育出版社1989年版,第62页。

［75］王守华、卞崇道:《日本哲学史教程》,山东大学出版社1989年版,第509页。

［76］［77］《系辞下传》,《周易本义》卷三。

（载《国际汉学（第九辑）》,任继愈主编,大象出版社2003年版,第132—146页）

东学精神——民族主体性

——以《东经大全》为主

韩民族是一个伟大的民族。之所以这样说，是因为在坎坷不平的民族发展史中，许多优秀的前辈先哲面对绝望提出了希望的哲学，面对虚无提出了存在的哲学，面对死亡提出了生命的哲学，面对压迫提出了抵抗的哲学。[1]而崔济愚创建的"东学"正是这样。"东学"倡导的"民族主体性哲学"坚挺了韩民族的脊梁，在韩国近代史上具有重要的意义和价值。

东学是水云崔济愚（1824—1864）于1860年创立的，并由他的弟子崔时亨（1827—1898）和孙秉熙（1561—1922）作为信仰接受下来，传承于世。以后，李敦化又将东学作为一种哲学思想加以深化发展。在韩国近代史上，东学成为甲辰（1904年）革新运动（指1904年8月30日东学教徒组织进步会，发动20万群众举行示威，要求政府实施改革）和己未（1919年）"三一"运动（指1919年3月1日，东学第三代教祖孙秉熙等33位民族代表在汉城发表《独立宣言书》，高呼"独立万岁"并举行游行示威。这一民族独立运动迅速发展到全国，600多团体，200万群众参加了反日运动。运动受到日军镇压，死7500人，伤16000人，并有46000人被捕）的主导思想。可见，在日本帝国主义统治时期，东学思想为了反抗日本帝国主义的殖民统治思想，在播种民族之魂，提倡民族的主体意识方面，进行了不懈地努力。在这个意义上可以说东学成了韩民族的精神支柱，主导了韩国的近代民族史。

东学的经典是《东经大全》，它是崔济愚于1860—1863年为阐明东学教义而撰写的汉文经典。《东经大全》由"布德文"、"论学文"、"修德文"、"不然其然"、"叹道儒心急"、"八节"、"座箴"、"笔法"等八章构成。

其中,"布德文"是东学的宣言书,它在宣告东学创立的同时,向世人宣布天主的恩德。

如果说"布德文"是《东经大全》的序论,那么"论学文"则是它的本核,是它的核心部分。"论学"就是论述学问的意思,也是阐述东学的理论体系。"论学文"包含着东学的神学观、人间观、善恶观、历史观和修行观等。崔济愚根据他的宗教体验,领会了"吾心即汝心"的心法。可以说这是"论学文"的精髓。

"修德文"是崔济愚为躲避官厅耳目隐居全罗道时,因担心家乡庆州的弟子们误入歧途而著述的。"修德文"是在"论学文"的基础上告诉人们如何培养和练就道德。

在"不然其然"这一章中,崔济愚以"不然"(指否定)和"其然"(指肯定)这一独特的思维形式,阐明了如何理解天主的存在。这篇是崔济愚在晚年,预感到了自己即将被捕,认为有必要强调东学的宗教性而写作的。

崔济愚称东学为"五万年之运数",或是"五万年之道"。既然东学有五万年之大运,那么东学道人就不必心急,非要在当代完成布德于天下的大业,或者稍受挫折就产生急躁情绪。为了让人收敛和戒备急于求成的情绪,他著述了"叹道儒心急"一章。

"八节"指明、德、命、道、诚、敬、畏、心等修行的八项德目。因为共有八段话,故曰"八节"。

"座箴"是崔济愚写给弟子们的修道要领。它相当于座右铭,弟子们将它放置醒目的地方,天天看,并对照自己的言行,反省自己,以为警戒。

"笔法"就是书法。崔济愚教给弟子的是独特的书法。他强调每一笔每一画都要怀着修道之心态来书写,这就是他独特的书法。"修德文"中说"投笔成字,人亦疑王羲之迹",能像王羲之那样挥毫自如,其秘诀就在于此。从流传至今的崔济愚的墨迹之中,可以充分窥视其中的道力,由此可知这是与众不同的笔法。[2]

如上所述,在社会思潮纷乱的近代,水云崔济愚创建东学的目的,是为了坚挺民族的主体思想,所以从哲学角度考察《东经大全》,主要涵盖了两方面的内容。

一　主体人间观的高扬

儒教是《东经大全》的基本内容之一。而儒教的一个重要精神是对人的尊重，对人性的体贴，所以，儒教又称为人学。儒教宣扬的"天人合一"思想就是对人的价值的极大肯定，对人的主体性的最大关怀。

"天人合一"是关于宇宙与人关系的论述，其意有二：一为天人相通，一为天人相类。天人相通的观念发端于孟子，大成于宋代理学。这类学说认为天之根本性德，即含于人之心性之中，天道与人道，实一以贯之。人之所以异于禽兽，即在人之心性与天相通。而天人相类，则是汉代董仲舒的思想。他讲"人副天数"，即认为天人在形体性质上皆相似。天人相类也是一种意义的天人合一。[3]

《东经大全》对儒教的这种"天人合一"思想进行了摄取，反映在"布德文"、"论学文"和"修德文"等篇章中，尤以"论学文"最为集中。"论学文"中有关"天人合一"的论述主要有：

> 夫道者，如无形而有迹；地理者，如广大而有方者也。故天有九星，以应九州；地有八方，以应八卦，而有盈虚迭代之数，无动静变易之理。
>
> 阴阳相均，虽百千万物，化出于其中，独惟人最灵者也。故定三才之理，出五行之数。五行者，何也？天为五行之纲，地为五行之质，人为五行之气，天地人三才之数，于斯可见矣。……
>
> 举此一一不已，故吾亦惊然，只有恨生晚之际，身多战寒，外有接灵之气，内有降话之教，视之不见，听之不闻，心尚怪讶，修心正气而问曰："何为若然也？"曰："吾心即汝心也。"……
>
> 曰："至者，极焉之为至气者，虚灵苍苍，无事不涉，无事不命，然而如形而难状，如闻而难见，是亦浑元之一气也。今至者，于斯人道，知其气接者也；愿为者，请祝之意也；大降者，气化之愿也。"
>
> "故明明其德，念念不忘，则至化至气，至于至圣。"曰："天心即人心，则何有善恶也？"曰："命其人贵贱之殊，定其人苦乐之理，

然而君子之德，气有正而心有定，故与天地合其德；小人之德，气不正而心有移，故与天地违其命，此非盛衰之理耶？"[4]

从上述引文中可以看见《东经大全》讲的"天人合一"的关键，是"至气"。崔济愚强调：凭借着"至气"，通过"气化"、"至化"可以达到"至圣"即"天心即人心"，"吾心即汝心"。这就是东学的"天人合一"，或者说是东学的"至气论"。东学的这种至气论，又可解释为心物一元论。这是因为崔济愚强调"至气"亦是生命的元素。"至气者，虚灵苍苍"就表示"至气"不是单纯的"气"。这里的"虚灵"，指的是灵的原初状态，也可以说是灵的无极状态，通俗地说，就是生命的元素。[5] 东学至气论的另一要点是"修心正气"，在"修德文"中又称为"守心正气"。"仁义礼智，先圣之所教；守心正气，唯我之更定"。[6] 所谓"守心正气"，就是守天之心，正天之气。要做到这一点，就像孙秉熙所强调的必须把受污染的心——"物精心"变成摆脱掉物欲、名欲、权欲等一切欲望的廉洁的心——"解脱心"。这一修养功夫，崔济愚在《座箴》中教导子弟说："吾道博而约，不用多言义；别无他道理，诚敬信三字。这里做工夫，诱后方可知；不怕尘念起，惟恐觉来迟。"[7] "解脱心"、"觉来迟"是《东经大全》对佛教思想的吸取。当人达到"解脱心"时，就是"君子之德，气有正而心有定，故与天地合其德"，这就进入了"天人合一"的境界。而当人"觉来迟"时，就是"小人之德，气不正而心有移，故与天地违其命"，这是非"天人合一"。可见修"心"的重要性。强调"人心"与"天心"的"一体同归"，被韩国学者称为"水云心法"。[8]

崔济愚"天人合一"思想的核心，是提倡人的主体性、韩民族的主体性。

李朝末年，封建专制统治面临崩溃，外敌势力席卷朝鲜半岛，日本帝国主义侵略者无视历史的发展，在其军国主义政策下，肆意蹂躏朝鲜半岛。在这种民族危难的形势下，使韩民族得以再生，鼓舞民族主体性成为东学的主要任务。东学三代领导人都围绕着凸显人的主体性和民族性这一价值主题而布道。崔济愚在上述引文中说"阴阳相均，虽百千万物，化出于其中，独惟人最灵者也"就是对人的主体性的张扬。他认为占据宇宙最高位置的人类，不仅是宇宙的主人，也是宇宙的中心。作为宇宙主人和中心的人，在与天相合中，不是被动的，而是主动的。这种主动性就体现在"水云心法"中。水云崔济愚于庚申年四月五日在龙潭大彻大悟，成为唤醒天下所有人意识的人物。因此，他所说的"吾心即汝心"的"吾"（我）便成为人类绝对主体的存在。这一绝对主体者（我）的自我形式即表现为"一体同归"，也就是上述引文中的"天心即人心"。东学第三代教主孙秉熙根据一代教主崔济愚的"吾心即汝心"、"天心即人心"的思想，进一步提出了"人乃天"。他的"人乃天"是强调人可以与天沟通，天的意志是通过人来体现的。人心可以升华为天心，在天地万物中，惟有人心酷似天心。所以，人类有权利享受自由、和平这一天的属性，并且尽力提倡之。这一思想也证实了东学第二代教主崔时亨提出的"事人如天"。"事人如天"就是"事人如事天"之意义。崔时亨将"事人如天"定为法说，并以此施教。他强调对待人事，就要像对待天那样虔诚、认真，突出了人的权威性。所以，"事人如天"成为东学的实际道德和行动纲领。

二　民族共生观的颂扬

"共生"一词，近几年来成为一个时尚的词汇，如"共生理念"、"共生意识"等。实际上，"共生"指的是一种"和合体"，一种"融突观念"。而这种"共生"思想在《东经大全》中早已具有。例如《不然其然》讲：

> 是故难必者不然，易断者其然。比之于究其远，则不然不然又不然之事；付之于造物者，则其然其然又其然之理哉！

这是说，生活中不可琢磨的"难必者"即难以知道的是"不然"（即否定、无序的意思）；而人们易于判断的则是"其然"（即肯定、有序的意思）。当人们追根溯源之时，它被神秘的外壳笼罩着，仍然是不可理解的。文中的"不然不然又不然之事"就是强调其根源的不可知性、否定性、无序性。但是，若将它比之于造物主时，就会发出"其然其然又其然"的赞叹，就会恍惚悟彻其理。这讲的又是可知性、肯定性、有序性。[9]事物就是这样,既"不然",又"其然",是"不然其然"的。

对于这种"不然其然"的逻辑思维,韩国学者认为这是一种"调和哲学"。在崔济愚大觉大悟之时,对"那样"与"不那样"的矛盾律、背反律的两极判断,取得了协调。他通过绝对统一的体验,将二律背反的世界,用"不然"和"其然"这两个命题加以概括,将这二元化的时空宇宙通过绝对矛盾的自我同一性,使之还原为一种调和原理加以发展。[10]所以,"不然其然"讲的就是事物都是在否定、肯定,无序、有序这种绝对矛盾的同一中生存、发展。实质上,这就是一种融突观念,一种共生思维。这种共生思维还通过《东经大全》宣扬的性灵的长生观得以体现。崔济愚在"布德文"中说:

曰:"吾有灵符,其名仙药,其形太极,又形弓弓。受我此符,济人疾病;受我咒文,教人为我则,汝亦长生,布德天下矣。"

在"修德文"中有:

胸藏不死之药,弓乙其形;口诵长生之咒,三七其字,开门纳客,其数其然,肆筵设法,其味其如!

东学这种顺应自然的"道",体现在人自身,便是道教的"长生"观。关于如何长生,上述引文有两处做了明确说明。一曰"吾有灵符,其名仙药,其形太极,又形弓弓。受我此符,济人疾病;受我咒文,教人为我则,汝亦长生"。二曰"胸藏不死之药,弓乙其形;口诵长生之咒,三七其字"。其实,这两段引文表明了一个意思,就是告诉世人长生不死的秘诀——灵符、仙药是什么。"其形太极,又形弓弓","弓乙其形"。

可见,太极和弓弓构成了一个"心"字。东学第二代教祖海月崔时亨解释"弓乙其形"时也曾明确指出"弓乙其形,即心字"。[11]这就是说,要想长生,必须将人心修炼为天心,人心与天心合时才可升华为长生。

关于东学的"长生"内涵,金哲说:"什么是'长生'呢?这里指的是东学的死后观。人的肉体终究是要死去的，可是人的性灵却是长生的。但这里有前提条件，即要口诵二十一字长生咒文，只有这样才能做到性灵的长生。东学并不是只重现实，无视死后的现世至上主义的宗教。它有一个明确的死后观，把现世和死后的世界联系在一起。……东学认为人的躯体死去以后，性灵仍然活在这个世上，它不会离开人世到另一个世界去，也无处可去。生在这个人世上，死后也在这个人世上，这就是东学的死后观。"[12]

这种死后观，就是一种性灵长生观。这就是说人死后，性灵永存，它与不死永远共生在祖国这块土地上，维护着民族的统一，祖国的独立。以东学天道教为主导的"三一运动"的"独立宣言"中就有这种思想。其中说"千百世祖灵阴佑"，就是讲千世百世的无数祖先的性灵在暗中保佑韩民族的独立运动，所以，大韩民族是绝不会灭亡的。正是东学的这种"共生"理念，决定了它在"八一五"光复之后，又站在了阻止南北分裂的民族统一运动的前列，充当先锋，作出了重要贡献。之后，1972年7月4日，在汉城和平壤共同发表《七四共同声明》，声言要超越思想、理念而实行统一，实现南北民族大团结。这种民族共生精神正是东学精神的延续。[13]

东学所倡导的民族共生观就是一种对民族魂、民族信仰的追求和崇拜，就是一种对民族主体性的提升和颂扬。这种民族主体性充分反映在《独立宣言》中。宣言开宗明义表示："吾等此宣言我朝为独立国，朝鲜人为自主民"。"独立国"、"自主民"显示了在日帝统治下朝鲜半岛的民族主体意识。正是凭借着这种民族主体精神，韩国取得了1945年的光复胜利和现代化经济的飞速发展。

注释

[1]《韩国哲学史》（下），社会科学文献出版社1996年版，第212页。

[2] 以上参阅金哲编著《东学精义》，东宣社1995年版，第23、59、118、138、152、162、171、173页。

[3] 参阅张岱年《中国哲学大纲》，中国社会科学出版社1982年版，第173页。

[4][5][6][7][9] 金哲编著：《东学精义》，第205—206、88、129、171、147—148页。

[8]《韩国哲学史》(下)中译本,第233页。

[10]《韩国哲学史》(下),第235页。

[11][12] 金哲编著:《东学精义》,第45、47页。

[13] 参阅金哲编著《东学精义》,第12、14、48页。

(载《韩国研究论丛》2004年第11辑,第268—276页)

试论李栗谷的理气观

栗谷名李珥、字叔献、号栗谷，1536年出生于朝鲜江原道江陵府北平村，本籍在朝鲜庆畿道德水县（现为丰德）坡州栗谷村，故号栗谷。他是司宪副检查李元秀公的第三个儿子，其母是以诗、书、画三绝著称于世的申师任堂。1584年，栗谷病逝，年仅49岁。

出身于书香门第的栗谷自幼聪慧，学语便知读书。他从13岁至29岁，曾九次中科举状元榜首，被世人赞为"九度状元公"。栗谷23岁时，曾拜访长他35岁的著名性理学家李退溪，就"主一无适"、"居敬穷理"等虚心请教。退溪对他印象极为深刻，赞他"后生可畏"。《行状》对此事做了详细记载。栗谷"二十三岁谒退溪先生于陶山，问主一无适、应接事务之要，厥后往来书札，辩论居敬穷理及庸学辑注，圣学十图等说。退溪多舍旧见而从之，尝致书曰：世间英才何限而不肯存心于古学，如君高才妙年，发轫正路，他日所就何可量哉？千万益以远大自期。"[1]栗谷也确实不负退溪的厚爱，在学问上"多阐先儒所未发着"[1]，最终成为与李退溪齐名的一代儒学大师。他的主要学术代表著作有《天道策》、《人心道心图说》、《圣学辑要》、《答成浩原书》等。

栗谷在其短暂的一生中，不仅是一位罕见的儒学大师，而且还是一位卓越的经世家。他从29岁担任户曹佐郎开始，一生为宦，在治国理民方面，主张理论与实践、学问与经世的结合，并强调革弊更张。这方面的主要代表著作有《东湖问答》、《经筵日记》、《万言封事》、《时务六条启》等。

在朝鲜朝儒林中，李栗谷是一位难得的全才。他以明道为己任，以济世为己忧，由此使他的儒学思想更具特色和价值。

栗谷儒学思想即学问观的基础是要成为"圣人"。他19岁奔金刚山修佛，经一年的反省，认识到人生的终极价值是称为"圣人"。于是，弃佛修儒。20岁作《自警问》云："先须大其志以圣人为准则，一毫不及圣人，则吾事未了"[2]以此明志。为了成为圣人，栗谷在理论上主要关心的不是本体的未发状况，而是已发后的善恶之分及如何将恶恢复为本然之善的问题。这就是栗谷的性理学的基点。

理气观是栗谷性理学的核心。在理与气的关系问题上，可以说栗谷思想是对朱熹和退溪思想的深化和发展。

在东亚学术发展史上，理学宗师朱熹对理气问题作了周密、完整的论述，韩国性理学大师李退溪在继承朱熹理气观的基础上，又有所发展。而栗谷的理气思想则是在继承这两位前辈学者基础上的深化和发展。如朱熹理气观的一个基本内容是主张理先气后，理生气说；退溪在此基础上，提出理为气之帅，气为理之卒和理有动静，故气有动静的思想。对此，栗谷认为理气是"一而二，二而一"的辩证关系，即理气妙合，并在这一基础上提出了自己的独创观点，理通气局说。关于理气与"四端"、"七情"的关系，朱熹说过"四端是理之发，七情是气之发"；[3]退溪发展这一思想说："四端理发而气随之，七情气发而理乘之。"[4]对此，栗谷修正为：不论是四端，还是七情，都是"气发理乘"，即气发理乘一途说。下面，就上述问题进行详细论述。

一 "理气妙合"

关于"理"与"气"的关系，栗谷的一个基本观点是认为理气是"一而二，二而一"的辩证关系。他的这一思想集中体现在两处论述中，一是《答成浩原书》，一是《圣学辑要》。具体论述如下：

> 理气既非二物，又非一物。非一物故一而二，非二物故二而一也。非一物者何谓也？理气虽相离不得而妙合之中，理自理，气自气，不相夹杂，故非一物也。非二物者何谓也？虽曰理自理，气自气，而浑沦无间无先后，无离合，不见其为二物故非二物也。[5]
>
> 有问于臣者曰：理气是一物，是二物？臣答曰：考诸前训，则一而二，二而一者也。理气混然无间，元不相离，不可指为二物。故程

子曰：器亦道，道亦器。虽不相离而浑然之中实不相杂，不可指为一物。顾朱子曰：理自理，气自气，不相夹杂。合二说而玩索，则理气之妙庶乎之矣。[6]

所谓一而二，讲的是理气之异，之分；所谓二而一，讲的是理气之同，之合。其中的异和分，是从理气的特性和功能性来看；而同和合，则是从理气的圆融性和内在性来看。

首先，从"一而二"的视角释阐理气之异，之分。

关于"理"，栗谷认为它是"冲漠无朕者"，即"本然之理"。"冲漠无朕者，指理而言"[7]，"冲漠无朕者"讲的是理的寂然状态，这种状态相当于未发的寂然而静，这种状态的理也就是理的本然状态。对于这种状态的理，栗谷作了进一步论述。"理形而上者也"[8]、"理无形也"、"理无为也"[5]、"理者，气之主宰也"[8]。理的无形、无为，标示的是理的超越性和普遍性。理的超越性和普遍性决定了万事万物都具有理，物有物之理，人有人之理。无无理之物，无无理之事，无无理之人。而理为气之主宰，表明了理的至上性和价值性。这就是说，不论任何事物，都必须依照理才能成为事物。以上这些都说明理是形而上的存有。理是形而上的，但又不是虚无，是一种形而上的存有。栗谷将这种状态的理，又称为"实理"。他说："真实无妄者，理之本然。"[9] 本然之理，真实无妄，才有化育之功，人伦之则。例如实理在自然界表现为"自然之理"。栗谷在《节序策》中说："一阴一阳，天道流行，元亨利贞，周而复始，四时之错行，莫非自然之理也。"[10] 栗谷认为，就天道而言，元亨利贞配春夏秋冬，周而复始，循环不殆。这就是自然之理，它是客观实存的。在这种实理的作用下，春夏秋冬季序的运行，春种秋收作息的循环，是不能颠倒，不能错位的。又如实理在人间社会表现为伦理道德的原理、原则。栗谷在回答学生关于"道学"问题时说："道学本在人伦之内，故于人伦尽其理，则是乃道学也。"[11] 人伦是指君臣、父子、夫妇、兄弟、朋友等人与人之间关系和等级秩序。人伦之理，便是处理这种等级关系秩序的原理和原则，如"为臣尽忠，为子尽孝"等。[11] 在存有等级关系社会中，人与人关系和人们行为的"应当"或"不应当"的规矩、准则，便是理。这个理也是客观实有之理。

栗谷强调历史实理,"天有实理而有化育之功,人以实心而致感通之效,所谓实理实心者不过曰诚而已"[9]。他的思想之一是对朱熹的"佛氏偏处只是虚其理,理是实理"[12]这一思想的发挥,而与退溪的思想相比较,则更显特色。

在栗谷的思想中,与"理"相比较,"气"则是一个内容更丰富、更充实的概念。在东亚学术史上,朱熹认为"气"是"理"的挂搭处,"理"是本体,所以理自身并不运动。李退溪对这一观点作了否定的发展,他认为正是因为"理有动静",所以"气有动静",凸显了他的主理观点。对此,栗谷又进行了否定,他强调气动理则动,气静理则静。通过这一否定之否定,栗谷又回归到了朱熹思想。但是,栗谷并不是简单的回归,他强调"理"不动,是为了彰显"气"的活动性、能动性、功能性,即是为了突出"气"的价值和地位。

栗谷23岁所作《天道策》是一篇以理气思想论述天道流行、万物化生、自然妙用的重要文章。文中对"气"的运化、造作、使然作了精彩的论述。例如:

> 夫盈天地间者,莫非气也。
>
> 窃谓万化之本,一阴阳而已。
>
> 呜呼!一气运化,散为万殊。分而言之,则天地万象各一气也;合而言之,则天地万象同一气也。钟五行之正气者,为日月星辰;受天地之戾气者,为阴霾雾雹;雷电霹雳则出于二气之相激,风云雨露则出于二气之相合。……位天地,育万物,其道何由?
>
> 天地之气既正,则日月安有薄蚀,星辰安有失者哉?天地之气既和,则雷电霹雳岂泄其威,风雨霜雪岂失其时,阴霾戾气岂有作孽者哉?[13]

栗谷认为阴阳之气充斥于天地之间,它是万化之本源,品汇之质料。日月星辰是五行正气所使然,阴霾雾雹是天地戾气所使然,阴阳二气之激,运化成雷电,阴阳二气之合运化成雨雪。其不仅能万殊为天道流行,而且还能正天地、矩万物。这是说,栗谷指出只要天地之气正,那么日月星辰则不敢失轨;只要天地之气和,那么雷电霹雳则不敢泄威。如此,阴霾戾气则不敢作孽。其结果便是天地之位正，万物之育盛。可见，位天地，育万物，气也。进一步，栗谷还认为其不仅能蕴育万物，而且气之聚散还能运化为人之生死。他说：

> 人之生也，气之聚也，其死也，气散也。自然而聚，自然而散，岂容人力于期间哉？[14]

聚和散，是其运动变易的自然属性，是自然而然的，是不受人力支配的。但是，正是气的这种聚和散，却自然而然地运化成了人的生和死。人的生死决定于气的聚散，人与人之间的差异也取决于气的差异性。这是因为：

> 惟人也，受阴阳之正气者也。其性虽一，而其形气之禀或厚、或薄、或清、或浑焉；厚薄者，修短之所以分也；清浊者，善恶之所以殊也。均是人也，而其气不同，则其数亦异也。所谓数因乎气者，良以此也。[15]

栗谷认为气的差异性展现于人时，则人寿命的长短、人性的善恶，皆因所禀气的厚薄、清浊而有所不同。这就是说，气的差异性决定了人与人之间的相异性。此外，气机之动还运化为人的道德情感。栗谷说：

> 情是心之动也，气机动而为情。
> 天理者，无为也，必乘气机而乃动。气不动，而理动者，万无其理。性之乘气而动者，乃为情，则离气求情，岂不缪乎？[16]

《中庸》："喜怒哀乐之未发谓之中，发而皆中节谓之和。"朱熹《中庸章句》注曰："喜怒哀乐，情也；其未发，性也。"喜怒哀乐怎样从未发到已发？这是因为"气机之动"，就是说气自身具有动静的功能。未发之性乘气而动，而已发之情，表现为人的道德情感。这就是说，若无气机之动，性之未发便不可能化为情之已发。正是从这个意义上说，气机之动运化人的道德情感。

可见，在栗谷思想中，天道流行、万物化生、人之生死、善恶情感，皆是气使然，从中展示了气的功能、价值和力量。而气之所以能够位天地、化万物，只是因为气具有"能动性"的原因。"大抵有形有为而有动有静者，气也。"[16]气作为有形象、有作为的存在，而有运动和静止这两种存在的形态。动、静这两种形态是气的自然状态，而非外力所加。这种自然而然的动与静，便是气的能动性。所以，上述的气之正、气之合、阴阳二气相激、相合，均是气能动性的展现；而气之聚、气之散，则是气能动性的形式；至于气之清、浊、厚、薄，更是气感而遂通的状态，即能动性的一种状态。

栗谷从"一而二"的角度，认为气能动、理不动，气有为、理无为，气有形、理无形，气为形而下者、理为形而上者。不应认理为气，亦不应认气为理。为此，对于徐花潭认气为理之弊进行了批评。"花潭则认为一气长存，往者不过，来者不续。此花潭所以有认气为理之病也。"[5]

其次，从"二而一"的视角释阐理气之同、之合。

在栗谷思想中，他更加强调的是理气之合。他认为："气不离理，理不离气，夫如是，则理气一也。"[5]理气浑然一体，元不相离，不可指为二物。对于理与气的这种"二而一"的状态，栗谷曾作诗予以生动的说明：

　　元气何端始，无形在有形。
　　穷源知本合，沿湖见群精。
　　水遂方圆器，空随大小瓶。
　　二岐君莫惑，默验性为情。[17]

这是说，阴阳之气无始，而无形之理在有形之气中。理气本合，非有始合之时，所以理气原一，而分为二五之精。理在气中，如水在瓶中，方则同方，圆则同圆，动则同动，无分别，无先后。进而，栗谷又从时间和空间上对理气之合进行了论述。

在时间上，他认为理气之合表现为无先后之分。他在解释朱子的"天以阴阳、五行化生万物，气以形成，理亦赋焉"时说："理气元不相离，即气而理在其中，此承阴阳化生之言，故曰气以成形，理亦赋焉，非谓有气而后有理也。不以辞害意可也。"[18]当阴阳五行之气化生万物之时，形而下的气化生万物之形。与此同时，理亦赋于其中。理气不离，无先后之别。不应以为朱子先说"气以成形"，后又说"理亦赋焉"，就认为气在先，理在后。这种理解是"以辞害意"，是错误的。对坚持以气为理先错误观点的朴和叔，栗谷也进行了规劝和解释："圣贤之说果有未尽处，以但言太极生两仪，而不言阴阳本有。非有始生之时故也。是故缘文生解者乃曰：气之未生也，只有理而已，此故一病也。又有一种议论曰：太虚澹一清虚乃生阴阳，此亦落于一边，不知阴阳之本有也，亦一病也。大抵阴阳两端循环不已，本无其始，阴尽则阳生，阳尽则阴生，一阴一阳而太极无不在焉"。[7]朴和叔是徐花潭的弟子，他坚持师门以气为本、以气为先的观点，对栗谷的理气不分先后论提出疑问。对此，栗谷讲了上述对话。主要意思是说有些学者经常望文生义，或者认为"气之未生，只有理"，这是视理在气先之弊病；或者认为"太虚湛一清虚乃生阴阳"，这是视气在理先之弊病。不论是理先气后，还是气先理后，都是不对的，因为理气无先后之分，"大抵阴阳两端循环不已"，"一阴一阳而太极无不在焉"。阴阳之气循环不已，而太极（理）亦寓于阴阳之气之中。

在空间上，栗谷认为理气之合表现为"气包理"。理气相合，它们怎样和？栗谷说：

理在气中。[17]
即气而理在气中。[18]

言气，则理在气中。这是栗谷对朱熹和退溪理气观的又一深化和发展。栗谷强调理在气中，气包理，一方面，显然是他对气的能动性的强调和重视；另一方面，这也是"气发理乘一途说"的理论基础。

理气的"一而二"，是从理与气各自的特点和功能方面来说，既不能指气为理，也不能指理为气，理与气不相夹杂，理是理，气是气。理气的"二而一"，是从理与气的存续状态来说，理与气如同水与器，气方则水方，器圆则水圆，器动则水动，器静则水静，同方，同圆，同动，同静，说明理与气已经浑沦无间，无先后，无离合。而理与气这种"一而二"，又"二而一"的关系，用李栗谷的话来说，就是"理气妙和"。

"理气妙和"是李栗谷对李退溪和朱熹理气观的发展。栗谷很重视"理气妙和",他认为:"一理浑成,二气流行,天地之大,事物之变,莫非理气之妙用也。知此说者可与论《易》也。"[19]天地之大化,事物之变异,都是理气妙和结果。栗谷认为这个道理就是如同《周易》所讲天地之生一样重要。理气妙和很重要,但又是很难认识的。"理气之妙,难见亦难说"。[5]所谓难见,是讲理与气妙合的状态是一种既形而上,又形而下的那么一种状态;所谓难说,是讲理气称为妙合,是因为理气的自然而然。从哲学视野来观照理气妙合的本质,主要体现在以下三个方面:

理气妙和一:理气体用一源。

体与用,从一般意义上讲,体用本质、本体、本来状态等意蕴,是事物的根本性质或现象背后的实在。体用之用,是指在一定条件下产生的表现、现象或变化的功用,是外在的。本体是恒常的,功能是变异的,本体是功用之体,功用是本体之用。《语录》记载:

> 本体之理在于人,则为人底道理;在于物,则为物底道理矣。人物之性虽殊,而初不害其本体之理也。人物之性虽亡,而亦不添其本体之理也。大抵瓶与瓮破,则空无依著之器,故器虽无,而其所以为空者,常自若也。人与物亡,则理无禀受之形,故形虽无,而其所以为理者,亦常自若也。推此论之,则气虽消长,而其本体之理,亘古亘今,固尝自若而少无欠缺之时也。曰:此议论是。[20]

本体理不因人性和物性的分殊和存亡,而损害或填补什么;人物灭无实体,而其所以为理,并无影响;气是消亡或增长,本体理并无欠缺。这就是说,作为本体理不受人物的差异、人物的有无存在、气的变化而改变自己,而人物之性之殊、人物的存亡和气的消长,都是理在人在物的表现或现象,即本体理的用的层面。从这个意义上说,是理体气用。这是从本体理的层面来观照气用,而有理气之殊,理气体用不杂。由不杂,故理气体用一源。

从理气体用不离视野来观照,体用相因相通,"抑愚之所见,则理也、气也、数也,其体相因,而其用相通,不知其乖戾也"。[21]这是说,由体用不离,相因相通,可推知理气相互依存,相互融通,互为因果。由不离，故理气体用一源。

有理气不离不杂而体用一源，由理气体用一源而一源又各有体用，即理有理之体用，气有气之体用。栗谷说："理有体用固也，一本之理，理之体也；万殊之理，理之用也。"[16]理一分殊，理一为体；理一分殊为万殊之理，便是理一的体现、展现，便是用，固万殊之理为用。就气而言，《语录》记载："'至于气之体用，亦可得闻耶？'曰：'气之体用，阴与阳是也。'曰：'阴静为体，而阳动为用耶？'曰：'是。'"[20]

气为阴阳二气，有体有用。阴静为气的未发、寂然不动状态，为气之体；阳动为气的已发、感而遂通状态，为气之用。

理气体用一源、显微无间的模式，说明理气体用具有系统的整体性和相对性（动态性）。栗谷在答牛溪的信中说："足下所谓'以吾心对事物而言，则吾心为体，事物为用'者，甚是。但以吾心对天道而言，则天道为体，吾心为用矣。统体中也有体用，各具中也有体用"[22]由于对象、层次、视角的差异，体用的规定亦有差异。这就是说既有"统体"中的体用一源（理体气用），又有"各具"中的体用一源（一理为理之体，万殊之理为理之用；阴静为气之体，阳动为气之用）。理气体用一源所具有的系统的整体性和相对性（动态性）就是理气妙合的一种体现。

理气妙合二：理气然所以然。

与体用相联系，是然与所以然的关系。"所以然者，理之体也，所当然者，理之用也"。[20]栗谷同意这种说法。所当然，是当下现实的层面，它是外在的、显露的、变易的存在；所以然，是超越现象的层面，它是内在的、隐藏的、永恒的存有。当下现实层面的事物之所以存在，其原因、其根源是在于超越现象的形而上存有。

这种"然"与"所以然"的关系，具体到理气上，则"气"为"然"，"理"为"所以然"。"然"是形而下者，是具体的事物，是一动一静，故云"其然者气也"。而"所以然"是使气成为具体事物的原因、原理，是动静的根源，故云"其所以然者理也"。对此，栗谷解释说：

> 夫形而上者，自然之理，形而下者，自然之气也。有是理则不得不有气，有是气则不得不生万物。是气动则为阳，静则为阴。一动一静者，气也；动之静之者，理也。阴阳既分，二仪肇闢，万化乃生。

其然者，气也；其所以然者，理也。[19]

气有动静，是然；其所以动之静之是理，是所以然。阴阳二气既分，便化生万物，这是然；其所以分而化生万物，便是所以然之理。正是由于理气然所以然，才有天道之流行，如日月丽天、风雪降地、风云起、雷电作，这种千差万别的现象是在、是然、是气，其所以有丽天、降地、起作的根据和原因是所以在、所以然、是理。而天道之流行也正是理气妙合的结果。[23]

理气妙合三：理气所宰所为。

与然所以然相关联的是理气的所宰所为。所宰，是主宰、是根据，所为，是表现、是作用。就理气而言，理为气之所宰，气为理之所为。栗谷在《答成浩原》时对此说得很清楚：

> 理者气之主宰也，气者理之所乘也。非理则气无所根柢，非气则理无所依著。……参差不齐者，气之所为也。虽曰气之所为，而必有理为之主宰，则其所以参差不齐者，亦是理当如此。[5]

理为气之根柢、气为理之依着，故而参差不齐的万事万物是气之所为，而气之所以能有这些所为，又是因为这是理之主宰。

关于理气所宰所为的缘由，栗谷解释为：

> 阴静阳动机自尔也，非有使之者也。阳之动则理乘于动，非理动也；阴之静则理乘于静，非理静也。故朱子曰：太极者本然之妙也，动静者所乘之机也。[5]

关于理为主宰，栗谷认为这是理"本然之妙"的使然。在《栗谷全集》中，他多次提到理有"本然之妙用"的观点。如"本然之妙用无乎不在"，"理无所不在各为其性，而其本然之妙用则不害其自若也"。[5] "本然之妙"就是理自身具有的一种自然的妙用。这种妙用无时、无处不在，故是理为之主宰。

关于气为所为，是阴静阳动的结果，而气之所以能够一动一静，用栗谷的话来说，是"机自尔"。这就是说，阴静阳动的原因，不是外力所使然，而是气自身的本能。栗谷的"机自尔"思想是对徐花潭"机自尔"观点的继承。栗谷之所以认为"阴静阳动机自尔也"，是与他重气，强调气的能动性和活动性分不开的。

理为气之"所宰"，气为理之"所为"。无所宰，则无所谓所为；无所为，则无所谓所宰。理气所宰所为，才有天道流行，万物化生。可见，理气所宰所为，既是理气妙合的体现，又是理气之所以妙合的原因。

"理气妙合"是李栗谷理气观的理论基石。由"理气妙合"而推导出"理通气局"和"气发理乘"。而"理通气局"更是对"理气妙合"的直接体现。

二 "理通气局"

如果说"天理"二字是中国理学家二程自家体现出来的，那么"理通气局"四字则是韩国性理学家李栗谷的自谓见得。"理通气局四字，自谓见得，而又恐读书不多，先有此等言，而未见之也"。[5] 尽管佛教华严宗有理事通局之说，但就理通气局而言，却是栗谷的个人见得。虽然理通气局深受理学家"理一分殊"思想的影响，但栗谷的"理通气局"说确实是对他自己提出的"理气妙合"思想的直接体现。关于"理通气局"，栗谷说：

> 理气元不相离，似是一物，而其所以异者，理无形也，气有形也；理无为也，气有为也。无形无为而为有形有为之主也，理也。有形有为而为无形无为之器也，气也。理无形而气有形，故理通而气局。理无为而气有为，故气发而理乘。理通者何谓也？理者，无本末也，无先后也。无本末、无先后，故未应不是先，已应不是后，是故乘气流行、参差不齐，而气本然之妙无乎不在。气之偏则理亦偏，而所偏非理也，气也。气之全则理亦全，而所全非理也，气也。至于清浊、粹驳、糟粕、煨烬粪壤汙秽之中，理无所不在各为其形，而其本然之妙则不害其自若也。此之谓理之通。气局者何谓也？气已涉形迹，故有本末也、有先后也，气之本则湛一清虚而已曷。尝有糟粕、

煴烬粪壤污秽之气哉？惟其升降、飞扬、未尝止息，故参差不齐而万变生焉。于是气之流行也，有不失其本然者，有失其本然者。既失其本然，则气之本然者已无所在，偏者偏气也，非全气也；清者清气也，非浊气也；糟粕煴烬，糟粕煴烬之气也，非湛一清虚之气也。非若理之于万物本然之妙，无乎不在也。此所谓气之局也。[5]

栗谷"理通气局"的意思是"理同气异"。这就是说，不论是本体之理还是流行之理，其理同一。"本体之中，流行具焉；流行之中，本体存焉"。[5]本体之理和流行之理（即分殊之理）浑然一体，实为一理。因为不论是在清浊糟粕之中，还是在煴烬粪壤污秽之中，"理无所不在各为其性，而其本然之妙则不害自若也"。关于"理通"为"理同"，栗谷还说过"则理之在枯木死灰者，故局于气而各为一理。以理之本体言，则虽在枯木死灰而其本体之浑然者，故自若也。是故枯木死灰之气非生木活火之气，而枯木死灰之理即生木活火之理"。[5]由于理之本体浑然自若，所以枯木死灰之理与生木活火之理同。这是"理同"。

所谓"气局"为"气异"，是说"局"字具有两个意思。从字面上讲，"局"为"局部"之意，所以栗谷说，当气流行时，有不失气之本然者，也有失其本然者。当气失其本然者之时，则不是全气，而变成部分之气，或为偏气、或为浊气、或为清气、或为糟粕煴烬之气等，而这些气都不是湛一清虚之本气，故为"气异"。"局"字引申讲，为局促狭隘之意，即见识不广而闭塞。所以，"气局"的"局"的另一个意思为"闭塞"之意。这是说，有与浊气、偏气、糟粕煴烬之气不是湛一清虚之气，所以理常受这些气之闭塞之累，而不能全部显现出来，似乎偏也。故栗谷说："气之偏则理亦偏，而所偏非理也，气也。"理乘气流行，气全则理全，气偏则理偏。实际上，理是同一的，关键是气。当气之偏，即气有闭塞之障时，本体之理便不能全部显现出来，呈现为"理偏"状态。气不同，气之闭塞之障也不同，故理偏也有不同的显现。归根结底，还是"气异"。

关于"理通气局"实为"理同气异"，还可以根据栗谷强调要从本体上理解"通"和"局"。他说：

"理通气局"要自本体上说出，亦不可离了本体别求流行也。人之性非物之性者，气之局也。人之理即物之理者，气之通也。方圆之器不同，而器中之水一也；大小之瓶不同，而瓶中之空一也。气之一本者，理之通故也；理之万殊者，气之局故也。[5]

栗谷强调"理通气局"必须从本体上理解，就是说从人物之"性"、之"理"上来理解"通"和"局"的意义。如人之性与物之性不同，只是因为构成人之形与物之形的"气"不同，由于气之闭塞而赋予人和物的"理"（性）亦不同。所以人性非物性，是由于"气异"的原因。由按照"理一分殊"和"月印万州"的观点，本体之理予人、予物都是同一的，故"理同"。"理通气异"就如同方器和圆器不同（气异），而器之中水一也（理同）；就如同大瓶和小瓶不同（气异），而瓶中之空一也（理同）。关于这一点，栗谷在《圣学辑要》中解释"理通气局"时，明确地说：

理通者，天地万物同一理也。气局者，天地万物各一气也。[6]

可见，理通者理同也，气局者气异也。正是由于"理同"，所以无形无为之理为有形有为之气之主宰，气才呈现为有形有为一本之气。也正是由于"气异"，在气的各种闭塞之障下，分殊之理才呈现出万殊之理。而在本体上，理还是同一的。"所谓理一分殊者，理本一矣。而由气之不齐故随所寓而各为一理。此所以分殊也，非理本不一也。"[6]

栗谷提出"理通（同）气局（异）"观点的目的是为了探究人性善恶的原因以及如何将恶恢复为本然之善。为此，他对孟子的"性善论"、荀子的"性恶论"及杨雄的"性善恶混"的人性观点，以"理通气局"理论加以评论：

荀杨徒见零碎之理各在一物而不见本体，故有些善恶混之说。孟子只举本体而不及承气之说，故不能折服告子。故曰：论性不论气，不备论气不论性，不明二之则不是。[5]

栗谷认为荀子和告子只看到"气局"即由于气之异,乘气之理也不同而形成性异的一面,所以有"性恶论"、"性善恶混"说。与之相反,孟子只看到"理通"即本体之理同一的一面,所以有"性善论"。因此,必须以理通(同)气局(异)角度全面考察人性问题。

进而,栗谷对人性善恶问题进行了分析。他说:"理本纯善而气有清浊。气者盛理之器也,当其未发、气未用事,故中体纯善及其发也,善恶始分。善者,清气之发也;恶者,浊气之发也。"[24]这里强调的是气的作用,即气异之不同,而形成性善和性恶。性善是由于清气所发,性恶是由于浊气所发。性有善恶之分,表明分殊之理也有善恶。栗谷又提出了"理有善恶"观点。

这一观点是栗谷对程颢思想的直接继承。程子曰:"'人生气禀,理有善恶'。此晓人深切,八字打开处也。气所谓理者,指其乘气流行之理而非之理之本然也。本然之理固纯善,而乘气流行其分万殊,气禀有善恶,故理亦有善恶也。夫理之本然则纯善而已乘气之际,参差不齐,清净至贵之物及汙秽至贱之处,理无所不在。而在清净则理亦清净,在汙秽则理亦汙秽。若以汙秽者为非理之本然,则可遂以为汙秽之物无理,则不可也。夫本然者,理之一也;流行者,分之殊也。舍流行之理而别求本然之理,固不可。若以理之有善恶者为理之本然,则亦不可。理一分殊四字,最宜体究。"[22]栗谷认为理一即本体之理是纯善无恶,所以能够"理通"(理同)。而分殊之理有善亦有恶,其善恶取决于所乘之气的清浊。"譬之于水则本清于水,投之于汙秽之地,则水亦为之汙秽。盛之于清净之器,则水终不失本清之性耶。"[20]气禀有清浊,理有善恶。这就是"气局"(气异)的结果。为此,栗谷认为矫正气质是去恶从善的重要因素。而这正是他修养论的基本内容。可见,"理通气局"说成为栗谷主诚、养气、知至的理论基础。

三 "气发理乘"

李栗谷的"气发理乘一途"说主要是针对李退溪的"四端理发而气随之,七情气发而理乘之"的"理气互发"说而提出来的。

退溪之病，专在于互发二字。[5]

退溪之精详谨密近代所无，而理发气随之说亦微有理气先后之病。老先生为捐馆舍时，珥闻此言，心知其非，弟以年少学浅，未敢问难归一。每念及此，尝不痛恨也。[5]

栗谷很尊重退溪的学问，但认为他的"理发气随"说有理气先后之分的病处，故尔提出"气发理乘一途"说。

栗谷的"气发理乘一途"说虽然是针对退溪"互发"说而言，但更重要的原因是栗谷自身理论逻辑发展的结果。

"理气妙合"是栗谷理气观的核心和基础。强调理气无先后、无离合，是理气妙合的一个重要内容。从这一重要内容出发，栗谷认为"互发"说在理论上是靠不住的。他说：

理形而上者也，气形而下者也。二者不能相离，既不能相离则其发用一也，不可谓互发用也。若曰互发有发用，则是理发用时，气或有所不及；气发用时，理或有所不及也。如是，则理气有离合、有先后、动静有端、阴阳有始矣。其错不小矣。[5]

栗谷认为如果"互发"说成立的话，那么就会出现理发时，气不能与之同发，气发时，理不能与之同步的情况，这就是理气分离，有先有后。而这种状况是与理气无分离、无先后的妙合理论不符的。因此，只能是"气发理乘"。"大抵发之者气也，所以发者理也。非气则不能发，非理所无所发。"[5]从理气妙合出发，栗谷指出气为发之者，理为气发之所以然者。没有气则不可发，没有理亦无发之根据。可见，"气发理乘"是理气然、所以然、所宰、所为的具体体现和必然结果。

栗谷形象地将"气发理乘"比喻为水与器皿关系。"物之不能离器，而流行不息者为水也。故水可以喻理，水之本清，性之本善也。器之清净、汙秽之不同者，气质之殊也。器动而水动者，气发而理乘也。器水俱动，无有器动水动之异者，无理气互发之殊也。器动则水必动，水未尝自动者。"[5]这里，水喻理、器喻气，水装于器中，犹理乘于气。器动则水动，表明气发理乘，理气俱动。不可能只器动而水不动，也不能器不动而水自动，说明理气互发是不可能的，惟有"气发理乘"一种。同时，这种水器之喻也是上述"气包理"的形象体现。正是由于理寓于器中，气为理之宰体，所以才能够"气发理乘"。

之所以说"气发理乘"，还因为"理气妙合"理论指出，气有为而理无为。"理无为而气有为，故气发而理乘。"[5]栗谷专门对这句话作了注解："阴阳动静而太极承之，发者气也，乘其机者理也。"[6]动静是阴阳二气所为，而不是太极自身的动静。所谓"太极动而生阳，静而生阴"之说，其实是讲此时太极之理已乘阴阳之机，由于太极之理对阴阳之气的主宰，所以阳启动，所乘太极之理亦动；阴气静，所乘太极之理亦静，这就是"发者气也，乘其机者理也"。而之所以气为发、理为乘，还是在于"理无为，气有为"。依据"理气妙合"之说，无为之理为有为之气之主宰、主体，有为之气为无为之理之所为、所用。理体气用、理气是所宰、所为。这种理论逻辑发展的结果就是"气发理乘"。

栗谷经常讲"气发理乘"称之为"气发理乘一途"说。所谓"气发理乘一途"说，是讲栗谷认为不论是天道，还是人道的运行，都只有"气发理乘"这一种途径，而没有其他的途径。"天地之化，无非气化而理乘之也，是故阴阳动静而太极承之。此则非有先后之可言也。若理发气随之说，则分明有先后矣。岂非害理乎？天地之化即吾心之发也。"[5]天道运行是气发而理乘，不能说是理发而气随，这是违于理气无先后之说。根据天地之造化以观人道流行，人之性禀受于天地之理，人之形体得之于天地之气。故吾心之用便是天地之化，即也只有气发理乘这一种途径。所以不论是天地的天道流行，还是吾心之发的人道流行，都是"气发理乘"这一种运行途径。因此称为"气发理乘一途"说。栗谷的"气发理乘一途"说的另一层意思是针对退溪的"四端是理发而气随之，七情是气发而理乘之"的说法，强调无论是"四端"还是"七情"，都只能是"气发理乘一途"。

"盖气发理乘一途之说，推本之论也。"[5]这是"气发理乘一途"说的价值所在。所谓"推本之论"是说，栗谷认为"气发理乘一途"说为现实生活中的人最终修养为"圣人"提供了理论根据。这就是人为了恢复其本然之善性，必须检束有为之气，即通过后天的修养，使有为之气皆变为湛一清虚之气。通过矫气质的功夫，达到去恶为善的目的。

注释

[1]《行状》《栗谷全书》，汉城：成均馆大学校出版社部1992年版，第343、353页。

[2]《自警文》《栗谷全书》，汉城：成均馆大学校出版社部1992年版，第300页。

[3]《辅广录》，《朱子语类》卷五十三。

[4]《答李宏仲问目》《陶山全书：卷3》，汉城：精神文化研究院1980年版，第89页。

[5]《答成浩原》《栗谷全书：卷10》，汉城：成均馆大学校出版社部1992年版，第197、198、200、202、203、204、205、208、209、212、215、216页。

[6]《圣学辑要》《栗谷全书：卷20》，汉城：成均馆大学校出版社部1992年版，第456、457页。

[7]《答朴和叔》《栗谷全书：卷9》，汉城：成均馆大学校出版社部1992年版，第183页。

[8]《答朴和叔》《栗谷全书：卷10》，汉城：成均馆大学校出版社部1992年版，第202页。

[9]《诚策》《栗谷全书·拾遗：卷6》，汉城：成均馆大学校出版社部1992年版，第570页。

[10]《节序策》《栗谷全书·拾遗：卷5》，汉城：成均馆大学校出版社部1992年版，第553页。

[11]《语录上》《栗谷全书：卷32》，汉城：成均馆大学校出版社部1992年版，第257页。

[12]《朱子语类：卷一二六》。

[13]《天道策》《栗谷全书：卷14》，汉城：成均馆大学校出版社部1992年版，第309、308、310页。

[14]《神仙策》《栗谷全书·拾遗：卷5》，汉城：成均馆大学校出版社部1992年版，第549页。

[15]《寿夭策》《栗谷全书：卷5》，汉城：成均馆大学校出版社部1992年版，第558页。

[16]《答安应林》《栗谷全书：卷12》，汉城：成均馆大学校出版社部1992年

版、第 249、250 页。

[17]《理气沫呈牛溪道兄》《栗谷全书：卷10》，汉城：成均馆大学校出版社部1992年版，第 207 页。

[18]《圣学辑要》《栗谷全书：卷19》，汉城：成均馆大学校出版社部1992年版，第 423 页。

[19]《易数策》《栗谷全书：卷14》，汉城：成均馆大学校出版社部1992年版，第 304、305 页。

[20]《语录上》《栗谷全书：卷31》，汉城：成均馆大学校出版社部1992年版，第 23、231、235 页。

[21]《寿夭策》《栗谷全书·拾遗：卷5》，汉城：成均馆大学校出版社部1992年版，第 558 页。

[22]《答成浩原》《栗谷全书：卷9》，汉城：成均馆大学校出版社部1992年版，第 187、194 页。

[23]《张立文》《栗谷的理气观》，汉城：《第三回栗谷思想国际学术会议论文集》。

[24]《人心道心图说》《栗谷全书：卷1》，汉城：成均馆大学校出版社部1992年版，第 283 页。

（载《东疆学刊》2005 年第 1 期，第 1—11 页）

论三峰郑道传排佛的儒学

在韩国学者的著述中,一般多将郑道传和权近放到朝鲜时期的儒学者中进行论述。这里,将郑道传和权近作为高丽末期的重要儒者进行论述,是因为他们对开创朝鲜朝的性理学作出了特殊的贡献。

郑道传(1342—1398)号三峰,奉化人。在性理学学脉中,他是李穑的门人,权近的老师。高丽末期,他与新进势力李成桂接触甚密,率先推戴李成桂为王,开创朝鲜朝。郑道传是朝鲜朝的助产者、经始者,也是儒学东传朝鲜半岛以来,首次实现儒学立国、儒学治国,设计未来的主要人物。他的学生权近特做《真赞四题》评价其气质、学问、道德:

温厚之色,严重之客,瞻之如仰高山,即之如坐春风。观其睟面而盎背者,可以知和顺之积中也。——这是对其容貌的形容。

光焰万丈,气吐长虹,方其穷而其志不挫,及其达而其德益崇。定其訾次浩然而自得者,必有因其集义以充之者也。——这是对其气质的形容。

好善之笃,处事之通。宽宏若河海之广,信果若蓍龟之公,则其局量规模之大,又非迂僻固滞者之所可得而同也。——这是对其才气的形容。

若夫性理之学,经济之功,辟异端以明吾道之正,仗大义以佐兴运之隆,文垂不朽,化洽无穷,真社稷之重臣,而后学之所宗也。——这是对其学问和事业的形容。[1]

诚如权近所说,郑道传在"辟异端以明吾道之正"方面作出了杰出贡献。可以说,他是丽末鲜初批判佛教的集大成者。正是通过他从学理层面对佛教的批判,才确立了儒学在朝鲜朝的官方哲学地位。

郑道传以儒批佛的观点,集中反映在《佛氏杂辩》这篇重要文章中。此文写于1398年,即郑道传去世之年。据说他写完此稿后将其托付给门人权近说："吾死且安矣。"可见，这篇批佛的文章被郑道传视为集终生学问之大作。此文分设 19 个题目，一一进行论述。即：

1. 佛氏轮回之辩
2. 佛氏因果之辩
3. 佛氏心性之辩
4. 佛氏作用是非之辩
5. 佛氏心迹之辩
6. 佛氏昧于道器之辩
7. 佛氏毁弃人伦之辩
8. 佛氏慈悲之辩
9. 佛氏真假之辩
10. 佛氏地狱之辩
11. 佛氏祸福之辩
12. 佛氏乞食之辩
13. 佛氏禅教之辩
14. 儒释同异之辩
15. 佛法入中国
16. 事佛得祸
17. 舍天道而谈佛果
18. 事佛甚谨年代尤促
19. 辟异端之辩

这十九个题目中，有五个尤为重要。这五个论题是"佛氏轮回之辩"、"佛氏因果之辩"、"佛氏心性之辩"、"佛氏昧于道器之辩"和"儒释同异之辩"。为了深入了解郑道传以儒批佛的思想，将这五个论题的内容记述如下。

佛氏轮回之辩

人物之生生无穷乃天地之化，运行而不已者也。原夫太极有动静而阴阳生，阴阳有变合而五行具。于是无极太极之真，阴阳五行之精，妙合而凝，人物生生焉。其已生者，生而过；未生者，来而续。

其间不容一息之停也。佛之言曰：人死精神不灭，随复受形。于是，轮回之说兴焉。《易》曰：原始反终，故知死生之说。又曰：精气为物，游魂为变。先儒解之曰：天地之化，虽生生不穷，然而有聚必有散，有生必有死。能原其始而知其聚之生，则必知其后之必散而死。能知其生也，得于气化之自然。初无精神寄寓于太虚之中，则知其死也，与气而俱散无复留有形象，尚留于冥漠之内。又曰：精气为物，游魂为变，天地阴阳之气交合复成人物。到得魂气归于天体，魄归于地复，是变了粗气为物，是合精与气而成物，精魄而气魂也。游魂为变，变则是魂魄相离，游散而变。变非变化之变，既是变则坚者、腐存者达无物也。天地间如烘炉，虽生物皆销铄已尽。安有已散者复合而已生者复来乎？今且验之，吾身一呼一吸之间，气一出焉，谓之一息。其呼而出者，非吸而入之也。然则人之气息亦生生不穷，而生者过，来者续之，理可见也。外而验之于物，凡草木自根而干、而枝、而叶、而华实，一气通贯。当春夏时，其气滋至而华叶畅茂；至秋冬，其气收敛而华叶衰落；至明季春夏又复畅茂，非已落之叶返本归源而复生也。又井中之水，朝朝而汲之，喝饮食煮，煮而尽之；濯衣服者，日曝而干之，泯然无迹。而井中之泉，源源而出，无有穷尽，非已汲之水返其故处而复生也。且百谷之生也，春而种十石，秋而收百石，以至千万，其利倍徒，是百谷亦生生也。今以佛氏轮回之说观之，凡有血气者自有定数，来来去去无复增损。然则天地之造物反不如农夫之生利也。且血气之属，不为人类，则为鸟兽鱼龟昆虫。其数有定，此蕃则彼必耗矣，此耗则彼必蕃矣。不应一时俱蕃，一时俱耗矣。自今观之，当盛世人类蕃庶，鸟兽鱼龟昆虫亦蕃庶；当衰世人物耗损，鸟兽鱼龟昆虫亦耗损。是人与物皆为天地之气所生，故气盛则一时蕃庶，气衰则一时耗损，明矣。予愤佛氏轮回之说惑世尤甚。幽而质诸天地之化，明而验诸人物之生，得其说如此，与我同志者幸共鉴焉。

或问子引先儒之说，解《易》之游魂为变曰：魂与魄相离，魂气归于天，体魄降于地，是人死则魂魄各于天地，非佛氏所谓人死精神不灭者耶？曰：古者四时之火，皆取于木，是木中元有火，木热则生火。犹魄中元有魂，魄暖着为魂，故曰钻木出火。又曰形既生矣，神发知矣。形魄也,神魂也。火缘木而存,犹魂魄合而生。火灭则烟气升而归于天,灰尽降而归于地。犹人死则魂气升于天,体魄降于地。火之烟气即人之魂气,火之灰尽即人之体魄。且火气灭矣,烟气灰尽不复合而为火。则人死之后,魂气体魄亦不复合而为物。其理岂不明甚也哉。[2]

这里,郑道传以儒学"气化"论和"气之生生不息"理论对佛教的"轮回"说进行批评。

"轮回"为梵文 Samāra 的意译,原意是"流转"。"轮回"说是佛教的基本教义之一。它宣扬一切有生命的东西,如果得不到"解脱",则会永远在所谓"六道"(天、人、阿修罗、地狱、饿鬼、畜生)中生死相续,有如车轮的旋转不停,故称"轮回",亦称"六道轮回"。这种"轮回"说的核心是精神不灭,即佛教认为人死后,其精神不死,根据他一生所作的"业",精神还有来生,以至二生三生。用《佛氏轮回之辩》中的话来说就是:"人死精神不灭,随后受形。于是,轮回之说兴焉。"

针对这一思想,郑道传用儒家的"气化"论思想和"气之生生不息"理论予以批评。

儒家的"气化"论是说气是宇宙间一切变化的客观实体,气是阴阳二仪的本质。人和物之生,是气之聚的结果,人和物之亡,是气之散的结果。宇宙中一切变化的实质,便是气的聚与散。这种"气化"思想在《佛氏轮回之辩》中则是"原夫太极有动静而阴阳生,阴阳有变合而五行具。于是无极太极之真,阴阳五行之精,妙合而凝,人物生生焉"。这是对中国宋代周敦颐《太极图说》思想的运用。朱熹释"无极太极之真"为"理",即事物变化的规律。郑道传引用《太极图说》这一段话,旨在表明宇宙中的人物的生亡,实是阴阳、五行之气按照一定规律变化的结果。如他在《佛氏轮回之辩》中反复说"能知其生也,得于气化之自然","天地阴阳之气交合复成人物"等。这就清楚地说明了宇宙中的人、物都是"气化"的结果,人死物亡则气灭,没有不灭的精神存在。

接着,郑道传又用儒家的"气之生生不息"理论对"轮回"说的"精神不灭"作进一步批评。如果说不存在不灭的精神,即没有"轮回"的话,那么宇宙中万事万物的繁殖不息的原因是什么?对此,郑道传在

《佛氏轮回之辩》开首第一句话就是"人物之生生无穷乃天地之化,运行而不已者也"。这就是说,人物之所以能"生生无穷",其实是"天地之化"的结果。按儒家理论分析,"天地之化"是指阴阳二气的变化。用中国宋代张载的话解释就是"造化所成,无一物相肖者。以是知万物虽多,其实一物,无一物无阴阳者。以是知天地变化,二端而已"[3]。天道不穷,阴阳二气的运动变化不息,所以宇宙中的人和物才能生生不息,繁衍不殆。郑道传在文中反复说"人之气息亦生生不穷,而生者过,来者续之,理可见也"。并举草木之物之所以春华、秋实、冬衰,而来年之春又畅茂的原因,就在于气之滋至和收敛,即阴阳二气的运动变化的结果。

郑道传以"气化"和"气之生生不息"的理论说明了人与物能够不断繁衍的原因,这一方面有力地批驳了佛教"轮回"说的理论基础——精神不灭;另一方面也使儒家关于"气"的理论得以挺立和张扬。

佛氏因果之辩

或曰吾子辨佛氏轮回之说至矣,子言人物皆得阴阳五行之气以生,今夫人则有智愚贤不肖、贫富贵贱寿夭之不同,物则有为人所畜役劳苦至死而不辞者,有未免纲罗钓弋之害、大小强弱之自相食者,天之生物,一赋一与何其偏而不均,如是耶?以此而言,释氏所谓生时所作善恶皆有报应者,不其然乎。且生时所作善恶是之谓因,它日报应是之谓果。此其说不亦有所据欤?曰予于上论人物生生之理悉矣。知此则轮回之说自辨矣。轮回之说辨,则因果之说不辨而自明矣。然子既有问焉,予敢不推本而重言之。夫所谓阴阳五行者,交运迭行、参差不齐,故其气也有通塞、偏正、清浊、厚薄、高下、长短之异焉。而人物之生,适当其时。得其正且通者为人,得其偏且塞者为物。人与物之贵贱于此焉分。又在于人得其清者智且贤,得其浊者愚不肖,厚者富而薄者贫,高者贵而下者贱,长者寿而短者夭,此其大略也。虽物亦然。若麒麟龙凤为灵,虎狼蚖虺之为毒,椿桂芝兰之为瑞,乌喙堇荼之为苦,是皆就于偏塞之中而又有善恶之不同。然皆非有意而为之。《易》曰乾道变化,各定性命。先儒曰天道无心而善万物是也。今夫医卜小数也。卜者,定人之祸福必推本于五行之衰旺。至日某人以木为命，当春而旺，当秋而衰，其相貌青而长，其心慈而仁。某人以金为命，吉于秋而凶于夏，其相貌白而方，其心刚而明。曰水曰火，莫不皆然，而相貌之丑陋，心识之愚暴亦皆本于五行禀赋之偏。医者，诊人之疾病又必推本于五行之相感。乃曰某之病寒乃肾水之证，某之病温乃心火之证之类是也。其命药也，以其性之温凉寒热、味之酸咸甘苦、分属阴阳五行而剂之，无不符合此吾儒之说。以人物之生为得于阴阳五行之气者，明者佐验无可疑类。信如佛氏之说，则人之祸福疾病无与于阴阳五行而皆出于因果之报应。何无一人舍吾儒所谓阴阳五行而以佛氏所说因果报应定人祸福、诊人疾病，与其说荒唐谬误无足取信。如此，子尚惑其说欤！

　　今以至切而易见者，比之酒之为物也。麴蘖之多寡、之生熟、日时之寒热，久近适相当则其味为甚。旨若蘖多则味甘，多则味苦，水多则味淡，水与蘖适相当而之生熟、日时之寒热、久近相违而不相合，则酒之味有变焉。而随其味之厚薄，其用亦有上下之异。若其糟粕则委之污下之地或有蹴踏之者矣。然则酒之或旨、或不旨、或上、或下、或用、或弃者，此固适然而为之耳。亦有所作因果之报应欤？比喻虽浅近鄙俚亦可谓明且尽矣。所谓阴阳五行之气，相推迭运、参差不齐而人物之万变生焉。其理亦犹是也。圣人设教，使学者变化气质，至于圣贤治国者，转衰亡而进治安。此圣人所以回阴阳之气，以致参赞之功者。佛氏因果之说，岂能行于其间哉？[4]

这里，郑道传用儒家的"气禀"说和"五行"说对佛教的"因果"说进行了批评。

"因果"说是佛教哲学的基本内容之一。因果理论主张世界万物无一不由因缘和合而生，有因必有果，有果必有因，由因生果，因果历然。所谓因是原因，是能生；所谓果，是结果，是所生。所以，因果关系又指因果报应。[5]

针对上述佛教"因果"说所主张的世界万物由因缘和合而生，有因必有果的说法，郑道传首先运用儒家的"气禀"理论予以批评。

"气禀"说认为气之中包括清气、浊气、善气、恶气、纯气、繁气等各种不同之气。由于气的不同，所以构成事物的种类及人的素质也不同。宇宙万物之所以互相区别，就在于气化时禀受的气不同。具体讲人之所以分为圣人、贤人、愚人、不肖之徒，是因为人禀气有清浊、昏明的不同，这决定了人的区别。而人与物的区别，也都由于禀气不同所造成。根据这一理论，郑道传在上文中指出：因为气有通塞、偏正、清浊、厚薄、高下、长短之异，所以得其正且通者为人，得其偏且塞者为物。而人与人之间的区别也是由于禀气不同所形同。如禀得其清气者，智且贤；禀得其浊气者，愚不肖；禀气厚者，富；禀气薄者，贫；禀气高者，贵；禀气下者，贱；禀气长者，寿；禀气短者，夭。郑道传明确指出人与物的区别，人与人的差异的根本原因是由于禀气不同而形成的，并不是像佛教因果说所讲的那样由因得果。为了表明"气禀"说的正确，郑道传还以制酒为例加以说明。

郑道传说酒之味取决于制酒原料之多寡和时日之长短，如蘖多则酒味甘，麴多则酒味苦，水多酒味淡等。这其中有何因果报应关系呢？

为了进一步说明人世间的祸福、相貌、德行、疾病等并非取决于佛教的"因果"报应，郑道传又运用儒家的"五行"思想给予批评和澄清。

"五行"一词最早出现于中国典籍《尚书·甘誓》中，其文为"有扈氏威侮五行，怠弃三正"。后世注家多以"五行"为金、木、水、火、土。以后，五行思想与阴阳思想相结合，逐渐影响到政治、经济、自然、道德等各个方面，最终形成了五行的对应系统。例如：

五行 对应物	木	火	土	金	水
五气	风	暑	潮	燥	寒
五时	平旦	日中	日西	日入	夜半
五应	生	长	化	收	藏
五官	目	舌	口	鼻	耳
五脏	肝	心	脾	肺	肾
五腑	胆	小肠	胃	大肠	膀胱
五体	筋	脉	肉	皮毛	肾
五志	怒	喜	忧	悲	恐
五脉	弦	洪	濡	浮	沉
五声	呼	笑	歌	哭	呻
五谷	麦	菽	稷	麻	黍

这一五行对应系统表明了事物之间的普遍联系并揭示了事物之间的结构关系。对此，中国典籍《黄帝内经》作了清晰的说明："夫五运阴阳者，天地之道也，万物之纲纪，变化之父母，生杀之本始，神明之府也，可不通乎？"[6]其中的"五运"指水运、火运、土运、金运、水运。宇宙万物依五行法则运动变化，五行结构为事物普遍所具有。就生物的化生而言，生物整体可依五行分为生、长、化、收、藏，或生、长、壮、老、已五个阶段，它又与时令的春、夏、长夏、秋、冬，与气候的风、暑、湿、燥、寒相联系对应；颜色整体可分为青、赤、黄、白、黑，在运行中又与五时相对应；人体的五脏、五志与五气、五时相联系、相对应。这种普遍所具有的五行结构，其内部又具有相生相胜的对待统一关系。如"木得金而伐，火得水而灭，土得木而达，金得火而缺，水得土而绝，万物尽然，不可胜竭。"[7]由五行的相生相胜，推而万物也有相生相胜之道。[8]这就是说，五行的对应系统及五行的相生相胜理论可以解释人世之间的祸福、生死、相貌、德行等原因。郑道传正是运用了这种"五行"理论探究人世的变化并批评佛教的"因果"报应说。

郑道传在上文中指出，人的祸福、貌相、德行皆取决于"五行"之衰旺。如某人属木命，按照五行对应理论，此人春旺（福）、秋衰（祸）、相貌长且青、德行仁慈；而属金命者，秋吉（福）夏凶（祸）、相貌白且方、道德明而刚。而人的疾病皆由于五行的相生相胜，如某人患肾病，是由于水寒而致；某人患发热病，是由于心火而致。对治病之药，亦应当按照五行相生相胜之理论而针对之。可见，人世间的生老病死、相貌道德、吉凶祸福都是按照"五行"说而变化着，并非是佛教所说取决于"因果"报应的结果。

郑道传在《佛氏因果之辩》中说，为了批评佛教的"因果"报应思想，不敢不"推本而重言之"。这个"本"，还是在《佛氏轮回之辩》中所强调的儒家关于"气"的思想。本文中的"气禀"说和"五行"说仍然是在讲阴阳五行之气的运动和变化。可见，儒家的"气"思想成为郑道传批评佛教的一种重要理论。

佛氏心性之辩

心者，人所得于天以生之气，虚灵不昧以主于一身者也。性者，人所得于天以生之理，纯粹至善以具于一心者也。盖心有知有为，性无知无为。故曰心能尽性，性不能知检其心，又曰心统情性，又曰心者神明之舍，性则其所具之理，观此心性之辨可知矣。彼佛氏以心为性，求其说而不得，乃曰：迷之则心，悟之则性。又曰：心性之异名，犹眼目之殊称至。楞严曰：圆妙明心，明妙圆性，以明与圆分而言之。普照曰：心外无佛，性外无法，又以佛与法分而言之，似略有所见矣。然皆得于想像髣髴之中而无豁然真实之见，其说多为游辞而无一定之论，其情可得矣。吾儒之说，曰尽心知性，此本心以穷理也。佛氏之说，曰观心见性，心即性也，是别以一心见此一心，心安有二乎哉？彼亦自知其说之穷，从而遁之曰：以心观心。如以口齿口，当以不观观之，此何等语欤？且吾儒曰：方寸之间，虚灵不昧，具众理应万事。其曰虚灵不昧者，心也；具众理者，性也；应万事者，情也。惟其此心具众理，故于事物之来应，之无不各得其当，所以处事物之当否而事物皆听命于我也。此吾儒之学内自身心，外而至于事物，自源徂流，一以通贯，如源头之水，流于万物，无非水也。如持有星之衡，称量天下之物。其物之轻重与权衡之铢两相称，此所谓元不曾间断者也。佛氏曰空寂灵知，随缘不变，无所谓理者具于其中，故于事物之来，滞者欲绝而去之，达者欲随而顺之，其绝而去之者，固已非矣，随而顺之者，亦非也。其言曰，随缘放旷，任性逍遥，听其物之自为而已，无复制其是非而有以处之也。是其心如天上之月，其应也知千江之影，月真而影妄，其间未尝连续如持。无星之衡，称量天下之物，其轻重低昂惟物是顺。而我无以进退，称量之也。故曰：佛氏虚，吾儒实。佛氏二，吾儒一。佛氏间断，吾儒连续。学者所当明辨也。[9]

"心性"范畴在儒学和佛教中都是一对重要的范畴，但儒学中的"心性"与佛教中的"心性"在本质上又有重要的分殊。郑道传上文的主旨就是力图说明儒佛中"心性"范畴的区别，以此对佛教进行批评。按照郑道传的观点，这种区别主要表现为三点。即上文中的最后三句话"佛氏虚，吾儒实；佛氏二，吾儒一；佛氏间断，吾儒连续"。

其中的"佛氏虚，吾儒实"，更确切地说，应该是"佛氏空，吾儒实"。这是因为"缘起"理论是佛教的基本理论。其中的"缘",指结果赖以生起的条件,"起"是生起的意思。"缘起"就是一切事物赖以生起的因缘。用哲学宇宙生成论来解释,所谓"缘起"就是说大千世界,森罗万象,形形色色,生生化化,无一不是因缘和合而生。"缘起"理论强调一切事物都是因缘合成的,因此都无自性,是"性空"。如《中论·观四谛品》说:"因缘所生法,我说即是空,亦为是假名,亦是中道义。"这就是"缘起性空"。从这重意义上说,佛教的"性"与儒家作为实体的"性"是不一样的。[10]

"佛性"论也是佛教的重要理论之一,主要是讲成佛的依据。"佛性"理论的主要内容是讲"佛性本有"、"心性本净"。这样,佛教认为一切众生皆有佛性。众生不仅是指有情的人,还包括禽兽在内。进而又提出了"无情有性",即认为瓦木草石皆有佛性。如天台宗《金刚碑》中说:"我及众生皆有此性,故名佛性。其性遍造遍变遍摄,世人不了大教之体,唯云无情,不云有性,是故须云无情有性。"这是说不仅一切众生(或"有情")有佛性,而且所有"无情"(无情识无意识)的东西也有佛性。而禅宗的即心即佛也发展为"无情有性",如"青青翠竹,尽是法身;郁郁黄花,无非般若"。这样,成佛的"心性"理论被佛教泛化了。而儒学家则把这种被佛教泛化了的"心性"又回归于人自身,凸显了人的价值和对人的终极关怀。从这重意义上说,就是"佛氏空,吾儒实"。

儒佛在"心性"问题上的第二、第三点区别主要是讲儒学"心性"理论的一以贯之。

上文中郑道传谈到儒家"心性"理论时所说的"心者,虚灵不昧以主于一身者也"、"性者,纯粹至善以具于一心者也"、"心统情性"、"心者神明之舍,性则其所具之理"、"尽心知性"、"方寸之间,虚灵不昧,具众理应万事"等均出自中国宋明理学家的语言。这表明在"心性"问题上,郑道传认同中国宋明理学家的观点。所以,通过阐释中国宋明理学家的"心性"观,亦可表明郑道传的观点。

关于"心性",北宋张载说:"大其心,则能体天下之物。物有未体,则心为有外。世人之心止于闻见之狭。圣人尽性,不以见闻梏其心。其视天下,无一物非我。孟子谓尽心则知性知天,以此。"[11]这里的"大其心",关键是讲能否"尽心"或"尽性"而不为"闻见之狭"所限止。

圣人能尽性、尽心,是因为摆脱了见闻的桎梏。达到这种境界,就能"视天下无一物非我"。而这也就是孟子说的"尽心,则知性知天"。[12]此外,张载在《性理拾遗》中还讲了一句:"心统性情",得到朱熹的极大重视。朱熹在回答王德修问:尽心然后知性时说:"以某观之,性情与心固是一理,然命之以心,却似包着这性情在里面。故孟氏语意却似说尽其心者,以其知性故也。此意横渠得知,故说:'心统性情者也。'看得精!"[13]可见,在朱熹思想中,心体和性体的关系,既不是心以性为体,也不是性以心为体,心体与性体是二而一。朱熹在谈到"尽心知性"时还说过:"尽其心者,由知其性也。先知得性之理,然后明得此心。知性尤格物,尽心犹知至。""知性者,物格也。尽心者,知至也。物字对性字,知字对心字。"[14]关于"物格"和"知至",儒家经典《大学》说:"物格而后知至,知至而后意诚,意诚而后心正,心正而后身修,身修而后家齐。"这表明,尽心知性的过程也就是道德修养的过程,也就是修身齐家治国平天下的过程。可见,儒家以"心性"为源,至修身,至齐家,至治国,一以贯之。这就是上文中郑道传所说的"此吾儒之学内自身心,外而至于事物,自源徂流,一以贯通,如源头之水,流于万物,无非水也"。所以,郑道传说"吾儒一","吾儒连续"。在"心性"问题上,郑道传正是要高扬儒家的道德主体性并以此批评佛教的"性空"论。

佛氏昧于道器之辩

道则理也,形而上者也。器则物也,形而下者也。盖道之大原出于天,而无物不有,无时不然,即身心而有心身之道,近而即于父子、君臣、夫妇、长幼、朋友,远而即于天地万物,莫不各有其道焉。人在天地之间不能一日离物而独立,是以凡吾所以处事、接物者,亦当各尽其道而不可或有所差谬也。此吾儒之学所以自心而身、而人、而物,各尽其性,而无不通也。盖道虽不杂于器亦不离于器者也。彼佛氏于道,虽无所得以其用心积力之久,仿佛若有见处,然如管窥天一,向直上去不能,四通八达,其所见必陷于一偏见。其道不杂于器者,则以道与器歧而二之。乃曰凡所有相,皆是虚妄。若见诸相非相,即见如来。必欲摆脱,有落于空寂。见其道不离于器者,则以器为道。乃曰善恶皆心，万法唯识，随顺一切，任用无为，猖狂放恣，无所不为。此程子所谓滞固者。入于枯槁疏通者，归于恣肆者也。然其所谓道者，指心而言乃反落于形而下之器而不自知也。惜哉！[15]

上文是就"道器"是儒家的一对重要范畴而佛教昧于讲"道器"之异，对佛教进行了批评并指出这是儒佛分殊的一个方面。

在儒家学说和理论中，"道器"范畴具有重要意义。如"道器"是指事物的规律和具体的物质。这用儒学语言来说便是"道寓于器"、"道在器中"。这是因为任何规律都同一定的物质客体、运动形式相联系，规律体现于事物的发展过程之中。又由于规律是事物的本质联系在发展中的表现，又可表述为"器体道用"或"据器而道存，离器而道毁"的道不离器思想。又如"道器"是指本质与现象。儒学家认为日月星辰、山川草木、人物禽兽，"此皆形而下之器也"，这是人们的感官可感知的事物表面特征和外部联系；"然这形而下之器之中，便自有个道理，此便是形而上之道"，在事物的内部，有一普遍的、必然的联系，反映事物的根本性质，这便是道。再如"道器"还指伦理道德规范与社会关系。伦理道德规范是指三纲五常及三从四德等。如"未有牢、醴、璧、币、钟、磬、管、弦而无礼乐之道。则未有子而无父道，未有弟而无兄道，……故无其器则无其道"。礼乐的原理、原则依牢醴等器物而存在，父兄之道依父子、兄弟人际关系而存在。社会、形器不断变化，便要求依附于社会制度、器物的政治原则、伦理道德规范也随之变化。即"器既变，道安得独不变"，道随器变。[16] "道器"的这些关系也就是郑道传在上文指出的"道，形而上者；器，形而下者"。"道虽不杂于器亦不离于器也。"接着，郑道传又以儒家的这种"道器"辩证关系指出佛教或是"以道与器歧而二之"，或是"以器为道"。佛教在"道器"上的两极化，皆因佛教的"万法唯识"、"诸相非相"观念所致。这就击中了佛教的要害并表明了儒佛的差异所在。

儒释同异之辩

先儒谓儒释之道，句句同而事事异。今且因是而推广之，此曰虚，彼亦曰虚；此曰寂，彼亦曰寂。然此之虚，虚而有；彼之虚，虚而无；此之寂，寂而感；彼之寂，寂而灭。此曰知行，彼曰悟修。此之知，知万物之理具于吾心也；彼之悟，悟此心本空无一物也。此之行，循万物之理而行之无所违失也；彼之修，绝去万物而不为吾心累也。此曰心具众理，彼曰心生万法。所谓具众理者，心中原有此理，方其静也，至寂而此理之体具焉及其动也，感通而此理之用行焉，其曰寂然不动，感而遂通，天下之故是也。所谓生万法者，心中本无此法，对外境而后法生焉，方其静也，此心无有所住及其动也，随所遇之境而生，其曰应无所住而生其心，又曰心生则一切法生，心灭则一切法灭是也。此以理为固有，彼以法为缘起。何其语之同而事之异如是耶？此则曰酬酢万变，彼则曰随顺一切，其言似乎同矣。然所谓酬酢万变者，其于事物之来，此心应之，各因其当然之则，制而处之，使之不失其宜也。如有子于此，使之必为孝，而不为贼；有臣于此，使之必为忠，而不为乱；至于物牛，则使之耕，而不为抵触；马则使之载，而不为蹑齿；虎狼则使之设槛置阱，而不至于咬人。盖亦各因其所固有之理而处之也。若释氏所谓随顺一切者，凡为人之子，孝者自孝，贼者自贼；为人之臣，忠者自忠，乱者自乱；牛马之耕且载者自耕且载，牴触蹑齿自牴触蹑齿，听其所为而已。吾无容心于其间，佛氏之学如此。自以为使物而不为物所使，若付一钱，则履没奈何佗，此其事非异乎？然则天之所以生此人为灵于万物，付以财成辅相之，职者果安在哉？其说反复，头绪虽多，要之：此见得心与理为一，彼见得心与理为二；彼见得心空而无理，此见得心虽空而万物咸备也。故曰：吾儒一、释氏二，吾儒连续、释氏间断。然心一也，安有彼此之同异乎？盖人之所见有正不正之殊耳，四大之中谁是主？六根尘里孰为精？黑漫漫地开眸看，终日闻声不见形。此释氏之体验心处，谓有宁有迹、谓无复何存，惟应酬酢际特达见本根。此吾儒之体验心处，且道心但无形而有声乎，抑有此理存于心为酬酢之本根。欲学者，当日用之间就此心发现处体究之。彼此之同异得失，自可见矣。请以朱子之说申言之，心虽主乎一身而其体之虚灵，足以管乎天下之理。理虽散在万物，而其用之微妙，实不外乎人之一心。初不可以内外精粗而论也，然或不知此心之灵而无以存之，则昏昧杂扰而无以穷众理之妙。不知众理之妙而无以穷之,则褊狭固滞而无以尽此心之全。此其理势之相须。盖亦有必然者,是以圣人设教,使人默识此心中之灵而存之于端庄静一之中,以为穷理之本。使人知有众理之妙而穷之于学问思辨之际,以致尽心之功。巨细相涵,动静交养,初未尝有内外精粗之择,及其真积力久而豁然贯通焉,亦有以知其浑然一致而果无内外精粗之可言类。今必以是为浅近支离而欲藏形匿影,别为一种幽深怳惚,艰难阻绝之论,务使学者莽然措其心于文字言语之外,而曰道心如是,然后可以得之,则是近世佛学詖淫邪遁之尤者,而欲移之,以乱古人明德、新民之实学,其亦误矣。朱子之言,反复论辩,亲切著明。学者于此潜心而自得之,可也。[17]

上文是郑道传就儒佛之异,对佛教进行了批评。郑道传指出儒佛在"虚""寂"、"知行"、"修悟"、"心具众理"和"心生万法"等五个方面是字同而义异。诚如郑道传所说,儒是"虚而有",佛是"虚而无";儒是"寂而感",佛是"寂而灭";儒是"知万物之理具于吾心",佛是"悟此心本无一物";儒是"循万物之理而行之无所违失也",佛是"绝去万物而不为吾心之累";儒是"心具众理者,心中原有此理",佛是"生万法者,心中本无此法,对外境而后生法"等。为此,郑道传指出,儒佛的根本分歧在于:吾儒一,佛氏二;吾儒连续,佛氏间断。这一观点在《佛氏心性之辩》一文中已经说过。这一观点的具体表现就是:吾儒心与理为一,佛氏心与理为二;吾儒心虽空而万物咸备,佛氏心空而无理。郑道传这里的心与理为一或为二,不是从严格的理学意义上来界定,而是着重于心与理的连续性和实有性来讲。故儒佛的根本之异还是他在《佛氏心性之辩》中所强调的"吾儒实,佛氏空"。继而,郑道传就儒佛的这一根本差异的根源,进行了分析。他认为这是由于吾儒以理为固有,并能因其所固有之理而处之的缘故而决定了儒学的实学。郑道传还特别举朱熹关于心与理(实际是心、性、理)关系的语录加以佐证。他的目的是想表明吾儒之学是性理之学。而佛教之所以是"空",是因为佛氏以法为缘起,听其所为而已。文中最后,郑道传还就儒家的修养之法——敬与静进行论述并鼓励学者要"潜心而自得之"。通过上述《佛氏杂辩》之中五篇具有代表性的重要文章的分析,可以看到郑道传批评佛教的目的,是试图在两个方面张扬儒家思想，其一是儒家的"气"思想，其二是儒家的"心性"之学。

关于"气"的思想，郑道传以阴阳、五行为气，并运用"气化"、"气禀"、"气之生生不息"的观念对佛教的"轮回"和"因果"思想进行批评和论驳。从理论上讲，郑道传的"气"思想不够系统，也没有太多的建树。但是，通过他以"气"学思想对佛教的批评，其结果是高扬了"气"的学术价值，使"气化流行生生不已"的思想被朝鲜朝学术界所认同。如朝鲜朝学者徐花潭的"气学"思想、李栗谷的"理气"思想、郑霞谷的"心气"思想及朝鲜朝后期实学家们的"气"思想等，都是对"气"的继承和发展。可见，在朝鲜朝儒学史上，"气学"理论占有显著地位。这就是郑道传以"气"批佛的重要学术贡献。

郑道传批佛的第二个学术贡献是在丽末鲜初学术界对儒家"心性"理论的挺立。在郑道传的《佛氏杂辩》十九篇文章中，有四篇文章（"佛氏心性之辩"、"佛氏心迹之辩"、"儒释同异之辩"、"辟异端之辩"）都集中涉及了"心性"问题。在"心性"问题上，郑道传试图运用中国宋儒关于"心性"理论以批评佛教的"性空"观，以此凸显儒家的心性道德主体性。所以，郑道传的心性思想十分强调儒家"心性"理论的一贯性和连续性，即"心性之学"、"内圣之学"、"成德之教"是一以贯之的。而这，也确实是儒学的真谛所在。为此，"心性之学"又可称为"性理之学"。[18] 朝鲜朝儒学就被直称为"性理学"。在朝鲜朝五百年儒学史中，有两次大规模的"心性"之辩（"四端七情"之辩和"人性物性同异"之辩）贯穿其中并构成了朝鲜朝性理学的丰富内容，同时也由此铸成了韩国儒学有别于中国儒学和日本儒学的特色。

如果说《佛氏杂辩》是从批评佛教的立场对儒学的高扬的话，那么《心气理》则是通过三教以儒会通观对儒学的挺立。《心气理》是郑道传于1394年著成，由"心难气"、"气难心"、"理谕心气"三篇论文辑成。其中，他将儒、佛、道设定为理、心、气，通过佛教与道教的相互驳难，得出心之佛教和气之道教必须依从于理之儒教的结论。三篇内容如下：

"心难气"篇：

> 凡所有相，厥类粉总。惟我最灵，独立其中。我体寂然，如鉴之空。随缘不变。应化无穷。由尔四大，假合成形。有目欲色，有耳欲声。善恶亦幻，缘影以生。我贼我，我不得宁。绝相离体，无念忘情。照而寂寂，殷而惺惺。尔虽欲动，岂瞖吾明。

这是站在佛教立场对道教的批评，主张心的独立自存和随缘不变。
"气难心"篇：

> 予居邃古，窈窈冥冥。天真自然，无得而名。万物之始，资孰以生。我凝我聚，乃形乃情。我若无有，心何独灵。嗟尔有知，众祸之萌。思所不及，虑所未成。计利较害，忧辱慕荣。水寒火热，昼夜营营。精日以摇，神不得宁。我不妄动，内斯静专。如木斯槁，如灰不燃。无虑无为，体道之全。尔知虽鉴，岂害吾天。

这是站在道教立场对佛教的批评，将心的灵觉视为气的一种现象，大力主张心不可离气。
"理谕心气"篇：

> 于穆厥理，在天地先。气由我生，心亦禀焉。有心无我，利害之趋。有气无我，血肉之躯。蠢然以动，禽兽同归。其与异者，呜呼几希。见彼匍匐，恻隐其情。儒者所以，不怕念生。可死则死，义重于身。君子所以，杀己成仁。圣远千载，学诬言厐。气以为道，心以为宗。不义而寿，龟蛇矣哉。瞌然而坐，土木形骸。我存尔心，莹彻虚明。我养尔气，浩然而生。先圣有训，道无二尊。心乎气乎，敬受斯言。

这是站在儒教立场，指出三教会通的途径。即以儒为体，佛和道为用的三教体用和合。在"心难气"和"气难心"两篇中"心"与"气"即佛教与道教各将自我规定为独立自存，不容纳对方，呈永不相交的平行线。在"理谕心气"篇中，又提出了"理"（儒教）在"心"

与"气"之上,并且"心"与"气"只有在以"理"为体的前提下,才能发生作用。"我存尔心,莹彻虚明。我养尔气,浩然而生"。当"心"以"理"为体时,才会"莹彻虚明",即佛教的作用才会体现出来。同样,"气"也只有在以"理"为体时,才会"浩然而生",即呈现出"气"的勃勃生机。[19]可见,在郑道传的思想中,儒、佛、道的关系是不平等的,他奉儒为优位,为主、为体,佛道则处于儒之下,为次、为用。儒释道的这种主次、体用关系,再次表明了郑道传对儒学的重视和弘扬。正是由于郑道传对儒家思想的挺立,才带来了朝鲜朝五百年儒学的繁荣和昌盛。

注释

[1] 参阅金忠烈的《高丽儒学思想史》,第325、326页。

[2] 裴宗镐编:《韩国儒学资料集成》(上),延世大学出版部1980年版,第21—22页。

[3] 张载:《正蒙·太和》。

[4] 裴宗镐编:《韩国儒学资料集成》(上),第22—23页。

[5] 参阅方立天的《佛教哲学》,中国人民大学出版社1991年版,第191页。

[6]《素问·天元纪大论》。

[7]《素问·宝命全形论》。

[8] 参阅张立文的《中国哲学范畴发展史(天道篇)》,中国人民大学出版社1988年版,第102、103页。

[9] 裴宗镐编:《韩国儒学资料集成》(上),第23—24页。

[10] 参阅牟宗三的《心体与性体》(上),上海古籍出版社1999年版,第492页。

[11] 张载:《正蒙·大心篇》。

[12] 参阅牟宗三的《心体与性体》(上),第457页。

[13] [14]《朱子语类》卷第60。

[15] 裴宗镐编:《韩国儒学资料集成》(上),第25页。

[16] 参阅张立文的《中国哲学范畴发展史》(天道篇),第393、395页。

[17] 裴宗镐编:《韩国儒学资料集成》(上),第29—30页。

[18] 按照牟宗三先生的观点,"性理"一词并非性的理,乃是即性即理。所以,"性理学"中"性理"一词,其意蕴并不专限于伊川、朱子所说之"性即理"之义,亦不等于其所说"性即理"之"性理"义,乃亦包括"本心即性"之"性理"义。

见《心体与性体》(上) 第 4 页。

[19] 参阅赵骏河的《三峰郑道传的儒、佛、道三教观》,会议论文。

(载《韩国研究论丛》2007 年第 15 辑,第 364—384 页)

韩国儒者对中国朱子学的几点发展

古往今来，儒学之所以具有旺盛的生命力，长盛不衰、永葆青春，就是由于儒学自身的更新和变异，即发展。中国儒学传到韩国之后，在与韩国本土文化的磨合过程中，发生了许多变化，形成了韩国儒学。没有这种变化，就没有韩国儒学。而这种变化，就是韩国儒学对中国儒学的发展。下面从儒学的基本范畴理气、心性情、礼仪、以图解说四个方面，具体阐述韩国儒学对中国朱子学的发展。

一 在"理气"方面

1. 理能活动

关于理能否活动的问题，中国大儒朱熹认为所谓理有动静是指理是气之所以能够动静的根据。所以，"理有动静"不是说"理能活动"。"有动静"与"能活动"是两个不同的概念，可见朱熹主张"理"是不能动的，否定了"理"的活动性。

朱熹这一观点，在明代初期受到一些学者的质疑。如薛瑄从理不离气、理气一体的角度，对朱熹理不能动的观点提出了批评。他认为既然理气不离，那么气能动静，理也能动静，理与动静一体才对。不然，理不能动便成了死理，这样的理不可能成为"万物之灵"和"万物之原"。

在这一问题上，朝鲜大儒李退溪（1501—1570）明确主张"理"自会运动，"理"自身具有活动性。如他说："盖理动则气随而生，气动则理随而显"，又说："濂溪云：'太极动而生阳。'是言理动而生气也。"[1]太极之所以能够"动而生阳"，是由于"理"能运动、活动的结果。认为理自会活动，这是李退溪对朱熹思想的一个重要发展。

虽然明代薛瑄也有"理"能动静的思想，但他的这种主张是从理气不离这一角度提出的。而李退溪提出理能活动的思想，则主要是从理气不杂的角度出发而说的。这表明李退溪更加重视理具有活动性这种功能和价值。

李退溪之所以要强调理能活动，是为他的"四端七情"论寻找理论依据。他在与高峰、奇大升（1537—1572）的论辩中，主张"四端，理发而气随之；七情，气发而理乘之"。李退溪的主旨是要强调四端为理发，是纯善无恶的；七情是气发，是有善有恶的。这里的"理发"，讲的就是理的活动，理的运动。如果认为理自身不具备活动的功能，那么"四端理发"的命题就失去了理论基础，所以必须承认"理"能活动。这样，不仅使李退溪的"四端七情"论能够自圆其说，而且在客观上也是对朱熹思想的发展。

2. 理气妙合

以李栗谷（1536—1584）为代表的主气学派在继承朱熹思想的同时，又深入地发展了朱熹思想。例如，在理气关系问题方面，栗谷提出的"理气妙合"说就是对朱熹理气观的发展。在朱熹思想中，"理"与"气"有无先后，有无离合，这是一个复杂的问题。他44岁完成《太极解义》时强调的是理气的无先后，无离后；朱熹关于理先气后的思想是在50—60岁时形成的；但朱熹65—71岁时，理先气后的理气观又发生了变化，他认为理与气实际上无所谓先后，但从逻辑上"推上去"，可以说理在气先。[2]栗谷在继承朱熹这些思想时提出了一个基本观点即认为理气是："一而二，二而一"的。"理气既非二物，又非一物。非一物故一而二，非二物故二而一也。"[3]所谓一而二，讲的是理气之异，之分；所谓二而一，讲的是理气之同、之合。其中的异和分，是从理气的特性和功能性来看；而同和合，是从理气的圆融性和内在性来看。理气的这种微妙关系，栗谷又称为"理气妙合"。他认为一理浑成，二气流行，理气的这种妙用，才有了天地之大和事物之变。栗谷提出的"理气妙合"是对理气的特性、功能性及辩证关系的实质性概括。

又如，宋时烈（1607—1689）在理气观方面说过：关于理气关系，"有从理而言者，有从气而言者，有从源头而言者，有从流行而言者。其实理气混融无间，而理自理，气自气，又未尝夹杂。故其言理有动静者，从理之主气而言也。言其理无动静者，从气之运理而言也。言其有先后者，从理气源头而言也。言其无先后者，从理气流行而言也。"[4]宋时烈在这里将理气关系分属四个范畴进行了精辟总结。从理而言即理主宰气，是讲理有动静；从气而言即气包理，是理无动静；从本体而言即源头处，是理先气后；从作用而言即流行处，是理气无先后。这种理性分析是对朱熹理气观的本质总结和细微梳理，而这种总结和梳理也正是对朱熹思想的发展。

再如，栗谷的"理通气局"说是对朱熹"理一分殊"思想的丰富和发展。"理一分殊"四字最初是程颐在回答杨时对《西铭》的怀疑时首先提出来的。程颐讲的"理一分殊"主要表现为一种伦理学的意义，朱熹则从哲学层面对其作了发展。朱熹"理一分殊"思想有两个基本点：一是理一分殊的主要意义之一是讨论一理与万理的关系，二是他的理一分殊的前提是理先气后、理本气末。[5]笔者以为如果说"天理"二字是中国理学家二程自家体贴出来的话，那么"理通气局"四字则是韩国性理学家李栗谷的自谓见得。栗谷的"理通气局"说对朱熹"理一分殊"思想的丰富和发展，表现为以下四点。第一点，朱熹的"理一分殊"讲的是一理与万理的关系，局限于理范畴。而栗谷的"理通气局"谈的是在理气共同运行过程中，理气间的相互依赖又相互制约的辩证关系。第二点，栗谷的"理通气局"探究了人性善恶的根本原因。他指出荀子和告子只看到"气局"即由于气之异，乘气之理也不同而形成性异的一面，所以有"性恶"论和"性善恶混"说。与之相反，孟子只看到"理通"即本体之理同一的一面，所以有"性善"论。因此，必须从理通气局角度全面考察人性问题。第三点，"理通气局"是对"理一分殊"的理论阐释。栗谷认为：所谓理一分殊，说的是理本一。而由气之不齐故随所寓而各为一理。此所以分殊，非理本不一。而气之一本者，是由于理之通的缘故；理之万殊者，是由于气之局的缘故。本体之理之所以能够分殊，是由于理乘气流行时，在气的各种蔽塞之障下随所寓而成为分殊之理。所以，万殊之理是气之局的结果。[6]第四点，栗谷的"理通气局"强调了"气"的功能和价值。他强调：理无形而气有形，故理通而气局；理无为而气有为，故气发而理乘。"气发理乘"是栗谷学说的一个重要命题，这一命题凸显了气的功能和价值。而他的"理通气局"就建立在这一命题之上，强调的仍然是气的作用。

二 在"心性情"方面

"心性情"问题是中国朱子学的重要理论问题之一,其内容涉及"已发"、"未发"、"性"、"心"之诸说、"心、性、情"之关系等。韩国儒学对上述问题从深化和细化方面作了发展。归结起来,主要有以下三点:

1. "未发"论

自儒家经典《中庸》提出"喜怒哀乐未发谓之中,发而皆中节谓之和"之后,"已发"、"未发"问题(又称为"中和"问题)就成为中国儒学的重要理论问题,更是宋明理学常常讨论的问题。理学集大成者朱熹对"已发"、"未发"问题也作了深入研究并得出了经典性的结论。朱熹关于"未发"、"已发"的研究有一个前后思想变化的过程。朱熹在"中和旧说"即"丙戌之悟"中认为:心为已发,性为未发。从心性论的哲学角度来看,这一思想的实质是以性为体,心为用。朱熹经过深思熟虑之后,这一思想又发生了变化,这就是他的"已丑之悟"。在"已丑之悟"中,朱熹认为:未发指性,已发指情。关于性情未发已发与心的关系,朱熹认为无论性未发为体的静的状态,还是情已发为用的动的状态,心都是无间于动静,贯通乎未发已发的。[7]可见,以朱熹为代表的中国儒学者关于"未发"、"已发"问题的关注焦点主要是何谓"未发"?何谓"已发"?即"未发"、"已发"的界定。

而韩国儒学在继承朱熹上述思想的基础上,进一步探讨了"未发"的状态情形,即"未发"是纯善无恶还是有善有恶的?"未发"是圣人独有的还是圣凡相同的等。

魏岩李柬(1677—1727)与南塘韩元震(1682—1751)在湖洛论争中,对这一问题作了细化。例如李柬著有《未发辨》、《未发有善恶辨》等文章对"未发"作了细微的分析。李柬将朱熹的"未发"细分为"浅言"、"深言"、"备言"三种场合。他指出,"未发"处于"浅言"场合时,为"不中底未发";"未发"处于"深言"场合时,为"大本底未发",这里无圣人与凡人的差异,是纯善无恶的。李柬所谓的"未发本善"论正是指的这种"深言"场合。这就是说,他认为"未发"以"心之体"(本然之心)来保障,是超越善恶的绝对善的境界。所以,"未发"不是指接触事物之前的状态,而是本然的根源状态,即天理之全体所存在的状态。这种状态是"自尧舜至于涂人,一也"。

韩元震与李柬一样,在"未发"问题上深化、细化了朱熹思想。这主要表现在他的"未发心"和"未发有善恶"的思想中。韩元震在"理气不离"的前提下,提出了"心即气"的命题。他认为"未发心"具有"湛然虚明"和"气禀不齐"两个侧面,而这两个侧面同存于"一心"之中,就如同铁与镜和潭与水一样密不可分。这就是说,"虚明"与"气禀"非为二物,而是一物(即"未发心")的两个侧面。这样在韩元震的思想中,"未发心"既有"虚灵"之纯善的一面,又有"气禀"之有善恶的一面。这样,他将含有善恶的"气禀"移植于"未发"之中,这就在逻辑上得出了"未发有善恶"的结论。

2. "性三层"说

人物性同异问题,自《孟子》始就是中国儒学讨论最多的问题之一。这一问题至宋明理学,与理气问题结合在一起,又成为了人物理气同异问题。

朱熹在论述人物性同异问题时,接受了其师李延平的观点,主张"理(性)同气异"说。这种观点认为人与物之性都是禀受天地之理而来,这是"理(性)同";但由于气有清浊,故禀有偏正,这是"气异"。可见,按照朱熹的这种观点认为物物各具一太极而互不假借,提出万物之性都是禀受天地之理而来,这种学说为儒家传统的性善论寻找了本体论方面的支持,但由于强调了仁义礼智内在的普遍性而牺牲了人之所以为人的特殊性。这样,人物各具一太极便与孟子以来中国儒者所强调的"天地之性人为贵"的人物本性相异的基本观点相矛盾。为解决这一矛盾,朱熹晚年更倾向于"理禀有偏全"而导致人物之性(理)有同异的观点。这种观点认为由于气禀的偏全而导致人与物在禀受天理上的不同。也就是说"气禀既殊,则气之偏者便是得理之偏,气之塞者便自与理相隔"(《朱文公文集》六十二,《答杜仁仲一》)。即气禀不仅影响到理禀的偏全,而且还会对所禀之理产生蒙蔽从而妨碍理的完全表现。[8]这种观点的关键是"气禀",气禀得全,则理禀全,则人物性同;气禀得偏,则理禀偏,则人物性异。这样,便引发了两个问题:一是气如何牵制理,而使理禀有全、有偏？二是因气禀有异的理究竟是本然之性还是气质之性？[9]关于第一个问题，朱熹有所意识，关于第二个问题，朱熹没有意识到。而韩元震的"性三层"说则细微地汲及了这个问题。

韩元震将"性"分为三个层面，第一层性是人物皆同的超形气的本然之性。从理气观来看，指的是太极之理。韩元震认为"太极"为万物的本体，并且太极是超形气、无加无对的，是万物之理。万物之理皆同，所以万物之性皆同，即人性与物性同。韩元震的这种本然之性是理论上的，逻辑上的。

韩元震的第二层性是说人禀气全，故其理全；物禀气不全，故其理不全。所以人与人性相同，而人与物性相异。这种性的关键是气禀偏全问题，故他称为"因气质"的性。韩元震将这种"因气质"的性称为"本然之性"。之所以称为"本然之性"，是因为韩元震认为"因气质"之性指的是气中之理。这种气中之理是不杂乎"有善恶之气"的气的，是人的本善之体，是纯善无恶的，也就是说这种性就是"性善"性。他认为人贵于物的原因是因为人具有"性善"性。所以这种性是人人相同而人与物不同，这种性也是事实上真实的性。

韩元震的第三层性为"气质之性"。这种性因为杂善恶之气，所以人人、犬犬、牛牛之性都不同。

上述韩元震的"性三层"说从理论结构上讲的，实际上他又主张"其实一性而已"。

韩元震的"性三层"说在人物理气同异问题（即人物性同异问题）方面，对朱熹思想作了补充和细化。这表现为：

第一，他的"性三层"说解决了朱熹在强调"理（性）同气异"时的矛盾。韩元震的第一层性说的就是朱熹所强调的天地万物之性都是禀受天地之理，而他的第二层性在强调人禀有"性善"性的基础上凸显了人性异于物性。这就既在理论上支持了朱熹的"性即理"的观点，又不违背传统儒学所强调的人性本善与物不同的基本观点。

第二，在"心性"问题上，韩元震提出了一个新概念——"因气质"之性，并视之为"本然之性"，这就是"因气质"的本然之性。韩元震之所以这样说，是为了强调从理气不分的角度来论述性：这种性"就人心中，各指其气之理而名之，……而亦不杂乎其气而为言，故纯善而无恶"[10]。如木之理谓仁，金之理谓义，火之理谓礼，水之理谓智。人禀气全故其性全，物禀气不能全故其性亦不能全，所以人物性相异。人物性相异是由于人物所禀的气中之理偏全不同造成的。这就画龙点睛地阐明了人物理气同异（人物性同异）问题。韩元震认为"因气质"的性，实质上指的是气中之理，因此这种性应称为"本然之性"。这些论述都是对朱熹思想的细化。

3. 以理气释情

朱熹关于"性情"问题，从"动静"、"体用"、"未发已发"等方面作了详细的论述，但是却没有从理学的基本范畴"理气"角度对性情进行论述过。对此，韩国大儒李退溪明确地指出："性情之辩，先儒发明详矣。惟四端七情之云，但俱谓之情，而未见有以理气分说者焉。"[11]

他认为，性情之辩，先儒们已经论说的很多了，但却没有发现从理气方面对"情"进行分析的。正是在这一点上，李退溪提出了"四端，理发而气随之；七情，气发而理乘之"的经典结论。他的意思为："四端"之情为"理"发，"七情"之情为"气"发。理发的四端之情是"善"的，气发的七情之情有善、有不善之区别，因此要为善去恶。针对李退溪的这一思想，韩国另一位重要儒学大师李栗谷又提出了不论是"四端"，还是"七情"，都是"气发理乘"。这就是栗谷总结出来的"气发理乘一途说"著名论断。而与李退溪直接辩论的奇高峰则又提出了"情兼理气"的说法。

不管是"四端理发气随，七情气发理乘"，还是"四端"、"七情"都是"气发理乘一途说"，以及"情兼理气说"等，都是从"理气"范畴出发对"情"的来源及性质进行分析。"理气"范畴是儒学尤其是理学（韩国称为性理学）的最基本、最核心的范畴之一，它是关于宇宙本体及其构成的一对范畴。韩国儒学者以"理气"范畴分析"情"的来源（怎么发的？是理发还是气发？）及性质（善与恶是缘于理还是缘于气），这就是说他们是从本原、本质上对"情"进行分析研究，赋予了"情"与"性"一样的地位和价值，而不像中国儒学者大多将"情"视为"性"之末，之用等。这就表明了中国儒学更加重视的是"性"，而非"情"；而韩国儒学在中国儒学对"性"深入研究的基础上，更加关注的是"性情"范畴中的"情"。

"四端"之情为道德情感，"七情"之情为自然情感。道德情感与自然情感的关系即"四端"与"七情"的关系问题，对此问题中国儒学者不太注意。韩国儒学者循着从"理气"范畴对"情"研究的思路走下去，必然涉及了对"四端"与"七情"关系的探究。韩国儒学者关于"四端"与"七情"关系的研究，主要有以下内容即"四端"与"七情"是同质还是异质？是"四端"包"七情"还是"七情"包"四端"？"四端"是纯善还是与"七情"一样也有善有恶？

李退溪在"理气"观上的最大特色是强调理与气的相殊性，由此导致了他认为"四端"与"七情"的相异性，即"四端"与"七情"的异质性。而与他论辩的奇高峰从"理气混沦"的理气观出发，认为"四端"与"七情"是同质的。由于"四端"与"七情"的同质性，"七情"有善有恶，所以"四端"亦应有善有恶。而李栗谷在理气观上提出"气包理"思想，沿着这一思路，他认为"七情"是"四端"之总会，即"七情包四端"。他的意思是说"七情"涵盖了人的一切"情"，而"四端"之情是"孟子就七情中剔出善一边，而名之曰四端"。所以，"四端"是"七情"之善的一边，"七情"已包"四端"在其中。

以上论述和观点是韩国儒学者发中国朱子所未发，凸显了他们对"情"范畴研究的深入和细密。而这种深入和细密也标示着韩国儒学者对"情"的重视和关注。由此构成了韩国儒学的一大特色。

三 在"礼仪"方面

礼仪是东亚古代社会治理国家的规范和制度，在中国先秦时期就有了"三礼"，即《周礼》、《仪礼》和《礼记》。其中《周礼》是讲政治组织的规划设置和政治制度的；《仪礼》记述古代冠、婚、丧、祭、乡、射、朝、聘等礼仪，是礼仪制度的汇编；《礼记》是对于礼的原则、原理、内容、意义的解释。礼作为儒家经典思想之一，是各时期政府制订仪节礼典或典章制度的根据。宋明理学家朱熹重礼，开出了礼学新时代。例如《朱子语类》卷85至卷91，对"三礼"作了创造性的论述。朱熹关于"礼"的思想主要有：一是确立了"三礼"间的互动关系，即以《周礼》为纲领，《仪礼》为经，《礼记》为传，作为治国立教的依据。二是

"礼"有经和变,即礼的内涵既有经常不变的,又有常变的。这就是说不能把"礼"看成一成不变的。朱熹的礼学思想随着他的著作传入韩国。韩国儒学者在继承朱熹礼学思想基础上,对"礼"又有所发展。这种发展表现为以下两个方面:

第一,"礼"的民族化。

韩国儒者为适合于韩民族的需要,将"礼"文化与韩民族的社会习俗、生活方式相融合,使"礼"更具韩民族性。例如李退溪依据韩民族无侍立之礼、丧服习白、不设正寝等习俗,更改了立礼、丧服及正寝祭祀等礼仪。他说:"祭时当立,据礼文无疑。但国俗生时弟子无侍立之礼,祭时不能尽如古礼,如墓祭、忌祭皆循俗为之。"[12]这是说因为韩民族的习俗无侍立之礼,所以应当改革古礼,按韩民族的习俗来践履。"今制未有墨衰,恐未易论至此也,或只用白衣,无妨。"[13]韩民族又称为白衣民族,喜欢洁白的颜色,李退溪依据这一特点将丧服的颜色改为白色,具有民族化的表征。有人问:"中国人家皆有正寝,故告请神主,有出就正寝之文。我国之人无正寝而袭称正寝,颇为未安。今俗改称正堂,不知可否?"李退溪答:"正寝谓前堂,今人以家间设祭接宾处通谓之正寝。"[14]韩民族的住房不像中国人,脱鞋一进门就是前堂,所以退溪认为正寝不必改为正堂,正寝就是前堂。祭祀设在前堂就可以。以上这些更改都是依据于韩民族的风俗和习惯,使"礼"更适合于韩国人的习性。

又如栗谷门人金长生思想的特色是礼义经世说,因而对"礼"作了精深的研究,为前人所未及。他撰写的《典礼问答》(二卷),《家礼辑览图说》(二卷),《家礼辑览》(六卷),《丧礼备要》(四卷),《疑礼问解》(七卷),《疑礼问解拾遗》(一卷),共计22卷,对"礼"作了详尽的阐发和规范,使"礼"的韩民族化进程趋于完善。像他的《家礼辑览》既依据《家礼》次序,又依韩国"俗制",使两者相互结合。金长生在《家礼辑览·凡例》中说:"图说一依《家礼》次序,而间有补入者,故其序有不同者,览者详之;凡添补诸说,皆引其书名与篇目,至于瞽说则以愚字,按字别之;凡丧具既有《家礼》、《仪礼》旧制,然亦有俗制之便宜者,则并存之,使其用者有所择焉,他皆效此。"[15]这里的"补入"、"瞽说"、"俗制"等,都是其结合韩民族传统礼俗所作的,凸显了礼学的韩民族性。

再如金长生的儿子金集子承父业,在对"礼"的深入研究中进一步将"礼"与韩国的"国制"、"东人之俗"相结合,彰显了"礼"在民族化进程中的民族选择。他在《古今丧礼异同议·凡例》中说:"一以古礼为主,参以国制,以见同异得失;间有可议处,则臣妄以臆见澄正之;自初丧至吉祭条目次第,一依古礼而不紧者阙之;当行节目或者遗漏者,则臣考据他礼书添补之。"[16]这里的"参以国制"、"臆见澄正"、"添补"等都体现了礼的韩民族化。

李退溪和金氏父子在精通各种"礼"的情况下,考察百姓日用"俗制之便宜"而进行"礼"的改革。这种改革推进了"礼"的韩民族化,也使韩民族的"礼"趋于成熟和完善,从而使韩民族成为"礼仪之邦"而屹立在东方。

第二,"礼"的人情化。

如上所述,重"情"是韩国儒学的特点。这一特点反映在韩民族礼学方面,就是"礼"的人情性。李栗谷在《圣学辑要》和《击蒙要诀》中对"礼"的人情化多有论述。如他认为生我者父母,对父母的养育,事亲应孝,孝体现在日常行为上,便是事亲之礼。"每日未明而起,盥栉衣带,就父母寝所下气怡声问燠寒安否;昏则诣寝所,定其裀席,察其温凉;日间侍奉常愉色婉容,应对恭敬,左右就养,极尽其诚,出入必拜辞拜谒。"[17]一日早、晚、白天都要向父母怡声请安,问寒问暖,极尽其诚,这是事父母的情和礼。栗谷认为祭礼以尽诚敬之情,而祭礼对于人行为的规定,则体现了对祖先的爱敬之情。他说:"所谓致斋者,不听乐、不出入、专心想念所祭之人、思其居处、思其笑语、思其所乐、思其所嗜之谓也。夫然后当祭之时,如见其形,如闻其声,诚至而神享也。"[18]这是说行祭礼时,要节欲和追思,是慎终追远的表征,它起着净化心灵,道德教化的作用。情发于心灵,情是联系人与人的纽带,也是联系今人与故人的纽带,礼的核心是缘人情,礼也使人情得以表达。另外,栗谷为了规范祭礼,特撰《时祭礼》、《忌祭礼》、《墓祭礼》、《丧服中行祭仪》、《参礼仪》等,这些祭礼仪的规定,都如栗谷所说:"祭先以诚敬为主,不以烦数为礼。"[19]"不以烦数为礼"从另一面凸显了礼以诚敬之情为主的重要意义。

人情性是韩民族"礼"的内核。人情也是仁情,"礼缘仁情"。这样,礼对于民众来说,才是亲情的,才能与民众的情感息息相通,民众也乐于接受与践履,"礼者,履也"。礼不践履就成为空礼,空礼就会在社会生活中丧失。[20]也正因为韩民族的"礼"具有浓厚的人情性,所以礼学思想在韩国儒学中占有重要地位并被世世代代沿袭流传下来,韩民族也因此被誉为东方重"礼"的君子之国。

四 以图解说

一些中国儒学者为了阐释儒学范畴之间的关系,常常以画图的形式来表述。这方面最突出的例子应属理学家周敦颐的《太极图说》。以图解说的好处在于给人以深入浅出、通俗明白、易处易记的方便。韩国儒学者注意到了这一点,并加以大大地发展了。这种发展表现在两个方面,一个方面是韩国绝大多数儒学者都喜欢运用以图解说的形式来表达自己的性理学思想,而且不是用一个图式而是用十几个图式乃至几十个图式来说明一个完整的命题。例如阳村权近的《入学图说》共计40篇图说,其中包括阐明《四书》体系和要义的有6篇图说,探索《易》、阴阳五行等天文地理的图说有23篇,探究《书》的图说有3篇等等。李退溪的《圣学十图》包括《太极图说》、《西铭》、《小学题辞》、《大学经》、《心统性情图》、《仁说》、《心学图说》等共10篇图说,阐述了一个"敬"。曹南冥自撰24图,包括《龙马图》、《洛书》、《孤虚旺相》、《伏羲八卦次序》、《文王八卦次序》、《三才一太极图》、《太极图与通书表里图》、《理气图》、《天理气图》、《人理气图》、《心统性情图》、《忠恕一贯图》、《敬图》、《诚图》等。此外,还有郑秋峦与李退溪合作的《天命图说》,李栗谷的《性情图说》和《人心道心图说》。[21]以"图"示"说",以"说"释"图","图"与"说"相结合阐明一个哲学理论。所以,使用以图解说的方式来表述自己的学说、思想,已经成为了韩国儒学者的一种时尚和习惯。

另一方面是韩国儒学者的以图解说显示了他们逻辑思维的精微性。以图解说展示出的是范畴、概念之间的关系,而实质则是通过对概念、范畴的分析和综合而作出的逻辑判断。若无对问题的整体贯通和抽象概括这两方面的思维能力，若无对范畴与范畴之间关系的精确和细微的理解，要想绘制出由博返约，由约见体的图示，是很困难的。以图解说反映了韩国儒学者艰苦朴实的儒学范畴辨析工夫和分析义理的精微功力。

注释

[1]《答郑子中别纸》,《增补退溪全书》第 2 册, 成均馆大学校大东文化研究院 1978 年影印本, 第 17 页下—18 页上。

[2] 参阅陈来的《朱熹哲学研究》, 中国社会科学出版社 1998 年版, 第 5—8、18、24—25 页。

[3]《答成浩原》,《栗谷全书》卷 10, 成均馆大学出版部 1992 年第 5 版, 第 197 页上。

[4]《附录》卷 19,《宋子大全》7, 保景文化社 1993 年版, 第 396 页下。

[5] 参阅陈来的《朱熹哲学研究》第一部分第三章。

[6] 参阅张敏的《立言垂教——李珥哲学精神》, 北京大学出版社 2003 年版, 第 79 页。

[7] 参阅陈来的《朱熹哲学研究》, 第 99、100、112、115 页。

[8] 以上参阅陈来的《朱熹哲学研究》, 第 57、68 页。

[9] 参阅崔英辰、郑渊友的《后期儒学者对〈孟子〉〈生之谓性章〉的解释: 人与自然的道德性问题——魏岩·南塘和茶山为中心》。

[10]《上师门》、《南塘集》卷 7,《韩国儒学资料集成》(上), 延世大学出版部 1995 年版, 第 2 页。

[11]《答奇明彦（论四端七情第一书）》,《增补退溪全书》第 1 册, 第 405 页下。

[12][13][14]《退溪学文献全集》(九), 启明汉文学研究会研究资料丛书, 第 4560、4352、4565 页。

[15]《家礼辑览·凡例》,《沙溪先生全书》卷 25,《沙溪·慎独斋全书》(上), 光山金氏文元公念修斋 1978 年, 第 414 页。

[16]《慎独斋先生全书》卷 12,《沙溪·慎独斋全书》(下), 第 1097 页。

[17][18][19]《击蒙要诀》,《栗谷全书》卷 27, 第 85 页下、87 页下、507 页下。

[20] 以上参阅张立文的《礼仪与民族化——论退溪以后礼的民族化进程》, 载

《退溪学论丛》2006年第10、11辑。

[21] 以上参阅张立文的《论韩儒教的特点》。

(载《韩国研究论丛》2007年第17辑,第450—463页)

论韩国儒学的特性

所谓韩国儒学的特性，是指韩国儒学的本质属性，具体说就是重"气"、重"情"、重"实"。

一 韩国儒学的重"气"特性

这里所说的重"气"，指的是东亚儒学中的"理气"范畴之"气"范畴。韩国儒学强调的是在韩国儒学发展史上，"气"的地位和作用。这可以通过以下五点进行阐释。

第一点，韩国摄入的朱子学就具有重"气"的倾向。

韩国儒学又称性理学，这表明它的基本内容是韩国化了的朱子学。在韩国儒学史上，中国朱子学是在1290年由安珦（1243—1306）传入高丽王朝的。在此之前传入朝鲜半岛的儒学主要是汉唐儒学。这就是说，中国朱子学是在中国元朝时传入朝鲜半岛的。元朝朱子学的代表者是许衡（1209—1281），他被誉为元代理学宗师。许衡创建的鲁斋学派覆盖了当时元朝北方学术界，并使朱子学成为元朝的国学。所以，那时来元朝学习朱子学的学者都深受许衡理学思想的影响。许衡学本程朱，但他十分重视理学范畴中的"气"，视阴阳之气为天地万物所由产生的基础，而由气构成的天地万物和人类社会都要遵循阴阳变化的规律而运动。他认为人的智、愚、善、恶与禀气之清、浊、厚、薄具有密切关系，主张人要"扶护元气"，发扬善性，以成大德。在"理"与"气"关系上，许衡主张"理"与"气"不相分离，"太极"为理和气的统一。许衡这种重"气"的朱子学思想被高丽儒者传入朝鲜半岛。如高丽著名儒者李齐贤（1287—1367）在元朝学习朱子学时，曾师从姚燧等人，而姚燧就是许衡的大弟子。李齐贤回国后，努力传播他在元朝学习到的朱子学，培养了李穑（1328—1396）这位在丽末鲜初具有承上启下、继往开来重要作用的朱子学者。李穑在他的诗文中多次称赞许衡，说他是深山幽谷中迷途者的指路人，而李穑的朱子学思想也具有明显的重"气"倾向。李穑的这种学术观点奠定了朝鲜朝五百年性理学的基本理念。

第二点，唯气派学者徐花潭。

徐花潭（1489—1546）在韩国儒学史上的地位如同中国儒学史上的张载，而他的气学思想也确实受到了张载气学思想的影响。徐花潭的气学思想的特色可称为气之体用之学。从气之体来说，徐花潭把气概括为"太虚"、"先天"，在有形有象的万物生成之前，湛然无形的静态之气即为宇宙本体。从气之用来说，徐花潭提出了"机自尔"这一独创语。其中的"机"可释为动机、活机之意，"自"即强调内在性、自律性，"机自尔"是讲运动是"气"的内在的、必然的属性，是不靠任何外力影响的一种自律机制，也可以理解为"气"具有自律性运动因。总之，"机自尔"强调的是气化功能的内在性和自律性。

徐花潭在解释气之所以具有内在功能性时指出，这是由于"气外无理"。这表明，在"理气"关系问题上，他认为"理"在"气"中，"气"外无理。在"气外无理"的前提下，"理"作为"气"固有的规律性，规定着气运动变化的过程，并通过气表现出来。徐花潭的唯气论思想在东亚儒学史上亦颇具特色。

第三点，主气派谱系。

在韩国儒学史中，由于对朱熹学说中"理"与"气"关系的不同理解，通过"四七论辨"形成了"主理"派（岭南学派）和"主气"派（畿湖学派）。其中"主气"派谱系的主要代表性学者有李栗谷、金长生、宋时烈、权尚夏、韩元震和李柬等。

李栗谷（1536—1584）是韩国儒学史上一位有原创性的儒学大师。他提出的"理气妙合"、"气发理乘"等思想不仅深化和丰富了中韩朱子学，而且也凸显了他重视"气"功能的观点。

关于"理"与"气"的关系，李栗谷的一个基本观点是理气为"一而二，二而一"的辩证关系。"一而二"，是指理气的特性和功能性，"二而一"是指理气的圆融性和内在性。理气的这种既"一而二"又"二而一"的关系，李栗谷概括为"理气妙合"。"理气妙合"既是形而上，又是形而下，而天地之大化，事物之变异，都是理气妙合的结果。从理气妙合出发，李栗谷指出不论是"四端"（即：恻隐之心，仁之端也；羞恶之心，义之端也；辞让之心，礼之端也；是非之心，智之端也）还是"七情"（即：喜、怒、哀、惧、爱、恶、欲）都是"气发理乘"。"气发理乘"意为气为发之者，理为气发之所以然者。没有气则不可发，没有理亦无发之根据。但这里的关键还是"气"的作用。因为在李栗谷思想中，气可以动，而理不能动；气有为，而理无为，所以只能是"气发理乘"。李栗谷之所以讲"气发理乘"，主要是针对李退溪提出的"四端理之发，七情气之发"的观点而言的。李退溪是主理派的代表性学者，重视"理"的功能和价值，所以强调"四端"由"理"。与之相反，李栗谷在"理气"关系上，认为"气"是一个内容更丰富、更充实的概念，不管是"四端"还是"七情"都是由"气"发。"气"具有关键性的作用，因此称"气发理乘"。为了进一步凸显"气"的能动性，李栗谷认为除了"四端""七情"即人的情感是"气发理乘"之外，天地间不论是天道的运行还是人道的流行，也都是"气发理乘"这一条途径，而没有其他的途径。这就是他的"气发理乘一途"说。李栗谷的"气发理乘一途"说标示的是"气"的绝对功能性，揭示了李栗谷重气、尊气、主气的气学思想。

金长生（1548—1631）是李栗谷的嫡传弟子，被后人称为栗门英才。金长生还是朝鲜朝礼学的集大成者，而他的礼学思想与他重气的思想又有密切关联。在理气观上，金长生忠实地继承了其师李栗谷的"气发理乘"思想。不过他强调"气发理乘"，突出"气"的功能性，旨在表明人发挥主体能动性，即通过后天的修养，也就是"礼"的教化，就可以培养人心中的正气，由此恢复并扩充人之性善。这就是说金长生重"气"的特点，在于强调人后天的主观能动性即人的主体性。

宋时烈（1607—1689）为金长生的门生，被称为溪门之杰。宋时烈重"气"的思想集中在他将《孟子》的"浩然之气"的思想发挥到了极致，他认为浩然之气就是一种正气。人具有了这种正气，即便面对千军万马，也敢勇往直前；即便面对最弱小卑贱的人，也不会恐吓威胁。具有这种浩然之气的人，就是仁义者。可以说，宋时烈是以将"气"具体化、实践化、道德化的方式而强调了"气"的价值性。

宋时烈的嫡传弟子是权尚夏（1641—1721）。在主气思想方面，他阐明了与李栗谷和宋时烈相同的理气观。权尚夏认为李栗谷提出的"气发理乘"具有深刻的意义，这一思想符合孟子的基本精神。因此，李退溪主张的主理的"理气互发"说是不妥的，只有"气发"说是正确的。

权尚夏讲学于清风的黄江书院，其门徒众多，而最杰出者为韩元震（1682—1751）和李柬（1677—1727）。韩、李二人重"气"思想的特点表现在他们在李栗谷"主气"学问传统下，对于"未发心体善恶"问题和"人性物性同异"问题进行了深入地探讨，作出了具有启发性的结论。韩、李二人的探讨就是韩国儒学史上著名的"湖洛论争"。

李栗谷→金长生→宋时烈→权尚夏→韩元震和李柬。这一谱系传承的一个基本思想就是强调"气"的能动性和自主性，认为"理"与"气"的关系是"气先理后"、"气发理乘"、"理在气中"（即"气包理"）、"理气妙合"。这种理气模式凸显的是"气"的价值、功能和作用。

第四点，"主气"派在韩国儒学史中的地位和作用。

朝鲜朝五百年间（1393—1910）是韩国儒学的鼎盛期。之所以这样讲，是因为在这一时期形成了有别于中国儒学的韩国儒学。韩国儒学从学理上划分，可分为四大类，即"主理"学派、"主气"学派、实学派和阳明学派。而实学派和阳明学派都深受以李栗谷为首的"主气"学派的影响。

韩国实学派不仅是韩国儒学史上的一个重要学派，而且也是东亚实学史上一个颇具特色的学派。韩国自16世纪中叶至19世纪中叶是"实学"思潮产生、发展和成熟的时期。而在实学的这一发展演化进程中，深受以李栗谷为代表的"主气"学派关于"气"思想的影响。例如韩国学者尹丝淳教授在《实学思想之哲学性格》一文中，曾对李瀷、洪大容、朴齐家、丁茶山等11位实学派学者的理气观进行了考察，发现主气的学者与主理的学者的人数比例为7∶3，这表明重"气"是韩国实学的哲学特性。而韩国实学派学者重气的思想则受到了主气学派的影响。又如有的学者将李栗谷视为早期启蒙实学学者之一。再如实学学者崔汉绮建立了一个系统的气学思想体系，被称为"气学实学"。而韩国实学在韩国历史上起到了指向近代化的重要历史作用。

韩国阳明学与中国阳明学相比较，一个显著特点是将"气"范畴引入心学之中，故称为主气心学。如郑霞谷是韩国阳明学的集大成者，在他的阳明学思想中"生气论"是其基本命题之一。"生气论"强调"气"是生生不已的，心是气，也是理，理气非二。"气"成为韩国阳明学思想的一个重要范畴。显然，这是深受"主气"学派重"气"思想影响的结果。

"主气"学派在韩国儒学史上的重要作用和显著地位的另一个具体体现是由于主气学是一种实践性理学，这种实践性理学成为了韩国17世纪儒学的主题并影响了整整一个世纪的韩国儒学。

韩国的主气学在理论形态上有一种向元典儒学即孔孟学说回归的趋势。主气学者大都忠实地继承了孔孟的仁义思想并笃实地在道德践履方面下功夫，从栗谷的"诚"到沙溪的"戒惧慎独"再到宋时烈的"敬"，都是一种心法之学。通过心性修养，达到孔孟所说的仁义境界。所以，这种心性之学也是一种道德哲学。主气学者的这种心法之学或道德哲学就是一种实践性理学。这种实践性理学以元典儒学为基本理论，以下学上达为方法论，以修身养性为手段，以达到孔孟的仁义境界为安身立命之所在。17世纪韩国儒学的主要特征和基本内容就是对实践性理学的提倡。这就是说17世纪韩国儒学学者不论是主气的学者，还是主理的学者，或持折衷思想的学者，大都主张实践性理学。例如：

慎独斋金集（1574—1656）为沙溪金长生的儿子，尤庵宋时烈的老师。他早承家学，鼓吹栗谷思想，号慎独斋，以明示与其父相同的心法之学。

西溪朴世堂（1629—1703）被称为17世纪大放异彩的学者，即是说他是一位与众不同的学者。其与众不同处表现为他不是通过继承朱子思想而是通过以孔孟思想解释道家学说和批评朱子对儒学经典的注释来恢复儒学元典的本来精神。西溪倾注毕生心血的事业是对儒家原始经典的注解，除此而外，他还对《老子》和《庄子》进行了注解。通过这些注释，表明了他的实践性理学。如西溪研究《老子》的目的是要根据儒学的观点评价《老子》，最终达到其实现儒学的理想——修己治人。他认为《老子》中有许多关于"修己"（修身）、"治人"的道理，像第54章所说的"修之于身，其德乃真；修之于家，其德乃余；修之于乡，其德乃长；……修之于天下，其德乃普"与《大学》的八条目相似。他这样解释说："修之于身，则实德在我；修之于家，则推余而及人；修之于乡，则所施者渐远；……修之于天下，则凡有血气者，莫不尊亲而德乃普矣。"[1]他用孔孟"推己及人"、"扩而充之"的思想解释《老子》的思想，企图说明修身治家，德惠他人，最终以德治天下的儒家理想。为此，西溪称《老子》"此章最醇修身"。西溪还批评了朱熹对六经的注释，并指出六经的旨趣是从"浅近"开始而至"深远"，这才是了解事物的正确途径。然而，今日学者超越浅近而追求深远，如此方法必导致失败。他认为程朱学风与六经的本旨相异其趣，舍去紧要的日常之物，而沉溺于追求深远之物，这正是程朱学风的弱点。所以，西溪对六经的注释正是为了克服这个弱点，而克服这个弱点的目的又是为了恢复六经的本旨。这正是孔子"下学而上达"的学问精神[2]。

眉叟许穆（1595—1682）与其同时代的尤庵宋时烈和炭翁权諰是17世纪实践性理学的代表人物。他的实践性理学主要表现在心法之学方面。他认为人心本来就是虚明而又无所不通的，因此人生而正直，正直故能大公无私，公则溥。这样，明通公溥为心学大要。但是，由于后天私欲的作用而使明通公溥之心变得混昧不直。所以必须排除私欲，才能圆满完成心法之学。心法之学的顺序为"心法莫先于定，心曰定则静，静则安，安则虑，虑则得"[3]。许穆的"定→静→安→虑→得"的顺序与《大学》的"知止而后有定，定而后能静，静而后能安，安而后能虑，虑而后能得"基本相同。更为重要的是他指出心法之学的目的不单是为了存养心性，而是要在实践之中努力提高修养，磨砺为圣人。这就是他心法之学的知行并进说。为了强调实践儒学，许穆对近世儒者脱离实际的学风进行了批评。"近世学者之弊，践履不足，先立意见，转成骄激；浮薄日滋，忠信笃厚之风大不如古人。有一分实见，必有一分实行，知与行不相悬绝。为学之务，先于彝伦日用之则，勉勉孜孜，思无一分不尽，然后可谓善学"[4]。这种强调"下学上达"的精神正是元典儒学的特性。

炭翁权諰（1604—1672）的"生"哲学与宋时烈的"直"哲学都是17世纪韩国儒学的重要内容。权諰"生"哲学的主要内容是好生、生民。所谓"好生"，就是对生命的敬畏和热爱；所谓"生民"，就是无愧于民之死活的同乐同苦。他的好生、生民的生哲学的思想基础是孔子的仁和孟子的义。如在学问观上，他主张"敬以直内"、"义以方外"和"求放心"的心法之学。"忠信笃敬，终日乾乾，直内方外，君子之事也。故曰博学而笃志，切问而近思，则仁在其中矣。故曰学问之道无他焉，求其放心而已"[5]。在性理学命题中，比起理气论来，他更加重视躬行论。因此他反对躐等，尊崇下学上达的方法，强调明心力行和诚身务本，主张"一动一静，必以诚信，而表里如一。一事一行，必求其中"[6]。后世学者称权諰为实践的儒学者。

作为韩国17世纪儒学主题的实践性理学不仅成为了韩国儒学的一大特色，而且这一特色又极大地丰富了17世纪东亚儒学的内容。

第五点，"主理"派学脉及其价值。

朝鲜朝时代的"主理"学派以李退溪（1501—1570）为其代表。退溪因其天性温厚，学问精博，加之极力躲避宦路，藏身草野，笃实钻研为己之学，所以门下弟子如云。如鹤峰金诚一、西涯柳成龙、寒冈郑逑、龟岩李桢、艮斋李德弘、月川赵穆、锦溪黄俊良、秋渊禹性传、文峰郑惟一等，其中尤以鹤峰（1538—1593）、西涯（1542—1607）、寒冈（1543—1620）三人尤为出类拔萃，号称退门三杰。他们作为退门第一代，各立门户，广招门徒，成就了退门第二代。退门第二代代表人物有旅轩张显光（1554—1637）、愚伏郑经世（1563—1633）、敬堂张兴孝（1564—1633）、拙斋柳元之（1598—1674）、眉叟许穆等。到了退门第三代，始有岭南学派这一地域性的称呼。第三代的代表性学者为葛庵李玄逸（1627—1704）、密庵李栽（1657—1730）等。

在上述"主理"学脉谱系上，其中退门第一代、第二代学者在性理学方面大都未形成一家之言，多是对李退溪思想的探讨和研究。退门第三代学者李玄逸作《栗谷李氏四端七情书辨》一文，反驳了李栗谷的"气发理乘"说，才为"主理"说的确立提出了明确指标。另外，星湖实学学者李瀷（1681—1763）私淑许穆（退门第二代学者），又传授于顺庵安鼎福（1712—1791）。李瀷和安鼎福为实学学者中为数不多的主理学者[7]。可见，虽然李退溪被誉为"东方的朱熹"，为韩国儒学的一代儒宗，但从"主理"学派整体的作用和影响来看，它在韩国儒学史上的地位远不及"主气"学派。

二　韩国儒学的重"情"特性

这里所谓的"情"是指儒学中"性情"之"情"。韩国儒学学者加强了对"情"的研究和探索，突出了"情"的重要性。这可以从以下三个方面加以说明。

第一，韩国儒学学者对"情"探讨时间之长，参与人数之多，可谓东亚儒学史上的第一次。

朝鲜朝具有五百年的历史，在这五百年中，朝鲜性理学集中探讨的问题就是"四端"（恻隐、羞恶、辞让、是非）之情与"七情"（喜怒哀惧爱恶欲）之间的关系。"四端七情之辩"（又称"四七之辩"）从高丽朝末期开始，一直延续到朝鲜朝末期，时间近五百年之久。其中最主要的辩论发生于16世纪的李退溪与奇高峰，李栗谷与成牛溪之间。而在此之后，几乎每一位性理学者都直接或间接地参加了这场著名辩论。可以说，朝鲜朝五百年的儒学史就是关于"四端七情"论辩、研究、探讨的历史。而朝鲜儒学又是韩国儒学的鼎盛期和成熟期，因此可以说韩国儒学的主题和焦点就是关于"情"——"四端七情"的问题。

朝鲜朝的性理学者之所以重视"情"，笔者以为主要有两个原因：其一是朝鲜王国时期的"士祸"频繁，"士祸"的结果是使朝鲜的"士"（读书人）必须思考这样一个问题，即人性善恶的问题，或者说如何使人性能够去恶从善，成为圣人。这就涉及了"性情"问题。按照儒家传统观点，"性"是善的，"情"发而中节，符合性的原则，便是"善"的表现，但当"情"发而不中节时，便为"恶"。所以关键是"情"如何发，才能中节，也就是说"情"是人性善恶的核心所在。为此，"情"成为了朝鲜儒学学者们长论不衰的话题。其二是中国儒学很少细研关于"情"的问题，这就为韩国的性理学者留下了从细微处发展儒学的空间和题目。所以，韩国学者关于"四七论辩"的各种思想和结论，无一不是对儒学的创造性发展。

第二，韩国儒学学者第一次从"理气"观上对"情"作了系统的论述。

如上所述，朱熹关于"性情"问题，从"动静"、"体用"、"未发已发"等方面作了详细的论述，但是却没有从理学的基本范畴"理气"角度对性情进行论述过。对此，韩国大儒李退溪明确地指出：性情之辩，先儒们已经论说得很多了，但却没有发现从理气方面对"情"进行分析的。正是在这一点上，李退溪提出了"四端，理发而气随之；七情，气发而理乘之"的经典结论。他的意思为："四端"之情为"理"发，"七情"之情为"气"发。理发的四端之情是"善"的，气发的七情之情有善、有不善之区别，因此要为善去恶。针对李退溪的这一思想，韩国另一位重要儒学大师李栗谷又提出了不论是"四端"，还是"七情"，都是"气发理乘"。这就是栗谷总结出来的"气发理乘一途说"著名论断。而与李退溪直接辩论的奇高峰则又提出了"情兼理气"的说法。

不管是"四端理发气随，七情气发理乘"，还是"四端"、"七情"都是"气发理乘一途说"，以及"情兼理气说"等，都是从"理气"范畴出发对"情"的来源及性质进行分析。"理气"范畴是儒学尤其是理学（韩国称为性理学）的最基本、最核心的范畴之一，它是关于宇宙本体及其构成的一对范畴。韩国儒学者以"理气"范畴分析"情"的来源（怎么发的？是理发还是气发？）及性质（善与恶是缘于理还是缘于气），这就是说他们是从本原、本质上对"情"进行分析研究，赋予了"情"与"性"一样的地位和价值，而不像中国儒学者大多将"情"视为"性"之末、用等。这就表明了中国儒学更加重视的是"性"，而非"情"；而韩国儒学在中国儒学对"性"深入研究的基础上，更加关注的是"性情"范畴中的"情"。

第三，韩国儒学学者第一次深入细致地探讨了"四端"与"七情"的关系。

"四端"之情为道德情感，"七情"之情为自然情感。道德情感与自然情感的关系即"四端"与"七情"的关系问题，对此问题中国儒学学者不太注意。韩国儒学学者循着从"理气"范畴对"情"研究的思路走下去，必然涉及了对"四端"与"七情"关系的探究。韩国儒学学者关于"四端"与"七情"关系的研究，主要有以下内容："四端"与"七情"是同质还是异质？是"四端"包"七情"还是"七情"包"四端"？"四端"是纯善还是与"七情"一样亦有善有恶？

李退溪在"理气"观上的最大特色是强调理与气的相殊性，由此导致了他认为"四端"与"七情"的相异性,即"四端"与"七情"的异质性。而与他论辩的奇高峰从"理气混沦"的理气观出发,认为"四端"与"七情"是同质的。由于"四端"与"七情"的同质性,"七情"有善有恶,所以"四端"亦应有善有恶。而李栗谷在理气观上提出"气包理"思想,沿着这一思路,他认为"七情"是"四端"之总会,即"七情包四端"。他的意思是说"七情"涵盖了人的一切"情",而"四端"之情是"孟子就七情中剔出善一边,而名之曰四端"。所以,"四端"是"七情"之善的一边,"七情"已包"四端"于其中。

以上论述和观点是韩国儒学学者发中国儒学学者所未发,凸显了他们对"情"范畴研究的深入和细密。而这种深入和细密也标示着韩国儒学学者对"情"的重视和关注,由此构成了韩国儒学的一大特色。

三 韩国儒学的重"实"特性

这里的"实"指的是"实学",所谓韩国儒学的重"实"特性,是说韩国实学不仅具有重要的学术价值,而且同样具有重要的社会价值。

在韩国儒学史上,自16世纪中叶至19世纪中叶是实学思潮产生、发展、成熟的时期。这就是说,朝鲜朝五百年的发展史中有三百年时间是韩国实学的发展期。在韩国儒学史上,实学被称为是"性理学(儒学)划时代的转换",是一种"改新的儒学"。

韩国实学的理论经典是儒学元典——六经四书。韩国实学学者认为中国宋明理学家和韩国16世纪的性理学者大都没有遵循儒学元典的精神诠释儒家经典,因而也不能够按照儒学元典的精神发展儒学。韩国实学学者认为儒学元典的基本精神就是主张在自我修养的基础上,以经邦弘化、治国理民为目的,也就是"修己治人、内圣外王"。这就是说儒学经典中包含着修身养性、经世致用、利用厚生的下学精神,即儒家经典中包含着天下万事万物的普遍原理(即所谓"下学")。儒学的这种"下学"精神在高丽儒学和朝鲜朝前期儒学中都有所体现,不过16世纪中叶以来由于长期的"士祸"和"党争",使朝鲜朝儒学走上了谈空说玄、脱离实际的歧路,只追求形而上,而放弃形而下,丧失了经世思想。韩国实学学者就是针对当时学术界的这种状况,明确提出了回归元典儒学的"下学"精神,主张"穷经以致用"。于是，一种以经世致用、利用厚生、实行实践为标志的新学风蓬勃兴起。正是在这层意义上说韩国实学是一种"改新的儒学"。

韩国实学是韩国儒学的一种变革和转型，它凸显了元典儒学中的实践思想，强化了元典儒学的"下学"精神，其结果使韩国儒学向着指向近代的性格转化。

所谓韩国实学具有指向近代的价值，是说韩国实学提出的经世致用、利用厚生、实事求是，尤其是开放对外贸易、改革土地所有制、促进工商业发展等进步主张是改革韩国社会的一剂良药，是使韩国社会由中世纪向近代迈进的强大推动力。

朝鲜实学所具有的指向近代的性质直接为19世纪后期的"开化派"[8]所继承。在思想上，开化派的开化、开国等一系列主张都可以说是韩国实学的进步思想在新的历史条件下的进一步延伸和发展。虽然由于历史的局限性，韩国实学尚未能够提出"近代"这一概念，但在当时的封建末期氛围中，韩国实学学者所向往着的，其实正是通往近代的道路。韩国实学学者所提出的学术命题就有迈向近代化的所必需的土地问题、工商业问题、民主问题、生产技术改革等问题。在这些涉及近代化问题诸方面，韩国实学学者都进行了执着的探索和不懈的努力。而这些无一不成为"开化派"所主张的人民民主、民族独立和国家富强的先导意识。这就再一次说明了韩国实学具有指向近代的积极的社会历史价值。

注释

[1]《新注道德经》54章注。

[2] 参阅尹丝淳《韩国儒学研究》，第218、232页。

[3] 许穆：《记言·上篇学·答问目》。

[4] 许穆：《记言·上篇学·答文翁》。以上参阅《韩国哲学史》（中），社会科学文献出版社1996年版，第251、252页。

[5] 权諰：《炭翁记·答洪公叙锡》。

[6] 以上参阅《韩国哲学史》（中），第272、274页。

[7] 参阅崔根德《韩国儒学思想思想研究》，学苑出版社1998年版，第381页。

[8]"开化思想"是19世纪后期在朝鲜朝社会面临外国侵略势力背景下产生的一种韩国近代社会思潮，也是朝鲜朝后期实学思想的继承和发展。其主要代表人物是

实学家燕岩朴趾源之孙朴珪寿（1807—1877）、吴庆锡（1831—1870）、柳鸿基（1831—?）等人。"开化派"的基本主张是提倡"东道西器"、人民民主、民族独立等。

（载《孔子研究》2008年第1期，第4—12页）

论权近的性理学思想

权近（1352—1409），号阳村，是高丽大学者权溥的曾孙。从高丽学脉上讲，或者视权近为李穑之门人，或者视权近为郑道传之门人。这表明他在丽末鲜初儒学史上的地位。

权近的一生致力于对性理学的发展。他17岁中成均试，18岁及第文科，历任春秋馆、艺文馆、成均馆的大提学、大司成等学术职务。在学问观上，权近不拘泥于前人的学术观点，敢于创新、勇于探索，创立了一种以图解说的研究方法，提出了一套"天人心性合一"的宇宙模式。为此，可以说权近奠定了朝鲜朝儒学的基础。

权近著作丰厚，主要代表作有《入学图说》、《五经浅见录》、《四书五经口诀》等。其中，《入学图说》是保存较完备的一部重要的学术著作。该书是权近38岁（1390年秋）被流放于金马郡（益山）时所作。由于这部著作的学术价值重大，因此被后人多次印刷出版，至今大约有五种版本流传于世。这就是：

1. 晋州本：其初刊本，1397年晋阳府使金尔音主管。其再刊本，1425年，附卞季良的跋文，合前、后集刊行。

2. 浪州本：1545年于全北扶安，附权近的自序和蔡无逸的跋，以晋州初刊本为蓝本刊行前集，日后又补刊后集。

3. 荣川本：1547年，由黄孝恭等人主管，以晋州本为蓝本刊印。

4. 日本庆安刻本：1648年，以荣川本为蓝本，并参考浪州本等刊行的。接黄孝恭的跋，有里村遇巷子的跋。

5. 论山本：1929年，由权泰夹等人主管，以荣川本为蓝本刊印。[1]

一　权近的性理学思想

《入学图说》是权近为学生讲解五经、四书而作的以图解说、深入浅出的一部著作。其中收入四十篇图说，讲授四书的有六篇，讲授五经的有三篇，讲授书经的有三篇，讲授河图洛书的有十篇，讲授音乐的有两篇，讲授礼的有四篇，讲授天文地理的有十二篇。在这四十篇图说中，最能体现权近性理学思想的是《天人心性合一之图》、《天人心性分释之图》、《大学指掌之图》、《中庸首章分释之图》、《中庸分节辨议》、《语孟大旨》等篇，而其中又以《天人心性合一之图》和《天人心性分释之图》尤为根本。故通过对此二图的分析，以阐释权近的性理学思想。

《天人心性合一之图》是以中国北宋周敦颐的《太极图说》为蓝本，参考朱熹的《中庸章句》首章绘制而成的，并附记有权近与学生有关天人心性的问答。

可以看到权近关于宇宙生成的程序是：第一圈中上写一个"天"，表明宇宙万物的根源是"天"。"天"的两侧写有"元亨利贞"，这是天之"四德"；"元亨利贞"下面写有"诚"，意为"诚者，天之道也；诚之者，人之道也"。[2]按照朱熹的解释，这里的意思是说："诚者，真实无妄之谓，天理之本然也。诚之者，未能真实无妄而欲其真实无妄之谓，人事之当然也。"[3]天道是真实无妄的，也就是天理。而人应该努力修养，达到真实无妄，这是人之道。权近根据朱熹的这个思想，认为人之所以不同，是因为"气有通塞偏正之异"。这样，就有了下面"诚"、"敬"、"欲"三个圈。其中，"诚"字圈为"圣人性之"，两旁写有"真实无妄、纯亦不已"，意为圣人之性是"纯善无恶"的。"敬"字圈为"君子修之"，两旁写有"存养省察"，意为君子之性的人要进一步思诚，才可进入"圣人"之性。所以，"敬"字圈写有"君子成功则一"，努力思诚，便可进入"诚"字圈，与"圣人"同一，达到东侧最下面一个圈，"圣人与天同大"，可以"参天地、赞化育"，回归于"浩浩其天"。而西侧的"欲"字圈为"众人害之"，两旁写有"自暴自弃"，意为众人之性为恶，但"欲"字圈外写有"未尝无善"，表明众人之性尚有善的可能。如果"众人"继续"自暴自弃"，不思诚，那么就离"禽兽"不远了。"欲"

字圈下写有"其违禽兽不远",就会陷入"禽兽皆横"之圈中。至此为止,此图从上至下的纵方向说的就是宇宙中的人兽草木,皆从"太极"中流出。这就是"万物各具一理,万理同出一源"。

权近的《天人心性合一之图》与周敦颐《太极图说》相比较,可以看到,虽然权近讲此图依据《太极图》,但两图却有着明显的不同。

周敦颐的《太极图》讲的也是宇宙生成问题,其宇宙万物生成的程式是"无极"→"太极"→"阴阳"→"五行"→"男女"→"万物"。

"万物"是怎样从"无极"→"太极"中演化出来的,即重点阐述的是自然宇宙生成。但这个图,对于人类的演化,尤其是人性善恶分殊的形成,则涉及不足。可能是为了弥补这一不足。权近的《天人心性合一之图》则着重讲述了人的形成及"圣人"、"君子"、"众人"人性相殊的原因。

> 人者,仁也。仁则天地所以生物之理,而人得以生而为心者也。故人为万物之灵,仁为众善之长,合而言之道也。至人至诚,道与天同。君子能敬以修其道,众人以欲而迷,惟恶之从。故人者,其理一,而所裹之质,所行之事,有善恶之不同。故其为字,岐而二之,以示戒焉。人能体仁,以全心德,使其生理常存而不失,然后可无愧于人之名。[4]

可以看到权近很重视"天"这一范畴,这是他与周敦颐《太极图》的一个重要区别。在《太极图》中没有"天"这一范畴,而权近在《天人心性合一之图》中视"天"为宇宙的根源,在《天人心性分释之图》中,又对"天"作了详细解释。他认为,"天"为"一"字与"大"字的结合。"一"者意为从理看,其为"无对";从行看,其为"无息"。"大"者意为以体言,则为"无外";以化言,则为"无穷"。"天"的"无对"和"无外",表明它的绝对至上性;"天"的"无息"和"无穷",表明了它的生生不息性。绝对至上性和生生不息性,标示着"天"是宇宙万物生化不已的根源(万化之源)和万物相殊的根本(万殊之本)。而"天"之所以是"万化之源"和"万殊之本"的原因在于

"诚"。权近也很重视"诚"这一范畴,这是他与周敦颐《太极图》的另一个重要区别。《太极图》中没有出现"诚",而权近的《天人心性合一之图》和《天人心性分释之图》中都给予"诚"以重要地位。这是因为权近认为天地之所以能够化育的实质就是"诚"的流露。而人要想成为圣人,必须要"至诚",即与"天"同道。完成"诚"的自我修养的主体是"敬"。故"敬"在"诚"下。人通过"敬"的修养功夫,可以达到圣人境界,这就是上文说的"诚之者,人之道也"。圣人性善,即"人"字之一撇。而众人以欲而迷,则惟恶之,即"人"字一捺。"人"字的两画,代表人性善恶之殊。值得注意的一点是,权近在《天人心性合一之图》和《天人心性分释之图》中都不讲"小人",而只讲"众人",并且在《天人心性合一之图》的"欲"字圈旁边还注明为"未尝不善"。就此,他的学生曾向他提问:"小人"悖之凶,今图于"欲"字图不讲"小人",而讲"众人",何也?权近回答说:"人虽不肖皆自以为贤智,而不自知其所行之为小人。若曰小人观者,以自暴自弃为他人之事而不自省矣。故直书曰'众人',然后人人观者,各自省励而有所感发矣。"[5] 这说明权近认为即使是"小人",其性也"未尝无善",因此要使之自省,不要自暴自弃。而自省、省励的途径就是"敬"的修养功夫。旨在标示儒学教育的重要性。

权近关于宇宙生成论的思想认为,"天"是宇宙万物的本源,因为"天"的本质是"诚"。"诚"的流露就是天地之化育,而人要达至诚,就要通过"敬"的主体修养。由于"敬"的功夫的深浅不同,而形成圣人、君子和众人,有善恶之殊。可见,权近的宇宙生成论侧重于探究作为万物之灵的人,是怎样形成的,人性的善与恶又是如何养成的。

权近的《天人心性合一之图》开篇就讲:"朱子曰:'天以阴阳五行化生万物,气以成形,而理亦赋焉'。今本之作此之图。"这说明,《天人心性合一之图》的主题思想便是朱熹的这句话。朱熹这句话的核心内容是对《中庸》"天命之谓性"这句话的解释。这就必然涉及了心性问题。朱熹在心性论问题上,有一个发展演变的过程。这个过程就是对于《中庸》提出的"喜怒哀乐未发谓之中,发而皆中节谓之和",即"已发未发"问题又叫"中和"问题的前后两个阶段的思考。学者习惯地称之为"中和旧说"与"中和新说"。

朱熹认为人生自幼至死，无论语默动静，心的作用从未停止。因此对一个现实的人而言，无论何时"莫非心体流行"。所谓心体流行是指心的不间断的作用过程，在朱熹看来，人只要生存，心的作用就没有停止。即使是在睡眠或无所思虑的时候也是知觉不昧，仍然是心体流行。这里心体的体非体用之体，是指变易的总体。朱熹以为，既然一个生存着的人心体流行不间断，那么人心在任何时候都不是寂然不动，都应是处于"已发"状态。既然心总是处于一种已发状态，那么"未发"便不是指心，而应当也只能指心之体即性（性即是理），只有性才是真正寂然不动的未发。因此，他反对以"未发之前"、"未发之际"、"未发之时"那种用未发已发把心体流行的过程划分为不同阶段的观点，认为对心来说，"无分段时节，莫非已发"。由此，他指出，所谓未发已发并不是指一个事物有发作之前与发作之后的区别，未发是指内在的体，已发是指外在的用，未发之体始终是隐藏着、通过外在的他物来表现的。朱熹把这种思想概括为"心为已发，性为未发"。[6]这就是朱熹"中和旧说"的基本内容。

"中和旧说"不久就被朱熹推翻了，经反复思考，他认为"已发"是指思虑已萌，"未发"是指思虑未萌。"已发"、"未发"是指心理活动的不同阶段或状态。在朱熹看来，"以思虑未萌、事物未至之时为喜怒哀乐之未发，当此之时，即是此心寂然不动之体，而天命之性当体具焉。以其无过不及、不偏不倚，故谓之中。及其感而遂通天下之故，则喜怒哀乐之性发焉，而心之用可见。以其无不中节，无所乖戾，故谓之和。此人心之正而性情之德然也。"这是说，已发未发不仅是讲人心之正，而且指明性情之德，即不只是把人心区分为不同阶段，而且包含着对性和情的某种理解。从上述话看，喜怒哀乐未发时只是"喜怒哀乐之性"，喜怒哀乐发则是指现实情感；性无所偏以为"中"，情若中节则为"和"。喜怒哀乐之性即心之体，喜怒哀乐之情即心之用。"未发"指性，"已发"指情。[7]这是朱熹"中和新说"的基本内容。

无论是"中和旧说"还是"中和新说"，探讨的问题主要是"未发"、"已发"时的状态，即什么状态下是"未发"，什么状态下是"已发"。朱熹的"中和新说"比"中和旧说"更加贴近《中庸》本意，他认为在思虑未萌、事物未至、心体寂然不动、天命之性当具的这种状态，为"未发"；而在感而遂通、心之用可见的这种状态，为"已发"。朱熹作这种探讨的目的,是想说明无论是"未发"还是"已发",心都贯通其中。"未发"指"性之静","已发"指"情之动";心之体为性,心之用为情。心统性情。

权近对"已发"过程的详细论述还解决了朱熹关于"性情"问题的一个矛盾之说。

在朱熹思想中,"情"的意义至少有三种,一种是作为性理直接发见的四端;二种是泛指七情;三种是包括某些具体思维在内的广义的情。但是,这样一来,朱熹哲学的心性论中就出现了一个较大的问题。按照朱熹哲学,"性发于情,情根于性"的理论,只能是"四德"与"四端"相对应,才可自圆其说。然而,按照朱熹的说法,七情都是性之发,许多具体思虑也都是性之发。那么,一些发而不善的情感思虑,这些情究竟是否也发自本然之性?如果说这些情也是四德之性所发,则善之性发为不善之情,体用便无法一致,这显然是一个很大的矛盾。[8]

权近将由性已发的"情"狭义地定义为"恻隐"、"辞让"、"羞恶"、"是非"四德,这就解决了朱熹思想中上述的"性"与"情"之间的矛盾。因为四德之情是纯善无恶的,所以性发之情为善。而广义的七情——喜怒哀惧爱恶欲,权近称之为的"意",则有善有恶。这是由于"意几"分善分恶的缘故。权近这一思想的理论根据是《中庸》的"发而中节"说。如权近的学生问他:"昔唐韩子《原性》而本于礼书,以喜怒哀乐爱恶欲七者为性发之情。程子亦取而言之。今子以四端属首性发而七情列于心下者,何也?"权近回答说:

> 七者之用在人本有当然之则,如其发而中节,则《中庸》所谓达道之和,岂非性之发者哉?然其所发或有不中节者,不可直谓之性发,而得与四端并列于情中也。故列于心下,以见其发之有中节不中节者,使学者致察焉。又况程子之言,以为外物触而动于中,其中动而七情出,情既炽而其性节矣。则其不以为性发也,审矣。[9]

这段话的意思是说七情若发而中节则与四德同为善,而发其不中节者不为善,因此不能说是性发。七情中显发为善者,可以与四德并列;七情中显发为恶者,不可以与四德并列。所以将七情写在心下,以见其发有中节、不中节。权近又引程子话，认为"情炽"而"性"，即因七情的影响使性不能真实地呈现，所以有不中节。为此，不能说七情为性所发。

与四德之情由性发这一问题紧密相关的一个问题是，权近在"四德"（恻隐、辞让、羞恶、是非）图下，又相连一个圈，写有"仁之端"、"义之端"、"礼之端"、"智之端"这四端。由此，将"四德"与"四端"分开来。对此，他的学生问道："恻隐、辞让、羞恶、是非即仁义礼智之端，非有二也。今子既以四者列于情下，又书其端，于外别作一圈，何也？"权近回答说：

> 四者之性，浑然在中。而其用之行，随感而动。以为恻隐、辞让、羞恶、是非之心则是心，即为四者之端，诚非二也。然发于中者，谓之心；现于外者，谓之端。故孟子于此几两言之，或言端，或不言端。而朱子于言端，以为扰物在中，其端绪见于外，则其义愈明而不容无辨矣。[10]

权近段话的意思是说，"四德"与"四端"并非为二，但将其分属于两个圈，根据《孟子》的"恻隐之心，仁之端也；辞让之心，礼之端也；羞恶之心，义之端也；是非之心，智之端也"[11]这一理论，旨在阐明"已发"的详细过程。这就是性发的"四德"之情，显露于外时，则呈现为"仁之端"、"礼之端"、"义之端"、"智之端"这"四端"。所以，在"四端"圈外写一"善"字，表示"四端"是无恶的。

按照权近的这一思维模式，便可推导出，"四端"是性之所发，无不善；"七情"是心之所发，有善有恶。关于"四端"与"七情"的所发问题，朱熹曾说过"四端是理之发，七情是气之发"。[12]其实，权近的"四端性发，七情心发"（这种话，权近没有说过，但这种意思，在其《天人心性合一之图》中已明显表露出来）与朱熹的"四端理发，七情气发"并无抵牾之处。如上所述，权近认为"心中之理即是性"，所以，"四端性发"与"四端理发"并无二致，值得讨论的是"七情心发"与"七情气发"。其实，"心"在权近思想中具有两重意义。他主张，心是"其体则一而用则二"。所以，从"体"上说，心之体是指纯善无恶的"性"。"心"与"性"居中、居正，在同一圆圈中，便是一个说明。另外，从"用"上说，由于"心是理气妙合"，因此心之用的结果有二，或为"善"，或为"恶"。可见，权近的"七情心发"与朱熹的"七情气发"，并无本质上的区别。那么，权近为什么要强调"七情心发"呢？这与权近的学问观有密切关系。权近性理学思想的目的，是为了对人性善恶的根源的研究，具体讲，就是对"已发"过程的探讨。为什么有"圣人"、"君子"和"小人"（权近称为"众人"）的区别，其根据在于"已发"。纯善无恶的性所发之四德之情，必是善的，为"圣人"。关键在于"理气妙合"之心所发的"七情"，（权近叫作"意"）是有善有恶的。这里的"心"，是从心之用的意义上讲的，因此所发之"意"有善恶的区分。权近主张，必须"主敬以克治之，遏人欲之萌"。对君子和众人进行"敬"的修养功夫，以遏人欲，复天理。可见，权近认为只有了解了"已发"的过程：才能明白善、恶的根据，也才能因人而异地进行"主敬"的道德修养。最终，使有善有恶之"人心"变为纯善无恶之"道心"。这就是人的价值所体现，人的高贵之处所表现。所以，权近更加重视对心之作用的研究，也就是对"已发"过程的研究。

权近作为一位性理学者，主张天人心性合一，这种合一的过程是将"天人"关系还原为"心性"关系。从最上一个圈"天"到右侧最下一个圈"圣人与天同大"，是一个天人合一的程序。这个程序包括了心之体为性；心之用有二：性发为情，心发为意；"恻隐"、"辞让"、"羞恶"、"是非"四德外显为"仁之端"、"礼之端"、"义之端"、"智之端"四端；"四端"为善，至诚，是圣人之性；"意"几有善恶，所以"善恶分"、"万事出"；对于恶，当以"敬"克之、治之，施以存养、省察功夫，去恶存善。这个程序体现了"心"与"性"的一种复杂的合一关系。

二 权近性理学思想的价值

作为丽末鲜初的性理学者，权近的性理学思想在韩国儒学史具有重要的价值和影响。具体表现如下：

（一）权近的性理学思想对朝鲜朝儒学具有导向的作用

权近的重要代表作《天人心性合一之图》说明了他对心性之学的重

视和深入研究。此外，他的《大学指掌之图》、《中庸首章分释之图》等也表明了他对心性问题的重视。

如在《大学指掌之图》中，权近对八条目的"格物"的解释就颇有特色。关于"格物"，权近在此图下之说中有几处集中论述：

> 所谓格物穷理之事而非扞格外物者。
> 致知在格物，则物非外物，格非扞格。[13]

在这里，强调"物非外物"、"格非扞格"。权近所说的"非外物"之物，是指内在德性与外在事物接汇、汇聚，旨在强调人的心性的重要性。这种"非外物"之物，就不是普通的事物，而渗透了人的主体性——心性。格这样的物，才能够致知，穷理。再有，"格非扞格"，所谓"扞格"，是讲互相抵触，格格不入。《礼记·学记》讲："发然后禁，则扞格而不胜。""扞格"不会进入物之中，而只能是与物格格不入。所以，权近强调"非扞格"，即一定要深入物之中，才能穷物之理。而这样的"格"，必定是以人的心性与物相会，才能嵌入物之中，穷尽物之理。可见，权近对"格物"的诠释，亦凸显了他的心性学思想。

值得注意的是《中庸》中没有"敬"字，而上图中加进了"敬"字，并在"敬"字下写有："常存敬畏"。权近在这里对"敬"的强调，大概是对朱熹"大抵敬有二，有未发，有已发，所谓毋不敬，事思敬是也"[14]思想的具体发挥。"未发"，和"已发"都是讲的心性问题，所以这里的"敬"也是与心性相关联。

权近对心性问题的重视，对朝鲜朝儒学具有重要的影响作用。朝鲜朝儒学者大都重视对心性问题的探讨和研究，并提出了一些具有韩国特色的理论和观点，标示韩国儒学与中国儒学、日本儒学、越南儒学的不同之特色。权近的心性学思想对朝鲜朝儒学的这种导向作用，具体表现为以下两点：

其一，权近关于"四端"和"七情"的论述，开启了韩国儒学史上"四七"论辩之先河。

"四端七情"论辩是韩国儒学史上一场著名的关于心性问题的大论辩。这场论辩的理论焦点涉及了理、气、心、性、人心、道心等心性学的所有重要理论问题。朝鲜时代的许多重要儒学者如李退溪、奇高峰、李栗谷、成牛溪等都先后参与了这场大论辩。这场论辩前后持续八年之久。而这场论辩的开端，可追溯到权近对于"四端"、"七情"的论述。

如上所述，权近关于"四端"和"七情"的思想，主要有"四端是性之所发，七情是心之所发"。这种思维模式成为朝鲜时代的大儒李退溪所说的"四端理之发，七情气之发"[15]之先河。虽然李退溪这句话的直接来源是根据朱熹的"四端是理之发，七情是气之发"而来，但权近在《天人心性合一之图》中关于心性与四端、七情的关系论述，可以说是韩国儒学史上最早关于"四七"关系的论述。这一论述在韩国儒学史上具有一定影响。例如朝鲜朝时代儒者沙溪金长生说："愚与韩士仰书曰：退溪先生四端七情互发之说，其原出于权阳村《入学图说》。其图中四端书于人之左边，七情出于人之右边。郑秋峦因阳村而作图，此互发之说所由起也。退溪曰：'四端理发而气随之，七情气发而理乘之'是阳村书左右之意。"[16]

其二，权近在《中庸首章分释之图》中写的"性之理，人物同"成为韩国儒学史上"人物性同异论"的滥觞。

"人物性同异论"是继"四七"论之后的又一次关于心性问题的大论争。这场论争又称为"湖洛论争"，即以南塘韩元震为代表的湖论和以魏岩李柬为代表的洛论之间的大论争。湖洛论争的主要问题有二：一个是关于人物性偏全问题，即人物性是异、是同的问题；一个是关于未发有气质善恶问题，即心体本善，还是有善恶之分的问题。这场论争的起源，按韩国学者李丙焘讲，应起始于西溪朴世堂、农严金昌协及遂庵季弟权尚游。但值得注意的一点是，权近在《中庸首章分释之图》的右上角写的"性之理，人物同"已含有"人物性同"的理论主张。为此，韩国学者金忠烈认为，权近的这种主张成为了人物性同异论的开端。[17]可以说，这也是权近的性理学思想对朝鲜朝儒学导向作用的具体体现。

（二）权近的性理学思想为朝鲜朝指明了以儒治国的方向

权近的《洪范九畴天人合一图上》和《洪范九畴天人合一图下》及《无逸之图》中以儒治国的思想，对朝鲜朝初期的统治层有很大影响。例如，他在《洪范九畴天人合一图》（上下两图）的下面，写有：

洪范九畴，天人之道备焉。五行者，天之所以生物之始，在天道莫大焉，故居一而为首。既有五行，万物生焉，则人者万物之灵，而五事人道之本，故居二而为次。既有人，则必有所事，而八政者事之最急，故君三。欲修人事，又当验于天道，而历象授时不可缓也，故五纪居四。顺五行，敬五事，厚八政，协五纪，人君之道备焉。故皇极居五而当中。皇极者，继天道而立人极，为四方之标准，万民之取法者也。人君之治，酬酢万变，其用不同而皆叛于中正。故三德次皇极而居六。事之可疑，当听于天，故稽疑居七。治有得失，则征有休咎。所当推天而省己，故庶征居八。得失休咎之征，不惟现于天象，而善恶吉凶之应，终必及于吾身。故福极居九而终焉。人君治天下之大典，未有加于此者也。然畴虽有九而枢要有三，在天惟五行，在人惟五事，而皇极者合天人而一之者也。五事得而皇极立，则五行顺而雨旸燠寒风之休征应；五事失而皇极不立，则五行汨而雨旸燠寒风之咎征应焉。是其天人相互、流通感应之道，可谓明矣。至于八政五纪三德稽疑福极之用，亦皆在乎极之立不立尔。然则修五事而立皇极者，其道何由在乎敬之一字而已？叙畴，圣人以敬加于五事之上，所以示万世人主以心法也。为人主者，可不念哉？[18]

　　这段话上半部内容是对《洪范·九畴》内容的具体介绍，下半部内容权近提出了"敬"在行"九畴"中的重要性，并强调人君者要"以心法之"。以洪范九畴治国理民，这本身就是以儒治国，权近更强调了儒家主张的"主敬"思想，对朝鲜建国初期的统治者颇有启示。

　　再有，《无逸篇》在高丽时代就已成为人君治理国家的座右铭，权近对此篇加以图和说，使之更加广泛地流传开来，其中不骄侈淫逸，体恤民情的思想，成为朝鲜建国初期以儒治国的指导理念。如权近在《无逸之图》下的说中讲：

　　自古有天下国家者，莫不由祖宗勤俭以兴盛，由子孙逸怠以覆亡。先知稼穑之艰难，以勤俭不息为家法，稼穑人食之本，人君生长深宫不知其艰，不恤其民，骄侈淫逸，傲然自肆，小则损寿以自丧，大则亡国而绝祀者,万世人主之所当先知者也。[19]

这种思想在朝鲜朝初期导向儒治之时,不能不说具有深远的意义。

(三) 权近的性理学思想开启了朝鲜学者以"图说"为形式的研究方法

如上所述,权近的《入学图说》共有四十幅"图"和"说",其"图"以通俗易懂的形式将儒家经典的奥义表示出来,其"说"以深入浅出的语言解释"图"中之义。这种"图说"研究方法为普及儒家经典和儒家思想,起到了积极的作用。权近之后的朝鲜学者大都采用了这种研究方法。例如朝鲜大儒李退溪在与郑秋峦(郑之云)和奇高升论辩"四端七情"时,就曾利用权近这种"图说"形式来阐释自己的思想。李退溪之后的诸多儒学者也都或多或少地采用了"图说"形式作为自己的研究方法,这不能不说是权近研究方法的继续和发展。

朝鲜朝儒学者一方面对权近思想有所继承,但另一方面也有所批评。例如李退溪认为权近的《入学图说》巧则巧矣,但未免有牵合杜撰之病;韩元震认为权近的心性学分理与气、心与性、情与意、四端与七情,有二体、二用之偏,不见其浑融无间之妙。

但是,在丽末鲜初之际,权近的心性学思想不论是对中国程朱理学有所细化、有所发展来看,还是其"图说"以平俗易懂的方法推广、宣讲儒家思想来讲,他的心性学思想无疑是非常有学术价值的。

注释

[1] 金忠烈:《高丽儒学思想史》,第 336 页第 19 注。
[2] 《中庸》。
[3] 朱熹:《四书集注·中庸章句》。
[4] 裴宗镐:《韩国儒学资料集成》(上),第 6 页上。
[5] 裴宗镐:《韩国儒学资料集成》(上),第 9 页。
[6] 陈来:《朱熹哲学研究》,中国社会科学出版社 1988 年版,第 98 页。
[7] 陈来:《朱熹哲学研究》,第 112 页。
[8] 陈来:《朱熹哲学研究》,第 149 页。
[9] 裴宗镐:《韩国儒学资料集成》(上),第 8 页下。
[10] 裴宗镐:《韩国儒学资料集成》,第 8 页下、9 页上。

［11］《孟子·公孙丑》。

［12］《朱子语类》卷五十三，辅广录。朱熹这一思想成为朝鲜朝李退溪与奇高峰关于"四七"论辩的依据。

［13］裴宗镐：《韩国儒学资料集成》（上），第10页下。

［14］《朱子语类》卷十七，郑可学录。

［15］《天命图说后叙·附图》，《增补退溪全书》（二），成均馆大学校大东文化研究院，第325页下—326页上。

［16］《近思录释释疑·沙溪先生全书卷之十七》，《沙溪·慎独斋全书》（上），白山学会1985年版，第287页。

［17］金忠烈：《高丽儒学思想史》，第347页。

［18］裴宗镐：《韩国儒学资料集成》（上），第17页。

［19］金忠烈：《韩国儒学思想史》，第354页。

（载《韩国研究论丛》2009年第1期，第365—379页）

论南塘韩元震的性理学思想

韩元震（1682—1751），字德昭，号南塘（因居住于结城南塘，即今忠南洪城邑西）。南塘才智超群，自少博涉经史，旁及天文地理兵学算术，而其主旨在于理气心性之学。在这方面，南塘是一位颇有独立思考的学者。他的主要学术观点有：

一 "未发心"论

南塘与魏岩一样，在"未发"问题上深化、细化了朱熹思想，但与魏岩不同之处是他从"理气观"上对"心"进行了详细论述。从而，"未发心"论成为南塘学术思想的一大特色。

从学脉上讲，魏岩和南塘同属于栗谷学派，即朝鲜朝性理学中"主气"一脉。但魏岩是"主气"学派中侧重于"理"的一方，而南塘是"主气"学派中侧重于"气"的一方。这是湖洛学派在理论上的一个根本区别。所以，南塘的理气观具有明显的重"气"特点。

南塘重"气"的特点表现在，在强调"理气不离"的基础上，将"气"与"心"联系起来解释，主张"心即气也"。如他说：

> 若夫天地万物之形，气之为也，其所以为天地万物者理也。理无形而气有形，理无为而气有为，此则理气之别也。理寓于气，气以行理，有是理则必有是气，有是气则必有是理；理外无所谓气，气外无所谓理。则理气虽非一物，亦不能顷刻相离也。[1]

这里，南塘在指出理与气的区别（有形与无形，有为与无为）之后，强调的是"理气不能顷刻相离"。在"理气不离"的前提下，南塘提出

"心即气"的命题。他在《附未发气质辨图说》一文中讲（见图1）：

图1　未发气质辨图说

　　心即气也，性即理也。气有清浊美恶之不齐，而理则纯善，故单指理为本然之性，兼指理气为气质之性。性非有二体也，只是气质之兼不兼而有二名耳。气虽有清浊美恶之不齐，而未发之际，气不用事。故善恶未形，湛然虚明而已矣。

　　虽则湛然虚明，其气禀本色之清浊美恶则亦未尝无也。故即其湛然虚明无所掩蔽于天理者而单指其理，则为本然之性；因其气禀本色清浊美恶之不齐者而兼指理气，则为气质之性。故朱子曰："喜怒哀乐未发之时，只是浑然。所谓气质之性，亦皆在其中。至于喜怒哀乐，却只是情也。"斯言也恐未可以改评也。[2]

　　文中之图表示的是南塘的"未发心"。图上方写有"心即气"。此图中的"气"，是同时含有"湛然虚明"（如图下方写有"虚明"）与"气禀"（如同左方写有"浊恶"）两个方面的气。南塘将"湛然虚明"理解成气质的"纯善"，例如他说："气质纯善云者，亦若只指其湛然虚明底气象而言，则固不始不可。愚见亦以为然矣。"[3]南塘将"气禀"理解成"有善恶"，例如他说："愚所谓善恶者，指其气质有清浊粹驳而言也。"[4]可见，南塘以"气"解释"心"，这时的"心"（未发心）既包含了"湛然虚明"的本体，又包含了"气禀不齐"方面。对此，他有明确的论述：

　　湛然虚明，气禀不齐，皆以气言。而湛然虚明，是言未发气象，朱子所谓心之本体，指此而言也。气禀不齐，是言气禀本色，朱子所谓心有善恶，亦以此而言也。[5]

"湛然虚明"和"气禀不齐"都是说的"气"。这里的"湛然虚明"指的是心之本体，是纯善的；这里的"气禀不齐"指的是气禀本色，有善恶之分，南塘认为气禀之有善恶也就是心有善恶。这样，气质的善恶问题就转换成了心的善恶问题。

虽然南塘认为"未发心"具有"湛然虚明"和"气禀不齐"两个侧面，但是与此同时他还指出"湛然虚明"与"气禀不齐"又同存于"一心"之中。关于这一点，他用铁镜与潭水的关系加以说明。

镜水之譬，愚自谓粗合性命之命体。盖镜水则心也，镜水之明止，即心之未发虚明也。潭之大小，铁之精粗，即心之气禀不齐也。镜水之明止与铁潭，决非二物，无界分部伍之可以各寻者，则心之虚明与气禀，亦犹是耳。即其未发虚明而单指理，为大本之性；以其气禀不齐而兼理气，为气质之性。而虚明气禀，又非二物，则此所以性无二性而心无二心也。[6]

南塘认为，铁镜之明与潭水之止，如同心之未发虚明；而铁之精粗与潭之大小，又如同心之气不齐。由于铁镜由铁制成，潭水置于潭中，所以，不论铁之精粗，它与镜是一事物的两个侧面；不论潭之大小，它与水也是一事物的两个侧面。这就是说，"未发心"之"湛然虚明"的本体与"不齐"的气禀，亦同时是"一心"的心之两个侧面。换言之，南塘认为"虚明气禀，又非二物"。这就是说"虚明"与"气禀"非为二物，而是一物（即"未发心"）的两个侧面。他的这一思想在《与沈信夫》一文中也明确提出过。如他说：

虚灵则气禀之虚灵，气禀则虚灵之气禀，非有二物也。……气禀虚灵，原只一物者。[7]

文中的"虚灵"即指"湛然虚明"的心之本体。如南塘曾讲过："未发之虚明，即心之虚灵也。"[8]在南塘思想中，"未发心"既有"虚灵"之纯善的一面，又有"气禀"之有善恶的一面。也就是说，他把含有善恶特性的"气禀"移植在"未发"之中，这就在逻辑上必然得出他主张"未发心体有善恶"的结论。而这一结论，正成为"洛论"者批评的对象。虽然南塘一次也没有说过"未发心体有善恶"。[9]

二 "性三层"说

在"性"的问题上，南塘把"性"分成三个层面，即有"超形气"的、人物皆同的性，有"因气质"的、人人同而人物不同的性，有"杂气质"的、人人不同而物物亦不同的性。这就是他的"性三层"说。他的这一思想集中表述在《上师门》一文中。文曰：

> 元震窃以为性有三层之异，有人与物皆同之性（《中庸》二十二章章句："人物之性，亦我之性"）有人与物不同而人则皆同之性（《孟子》：《告子》篇辑注："以理言之，则仁义礼智之禀，岂物之所得而全哉？"《大学》序文："天降生民，则既莫不与之以仁义礼智之性"）有人人皆不同之性（《论语》子曰："性相近也。"）性非有是三层而件件不同也，人之所从而见者，有是三层耳。
>
> 就人物上除了气，独以理言，则浑沦一体，不可以一理称之一德名之，而天地万物之理，仁义礼智之德，无一不具于其中矣，此人与物皆同之性也。
>
> 就人心中，各指其气之理而名之，则木之理谓之仁，金之理谓之义，火之理谓之礼，水之理谓之智。四者各有间架，不相淆杂，而亦不杂乎其气而为言，故纯善而无恶。人则禀气则全，故其性亦皆全。物则禀气不能全，故其性亦不能全。此人与物不同而人则皆同之性也。
>
> 以理杂气而言之，则刚柔善恶，有万不齐，此人人皆不同之性也。
>
> 岂人既有人与物皆同之性，又有人与物不同之性与人人皆不同之性哉？特以其独言理而不及气，则人与物皆同。各指其气之理，而亦

不杂乎其气而为言,则人与物不同,而人则皆同(各指其气之理,故有仁义礼智名目之不同,而人与物不同;亦不杂乎其气而为言,故纯善无恶,而人则皆同。)以理与气杂而言之,则人人皆不同而有是三层耳(上二层本然之性,下一层气质之性)。其实一性而已也。

崔徵厚、韩弘祚诸人于前一层之说,不可谓无见,于后二层之说,似未有见,故其言多窒。其论仁义礼智,则以为随木气而发则为仁,随金气而发则为义(发为仁、发为义之说,殊甚怪骇)。论人物之性,则以为禽兽亦禀得尽五常之性,而与人初无异。论气质之性,则以为未发之前,只有本然之性,而及其发也,方有气质之性,以人心当气质之性。此皆未案。禹执卿亦以彼说为非,元震之见,如上所禀,未知果得否。[10]

这篇短文围绕"性三层"说主要谈了四个问题:

第一,从"理气"观阐释"性三层"说。在南塘的思想中,所谓超形气的、人物皆同的性,指的是人物不囿于形气的性。从理气观来看,指的是"理"。例如,他讲:"盖以理之不囿乎形气者而论其一原,则人之理即物之理,物之理即人之理,而其性无不同矣。"[11]这里所说的"理之不囿乎形气者",讲的是理在气中,但又不考虑其气质,单指其理而言。"就气中不犯形气,单指其理,则浑然全体无所偏倚,故尊以称之曰太极……张子所谓万物之一原是也。"[12]"超形气而言,则太极之称是也,而万物之理皆同矣。"[13]南塘视"太极"为万物的本体,并且"太极"是超形气、无加无对的,是万物之"理"。万物之理皆同,所以万物之性皆同,即人性与物性皆同。这是南塘的第一层性,又称为"本然之性"。

南塘的第二层性是说人禀气全,故其性全;物禀气不全,故其性不全。所以人与人性相同,而人与物性相异。所谓禀气全不全的问题,用《上师门》一文中的话来说就是"木之理谓之仁,金之理谓之义,火之理谓之礼,水之理谓之智"。这是从气之理上来说的性,因此南塘说这是"因气质的性"。"不因乎气质则不名为性矣,性虽因气质而名,然其所指为性之物,则实指其中所赋之理,非杂乎气质而言也"。[14]虽然叫"因气质的性",实际上指的还是气中之理。不过,南塘认为这种气中之理,人禀得全,而物禀得不全。所以,这种"因气质的性"就如同是孟子所说的"犬之性、牛之性、人之性",周濂溪所说的"各一其性",朱子所说的"偏全之理"是一个意思。如南塘在反驳魏岩的"人物性同"观点时曾说过:"孟子又言犬、牛、人性之不同,而朱子于《辑注》释之曰:'此人性之所以无不善,而为万物之灵。'又于其章《或问》曰:'此章孟子之意,只恐其昧于人性之善也。'孟子言性善,则朱子以人性之贵于物者释之。孟子言人性之贵于物,则朱子又以性善者释之。性善之人物不同,孟、朱之指,灼然可见矣。"[15]南塘以孟子和朱子的言论证明"性善之人物不同"。继而,他又列举出尤庵宋时烈的话说明人物性不同。如他说:"尤庵先生又答人书曰:'天下万物,莫不配属于五行,谓五行之理赋于人而为五性,可也。因以为凡配五行者,皆具仁义礼智信,则大不可。'吾东方诸儒之论,又皆如此。"[16]人禀气全,而物禀气不全,所以人物性异。南塘认为这是东方诸儒的共识,所以他在《上师门》文中强调人禀气全,故性全;物禀气不能全,故性亦不能全。关于这一思想,他还引述朱子话以佐证。如他说:"《中庸》首章吕焘录曰:'问:以健顺五常言物之性,如健顺字,亦恐有碍否?'曰:'如牛之性顺,马之性健,即健顺之性;虎狼之仁,蜂蚁之义,即五常之性。但禀得来少,不似人禀得来全耳。'"[17]南塘认为,因为人与物禀气全与不全,就决定了人性与物性相异,即不同。

南塘所谓的"因气质之性"因不杂乎其善恶之气,所以又是纯善无恶的。关于这一点,南塘也是从理气关系进行解释的。如他说:"就气中各指其气之理,则理已偏于一德,而不得为全体,故分而目之曰,健顺五常,亦不杂乎其气之善恶而言,故其本善之体自若也。夫子所谓成之者性、各正其性命,周子所谓五行各一其性,孟子所谓犬之性、牛之性、人之性,朱子所谓偏全之理,是也。"[18]南塘思想中的"因气质之性",指的是气中之理。这种理是不杂乎"有善恶之气"的气的,所以是纯善不恶的,是人的本善之体。在这层意义上,南塘将这第二层性也叫"本然之性"。这种"本然之性"是纯善无恶的,是人心自若地一种状态。因此,这种性,是人人皆具有的,即人人相同的,但是人与物却不相同。

南塘的第三层性,是"杂气质"的,是人人不同而物物也不同的性。这种性,是理杂"有善恶"的气而成的性,故这种性是刚柔善恶,有万不齐,是纯粹的"气质之性"。南塘从理气关系解释这种性时说:

兼指理气，则气有善恶，理亦有善恶，故据气称之曰善恶之性。夫子所谓性相近，周子所谓刚柔善恶中，程张所谓气质之性是也。[19]

由于气有善有恶，故理亦有善有恶，理与气杂而生成的性，也就是有善有恶。因此，这种"气质之性"是人人不同而物物不同的。

第二，南塘所谓的"本然之性"。在南塘的"性三层"说中，他把第一层性（"超形气"的、人物皆同的性）和第二层（"因气质"的、人物不同而人人同的性）都称为"本然之性"。那么，这两种"本然之性"的区别是什么？

从上述论述中可以看到，虽然这两种"本然之性"都是指"理"而言，但这个"理"的内涵不同。

第一层性（"超形气"的、人物皆同的性）是指"太极"之理，即天地万物之理、仁义礼智之德，无一不具于其中。这是从宇宙之本，万物之源上来说的，也就是说这是"一原之性"，所以"人与物性同"。

第二层性（"因气质"的、人物不同而人人同的性）是指气中之理而言。这种气中之理不是统体一太极，而是各具一太极。"各指处，不可唤作太极之全体。"[20]也就是说，这时的"理"主要是指"气"中之"理"，故南塘称为"因气质"的。既然"因气质"的性，又为什么叫作"本然之性"？对此，南塘作如下解释：

有言万物皆同之性者，是则不犯形气，单指其理而言也，所谓专以不杂言者也。有言人与物不同，而人与人同，物与物同之性者，是则就气中各指其气之理，而亦不杂乎其气之善恶而言也。

是故以五常之性对太极而言，则太极为本然之性，而五常为气质之性。虽曰气质之性，不害其为本然也。[21]

这是说，第一层性即万物皆同的性，是单指理（太极）而言的。第二层性即人物不同而人人同的性，是就气中之理而说的。在这层意义上，称之为"因气质"。但要强调的是，它不杂乎"有善恶"的气，所以这种性是纯善无恶的。虽然它是纯善无恶的，但这种性（五常之性）对超形气的性（太极）而言的话，如果太极为本然之性，那么五常则为气质之性。但这种气质之性是不害其本然的，就是说这时的气质之性不是带有"有善恶"的俗性的性，而是维持着本然纯善的性，因此不能称它为"气质之性"，而是应称为"本然之性"。总之，南塘的意思是说，第一层性是"本然之性"；第二层性与第一层性对比的话，可以相应地称之为"因气质之性"，但它实质上是"本然纯善"的，故又称为"本然之性"。真正的"气质之性"是第三层性，即"杂气质"的、有善有恶的、人人不同物物也不同的性。

因为第二层性是"因气质"的性，这就存在着"禀气"的"偏全"问题，由此造成了人性（禀气全）与物性（禀气不全）的不同。所以，第二层性（"因气质"的"本然之性"）是人人同（本然纯善）而人物异（禀气偏全）的性。实际上，南塘把这"因气质"的"本然之性"（第二层性）视为事实上真实的性。与主张"人物性同论"的魏岩相比较的话，南塘主张的"人物性异论"，就是指的这种性。

由此可见，南塘是想凭借"超形气"的"本然之性"（第一层性）来论证"人物性同"的观点。南塘又想根据"因气质"的"本然之性"（第二层性）来证明"人物性异"的观点。

第三，南塘所谓的"气质之性"。在南塘学说中，他将纯粹的"气质之性"规定为杂善恶之气，人人、犬犬、牛牛之性都不同的性，即他所谓的第三层性。这无须赘言，但要注意的是南塘认为"气质之性"在"未发之前"。这是他同魏岩又一争论之处。例如，他在《上师门》最后就谈到了这一点。"论气质之性，则以为未发之前，只有本然之性，而及其发也，方有气质之性，以人心当气质之性，此皆未安"。[22] 为了批评魏岩主张的"未发之前，只有本然之性"的观点，南塘作《附未发气质辨图说》一文，其中说道，如认为未发之前无气质之性，那么则有五大弊端。即：

> 若曰未发之前，气虽有清浊粹驳之不齐，而亦不可兼指谓气质之性，则是未发前清浊粹驳之气，乃为无理之气，而理之具于其中者，亦为气外之理矣。此一不可也。
>
> 若曰未发之前，气质纯清极粹，故理亦由之而纯善，不可复谓有

气质美恶之性。则是性善由于气质,而气质为大本矣。且其所谓性善者,只是气质之性善一边,而非性之本体也。此二不可也。

若曰未发之际,气始用事。喜怒哀乐之感,或中或否者,为气质之性,则是本然之性,发为气质之性。本然之性为体,气质之性为用矣。且前古圣贤未有以喜怒哀乐之情为性也。此三不可也。

若曰心之昏昧乱者,正是气之用事,而气质之性,乃在于此。则是气质之性,纯乎不善,而圣人之心,无此昏乱者,独无有气质之性矣。此四不可也。

若曰气质之性,不在未发,亦不在已发,则是气质之性,终无安顿归宿之所。而程张之立此说以晓人者,不过为张虚驾诞无实之空言也。此五不可也。[23]

这五大不可就是将理气分离,认为性善不是性之本体,颠倒性体情用,圣人之心不具气质之性,气质之性无所安顿。南塘的这一观点与他的"未发心"具有密切联系。

第四,南塘所谓"三层性"的关系。在南塘思想中,他的第一层性、第二层性、第三层性不是互无关联、没有联系的,而是层层递进、以"气"为关键点的。

第一层性是"超形气"的性,是"理一"即"一原"性。南塘认为,这种性从"理气不离"的角度看,是不考虑其气质,单指其理而说的。这种性就是"超形气"之性。"超形气"之性从"气中之理"看,木之理为仁、金之理为义、火之理为礼、水之理为智等五常之性。因人能禀得气全,即性全;物则禀不得气全,故性不全。这是"因气质"的第二层性。这种"因气质"的"本然之性"掺上"有善有恶"之气,就形成了"杂气质"的"气质之性",即第三层性。不过,这只是从理论构造上来说而已。

另外,南塘还用"单指"、"各指"、"兼指"来名命第一层性、第二层性、第三层性,即"单指"是指"超形气"的人物皆同之性;"各指"是指"因气质"的人物不同之性;"兼指"是指"杂气质"的人人不同、物物不同之性。如果以此来看魏岩代表的"洛论"学者的观点的话,那么"洛论"者则把"性"分为"单指"的"本然之性"和"兼指"的

"气质之性"两个侧面。

在理论上，南塘主张"性三层说"，是为了以"超气形之性"来说明人物性同，以"因气质之性"来说明人物性异，以"杂气质之性"来说明人人、物物性异。但是，在本质上，南塘主张只能是一个性。如他强调：

> 性非有是三层而件件不同也，人之所从而见者，有是三层耳。……其实一性而已也。[24]

可见，南塘的"性三层说"是从理论上说的，在本质上，他认为性只能是一个性。[25]

注释

[1] [韩] 崔英辰：《中译魏岩·南塘湖洛论争资料集》，韩国儒教学会，2003年版。

[2]《书·附未发气质辨图说》，《南塘集》卷11，第44页。

[3][8]《答尹瑞膺》，《南塘集》卷13，第9、29页。

[4]《与蔡君范》，《南塘集》卷14，第3页。

[5]《答金子静》，《南塘集》卷18，第20页。

[6]《附未发五常辨》，《南塘集》卷11，第21页。

[7]《与沈信夫》，《南塘集》卷15，第19页。

[9] 南塘认为，未发时，清浊的气禀显示不出善恶，只存在于善恶的可能态。如他说："气虽有清浊美恶之不齐，而未发之际，气不用事，故善恶无形。"参见《附未发气质辨说图》，《南塘集》卷11，第45页。

[10][23][24]《上师门》，《南塘集》卷7，第2页。

[11]《与崔成仲别低》，《南塘集》卷8，第22页。

[12]《理气性情图》，《经义记闻录》卷6，第2页。

[13]《拟答李公举》，《南塘集》卷11，第9页。

[14]《性》，《朱子言论同异考》卷2，第1页。

[15][16]《附未发五常辨》，《南塘集》卷11，第19页。

[17]《附书·气质五常辨后》，《南塘集》卷11，第42页。

[18][19]《理气性情图说》，《经义记闻录》卷6，第3页。

[20]《理气性情图说》,《经义纪闻录》卷6,第4页。

[21]《太极图》,《经义纪闻录》卷3,第2页、第14—15页。

[23]《附未发气质辨图说》,《南塘集》卷11,第44页。

[25]金银洙,洪正根:《魏岩、南塘湖洛论辩的分歧及其意义》,[韩]崔英辰:《中译魏严·南塘湖洛论争资料集》,韩国儒教学会2003年版,第8—10页。

(载《延边大学学报(社会科学版)》2009年第2期,第57—61页)

朱子学在高丽时代的传播与发展

一

在韩国儒学史上，中国朱子学是在1290年由安珦（1243—1306）传入高丽王朝的。在此之前传入朝鲜半岛的儒学主要是汉唐儒学。这就是说，中国朱子学是在中国元朝时传入朝鲜半岛的。

高丽忠烈王十五年（1289年），安珦随忠宣王赴元大都，得以自由地会见当地学者，阅览有关朱子学的书籍并手抄新刊《朱子全书》。忠烈王十六年（1290年），安珦回国，将朱子学传入高丽。安珦崇拜朱熹，以朱熹的号——晦庵为榜样，自号晦轩，并在居室里悬挂朱子像，努力传授朱子学。他在国子监向学生宣讲朱子学的重要性时说：

> 吾曾于中国，得见朱晦庵著述。发明圣人之道，攘斥禅佛之学，功足以配仲尼。欲学仲尼之道，莫如先学晦庵。[1]

这表明安珦认为朱熹继承并发展了孔子思想，劝勉后来学子想要学孔子，就先要学朱熹。可见，朱熹在他心目中的地位和价值。由此，安珦也被称为是韩国历史上最早的朱子学者。

继安珦之后，尚有两位重要的赴元学者白颐正和权溥，他们在将朱子学引入高丽方面，亦作出了不可磨灭的贡献。

李齐贤的《栎翁稗说》记载：白彝斋从德陵，留都下十年多，求程朱性理之书以归。[2]（《前集2》）

这里的白彝斋是白颐正（1260—1340）的号。他曾伴忠宣王在元十年左右学习程朱理学而后归国。据金忠烈氏考证，白颐正是在忠烈王三十一年（1305年）入元，在忠肃王元年（1314年）归国。《东国通鉴》忠肃王元年春正月条中记有："白颐正佥议评理时，程朱之学始行中国，未及东方，颐正在元得而学之东还。"白颐正在元学习朱子学期间，正是元统治者将朱子学定为官学之际。所以，他深知朱子学的重要性。归国后，他将朱子学传授给了李齐贤。后经李齐贤的传授，在丽末鲜初形成了高丽朱子学的系谱。可以说，白颐正奠定了高丽朱子学传承的基础。

《栎翁稗说》记载：我外舅政丞菊斋权公得《四书集注》镂版以广其传，学者又知有道学矣。[3]（《前集2》）

这里的权公即权溥（1262—1346），曾于1302年至1309年间，两次赴元学习朱子学。由于程朱理学重视"四书"，所以当时中国社会以《论语》、《孟子》、《大学》、《中庸》为刊行普及读本。权溥注意到这一现象，回国后，努力刊行普及朱熹的《四书集注》。正是由于权溥对朱熹《四书集注》本的刊行和普及作用，才导致了高丽儒学由以前的汉唐儒学转向了朱子学。而这正是权溥对引进朱子学所立下的功绩。

当时入元的高丽学人大多滞留于元大都（中国北方）一带，所以只知作为官学的朱子学，而不闻散落于中国南方一带的陆学。其结果，被引入高丽的就只能是朱子学。

李齐贤（1287—1367）则是高丽朱子学学脉中的一位重要学者。

李齐贤号益斋、实斋、栎翁，字仲思，权溥之贤婿。他天资聪慧，15岁时登成均试状元榜，28岁时向白颐正学习程朱理学并被忠宣王选贤送入元京万卷堂，进一步学习朱子学。《高丽史·列传》中《李齐贤集》有这样的记载：忠宣以大尉留燕邸，构万卷堂……召齐贤至都。时姚燧、阎复、元明善、赵孟頫等，咸游王门，齐贤相从学益进，燧等称叹不止。[3]

上文中提到的阎复、赵孟頫是元代著名的大文豪，而姚燧和元明善更是元代程朱理学的著名学者。姚燧（1238—1313）是元代理学宗师许衡的大弟子。他在许衡之门的地位，堪与孔门的子游、子夏相比拟。他以弘扬程朱理学为己任。元明善（？—1322）是吴澄草庐学派的重要传人之一。他以理学经学而闻名于世。[4]

李齐贤经常与他们在一起相切相蹉，成为对程朱理学有很深造诣的学者。他认为，朱子学是学习儒学的捷径，程朱之书是教化修养的向导。他在《栎翁稗说》中讲："吾家有朱晦庵注，读之所谓涣然冰释。"[2]（《后集》)又在《益斋乱稿》中说:"天下同文,家有程朱之书,人知性理之学,教之王道,亦庶几矣。"[5] 李齐贤这些言论反映了他对程朱学的理解和喜爱。

李齐贤诚如其号"实斋"一样,主张儒学为务实、笃行之学,认为儒学是日用事物之道,因此不提倡观念的理论,只举出历史上的实例,对应现实,警戒未来。如他所写的《史赞》,就是以历史史实告诫为政者如何实行王道的一部史鉴书。他在"景王条"中举出孟子所说"夫仁政,必自经界始。经界不正,井地不均,谷禄不平",说明了以仁政治理国家要从农村经济作起,这是治国之本。在"成王条"中,他对崔承老的28条,给予很高的评价,并将实践28条的成王之业绩,规定为历代帝王实行儒治的模范和标准。李齐贤赞美成王以儒治国的实行说:"承老见成王有志可与有为,乃进此书,皆实录也。成王立宗庙、定社稷,赡学以养士、覆试以求贤,励守令、恤其民,赍孝节、美其俗,每下手扎词旨恳恻而以移风易俗为务,去浮夸、务笃实,以好古之心求新民之理,行之无倦而戒其欲速,躬行心得而推己及人。齐变至鲁,鲁变至道,可冀也。"[5]《史赞成王条》)这种赞喻,表明李齐贤坚信儒学以务实、笃行为根本,必有益于人伦事物。在心性修养方面,李齐贤亦主张敬以直内的修养工夫。他说:"以敬以慎,敬慎之实,莫如修德。修德之要,莫如响学,择贤儒讲《孝经》、《语》、《孟》、《大学》、《中庸》,以习格物、致知、诚意、正心之道。四书既熟,六经以次讲明目习与性成德造。"[2]《拾遗》)可见,李齐贤强调儒家经典是心性修养的必读书,按照儒家敬、慎、修养心性的要旨,方可性成德造。李齐贤将朱子学传授给了其弟子李榖。

李榖(1298—1351)号稼亭,李齐贤之门人。李榖35岁时赴元,并在元翰林院做过官。在学风上,李榖继承了李齐贤广博汲取经、史、子、集而又致力于政教的求实风气;在学理上,他更倾向于对心性问题的研求。如他说:

> 心者一身之主,万化之本,而人君之心,出治于原,天下治乱之机也。故人君正心以正朝廷,正朝廷以正百官,而远近莫敢不一于正德于心。

> 古之人主知其然，而欲平天下者，先治其国；欲治其国者，先齐其家；欲齐家者，先修其身；欲修其身者，先正其心，未尝须臾不从事于心。[6]（卷1）

李穀认为，"万化之本"、"一身之主"就是"心"，而"心"之正邪会导致政治上的王霸之别，所以"正心"是根本。关于"正心"的修养功夫，他主张"主敬"说。

> 勤则为君子，惰则为小人……然勤者有义利之分，鸡鸣孜孜，舜拓俱有焉，故必以敬为主。[6]（卷1）

这些思想都是程朱理学的基本内容。

二

而同是李齐贤弟子的李穑，与其父李穀相比较，是青出于蓝而胜于蓝。李穑成为高丽后期朱子学传承系列中的关键人物。这主要是因为他在朱子学向着高丽性理学演绎、发展中作出了重要贡献。

关于李穑儒学思想的具体内容，表现为以下两个方面：

（一）"气化"思想

李穑关于"气化"思想的要点有三：

1. 气是宇宙万物之本根——气化之根据

"气化"之所以能够发生，这是因为天地、人类、万物，在实质上都是气。这一观点在李穑思想中是非常突出的。他反复强调"天地本一气也，山河草木本一气也"，"人与物，受气以生"。在李穑思想中，归根结底，气是宇宙万物的本根。他视气为天地之初，为万物之原。"初"和"原"，就是"本"和"根"。"本根"的主要含义有二：一是始义，即宇宙之所始，万物之所出；二是统摄义，即万有虽然极其繁赜，但终有统一者[7]。在李穑思想中，气既是始义，也是统摄义。正是从气为宇宙之本根这一点上，可以说这是"气化"之所以能进行的根据。

2. 气是宇宙万物差异性之所在——气化之形式

宇宙中物物有异、人人有别，这种差异性，是由气的大、明、散、峙、流、秩、清、浊之不同而相异。具体讲，气之大为天地，气之明为日月，气之散为风雨和霜露，气之峙为山脉，气之流为河川，气之秩为君臣父子之人伦，气之全满，为圣人、贤人。可见，大千世界，纷繁百态，这正是气化不同形式的结果。

3. 气是宇宙万物之所然——气化之过程

气产生宇宙万物的过程，实际上也就是气化的过程。在上述引文中，李稌引用了"位"（天地以之位）、"育"（万物以之育）、"合"—"体"（惟其合，是气以为体）、"发"—"用"（是以发，是气以为用）这些关键词，表明了"气化"的过程。天地，是在气"位"的过程中完成的；万物，是在气"育"的过程中形成的。总之，"合"是气之"体"，即无形之"道"、"太虚"；"发"是气之"用"，气之发，即气化，气的功用。所以，气之合为气之体，也就是气之本然；而气之发为气之用，这就是气化的过程，也就是宇宙万物形成的过程。这个过程具体地说就是人与万物由气聚而生，气散而灭（死）。"春来秋去争荣悴，须信精英返本元"。人与万物最终又回归于气。这就是"气化"之过程。

由此，又引发出两个理论问题。

第一个问题，关于"气化"的所以然者，也就是气产生天地万物的缘由。这就涉及"理"、"理"与"气"的关系。在李稌的文稿和诗稿中，主要讲"气"，但也谈到了"理"，但多是从"体用一源"这个角度说的。如他说：

天地帝洪炉，鼓铸一何劳。
理以为之主，气以分其曹。
少或似麟角，多吴宦牛毛。
仁义是膏粱，礼法为芴袍。
灿然彼天下，吾生安所逃。[6]（卷2）

天地如同一洪炉，造出少似麟角、多如牛毛之物，造出仁义与礼法，其原则都是按照"理以为之主，气以分其曹"而鼓铸出来的。至于理怎样为主、气怎样分曹，李穑没有展开论述。而在理、气的显微无间、体用一源方面则作了具体说明。如他在《葵轩记》中说："夫理无形也，寓于物；物之象也，理之著也。是故龙图龟书，圣人之所则，而蓍草之生，所以尽阴阳、奇耦之变，而为万世开物成务之宗，则虽细物何可少哉？"[6]（卷3）"理"无形、寓为物之中，为"隐"；"气"（物）为理之象，为"显"。理隐气（物）显，成为一个原则，不管是河图洛书，还是蓍草卜筮，都依据这一原则，尽阴（隐）阳（显）之变，而开物成务，生生不息。李穑在《之显说》中，对理隐气显的关系，作了更明晰的阐述："隐，不可见之谓也。其理也微，然其着于事物之间者，其迹也灿然。隐也显也，非相反也，盖体用一源明矣。……天河地下，万物散殊，日月星辰之布列，山河岳渎之流峙，不曰显乎？然知其所以然者，鲜矣。尊君卑臣，百度修举，诗书礼乐之谓兴，典章文物之贲饰，不曰显乎？然知其所由来者，亦鲜矣。"[6]（卷3）即是说，大千世界，芸芸众生，为显、为"气"（物）；而这一切的所以然者、所由来者，为鲜、为"理"。这里用的"鲜"即为"少"、"隐"之义。而理隐气显的关系为"隐也显也，非相反也，盖体用一源明矣"。理是气能够产生宇宙万物的所以然者，是气能够演为诗书礼乐、典章文物的所由来者。所以，隐的理为显的气之体。气在理的主宰下，生出天地、万物和人类。所以，显的气是隐的理之用。这里，体是用之体，用是体之用。这就是"体用一源，显微无间"。可见，在理与气的关系上，李穑的注意力不在本原论（即以理为本，还是以气为本），而是集中于体用论。这是由他"重气"的思想决定的。所以，他的"体用一源"讲的还是气按照理的原则，如何生化万物，即"气化"问题。

这样，就又引出了第二个理论问题，也就是关于"理"的含义问题。而且这个问题又涉及了"太极"问题。

关于"理"的含义，李穑没有明确的说明。他在上述引文（《葵轩记》）中曾写道："理无形寓于物中，尽阴阳、奇耦之变而开物成务。"在另一篇文章《养真斋记》中，也阐述了类似思想。他说："夫人之受是气以生也，乾健坤顺而已矣。分而言之，则水火木金土而已矣。求其阳奇阴耦、阳变阴化之原，则归于无极之真而已矣。无极之真难乎名言矣。《诗》曰：'上天之载，无声无臭'，其无极之所在乎？故周子作《太极图》亦曰无极而太极。盖所以赞太极之一无极耳。在天则浑然而已，发风动雷之前也；在人则井然而已，应事接物之前也。发风雷动而混然者，无小变则应事接物而井然者，当如何哉？譬之镜，妍媸在乎物而镜则无曷，尝以照物之故。"[6]（卷3）这段引文说明了两个问题：一是表明阴阳二气交合运动产生人与物的原因是无极之真。无极而太极，所以，太极为阴阳二气动静交感之原。由此可以看出，在李穑思想中，"太极"与"理"是等质概念。二是"太极"的含义问题。这段引文表明太极在"发风雷动之前"，在"应事接物之前"，意为"太极"为"动"之前，为"静"、为"寂"。"太极，寂之本也；一动一静而万物化醇焉。"[6]（卷3）寂之本的太极不动，一动一静的是阴阳之气，正是凭借着阳气动、阴气静的运动变化，才能"发风雷动"、"应事接受"，即"万物化醇"。这就像物照镜一样，镜不能动，只有当动之物照于镜，才有镜中之物，镜才称之为镜。这实质上就是说，太极是不动的，但其中有动之理，既有动之理，便有气"依傍"它，"依傍"动之理的气就是"阳气"。同样，太极之中也有静之理，既有静之理，便有气"依傍"它，"依傍"静之理的气就是"阴气"[8]，只有当太极之理显现为太极之气后，通过阴阳二气的作用，才能产生万物。所以，太极是"理"与"气"的统一体。李穑的这一思想与许衡非常相似，旨在强调"气"的功能和价值。

（二）"修养"思想

李穑出于家庭和环境的背景，从小就对圣人非常敬仰，并决心从修身养性起，学做圣人。这方面的思想表现在他关于心性修养的论述之中。李穑心性论的特点是强调心性修养的重要性和实践性。

学儒学、读儒书，其目的是为了做圣人。李穑的这一心愿，反映在他的诗文之中：

> 誓心师孔孟，回首叫伊周。
> 泽民未副平生态，望道唯凭性理书。[6]（卷2）

他决心以孔子、孟子、二程和周敦颐为师，认真读性理书，努力学做孔子那样的圣人。这是因为"孔氏祖述尧舜、宪章文武，删诗书、定礼乐、出政治、正性情，以一风俗以立万世太平之本。所谓生民以来，未有盛于夫子者"[6]（卷3）。孔子制书作乐、移风易俗而立万世太平之本，就在于"正性情"，即注重心性修养，也就是回归本性的尽性功夫。这种功夫叫作"中和"，所达到的最高境界为"致中和"。

儒家经典《中庸》说："喜怒哀乐之未发谓之中，发而皆中节谓之和。中也者，天下之大本也；和也者，天下之达道也。致中和，天地位焉，万物育焉。"喜怒哀乐潜藏在心中，澹然虚静，这是"中"的状态；喜怒哀乐表现出来并符合一定的节度，无所乖戾，这是"和"的状态。"中"为"性"，为体；"和"为"情"，为用。"致中和"则是心性修养功夫所达到的最高境界。这个境界就是位天地、育万物，与天地相参、天人相合。

李穑完全理解并接受《中庸》这种观点，故当庚申科状元李文和向他讨教行之准则时，他便以"中和"相送：

> 孝于家，忠于国，将何以为之本乎？予曰：大哉问乎，中焉而已矣。善事父母，其名曰孝。移之于君，其名曰忠。名虽殊而理则一。理之一即所谓中也。何也？夫人之生也，具健顺五常之德，所谓性也曷尝有忠与孝哉？寂然不动，鉴空衡平性之体也，其名曰中；感而遂通，云行水流性之用也，其名曰和。中之体立，则天地位；和之用行，则万物育。圣人悉赞之。妙德性，尊人伦，叙天秩，灿然明白，曰忠、曰孝、曰中、曰和，夫岂异致哉。[6]（卷3）

中为性之体，和为性之用。从体用一源的思维出发，他认为"中和"的具体方法就是主敬、存诚、养真和力行。

所谓"主敬"，李穑按照儒家经典《大学》和《中庸》的观点，认为就是"寂"，具体表现为"静定"和"戒惧"。他说："吾儒自庖羲氏以来，所守而相传者，亦曰寂而已矣。至于吾不孝，盖不敢坠失也。太极，寂之本也，一动一静而万物化醇；人心，寂之次也，一感一应而万善流行焉。是以《大学》纲领在于静定，非寂之谓乎？《中庸》枢纽在于戒惧，非寂之谓乎？戒惧，敬也；静定，亦敬也。敬者，主一而无适矣。主一，有所守也，无适无所移也。"[6]（卷3）李穑认为，《大学》的纲领为

"知止而后有定,定而后能静,静而后能安,安而后能虑,虑而后能得"。这就是说只有心不妄动、清静安宁,凡事才能不乱不躁,才能瞻前顾后,考虑周详,才能抓住根本,有所收益。所以,他视"静定"为修身正心乃至齐家治国平天下的关键,故称之为《大学》的纲领。李穑又认为《中庸》的枢纽为:"天命之谓性,率性之谓道,修道之谓教。道也者,不可须臾离也。可离非道也。是故君子戒慎乎其所不睹,恐惧乎其所不闻。"其意为天赋人的气质叫作性,一切顺着本性叫作道。道是人一刻也不能离开的。所以,君子在别人看不到的地方,也警惕小心,在别人听不到的地方,也畏惧谨慎。总之,君子要做到"慎独"。因为只有这样,才能保持"中和"之德,达到"致中和"的境界。故"戒惧"为《中庸》的枢纽。可见,李穑以"主敬"为红线,贯穿《大学》的纲领和《中庸》的枢纽。

而关于"主敬"的具体内容,他认为是"主一"和"无适"。"主一"为有所守也。李穑作诗形容"主一"说:

非尸坐如尸,无宾如见宾;
收敛不容物,吉触致精纯。[6](卷2)

即要像僵尸一样静坐,要像见到贵宾一样有礼,这样才能守住本然之性,而致精纯。"无适"为无所移。李穑又作诗比喻"无适"说:

直将方寸慕唐虞,静坐深参太极图。
除却此心皆异域,算来无事或殊图。
风霜雨露天何限,礼乐诗书日出隅。
看取圣人神化大,只危坐处有功夫。[6](卷1)

这里,除此心之外皆为异域,而心的修炼,也只是在太极图、礼乐诗书之内而不移另处。这就是圣人的"无适"功夫。

所谓"存诚",李穑认为是在本然之性迷失之后,通过一番"克己复礼"的努力而恢复人的本然之性为"存诚",又叫"明诚"。对此,他在《可明说》中作了解释:

善固在也，而人有贤不肖、智愚之相去也，何哉？气质敝之于前，物欲拘之于后，日趋于晦昧之地、否塞沉痼不可救药矣。呜呼，人而至此可不悲哉！一日克己复礼则如清风兴而群阴之消也。方寸之间，灿烂光明察乎天地，通于神明矣。……三达德必自一。一者，何也？诚而矣。诚之道，在天地则洋洋乎鬼神之德也，在圣人则优优大哉峻极于天者也。[6]（卷3）

李穑认为，人性本善，但由于被气质所敝、被物欲所拘，因此失去本然之性。只有通过克己复礼的努力，方可恢复本来之善性。而这克己复礼的努力，可称为"诚"。诚之道贯通天地，意为真实无妄。为此，李穑特别指出要随时随地地进行克己复礼的存诚、明诚之功夫。如"真伪由来终自露，读书功业在明诚"；"三才一理耳，复初在明诚"；"钧乎无自弃，中节由明诚"；"只恐异端或娱我，闲邪直欲存吾诚"[6]（卷2）。读书、复初、中节等，都要"明诚"，尤其是当闲邪之际，更要"存诚"。这样，才能克己复礼，才能回归本善之性。

所谓"养真"，在李穑思想中是"存诚"的另一种表达方式。关于"真"的内涵，他论述道："人之生既真矣。惟大人者不失之故能为大人耳，非大人之从外得也。事君尽礼非谄也，真也；辞疾出吊非诈也，真也。"[6]（卷3）这是说事君尽礼不谄为真，辞疾出吊不诈为真。总之，要像大人君子那样做，就是真。至于如何养真，他认为："养心莫先于寡欲，请以寡欲为养真茅一义。"[6]（卷3）欲多则不真，所以要不被外欲所诱惑，才能不失本然之性。

所谓"力行"，就是笃行、有始有终不舍昼夜地践履。"困学之士，惟力行一言，实入道之门也。力行之道，孜孜屹屹不舍昼夜。始也，吾心也昭昭之明也；终也，吾心也与日月合其明。"[6]（卷3）李穑这里的力行强调的是孜孜屹屹和有始有终，认为只有这样，才能尽善。他要突出的是心性修养的实践性，认为惟有实行、实做，才是入道之门，除此而外，别无他法。

主敬、存诚、养真、力行的目的是为了"致中和"。这是李穑儒学思想的主旨和境界。

三

郑梦周（1337—1392）号圃隐、字达可。《高丽史·本传》说他"天分至方，豪迈绝伦，有忠孝大节，少好学不倦，研究性理，深有所得"。他于23岁时（1360年）三登文科状元，高扬文名；30岁时（1367年）成为礼曹正郎兼成均博士，在国学教授性理学；35岁时（1372年）任书状官之职，赴明朝后成为亲明派的领导人。后因忠孝于高丽社稷，郑梦周与易姓革命的李成桂一派相对抗而遭杀害。正是由于他的这种节义精神，使得他的名字在韩国儒学史上彪炳千古。

在学术上，郑梦周被称誉为"东方理学之祖"。但是，由于郑梦周被斩首示众，没收家产，所以有关他学问的文献资料也被毁失传，只留下诗文300余首和有限的书、铭、记等不足20篇。因此，研究郑梦周的学术思想，探究他被称为"东方理学之祖"的原因，只能从以下三个方面进行，即从旁人的传言中、从其诗文中、从其节义精神中进行研究。

（一）从旁人传言中考查郑梦周的性理学思想

牧隐李穑是郑梦周的好友，他曾推荐郑梦周在成均馆教授性理学，对郑梦周的学术思想深为了解。李穑为郑梦周作诗五首，书、记各一篇，其中有关的记载如下：

李穑在《忆郑散骑三首》中第一首诗中说："光风霁月郑乌川，独究遗篇续不传"。在《圃隐斋记》中又说："乌川郑达可，歌鹿鸣而贲丘园之束帛，擢状元而擅文花之英华；续道绪于濂洛之源，引诸生于诗书之囿。"[9]《高丽史·列传》评价郑梦周的学问是"梦周论理，横说竖说，无非当理，推为东方理学之祖"。

李穑的上述传言说明了一个事实，即郑梦周是研究理学（性理学）的鼻祖。如上述诗文中的"独究遗篇续不传"，其中的"遗篇"主要指理学的基本著作——《大学》、《中庸》、《论语》和《孟子》。

据郑道传回忆说，他年轻时兴趣在诗词文章，后听人讲郑梦周说：词章之学为末艺，应当学心身之学，而身心之学就在《大学》、《中庸》两书之中。于是，郑道传找来这两部书进行研究，后又登门求教于郑梦周，闻所未闻，大获收益。临别时，梦周送他一部《孟子》。郑道传还对郑梦周在"四书"方面的心得及其讲论要旨，作了评论："（圃隐）先生于《大学》之提纲，《中庸》之会极，得明道传道之旨；于《论》、《孟》之精微，得操行涵养之要，体验扩充之方。"[10]这是说，他的学问得程朱理学传道之宗旨，即从《大学》和《中庸》中把握了儒学为心身之学的要旨，又从《论语》和《孟子》中体验到了修养心身的方法。可见，郑梦周是通过研究"四书"而接受程朱理学和发扬儒学道统的。为此，李穑评价他是"续道绪于濂洛之源"，即他是接着周敦颐和二程讲性理学。关于这一点，他的门生卞季良等人曾说："高丽文士皆以诗词为业，惟圃隐始介性理之学。"[11]《附录》这话与郑道传的说法相吻合，表明在高丽文士都沉浸于诗文词章之学时，唯有郑梦周提倡性理之学。另外，还有古川一乡士的传言也印证了郑梦周是较早研究性理学的学者之一。他说："呜呼！高丽之季，箕化已远，大道烟没。一时君臣，迷惑于异端。而唯吾先生挺然独立于众楚之中，以扶吾道癖异端为己任。非有所得于心，能如是乎？虽比并于濂洛真儒无愧，而其有功于东方，则与孔子无异焉。"[10]高丽之时，唯有郑梦周傲首独立，提倡性理学。其功可与周（敦颐）程（二程）相比，可与孔子齐名。所以，李穑评价郑梦周是"东方理学之祖"。

（二）从其诗文中探究郑梦周的性理学思想

研究郑梦周的性理学思想，主要是依据他的诗文。郑梦周的诗，不仅对时人有重要影响作用，而且还被选入由中国文人编的诗集中。如明末清初钱谦益编的《列朝诗集》、清朱彝尊编的《明诗综》等诗集中有郑梦周的诗约14首之多。这是因为他的诗文多是"性理之作"。综观郑梦周诗文所反映的性理学思想，可以归纳为以下两个方面的内容：

1. 对朱熹理学思想的阐释

在韩国学者中，郑梦周大概是最早以自己的思想学说为朱熹著作加注的学者。曹好益在《圃隐先生集重刊跋》中说："朱子《四书集注》行于东方，无有知其义者，独先生剖析精微为之训解，及云峰胡氏《四书通》至所论，皆合时人，始服先生之深于道学矣。"[10]这是说在高丽时代，郑梦周最早为朱熹的《四书集注》作训解（有《四书训解》，但早已失传），而时人不知正确否？当胡炳文（号云峰）的《四书通》传到高丽时，人们才发现郑梦周对朱熹理学思想的理解与胡炳文完全吻合。因此，对郑梦周佩服不已。

郑梦周论理的态度是非常认真和谨慎的，诚如他在《吟诗》中所形容的那样：

> 终朝高咏又微吟，苦似披沙欲炼金。
> 莫恠作诗成太瘦，只缘佳句每难寻。[11]（卷1）

为朱熹思想作阐释，就如同吟诗一般，又苦又艰辛，人都累瘦了。为了准确把握朱熹思想，郑梦周在《右东窗》中描述了自己认真研究朱子学的情景：

> 独擅文章继牧翁，灿然星斗列胃中。
> 更将六籍窗前读，手自研朱考异同。[11]（卷2）

郑梦周认真研读六经，努力探索朱子学的义理。其结果，他在一篇名为《圆照卷子》的杂著中写道：

> 如天之圆，广大无边；如镜之照，了达微妙。此浮屠之所以喻道与心，而吾家亦许之以近理。然其圆也可以应万事乎，其照也可以穷精义乎。吾恨不得时遭乎灵山之会，诘一言黄面老子。[11]（卷3）

郑梦周认为，道教的"道"和佛教的"心"都不如性理学的"理"，因为"理"可以"应万事"，可以"穷精义"。以"应万事"、"穷精义"来评价朱熹的理学思想是很到位的，这实质上就是全祖望所说的"致广大，尽精微，综罗百代"的意思。

2. 对孔孟儒学思想的发扬

郑梦周对于孔子和孟子非常虔诚并积极发扬其儒家思想。如他在《冬夜读春秋》一首诗中写道："仲尼笔削义精微，雪夜青灯细玩时，早抱吾身进中国，傍人不识谓居夷。"[11]（卷2）这首诗一方面突出地表达了他对于《春秋》中"内诸夏，外夷狄"要旨的体会；另一方面也显示了他进中国、拜孔师的迫切心境。对于孟子思想，郑梦周也同样很虔诚，尤其是对《孟子》的"浩然之气"和"万物皆备于我，反身而诚乐莫大焉"的观点，更是竭力发扬。例如：

浩然卷子

皇天降生民，厥气大且刚，夫人自不察，乃寓于寻常。养之固有道，浩然谁敢当，恭承孟氏训，勿助与勿忘。千古同此心，鸢鱼妙洋洋，斯言知者少，为子著此章。[11]（卷2）

诗文中的"恭承孟氏训"和"为子著此章"表明了郑梦周发扬孟子思想的决心。诗中的"厥气大且刚"、"养之固有道"、"勿助与勿忘"说明孟子讲"浩然之气"为"至大至刚"，要"善养之"，而善养之法则为"勿助与勿忘"。诗中的"千古同此心，鸢鱼妙洋洋"讲明孟子的"万物皆备于我，反身而诚乐莫大焉"的道理是普遍存在的。

（三）从其节义精神中体味郑梦周的性理学思想

朝鲜朝著名性理学学者李滉（退溪）称赞郑梦周的学问和人品是"圃翁风然振吾东，作庙渠渠壮学宫。寄语藏修诸士子，渊源节义两堪宗"[12]（卷3）。这就集中说明了郑梦周不论是在儒学学理方面，还是在节义精神方面，都堪称韩国人的宗主。正是由于他平日讲求性理学，所以在改朝换代的关键时刻，能够做到一臣不侍二主，而他忠君忠国的节义精神也正是他所主张的性理学的体现和光大。对此，南公辙在《崧阳书院东庭碑铭并序》一文中说："先生之节，实出于平日之学问。"[12]（卷3）

在丽末李氏革命之时，郑梦周并非不知高丽王朝大势已去，人心已向李氏。当时，也有不少人劝他要识时务顺大势，归向李氏。如《成见丛话》中有一段记述说："圃隐，学问精粹，文章亦浩瀚。丽季为侍中，以尽忠辅国为己任。革命之际，天命人心皆有所推戴，公独毅然有不可犯之色。有僧素与相识者，告公曰：'时事可知，公何胶守若节？'公曰：'受人社稷，岂敢有二心，吾已有所处矣。'"又有记述说："当丽季国势岌岌,有僧赠圃隐曰:'江南万里野花发,何处春风无好山。'圃隐流涕曰:'呜呼!其晚也,其晚也!'"[12](卷3)这两则记述中的僧人的言说或诗句,其义都十分明白,即规劝郑梦周移情于李氏朝鲜。但郑梦周严辞相拒,受人社稷,不能三心二意。表达了他对高丽王朝的忠心耿耿、至死不变的节烈精神和气概。

对此,朝鲜朝名儒柳成龙则从天理名分、纲常节义等理论方面作了十分详细的分析和评价。他说:"大厦将倾,而一木扶之;沧海横流,而一苇抗之。知其不可而犹且为之者,分定故也。古人云,天地生人,各无不足之理,常思天下君臣父子,有多少不尽分处。所谓分者何也?天地所以命物,而物之所以为则者也。然则,木之支厦,分也,苇之抗海,分也。臣子之忠孝于君亲而竭诚尽节,以至捐躯殒命者,亦分也。学者,学此而已;知者,知此而已;行者,行此而已。尽此者圣,勉此者贤。如此而生,如此而死,得丧祸福,随其所遇,而吾心安焉。若夫时之不幸,势之难为,则君子不以为病焉。圃隐郑先生,以义理之学为诸儒倡,当时翕然宗之。今其微言绪论虽无所寻逐,然即其所就之大者而观之,则亦求尽乎性分之内,而不愿乎其外者欤?不然,何其见之明而守之固,决之勇而行之果欤!呜呼!先生在家为孝子,立朝为忠臣。迨乎丽运告讫,天命去矣,民心离矣。圣人作,万物睹,一时智能之士,争欲乘风云之际,依日月之光,以求尺寸之功,孰肯以王氏社稷为念哉。惟先生挺然独立于风波荡覆之际,确然自守于邦国危疑之日,义形于色,不以夷除贰其心。既竭其力之所至不得,则以身殉之,无所怨悔,岂所谓知其不可而犹且为之者耶?然先生一死,而天衷以位,人极以建,民彝物则赖以不坠。斯固心之所安而分之所定,于先生何戚哉?或有以先生周旋乱世,不洁身为疑者。孟子曰:'有安社稷臣者,以安社稷为悦。'先生有焉。由其如是,故不屑于进退出处之常,以委身处命于昏乱之世,尽瘁宣力,国存与存,国亡与亡,其忠盛矣。任高丽五百年纲常之重于前,启朝鲜亿万载节义之教于后,先生之功大矣。"[12](卷4)从柳成龙的论述中可以体味到郑梦周的"国存与存,国亡与亡"的忠贞节烈精神是对孟子"有安社稷臣者,以安社稷为悦"教义的观照,是对儒学忠君侍国、忠贞不贰大节的忠实继承和认真践履。郑梦周的忠孝节义既是其研穷性理的结果,亦是其性理学修养的升华和境界。[13]

四

朱子学由元朝时高丽人安珦、白颐正等人传入朝鲜半岛，经过李齐贤、李穀特别是李穑、郑梦周等人的演绎与发展，变成了治国的官方思想。其后，丽末鲜初的郑道传（1342—1398）和权近（1352—1409）为朱子学在朝鲜半岛的深入发展作出了重要贡献。郑道传通过对佛教的批判，进一步促进了朱子学的发展。权近则以"以图解说"的方法深入阐释了朱子学的义理思想，由此迎来了朝鲜朝 500 年朱子学的勃兴。

注释

[1] 安珦：《晦轩集·谕国子诸生文》，金忠烈：《高丽儒学思想史》，台北：东大图书公司 1992 年版，第 274 页。

[2] 李齐贤：《栎翁稗说》，《丽季明贤集》，首尔：成均馆大学校大东文化研究院 1995 年版，第 356 页。

[3] 金忠烈：《高丽儒学思想史》，台北：东大图书公司 1992 年版，第 275、356 页。

[4] 徐远和：《理学与元代社会》，人民出版社 1992 年版，第 68 页。

[5] 李齐贤：《益斋乱稿·策问》，《丽季明贤集》，首尔：成均馆大学校大东文化研究院 1995 年版，第 284 页。

[6] 李穀：《稼亭集·牧隐集·麟斋集》，首尔：成均馆大学校大东文化研究院 1973 年版，第 52、87、256、333、382—443、411、578、628、813、816、842、865、873、875、877 页。

[7] 张岱年：《中国哲学大纲》，中国社会科学出版社 1982 年版，第 8 页。

[8] 冯友兰：《中国哲学史新编：第 5 册》，人民出版社 1988 年版，第 169 页。

[9] 李穑：《忆郑散骑三首·圃隐斋记》，郑梦周：《圃隐集·附录》，韩国文集丛刊：5. 首尔：景仁文化社 1990 年版，第 613—614 页。

[10] 郑道传：《圃隐奉使稿序》，《圃隐文集：卷 3》. 首尔：成均馆大学校大东文化研究院 1983 年版，第 62、298、353—354 页。

[11] 郑梦周：《圃隐集》，首尔：成均馆大学校大东文化研究院 1983 年版，第 578、588、589、599、620 页。

[12] 李滉:《临皋书院》,《圃隐郑先生文集》,首尔:韩国回想社1985年版。

[13] 楼宇烈:《东方理学宗祖淑世儒林楷模》,《风流与和魂》,沈阳出版社1997年版,第69—86页。

(载《南昌大学学报》(人文社会科学版)2013年第1期)

第三部分

日本儒学与中日比较儒学

宋明理学在日本的传播和演变

日本从公元12世纪的镰仓时期到18世纪的德川时期,是封建社会形成、发展和完成时期,也是宋明理学传入、分化、演变时代。现分述如下:

一 日本朱子学派

朱子学是作为封建统治阶级的正统思想出现在日本哲学界的。朱熹的哲学体系是以"理一元"论为基础的客观唯心主义,同时,他也说过:"天地间只是一个气"(《朱子语类》卷六十五),"天地间无非气"[1]之类的话。所以,从朱熹哲学思想出发,有走向理一元论的唯心主义,如海南朱子学派和水户学派的会泽正志、藤田东湖;也有走向气一元论的唯物主义如京都朱子学派,海西朱子学派和大阪朱子学派。

京都朱子学派从藤原惺窝和林罗山开始,主要代表人物是室鸠巢。室鸠巢(万治一年—享保十九年,即1658—1734年)虽崇奉朱子,却坚持与朱子的"理一元论"相对立的唯物主义的理、气合一论。他在《杂话》卷一第八章中指出:"天地之间,无非一气。'此气,四时行焉,万物生焉,动而不息。是则所云天道,昭然可见。'"他认为理不能离气而存在,"无气则无理"。

海西朱子学派的主要代表者是安东守约(元和八年—元禄十四年,即1622—1701年)和贝原益轩(宽永七年—正德四年,即1630—1714年)。他们在一定程度上超脱了朱子学范围,而继承了张载、罗钦顺、朱之瑜的朴素唯物主义。安东守约称朱之瑜为"大恩师",朱之瑜称安东守约为"贵国白眉",友谊甚深。安东守约提倡的超脱朱子学宗派主义的自由学风，无疑受朱之瑜影响。安东守约的朴素唯物主义世界观主要表现在主张理、气合一论。这方面他与贝原益轩相同，皆得于罗钦顺。可以说这是海西朱子学派的一大特点。他写道："天地之间，唯理与气。以为二，不是；以为一，亦不是。先儒之论，未能归一，岂管窥之所及哉？罗整庵曰：'理须就气认取，然认气为理便不是，此处不容间发，最为难言。要之，人善观而默识之，只就气认理，与认气为理，两言明白分别，若于此看透，则多说亦无用。'此说极明，要须省悟。"[2]井上哲次郎说："安东守约这种理、气合一论，是理随气而有，与气一元论的见解甚为接近。"[3]

海西学派的贝原益轩，是日本《近世畸人传》中人物。贝原益轩以博学著称，专讲程朱之学，著书极多。益轩思想曾三次变迁：十四岁读医书，读佛书，后好陆王之学，这是他思想的第一时期；三十六岁时读《学蔀通辨》，一变而为纯然的朱子派人物，崇拜朱熹，这是他思想的第二时期；晚年对周敦颐、二程、朱熹皆有所疑，乃有《大疑录》二卷之作，这是他思想的第三时期。

益轩对朱子学取批判的态度，而受张载的影响颇深。在自然观方面，他主张朴素唯物主义的气一元论。在《大疑录》中说："理是气之理，理、气不可分而为二物，且无先后，无离合，故愚以为理、气决是一物，朱子以理、气为二物，是所以吾昏愚迷而未能信服也。"他在《理气不可分论》中，谓太极、道、阴阳都只是指气而言，并云："夫天地之间，都是一气"；"故理、气根是一物。以其运动变化有作用而生生不息，谓之气；以其生长收藏有条不紊，谓之理；其实一物而已。"从唯物主义出发，批判朱熹理先气后的唯心主义。在人性问题上，朱熹主张身有死生而性无死生，益轩则反之，主张身死性也随之而亡；朱熹把性分为本然之性和气质之性，益轩主张气禀之外，非有本然之性，所以身死而性也随之而亡。

江户时代，大阪成为商业的最大中心。大阪朱子学的兴起和发展，是城市发展的产物，是为新兴的商业资产阶级服务的。这是大阪朱子学派与其他朱子学派的一个重要区别。该学派从三宅石庵开始，盛于中井竹山、中井履轩两兄弟，到了富永仲基完全走上了唯物主义道路，标志着朱子学在日本从唯心主义到唯物主义的一种转折。这一学派的特点：其一，反对教条主义，颇富批判的精神；其二，对神佛鬼之说给予了严厉批判，研究方法与当时科学相接近；其三，尊王贱霸思想，为后来明治维新，推翻幕府统治开路。

中井履轩（享保十七年—文化十四年，即1732—1817年）的哲学思想是这一学派的代表。履轩思想从商人的实际出发，看不起仕途和在仕途中发议论的人。他站在现实立场上，具有现实的观点。他所谓的道，即是人之"道"，他所认为的道，是指日用之间所当行者而言。他的合理主义格物方法，是注重知行并进，既注重感性认识，也注重理性认识。由此他对于朱子学中非合理的思想提出异议。他怀疑宋儒，说"道体二字，是后儒之杜撰"。[4] "天理人欲是宋贤之见解，与孟子之言原不符合"（《孟子逢原》第14页）。他说朱子学有些"用意太精密，遂失传文之意"[5]；有些"上下高深，失于太泛"[6]；再有些则"梗塞不通"[7]。履轩与其说是朱子学的继承者，不如说是朱子学的批判者和否定者。

朱子学右派包括海南朱子学派和水户学派的会泽正志、藤田东湖。

海南朱子学派进一步发展了朱子学的唯心主义哲学体系。如山崎闇斋（元和四年—天和二年，即1618—1682年）最显著的特点是尊奉朱子学如宗教，他以朱子是非为是非。他尝语门人道："我学宗朱子，所以尊孔子也。尊孔子，以其与天地准也。中庸曰：仲尼祖述尧舜，宪章文武，吾于孔子、朱子亦窃比焉。而宗朱子，亦非苟尊信之。吾意朱子之学，居敬穷理，即祖述孔子而不差者。故学朱子而谬，与朱子共谬也，何遗憾之有？是吾所以信朱子，亦述而不作也，汝辈坚守此意而勿失。"（《年谱》）他著书甚多，皆宣扬朱熹的唯心主义。就其主要著作的内容来看，如《文会笔录》、《辟异》、《仁说问答》等，大部分是抄引《朱子语类》等书，无创新意，但他在日本影响颇大。一方面固然由于他标榜封建社会所不可少的伦理道德；另一方面也由于适合于那个时代统治阶级的需要。

水户学派是以水户藩德川家编纂《大日本史》事业为中心而发展起来的。这一学派可分前后两个时期。前期以德川光国所设彰考馆为中心，发展了水户史学，对日本以后的明治维新运动起了不少作用。后期以德川齐昭所设弘道馆为中心，发展了水户政教学，客观上对明治维新运动也起了一定作用。但由于它宣扬"日本中心主义"，"皇国至上主义"，在使日本走上军事封建帝国主义道路方面起了恶劣影响。

水户政教学有理论家会泽正志（天明二年—文久三年，即1782—1863年）和实行家藤田东湖（文化三年—安政二年，即1806—1855年）。正志在理论上倡导"日本中心主义"。日本中心即是"日神"中心，他还用了儒教常用的阴阳等哲学范畴来提高日本的独尊地位。他的"日本中心主义"的理论是与宗教神秘主义相结合的。东湖则以他的活动而得名。他一生曾三次出入生死之境。在日本武士权力渐近衰落的时候，抬出"武尊"，极力提倡"文武合一"，说什么"夫尊皇室，攘夷狄，文、武之最大者"。（《述义》）并重文武，尊王攘夷，渗透了军事封建的意识，为封建统治者的扩张政策服务。后来日本走上了军事封建帝国主义的道路，正志和东潮的学说起了很坏的作用。

中国朱子哲学对日本的影响是多方面的。日本朱子学中包含唯物主义倾向和唯心主义倾向的内在矛盾和斗争。京都学派和海西学派主张理气合一论；代表新兴商业资产阶级的大阪学派则成了日本朴素唯物主义思想的重要代表。反之，海南学派顽固地继承了朱熹的理一元论的唯心主义，而会泽正志和藤田东湖的哲学则影响日本以后一度走上军国主义道路，成了朱子学右派的代表。

二 日本古学派

古学派是日本朱子学的反对派，是以复古的名义企图从朱子学里解放出来。古学派代表当时中小地主阶级利益，它是作为封建社会的异端思想出现在哲学界的。井上哲次郎在《日本古学派之哲学》中以"山鹿素行、伊藤仁斋和荻生徂徕三人为古学派最卓绝的代表者"。其中，素行是古学派的先导者，崛河学派的仁斋是古学派的创始者，蘐园学派的徂徕是古学派著名的代表者。古学派的唯物主义思想来源于中国宋代的张载和明代的罗钦顺等。在世界观上，古学派反对朱子学的理一元论，主张气一元论，并给后来唯物主义哲学的形成起了先导的作用。

古学派的先导者——山鹿素行（元和八年—贞享二年，即1622—1685年）。据《先哲丛谈后编》小传记载："素行始讲宋学，左祖程朱，年四十后，有疑于理气心性之说，以先是所著经解数种，悉烧之。宽文六年春著《圣教要录》三卷，刊行于世，非斥程朱，辨驳排诋，无所忌惮。

其意盖在讽刺于崇奉宋学者,当时之人,自王侯贵族至士庶,遵信程朱者极众矣,遂以斯获罪,被幽于播州赤穗矣。"[8] 素行虽然出身于统治阶级的武士,但就他敢于激烈地反对作为封建统治阶级意识形态的朱子学来看,他应该算是古学派的先导者。但他对朱子所不满之处,惟嫌其不免流于唯心主义。可见素行对于朱子还有恋恋不舍之意,与后来古学派和朱子学一刀两断的态度尚有所不同。尽管如此,素行仍不失为古学派的卓越代表者。他主张理气合一,认为这是天地自然的现象,理与气只能相根相因,无先后差别。批判了宋儒理先气后的理一元论的唯心主义。

古学派的创始者——伊藤仁斋(宽永四年—宝永二年,即1627—1705年)在日本哲学史上占有重要的地位。伊藤仁斋的思想是受中国明代吴苏原的影响。据太宰春台在《圣学问答》中说:"明末吴廷翰者著《吉斋漫录》、《瓮记》、《椟记》等书,辟程朱之道,豪杰也。闻日本伊藤仁斋读吴廷翰书而开悟。"他的朴素唯物主义思想从根本上破坏了盛极一时的朱子哲学,成功地捍卫了唯物主义。因此,他被当时的正统儒学斥为异端之魁。仁斋围绕道、教、性建立了一个较完整的朴素唯物主义思想体系。并由此出发,坚决与宋儒的理学、心学、性学相对立。仁斋朴素唯物主义的精华部分是他的唯物主义和无神论。他在《语孟字义》中强调说:"盖天地之间,一元气而已。或为阴或为阳,两者只管盈虚消长往来感应于两间,未尝止息,此即是天道之全体。"[9] 他认为浩然宇宙之间只有气而已。仁斋对理学家关于理产生天地万物的种种说教,进行了辛辣的嘲讽和犀利的批判。他说:"理本死字,在物而不能宰物,在生物有生物之理,死物有死物之理,人则有人之理,物则有物之理。然一元之气为本,而理则在于气之后,故理不足以为万化之枢纽也。"[10]

古学派的重要代表者——荻生徂徕(宽文六年—享保十三年,即1666—1728年)。他的朴素唯物主义思想受我国荀况思想影响较大。他说:"去孔子时近者,孟子外唯荀子,故《荀子》不可不读。《荀子》一为宋儒排摈,而后学者弃置不复读,至于侪诸异学。冤哉!"[11] 他对朱子学的批判主要表现在两方面:其一,认为宋儒因不通古文辞,故所谓道乃以理为道,而与古先圣王之以礼乐为道者不同,其结果便是以理杀人了。其二,徂徕反对宋儒把性分为"天命之性"(本然之性)和"气质之性",主张独有气质之性。"性者生之质也,宋儒所谓气质者是也。其谓性有本然有气质者,盖为学问故设焉,亦误读《孟子》,而谓人性皆不与圣人异,其所异者气质耳,遂欲变化气质以至圣人者,若使唯本然而无气质,则人人圣人矣。何用学问?……可谓妄说已。"[12]

三 日本阳明学派

日本阳明学派也是朱子学的反对派。在日本封建社会瓦解过程中,它以民间异端思想代表者的身份出现在日本哲学界。此派站在市民的立场,代表市民的利益。其思想体系属于唯心主义,方法上具有一些辩证法因素。日本阳明学开创于中江藤树,而追溯其始于禅僧了庵桂悟。他曾奉足利义证之命,远使中国,与王阳明相遇。回国时,王阳明作序相送:"今有日本正使堆云桂悟字了庵者,年逾上寿,不倦为学,领彼国王之命,来贡珍于大明。舟抵鄞江之浒,寓馆于駰,予尝遇焉。见其法容洁修,律行坚巩,坐一室左右经书,铅彩自陶,皆楚楚可观爱,非清然乎!与之辨空,则出所谓预修诸殿院之文,论教异问,以并吾圣人,遂性闲情安,不哗以肆,非净然乎!且来得名山水而游,贤士大夫而从,靡曼之色,不接于目;淫哇之声,不入于耳;而奇邪之行,不作于身;故其心日益清,志日益净,偶不期离而自异,尘不待洗而已绝矣。"日本学者对这一历史文件非常重视。井上哲次郎称:"桂悟亲与阳明接触,为哲学史上决不可看过的事实。"[13]川田铁弥也说:"如桂悟禅师之外,兼传程朱之学余姚之学,论知行合一之义,为日本王学倡导之嚆矢,其在斯人乎!"[14]日本学者武内义雄讲阳明学时,则是以桂悟为开端的。

阳明学的开山祖是中江藤树(庆长十三年—庆安元年,即1608—1648年)。据《行状》记载,宽永十七年(1640年)冬,先生获《王龙溪语录》读之,心病其多用禅语,后见《阳明全书》,反复读之,觉得大有所获,赋诗一首以表他的心情:"致知格物学虽新,十有八年意未真;天佑复阳令至泰,今朝心地似回春。"(《藤树先生遗稿》)[15]他并令其徒皆攻读《阳明全书》。中江藤树也被称为阳明学派的元祖。

在日本真正发展了阳明学辩证法思想的是佐藤一斋(安永元年—安政六年,即1772—1859年)。他认为宇宙之间必有一阴一阳,一隆一替相对待,如阴阳、动静、显晦、虚实、内外、有无、同异、顺逆、荣枯、祸福、满覆、进退、宠辱、毁誉、劳佚、甘苦、贫富、老少等矛盾。他说："天地间事物，必有配合之理，有极阳者出，必有极阴者来配，人之与物皆然。"[16]他还认识到矛盾对立面是互相转化的。他说："宇宙间一气斡旋。开先者必有结后，持久者必有转化，抑者必扬，滞者必通，一隆一替，必相倚伏，恰是一篇好文章。"[17]事物发展到一定程度，就变为它的反面，这种对立面的转化现象又是无时无处不存在的，故他叫作"一时一事，亦皆有亢龙"。一斋的辩证法存在着严重的缺陷，这主要表现于他不承认对立物斗争的绝对性，甚至否认对立物斗争的必然性。

把阳明学的辩证法思想作为否定逻辑的是大盐中斋（宽政五年—天保八年，即1793—1837年）。中斋以王阳明为楷模来教导他的学生。在学堂之西贴出"入吾门学道，以忠信不欺为主本，乃记阳明先生语以揭示"。其中有立志、勤学、改过、责善诸事。目的在教导弟子"曰读而心得焉，则犹躬亲学于阳明先生"。[18]天保八年（1837年）二月，大盐中斋领导了震撼日本近代史的大阪城市贫民的起义。起义影响久远，直到大正七年（1918年）"米骚动"时，还把他当成为日本市民起义的领袖。对于这次起义的评价，资产阶级学者德富苏峰认为在维新史上"确有极重要关系"，而予以肯定[19]。井上清在他著名的《日本现代史》一书中说："这次起义虽然只有一天就被镇压下去了，但是它以全国人心激昂为背景，发生于日本的经济中心——大阪，……其政治和社会上的影响，真是非常深刻。"[20]大盐中斋愤于贪官污吏与为富不仁，把王阳明的良知之学从理论提高到实践上。他的哲学思想可分为三部分：一为"虚无主义"的世界观；二为良知说；三为孝本论。这三者又互相关联：太虚即良知，良知即孝，孝即万善的归宿。他的唯心主义体系最突出的一点即认为"身在心内"，而"心是至虚"的。中斋的"虚无主义"是从王阳明的改良知说发展来的，把心认为是第一性的。但在他的唯心主义体系中却存在着一些合理的因素，即其辩证的思想方法。

日本阳明学与中国原来的阳明学有一个明显的区别，即王阳明是镇压农民起义的，而日本阳明学的一些代表人物则是农民起义的领导者。正因为日本阳明学具有一定人民性的内容，所以尽管在他们的思想中充满着神秘主义的唯心主义，尽管他们所用语句仍不脱封建的意识形态，但从其内核来看，无疑包含着丰富的辩证法思想。所以，阳明学派在日本特殊的历史条件下，应该承认其在哲学史上有重要的地位。

注释

　　[1]《朱子语类》卷三。
　　[2] 转引自朱谦之《日本哲学史》，第 38 页。
　　[3] 井上哲次郎:《日本朱子学派之哲学》，第 158、159 页。
　　[4]《论语逢原》，第 175 页。
　　[5][6][7]《周易逢原》卷下，第 43、45、65 页。
　　[8]《先哲丛谈后编》第 2 卷，第 2 页。
　　[9]《语孟字义》卷上，第 11 页。
　　[10]《童子问》卷中，第 131 页。
　　[11]《蘐园二笔》，第 24 页。
　　[12]《辩名》（下），第 12 页。
　　[13]《日本朱子学派之哲学》，第 636 页附录。
　　[14]《日本程朱学的源流》，第 64 页。
　　[15]《日本伦理汇编》第一册，第 153 页。
　　[16]《言志耄录》第 117 页。
　　[17]《言志晚录》，第 79 页。
　　[18]《洗心洞诗文》，第 452 页。
　　[19] 参见《近世日本国史》第 27 卷，第 363 页。
　　[20]《日本现代史》一卷，第 72—74 页。

（载《哲学研究》1982 年第 3 期，第 66—70 页）

朱之瑜的哲学思想及其对日本哲学的影响

朱之瑜，字鲁玙，号舜水，浙江余姚人。生于明万历二十八年（1600年），卒于清康熙二十一年（1682年），客死于日本。

（一）

我国明末清初之际，民族斗争和阶级斗争交织在一起，反映到哲学上，反对程朱陆王的理学和心学，成为这一时期唯物主义和唯心主义斗争的主要内容。在这场斗争中涌现出了一批启蒙学者，即梁启超所谓清初五大师：顾炎武、黄宗羲、王夫之、颜元、朱之瑜。朱之瑜之所以能够成为一位具有强烈民族意识的启蒙思想家，是与他的朴素唯物主义哲学思想有着密切关系的。下面，剖析一下朱之瑜的哲学思想。

1. 对唯心主义理学的批判

朱之瑜在给日本某人的信中说："本非倡明道学而来，亦不以'良知赤白'自立门户。"[1]由此看来，他对宋明的唯心主义理学都不满意。他倡导的是一种朴素的唯物主义哲学思想。

中国近代启蒙思想有一个显著的特点，就是对宋明理学一般都抱着批判的态度。这是因为自宋朝之后，在我国封建社会后期占统治地位的官方哲学思想体系是程、朱一派的客观唯心主义，另有陆、王一派的主观唯心主义与之相抗衡。当明朝灭亡以后，有不少进步思想家在总结明朝灭亡的经验教训时，对这两大唯心主义派别都持批判态度，朱之瑜也不例外。程朱理学总是把知和行相分离，把知当作指导行为的理论。朱之瑜对于这种空谈心性的理学，进行了尖锐的批判。他在评论宋朝理学奠基者程颐时说："伊川先生……但欲自明己志，未免有吹毛求疵之病。"[2]他评宋朝理学大师朱熹时又说:"若穷尽事事物物之理,而后致知以及治国平天下,则人寿几何,河清难竢。故不若随时格物致知,犹为近之。……仆谓治民之官与经生大异,有一份好处,则民受一分之惠,而朝廷享其功,不专在理学研究也。"[3]朱之瑜指出程朱理学是一种脱离实际,虚伪浮夸,"纯弄虚脾,捕风捉影"的学问。[4]对于王阳明的心学则大加讽刺。"问:阳明之学近异端,近世多为宗主,如何?答:王文公亦有病处,然好处极多。讲良知、创书院,天下翕然有道学之名;高视阔步,优孟衣冠,是其病也。……其徒王龙溪有《语录》,与今和尚一般。其书时杂佛书语,所以当时斥为异端。"[5]这里,他与当时另一个思想家颜元一样,指出王阳明的致良知是"援佛入儒"。实际上,陆王的主观唯心主义心学是把佛教的唯心主义还原为世俗的唯心主义,它们在本质上是一样的。所以他在日本讲学时,最不喜欢人来问他"理学",甚至拒绝以朱陆之学来和他商讨。他认为宋明那些"捕风捉影"、"援佛入儒"的理学家们抹杀现实而清谈什么天地界,实在是"迂腐不近人情"。朱之瑜主张学以致用,反对浪费时间而空谈心性。

2. 注重"实理实学"的朴素唯物主义思想

朱之瑜在反对宋明理学的基础上提出了注重"实理实学"的主张。他认为"实理"就是明明白白,平平常常的"现前道理",凡是能取得实际功用与事功的就是实理;凡是有实际效果的理论就是实理。朱之瑜从实理出发,反对"说玄道妙,言高言远"的迂腐学风,提倡"实学"。"为学当有实功、有实用。""吾道之功,如布帛菽粟,衣之即不寒,食之即不饥;非如彼邪道,说玄说妙,说得天花乱坠,千年万年,总来无一人得见。"[6]这就是朱之瑜倡导的"实理实学"的朴素唯物主义。

从他注重"实理实学"的思想出发,反对教条的束缚,讽刺八股文是"非文章也,志在利禄,不过借此干进。彼尚知仁义礼智为何物,不过沟深棘远,图中试官已耳,非真学问也"[7]。他认为书本是供人印证的资料,如果没有在实际中的体验,就不会知道书上的道理。"孟子云:'尽信书,不如无书',非不要书也,但当以理推断,不可刻舟求剑耳。书如人之杖,老者力不足者倚此而行,若两足不能步履,而竟以杖行,此必无之理也。"[8]朱之瑜的这种"实理实学"的朴素唯物主义思想反映到知行观上,即是重视"实行"的主张。他一生对于"实行"尤为注重,认为求学要身体力行,方为有得,否则空谈性理,无济于事。因此,他说:"学问之道,贵在实行。""圣贤之学,俱在践履。"[9]在知和行的关系问题上,他没有说得很清楚,他认为"行"是主要的,学问不在于空谈。这种观点在当时来说,的确是难能可贵的。他的"实理实学"的朴素唯物主义思想反映到政治经济思想上是他"经邦弘化,康济艰难"的主张。他在《答林春信问》中说:"明朝中叶,以时文取士。……而讲道学者,又迂腐不近人情。如邹元标、高攀龙。"[10]他从总结明王朝灭亡的教训中深知迂腐的学问,无裨实用。所以他认为求学要有实功,必须实地创作。故他的弟子安积觉在《文恭行实》一文中称赞他道:先生从古今礼仪以下,就是农圃梓匠的事情,衣冠器用的制作,都了解其法度、穷尽其工巧,连内行人都佩服他的多才多艺。现在东京汤岛的圣堂就是根据朱之瑜设计的"学宫图说"并由他亲自参加建造起来的。他不仅精通宫廷、器物的制造,而且连衣服裁制的方法、养蚕抽丝的技术,医药种痘的处方……也无不通晓。因为他研究的是一种经世济民的学问。无怪乎水户藩主德川光国亲热地称朱之瑜为"经济学家"。

3. 明古知今的历史观

由于朱之瑜提倡"实理实学",因此,在历史观上特别重视史学,提倡明古今史学的思想。他认为历史就像一面镜子,可以鉴往知来了解一切事情的因果关系。多读史书,可以使人明情知世,义理渐通。这一点与王夫之、顾炎武、黄宗羲不谋而合。这也是我国明清之际"浙东学派"的一大特点。章学诚说:"浙东之学,通经服古,绝不空言德性。""言性命者必究于史。"[11]朱之瑜把古人的学行当作一种历史实际的参考,要明其源而知其变。他认为因环境不同、历史有异,则学问事功就有区别,不可拘束于末流。所以他在日本讲学时,对于日本当时的政教,认为可以有为,但须明古知今。朱之瑜认为求学的方法有两种:一是实验的方法,即向实践学习;一是历史的方法,即向历史学习。他教导他的学生要多读史书。通过历史事变总结出国家兴亡得失的规律,这也就是朱之瑜的所谓"实学"。朱之瑜明古知今的历史观和治史方法对日本的"水户学派"具有一定影响。

当然,朱之瑜毕竟是我国封建地主阶级的知识分子,由于历史和阶级的局限性,他对农民起义是敌视的;对封建伦理道德,拼命维护;虽然对宋明理学的各种弊病进行了分析和批判,却不能与宋明理学从根本上划清界线。但综观朱之瑜的一生,他仍不失是一位具有强烈民族意识的进步学者。

(二)

朱之瑜的民族主义又是和他的国际主义密切相连的。他定居日本时每日"向南而泣血,背北而切齿"。这正如黄遵宪在《日本杂事诗》中所描述:"海外遗民意不归,老来东望泪频挥,终身耻食兴朝粟,更胜西山赋采薇。"朱之瑜初到日本时,异常困难,据他说:"日本三四十年不留一唐人。"[12]但凭着他光明磊落的人格和广博精深的学问,竟破例被收留。以后日本人对于他"如七十之子服孔子",他竟成了日本的孔夫子。邵念鲁在《明遗民所知录》中称道:"之瑜……留东京。自国王以下,咸师奉之。……阐良知之教,日本于是始有学,国人称为朱夫子。"总之,朱之瑜以他诚挚的感情,挺拔的人格,渊博的学问给日本全国人民莫大的影响。

朱之瑜六十岁流寓日本讲学,一直到八十三岁去世,前后有二十三年时间,殚精竭虑地造就了日本无数学者,对日本文化影响很大。据日本《文苑遗谈》等记述,日本儒学的三个主要流派——朱子学、阳明学和古学派的一些代表人物,如安东省庵(1622—1701)、山鹿素行(1622—1685)、木下顺庵(1621—1698)、德川光国(1628—1700)、伊藤仁斋(1627—1705)、荻生徂徕(1666—1728)、安积觉(1656—1737)等人都和朱之瑜有过交往,或者受过他思想的影响。这种影响主要表现为两方面:一是朴素唯物主义世界观;一是历史观。

从朴素唯物主义世界观方面说,首先应提及的是安东省庵(安东守约)。当朱之瑜初到日本,时人未知其学时,唯有守约前往就师。朱之瑜生活贫穷,守约便削禄之半为赠。1663年,长崎发生一场大火,朱之瑜的住所被焚毁荡尽,他只好寄居在皓墓寺的屋檐下,风雨不避,盗贼充斥,不保旦夕,情景非常狼狈。他的学生守约闻讯后,不顾妹妹患病在身,而且进入危笃状态,立即赶来替朱之瑜另筹新居。以后,当朱之瑜接受水户侯源光国的聘请,经济条件大为好转时,也不忘记他的学生守约,常送黄金绢帛与守约。守约乃朱之瑜的知己，朱之瑜乃守约的大恩师。他们在学术上互相倾倒、学习，在生活上互相关怀、爱护，被世人称为一大高谊。在《朱舜水集》中收朱之瑜与安东守约的书信约五十余封。他们探讨的问题极为广泛，几乎涉及经史子集各个领域。守约在学术思想上虽属朱子学派，但和朱之瑜一样对理学采取了分析、批判的态度。他在一篇文章中论朱、陆异同说："朱陆鹅湖之议论不合……其门人互相姗议，随声雷同，彼坚我白，操戈入室，其流弊甚于洪水之泛滥矣。"[13] 守约这种超脱朱子学说范围的自由学风，受朱之瑜影响不浅。他在给安东守约的信中说："学者之道如治裘，遴其粹然者而取之。故曰：'千金之裘非一狐之腋。'故曰：'择其善者而从之，其不善者而改之。'若曰：'我某氏学某氏学'，此欺人盗名，巧取世资者也，何足效哉！"[14] 守约在世界观上主张"理气合一"，具有唯物主义倾向，这与朱之瑜的"理事同一"思想也相吻合。另外，他们两人在政治思想上都揭露封建统治的暴政，同情人民。以后，朱之瑜的这位嫡传高徒——海西朱子学派的璧子在中国朱子学走向衰落之时，他却异军突起，与贝原益轩（1630—1714）一起，把朱子学改造、提高成为唯物主义，在日本哲学史上具有相当积极的意义。而这实乃朱之瑜对日本的一大影响。

其次，朱之瑜与古学派的著名代表者山鹿素行也有过交往。日本古学派名为复古，实际乃提倡一种新学，即以复古为名而从朱子学里解放出来。古学派在学术思想上大都提倡"气一元论"的朴素唯物主义哲学思想。它在日本哲学史上占有重要的位置。山鹿素行是古学派的先导者。朱之瑜对他一向尊崇。他曾做《素行号记》云："问学如何？徵于素行，希贤希圣……儒道非难，善至德性，懿美内涵，闻望外令，文武张弛，维人无竞，温恭诚允，端庄静正，不在他求，是在子敬。"[15] 同时，朱之瑜所主张的"实理实学"、"理事合一"等朴素唯物主义思想对素行的学术思想也有一定的影响。日本学者井上哲次郎指出：山鹿素行"抱一家之见，主古学，所云古学，在舜水那里多少也有，可见素行在学脉系统中，不能说与舜水全然无关。"[16]

最后值得一书的是朱之瑜与日本唯物主义的奠基人伊藤仁斋的关系。仁斋的哲学思想前后有过重大变化，他开始笃信宋儒的心性之学，后来又主张以气为本的唯物主义一元论。他的唯物主义和无神论思想为日本思想界开辟了一个崭新阶段，他本人也成为了日本唯物主义的奠基者之一。仁斋最初从安东守约的弟子那里知道了朱之瑜，颇有从学之意。他写信给安东守约说："承闻明国大儒越中朱先生，躬怀不帝秦之义，来止长崎……倘若先生之道得大行于兹土，则虽后来之化，万万于今，实台下之力也，岂不伟哉！岂不伟哉！……仆又欲……往从先生于武城，不知先生许之否？若获为仆言之于先生，实大幸也，至恳至恳。"[17]但朱之瑜认为仁斋所治的"心性"之学与他倡导的"实理实学"相抵牾，曾复书守约力辞再三。

"伊藤诚修（即伊藤仁斋）颇有见解……昔有良工能于棘端刻沐猴，耳目口鼻宛然，毛发咸具，此天下古今之巧匠也。若使不佞目炫玄黄，忽然得此，则必抵之为砂砾矣。……何也？工虽巧无益于世用也。……宋儒辨析毫厘，不曾做得一事，况又于其屋下架屋哉？如果闻其欲来，贤契幸急作书止之。"[18]

伊藤诚修学识文品，为贵国之白眉，然所学与不佞有异，不佞之学木豆瓦登布帛菽粟而已，伊藤之学，则雕文刻镂、锦绣篡组也，未必相合……贤契幸婉辞之，多一事不如少一事也。[19]

陆象山、王阳明之非，自然可见矣。不论中国与贵国，皆不当以之为法也。伊藤诚修止之为妙。[20]

这些话既是对研究心性的理学的批判，又是对伊藤仁斋的开导和规劝。当仁斋从宋儒理学中解脱出来，对理学进行批判并创立了与心性理学相对立的"圣学"，即"气"一元论的朴素唯物主义时，朱之瑜又给予仁斋重要评价："伊藤诚修兄策问甚佳，较之旧年诸作，遂若天渊。倘由此而进之，竟成名笔，岂逊中国人才也。敬服敬服！"[21]

从历史观方面说，对水户学派的影响较大。"水户学"是以水户藩主德川光国编纂《大日本史》事业为中心而发达起来的一大思想体系，以提倡巩固封建社会制度的"大义名分"著称。水户侯源光国（即德川光国）不仅是位政治家，也是一位学者。他十八岁时读《史记·伯夷传》很受感动，决心编一部日本正史。1664年（清康熙三年）9月他招朱之瑜到水户，尊朱之瑜为师。《桃源遗事》中说："朱之瑜来长崎也，公

（指德川光国）遗使征聘，竟以为师，问道讲学，自执弟子礼。之瑜时有所规谏，言甚剀切，公尝嘉纳焉。"[22]光国每次引见他，谈论经史、讲究道义，朱之瑜都能援引古义、弥缝规讽，曲尽忠告善道之意。光国每次遇到疑难莫决的事情，没有不请教朱之瑜然后才做决定的，同时代的人，也没有比朱之瑜更受光国尊重的了。德川光国最初开设彰考馆编纂《大日本史》时聘请朱之瑜参与工作，他欣然同意。史馆的第一位总裁，就是朱之瑜的学生安积觉。安积觉从十岁起就跟朱之瑜学习儒家经典，是朱之瑜在日本最亲密的学生。朱之瑜死后，他曾为朱之瑜做传记。《舜水遗书》中收有他写的《行状》和《遗事》。安积觉晚年告诫他的子孙说："舜水先生自书《缘由》一卷……凡我子孙应敬之如神明，其或沦落丧失者，非我子孙。"[23]

由于朱之瑜非常重视史学，他曾对奥村庸礼说："经简而史明，经深而史实，……得之史而求之经，亦下学而上达耳。"[24]所以他明古今史学的思想影响，渗透到水户学派编史的宗旨之中。从德川光国自撰的《梅里先生碑志》里可以看到水户学派编纂《大日本史》的目的在于：叙述历史的史实，阐明国家道德，明君臣职分，严是非的辨别。源光国开馆编史时，朱之瑜亲自参与其事，并以春秋大一统、尊王爱国、大义名分的思想指导他的门人编史。《大日本史》从德川光国开馆编史起，到明治三十九年止，历经十三世，二百五十年之久，终于编成。自《大日本史》修成之后，日本才算有了一部极完善的纪传本的正史。它作为精神指导，使尊王抑藩、忠君爱国、大一统的思想，普遍地输入到日本国民的意识之中。这种思想逐渐演变成日本的统一运动，影响到1867年明治下令废藩置县、建立统一国家、实行维新体制。这就是日本历史上鼎鼎有名的明治维新运动。它奠定了日本成为现代富强国家的基础。

朱之瑜热爱祖国，也热爱日本。他在与日本人民的长期相处中认识到日本是一个"山川降神，才贤秀出"的国家。他意识到自己在日本的使命是"动关中国、日国千年之好"。[25]他在给安东守约的信中呼吁日本"与中国世世通好，若汉赵之交"。他热切地盼望中日两国平等相处，世代友好，人民亲如一家。今天，我们应该继承、发扬先辈的这种思想，深信朱之瑜"中国、日国千年之好"的思想必定会在中日两国人民的共同努力下不断发展。

注释

[1]《朱舜水集》：卷五，《答某书》，中华书局1981年版。
[2] 马浮编：《舜水遗书》：〈文集〉卷十四"答安东守约杂问"。
[3]《朱舜水集》：卷十一，问答三，"答野节间"。
[4]《朱舜水集》：卷八，"答奥村庸礼书"。
[5]《朱舜水集》：卷十一，问答三，"答安东守约问"。
[6]《朱舜水集》：卷十一，问答四，"替小宅生顺问"。
[7]《舜水遗书》：《文集》卷九，"答安东守约"。
[8]《舜水遗书》：《文集》卷十三，"答野传问"。
[9]《朱舜水集》：卷十，问答二，"答安东守约问"。
[10]《朱舜水集》：卷十一，问答三，"答林春信问"。
[11]《文史通义》：内篇五。
[12]《舜水遗书》：《文集》卷十一，"与小宅安之书"。
[13] 朱谦之：《日本朱子学》，第206页。
[14]《舜水遗书》：《文集》卷22。
[15] 稻叶君山：《朱舜水全集》：《文集》卷十六。
[16] 井上哲次郎：《日本朱子学派之哲学》，第817页。
[17] 伊藤仁斋：《古学先生文集》卷二《答安东省庵书》。
[18]《舜水遗书》：《文集》卷九，"答安东守约书"。
[19] 同上。
[20]《舜水遗书》：《文集》卷十二，"答安东守约"。
[21] 同上。
[22] 青山延于：《明征录》第五卷。
[23]《淡泊史论》：卷首，甘雨亭丛书本。
[24]《朱舜水集》：卷八，《答奥村庸礼书》。
[25]《朱舜水集》：卷七，《答安东守约书》。

（载《社会科学辑刊》1983年第3期，第21—26页）

中日阳明学之比较

中日阳明学各以其丰富多彩的支流别派、纷纭庞杂的体系结构出现于中日两国历史舞台，并对各自国家的历史发展产生了重要影响。通过中日阳明学产生时代、逻辑结构和历史作用的比较，可以寻觅中日阳明学的思想关系，探求它们之间的同异，从中总结出哲学理论思维教训，并作出历史的评价。

一 中日阳明学产生时代之比较

阳明学的集大成者是王守仁（1472—1529）。他生活的时代，正值明王朝经历着一场深刻的社会危机。农民起义风起云涌，地主阶级内部矛盾重重，整个社会处在激烈的动荡之中。王守仁把背着沉重包袱的明王朝，比喻为行驶在狂风巨浪之巅的断桅破舟，把"满眼兵戈事渐非"的"天下事势"比之为"沉疴积痿"；把社会的种种弊端不是归咎于封建制度，而是归罪于"良知之学不明"。他说："从册子上钻研，名物上考索，形迹上比拟，知识愈广，而人欲愈滋，才力愈多，天理愈蔽。"（《传习录上》《王文成公全书》卷一）那么出路何在？他提出了一套以"良知"为天下之本的主观唯心主义哲学，主张从"格心"入手，加强封建的道德教化，唤起人们所谓内在的天德良知，自觉地遵循封建的统治秩序和伦理纲常，从而达到消除"祸乱相寻于无穷"的危难，实现"天下可得而治"的目的。所以，当这种以"良知"为本体，以"格心"为手段，以拯治朱明王朝为目的的阳明哲学一经问世，便受到封建统治者的青睐。明代中叶以后，阳明哲学更是风靡一时，弟子遍全国，可分为浙中王学、江右王学、南中王学、楚中王学、北方王学、粤闽王学、泰州学派等等。

中国阳明学传入日本的时间是16世纪中叶，但它嬗变为日本自己的阳明学派则是在17世纪30年代。12世纪镰仓时代至16世纪中叶室町时代是日本封建社会的形成和发展时期。这时的统治者亟须一种论证封建统治的理论作为统治思想，而在中国封建社会后期，统治思想长达七百年之久，博大精深的宋明理学正合此时日本统治者之心愿，所以，这一时期也是中国宋明理学传入阶段。17、18世纪德川时代是日本封建社会完成和解体时期。德川时代日本哲学发展的历史可分为三段，即德川初期为朱子学勃兴时代，中期为朱子学与古学[1]对立时期，后期和末期为阳明学隆盛时期。由中国传入的宋明理学分化、演变的三个阶段正是当时日本封建社会阶级关系错综复杂、矛盾斗争的反映。德川初期，幕府提倡朱子学，它成了正统官学。至于古学派与朱子学派的论争，则是代表不当权的地主阶级主张王政复古与代表当权的德川氏拥护幕府思想间的斗争。宽政异学之禁[2]使古学派衰落了，代之而起的是代表日本社会下层武士和市民阶级利益的阳明学。德川幕府后期，日本封建制内部已产生出资本主义生产关系的萌芽，封建等级制的链条开始松弛，强烈渴望变革社会现状的是市民和下级武士。他们的理论指南便是阳明学。这是因为：第一，他们视阳明学为"不择贵贱贫富"的真儒学。日本阳明学的创始人中江藤树（1608—1648）说："心学为由凡夫至圣人之道。"（《翁问答》）他把阳明学作为打破等级藩篱的理论武器；第二，他们把与佛教禅宗有密切关系的阳明学作为立身保命的信仰。武士，尤其是下级武士常年驰驱于疆场之中。藤树从他的"心学"出发，认为于矢石之中，于生死不能无念，禅宗以主观唯心主义的说教，提供武士以信佛即可得救的虚伪观点，所以，直接简明的禅宗颇与武士的性格相合。而阳明学又与禅宗有密切的关系。中国清代学者陆陇其评价王守仁哲学时说："阳明以禅之实而托于儒，其流害固不可胜言矣。"（《陆稼书集》卷二，《学术辨》中）王守仁在自述思想历程时也承认佛禅的启诱作用："某幼不问学，陷溺于邪僻者二十年，而始究心于老释。"（《阳明全书》卷七，《别湛甘泉序》）因此，下级武士信仰禅，也就必定信仰阳明学。就这样，日本阳明学在日本封建社会瓦解的过程中，作为社会下级武士和市民阶级的哲学产生了。

通过中日阳明学产生时代之比较，可以看到中日阳明学的历史地位是不同的。中国明朝中叶，阳明学主流（王守仁哲学）成为封建帝王治理国家和立身行事的指导思想，被钦定为官方哲学，居于正统统治地位。在日本，阳明学是以民间异端思想的姿态登上哲学舞台的。虽然它一度勃兴，但由于日本阳明学是代表日本社会下层武士和市民阶级利益的一种意识形态，所以一直处于被压抑、受排挤的地位。

二 中日阳明学逻辑结构之比较

一个哲学的逻辑结构是指其哲学自身的内在联系。因此，通过对中日阳明学逻辑结构的剖析、比较，更可看清中日阳明学同异的实质。

首先，从哲学骨架来比较。王守仁的哲学思想骨架由三个环节构成："心即理"、"知行合一"和"致良知"。其中，"心即理"是"知行合一"的理论基础，"知行合一"发展的逻辑结果是"致良知"，而"致良知"又贯穿"心即理"和"知行合一"。"心即理"是陆九渊哲学体系中的一个重要命题。王守仁袭用了这一讲法，并以此为根据，提出了与陆九渊的"先知后行"相反的"知行合一"学说。王守仁讲，所谓"心即理"是说"心"与"理"合而为一，不可分离。"理"是"心"之理，在心之中，而"心"则包含万理，与"理"不离；无"心"之"理"，与无"理"之"心"，都是不可思议的。这种心理无分内外、浑然一体的讲法，是对陆九渊"东海有圣人出焉，此心同也，此理同也；西海有圣人出焉，此心同也，此理同也；南海、北海有圣人出焉，此心同也，此理同也。千百世之上有圣人出焉，此心同也，此理同也；千百世之下有圣人出焉，此心同也，此理同也。"（《象山先生行状》，《全集》卷三十三）的修正。因为陆九渊有将"心"与"理"并列之嫌，这样一来便使此心此理成为一种脱离了主观而普遍存在的绝对东西。王守仁正是在"心"与"理"不即不离基础上构筑了他的"知行合一"学说，并以此为知行的本体。这就是说，知行尽管可以分为两个方面讲，但不能"分为两截"去作。知不离行，行不离知，两者互为表里，不可分离，形成了中国哲学史上独树一帜的知行观。这就是王守仁在"心即理"命题上继承陆九渊而又超过陆九渊之所在。王守仁的"知行合一"学说，主要的是就伦理道德方面的问题而谈的。因此，其所谓"知"，是对于良知的体认；其所谓"行"，是对于良知的践履。这样，知行便统一于良知。所以，"致良知"

又是王守仁"知行合一"学说逻辑发展的必然结果。王守仁的"良知"说,虽渊源于孟子的"良知良能",但又不尽完全雷同。王守仁所说的"良知"也就是"心",亦即"天理",是一个无形象、无方所、超时间、越古今的绝对。他说:"夫良知一也。以其妙用而言,谓之神,以其流行而言谓之气,以其凝聚而言谓之精,安可以形象方所求哉?"(《传习录·中》)"良知是造化的精灵,这些精灵生天生地,成鬼成帝,皆从此出。"(《传习录·中》)正是这个无形象、无方所的绝对,主宰着客观世界,充塞了古今宇宙,造就了万事万物。正是在"良知"的统摄下,千姿百态、纷繁杂陈的世界,才构成了一幅和谐无间的图案。这就是王守仁以"良知"(心)为"天下之本"的主观唯心主义哲学思想。所以,他的"良知"说与孟子在以"天"为最高哲学范畴的客观唯心主义体系中仅仅作为一种先天道德的"良知"具有鲜明的区别。这就是王守仁主观唯心主义哲学形成的逻辑途径,也是他出于孟、陆,而又有别于孟、陆的本来面目。纵观中国阳明学其他学派,在哲学骨架上,只是对王守仁思想某一部分的发挥、解释,均没有超出者。

中日有些学者认为日本阳明学是中国阳明学的移植和重复。笔者认为日本阳明学渊源于中国阳明学,但当它移植于日本社会的经济基础之上,在日本特定的历史时代背景之下,形成了自己独特的规范和特点,有别于中国阳明学。这一点,通过透视日本阳明学的开山祖师"近江圣人"中江藤树的哲学思想体系结构,便豁然明了。中江藤树青年时期从林罗山学朱子学,是个虔诚的朱子学者。他三十七岁时得到了《王阳明全集》,反复熟读,觉得大有所获,曾赋诗一首:"致知格物学虽新,十有八年意未真;天佑复阳令至泰,今朝心地似回春。"(《藤树先生遗稿》第一册)于是他离开朱子学,转向阳明学。藤树自归王学以后,亲书"致良知"三个大字,揭于楣间,并设令其徒皆攻读《阳明全书》,开日本阳明学之端。就这样,他跟踪中国宋明理学在日本传播的足迹,由朱子学转趣阳明学,以日本阳明学创始人的身份,在日本哲学史上占有重要地位。中江藤树作为一位阳明学家活动的时期只有五年。然而,他在这五年中精心绘制了一套哲学思想体系,由此奠定了日本阳明学的基本格局。藤树哲学思想的骨架也由三部分构成,即:"明德"(孝)、"良知"(心)和"太虚"(中)。其中,他把"明德"提高为世界的本体,并赋予它神学的内涵。

他认为"明德"是万物之本体。他说:"天地万物皆造化于神明灵光之中,故我明德既学、则通于神明,明于四海,故天地万物皆在我明德之中。"(《藤树先生精言》)这就是说,冥冥中的神明造就了天地万物,只要我有明明德的功夫,明德既明,便能通达于神明,那么,大千世界、芸芸众生都从"明德"中派生、演绎出来。这样一来,就出现了什么是明明德的功夫问题。对此,他讲:"明明德之本,在于以良知为镜而慎独。"(《翁问答》)关于"良知",他规定为"良知具于方寸",是"通于天地有形之处,与鬼神合吉凶者。"(《大学解》)良知即是具有神秘色彩的"心"。这样一来,"以良知为镜而慎独"之意便是以"心"为功夫之镜,去交五伦,去私欲,就能使与生具有的光明之德,发扬光大,充塞全心。归根结底,明明德的功夫即是以"心"正"心"的"心学"功夫。这个神秘妙用的"良知"又与"太虚"同体一致。"太虚寥廓,吾人之本体也。"(《藤树先生全集》卷一)其意是心无体要以太虚为体,这就是他的"心归太虚"说。良知(心)之所以归于太虚,这是因为"太虚"者,"所谓未发之中是也。"(《藤树先生全集》卷五)原来藤树哲学体系中的"太虚",就是本心无偏无倚的境界。因为人心本来是中和的,倘若人失去了无过不及的本心,便会造次颠沛,无恶不作;所以要保住人心中和之本体,就必须要立身行道,而立身行道的最终本质又在于"明德"。即克去蒙在心上的杂念尘波,使中和本体之心呈露出来,这便是孝。"太虚"(中)最终又复归于"明德"(孝)。中江藤树把他的"明德"(孝)→"良知"(心)→"太虚"(中)→"明德"(孝)这一模式,叫作"全孝心法"。

第一,"孝"是藤树哲学骨架结构的最高范畴。在这里,它不仅是人类社会最高的道德伦理原则,而且还是宇宙万物的本原。在藤树"全孝心法"的世界观中,当"孝"演变为"心"和"中"之后,又回归于自身。这表明,"孝"贯穿于藤树哲学体系的首尾,他以"孝"为本、为"体",以"孝"为始、为终,即"全孝"之意;同时,"孝"、"心"、"中"在藤树哲学体系中,意味着把宇宙和人类联结起来的某种精神实体的各种名称或性质,究其实质,"孝"和"中"就是"心"的殊称。藤树如此重视"心"的作用,是因为他特别致力于心上功夫。这一思想被他的高足、日本阳明学史上的重要代表者熊泽蕃山(1619—1691)所继承和发挥。他将"全孝心法"的某些范畴与中国《周易》的元、亨、利、贞相结合,从易学角度进一步阐明了心法的重要性,这即是"心法"之意。总之,"全孝心法"是一种伦理化了的心学。

第二,"全孝心法"结构中的基本范畴"明德"、"良知"、"太虚"、"孝"、"心"、"中"等撷取于中国儒学经典《大学》、《中庸》、《孝经》。在这个意义上,应当说藤树的阳明学思想是建立在《大学》、《中庸》和《孝经》三书一贯理论之上的。同时,他又给这些范畴添进新的内容,形成日本阳明学的固有概念。"明德"在《大学》中只是一种生来具有的光明之德,藤树为了建立一种从帝王到庶人都能遵循的、全人类普遍的"道",便将"孝"规定为"明德"的主要内容,因为孝是可以极其广泛运用的浅近的日常道德规范。进而把"孝"升华为一种无所不在、无所不为、无所不包、无所不感通的神秘的东西,并以此为他哲学思想结构的最高本体。"中"虽具于方寸,但与"太虚"同体。如果藤树的讲法还不甚清晰的话,那么他之后的另一位著名阳明学者大盐中斋(1796—1859)则作了明确表述:"太虚自张子《正蒙》来否?吾曰太虚之说,自致良知来,而不自《正蒙》来矣。"(《大盐平八郎集·洗心洞札记》)这就表明了"良知"与"太虚"是名异实同,它们不过是用来描述心的两种不同境界罢了。"良知"指的是心的一般情况,"太虚"指的是心的中和本体。在藤树的"全孝心法"中,"孝"和"太虚"演绎成了具有特定意义的规范。因此,"全孝心法"又是一种别具风格的"心学"。

第三,藤树为他的哲学思想骨架涂上了一层神秘油彩。"明德"(孝)通往神明,"良知"(心)与鬼神合,"太虚"(中)被称为"太虚神道"。所以,"全孝心法"还是一种神学化了的"心学"。

第四,从思辨方法来比较。王守仁哲学是从政治统治的角度出发,为拯救危机四伏的朱明王朝炮制的一剂所谓"良药"。他企图从即心即物、即知即行、即动即静、即体即用、即上即下的哲学高度论证封建统治的必然性、合理性。正因如此,他在对立的事物、概念、范畴之间,总是强调"合",强调"无对",强调"心""理"合一、"知行合一"、与物"无对"等等,排除了矛盾,否定了转化,所以,王守仁的哲学体系从总体来说是形而上学的。在方法论上,综观中国阳明学派其他代表学者的思想,除了李贽在形而上学的体系中迸发出一些朴素辩证法的火花外,均无例外。这是中国阳明学的一个特点。

由于日本阳明学是反映处于日本社会下层的武士和市民的意识形态，所以大部阳明学者都主张在变革中争得人人平等的地位，在变异中实现人人皆为圣人的理想。这种政治要求折射为哲学思想，就是包藏在神秘的唯心主义外壳之中的自发的朴素辩证法思想。这可以通过日本阳明学兴盛时期的重要代表者佐藤一斋（1772—1859）的哲学思想为例加以阐明。一斋思想的精华是包含在他唯心主义哲学体系中的自发朴素辩证法思想。他的辩证法思想主要表现在三个方面：第一，他认为对立的法则充塞于宇宙之间。他先后列举了阴阳、动静、显晦、虚实、内外、有无、同异、顺逆、荣枯、祸福、宠辱、毁誉、劳佚、甘苦、贫富、老少等对矛盾，认为天地间事物必有配合之理，有极阳出，必有极阴者来配，人与物皆然，无一不是对立物的统一，无一不是对立物的相反相成；第二，他猜测到对立物的两个方面是经常互相转化的。他认为开先者必有结后，持久者必有转化，抑者必扬，滞者必通，一隆一替，必相倚伏，恰是一篇好文章；第三，他指出这种对立面的转化现象又是无时无处不存在的，故他叫作"一时一事，亦皆有亢龙"。在大盐中斋的哲学思想中也具有许多类似的辩证法因素。这些宝贵的辩证法思想来自中国《周易》。这种素朴的辩证法对于人们认识事物的发展变化，揭示事物的内在本质和外在现象的联系与区别，都具有启发、借鉴的作用，是日本社会辩证法思想宝库中的重要财富。

第五，从认识途径来比较。"知行合一"理论是王守仁的一大独创。他用融通知行的办法，将知行的界碑打破，其实质乃是"销行以归知"。这就是"知行合一"学说"以知为行"、"以知代行"的唯心主义实质。但"知行合一"说内部又存在着王守仁主观唯心主义哲学体系所不能克服的矛盾。这种内在矛盾性表现为以下两点：其一是"知而必行"。对于"行"，王守仁不仅承认有，而且还把它作为"知"的一种自然而然的属性，这便是"知而必行"思想的内涵。从认识路线来看，"知而必行"遵循的是一条由心到物的认识路线，但却具有一些合理因素。因为这里讲的"行"，显然具有主观见之于客观的意思，但是王守仁曾说："凡谓之行者，只是著实去作这件事。"（《答友人问》）将这种意义的"行"规定为"知"的自然而然的属性，把能否"行"视之为"真知"的条件，表明他对"行"的重视和对"空疏谬妄"的不满，说明他有一定的务实求治精神。其二是"行而后知"。王守仁也承认"行而后知"的情况。他讲："食味之美恶，必待入口而后知，岂有不待入口而已先知食味之美恶者邪？"（《传习录中·答顾东桥书》）这是说认识来源并依赖于实际活动，也只有通过实际活动才能获得关于某一事物的具体知识。正是从这种"行而后知"的认识出发，他反对"自误误人"的"料想臆度"，主张在"日用事为间体究践履，实地用功"。这些思想无疑具有唯物主义的因素，与以知为行的主观唯心主义思想相抵牾。

在认识论上，日本阳明学者一方面忠实于王守仁的"知行合一"学说，在理论上进行注释："就行曰知，知即行之知；就知曰行，行即知之行。"（佐藤一斋：《言志晚录》）另一方面，他们又以"知行合一"学说中的务实求治、即知便行的合理因素作为他们发动起义、从事"勤王倒幕"政治活动的思想指南，将"知行合一"理论付诸于实践。这乃是日本阳明学的一个重要特点。熊泽蕃山就特别致力于"知行合一"学说。他常用王守仁"事上磨炼"的功夫以自勉教人。在他的著作书信中，随处可见其主张"勤王"的宏论，这实为王政复古的暗示。在德川幕府的全盛时代，公然敢于大揭勤王旗帜，振作人民精神，如果不是受"知行合一"学说的感化，孰敢放此狂言？蕃山的这种思想在大盐中斋那里得到了继承和发扬。1837年2月19日，中斋愤于贪官污吏为富不仁，打出"人类平等"的旗帜，领导了震撼日本现代史的大阪城市贫民的起义。起义影响久远，直到1918年"米骚动"[3]时还把他当成日本市民起义的领袖。对于这次起义的评价，资产阶级学者德富苏峰以为在日本维新史上"确有极重要关系"而予以肯定。（《近代日本国史》第27卷）日本历史学家井上清说："这次起义虽然只有一天就被镇压下去了，但是它以全国人心激昂为背景，发生于日本的经济中心——大阪……其政治和社会上的影响，真是非常深刻。"（《日本现代史》第1卷）中斋决心发动这次起义，与他平日崇拜的"知行合一"学说有密切关系。

通过以上比较，可以看到中日阳明学都倡言"心学"、"心法"，都主张"心"为宇宙的创始者和主宰者，否定客观物质世界的存在，基本上都属于主观唯心主义路线。这是两者的相同点。但日本阳明学比之中国阳明学更是一种具有浓厚伦理色彩的"心学"。这又是它们的"同"中之

"异"。日本阳明学的体系是唯心主义的，但它采取的思辨方法又具有辩证法的因素，这比中国阳明学主流（王守仁哲学思想）的形而上学具有积极意义，这是两者的相异点。但它们都遵循"知行合一"这一认识路线，这又是它们的"异"中之"同"。中国阳明学在认识路线上提出的"知行合一"的理论深度是日本阳明学所望尘莫及的，而日本阳明学在唯心主义体系中闪烁出来的辩证法思想火花，较之中国阳明学又不能不说是略胜一筹。中国阳明学是日本阳明学的源头，日本阳明学是中国阳明学的嬗变，两相比较，互有得失，但又互为相彰。

三　中日阳明学社会作用之比较

王守仁作为一位朱明王朝的高级文武官吏，一生做了三件大事：一是镇压大廋岭南北的农民起义；二是压服广西大藤峡少数民族的起义；三是完成了自诩为"天下可得而治"的阳明心学。他镇压农民起义，是为了扑灭导致明王朝倾倒的熊熊烈火；他集"心学"之大成，是为了为行将衰败、没落的阶级，提供新的兴奋剂和麻醉剂。总之，王守仁及他的学说对当时社会起了一种消极作用。至于泰州学派，包括它的后起之秀李贽的哲学思想，虽具有启发人们解放思想、批判封建礼教的进步社会作用，但笔者认为由于泰州学派本身存在许多严重缺陷，他们虽要"赤手以搏龙蛇"，却仇视揭竿而起反抗封建压迫的农民起义，他们虽有"掀翻天地"的勇气，却不能创造出一个新世界，其结局只能是身遭横死、亡命山林。目前，中外哲学史界认为泰州学派具有反对封建专制主义、重视人的价值的先进的社会作用的看法，笔者以为不甚妥当。

在日本，作为异端思想而崛起的阳明学一直是颠覆封建幕府的催化剂，尤其是幕末阳明学更是酝酿明治维新运动的动力和造就明治维新一代新人的思想指南。幕末阳明学者吉田松阴（1830—1859）是明治维新运动的先驱者，幕末维新四杰之一。他以著述多、门生众、堪居幕末维新志士之首。松阴思想的启迪者是泰州学派的李贽。他花了六年时间，反复精读《焚书》、《续藏书》，称赞李贽是"一世奇男"，"其言与之心心相合"。在李贽那种提倡思想解放、大胆怀疑圣人经典、主张人人平等思想的指导下，他一生不仅为了"勤王讨幕"抛头颅、洒热血、出生入死，而且还开设村塾，用阳明学栽培辅弼维新宏业的伟人。松阴门下人才济济，明治维新的开国元勋如伊藤博文、山县有朋、井上馨等皆出其门下。无怪乎人们称赞松阴村塾为"卵化颠覆幕府之卵"的一保育场，为"点燃维新革命天火"的一圣坛。日本阳明学（主要是幕末阳明学）在日本社会封建制度即将崩溃，资本主义变革条件已经具备之时，为推翻长达二百六十年的德川幕藩领主统治，抗拒西方殖民主义者侵略，争取民族独立，发展资本主义经济的明治维新运动奠定了思想和组织基础，起到了积极的作用。

从唯物史观的角度来看，日本阳明学对日本社会起到了颠覆封建幕府、实行维新体制、奠定了日本成为现代强国基础的积极的社会作用。中国阳明学主流（王守仁哲学）在当时极力维护腐朽的封建统治，它对当时社会所起的作用基本上是消极的。泰州学派虽然是中国封建社会中第一个具有平民色彩的学派，但由于他们的某些新思想萌芽或被传统旧思想紧紧束缚着，或被宗教神秘主义深深掩藏着，所以也不能认为泰州学派对当时社会具有积极作用。

四　几点启发

透视中日阳明学的同中之异和异中之同，对于两国阳明学之不同的社会作用，必须遵循历史唯物主义关于经济基础决定上层建筑以及上层建筑之间相互影响的原理，加以解释。

第一，社会意识赖以产生并为之服务的经济基础性质的差异决定了社会意识反作用性质的差别。

明王朝是君主专政的大一统封建国家，皇帝具有至高无上的尊严，他既是全国封建势力在政治上的最高代表，又是落后的生产关系的反动代表。因此，根植于这种经济基础并为之服务的王守仁哲学对当时社会所起的作用基本上是消极的。在日本，阳明学的昌兴时期是在德川幕府的没落时期。当时的日本社会，掌有实权的是封建幕府。德川幕府控制着全国的政治、经济、军事和外交大权，"挟天子以令诸侯"。在作为社会生产力和生产关系、经济基础和上层建筑矛盾斗争的阶级对垒中，下级武士和市民站在农民一边，反对封建幕府。因为人民大众是日本封建社会中新兴生产关系的代表者，德川幕府是腐朽生产关系的反动代表，所以，反对幕府的斗争就具有反封建的革命性。从阳明学者熊泽蕃山在德川幕府全盛时期就敢于提出"勤王"的口号，已露反封建之端倪；中经下级武士出身的大盐中斋领导大阪市民起义，把反封建幕藩体制的斗争推向一个新阶段，到幕末志士吉田松阴提出"开国倒幕"的口号，动摇了幕府的统治基础，为明治维新做了充分准备。由此可以清晰地看到，日本阳明学对日本社会作用是积极性的。

第二，社会意识多层次的复杂结构决定了社会意识反作用的多样性和复杂性。

从中日阳明学的分析比较中可以看到：首先，王守仁哲学思想本身就是一个多层次的复杂结构体。他的主观唯心主义哲学无疑是为封建统治者服务的，这就决定了中国阳明学主流对当时社会所起的反作用基本是消极的。但是王守仁提出的"心即理"、"致良知"思想决不是"凿空杜撰"，而是针对当时朱子学造成的时弊有所感而发的"对病的药"。这在当时起到了某些破除迷信、解放思想的作用。他的"知行合一"说在认识论上也具有某些合理成分。王守仁哲学思想中这些"有价值的成果"为尔后具有苦干实行、敢作敢为、信在必行民族性的日本阳明学者所接受、继承，成为他们最可受用的信条，并付诸实行，对日本社会起了有益作用。其次，泰州学派相对王守仁思想来说，也是一个复杂体。泰州学派是王学的一个支派，但却是一个具有浓厚平民色彩的支派。它与日本阳明学代表下层武士和市民阶级的利益相吻合，这就决定了它们那种勇于向传统势力挑战，主张人人平等的作风很易为日本阳明学者采纳、吸收，并铸成他们的思想意识，为此，有些学者认为，与其说日本阳明学是受王守仁思想的影响，不如说是受泰州学派的影响。

第三，日本阳明学是中国阳明学移植到日本国土上，经日本社会时代风雨的培育而开放的一枝花。

所以，日本阳明学具有许多不同于中国阳明学的特点，其中最重要一个特点是它哲学体系中的朴素辩证法思想。笔者认为日本阳明学者之所以敢于站在市民起义的前列，勇于提出"尊王攘夷"的口号，使日本阳明学成为推动日本历史前进的一股动力，主要原因应归功于它的朴素辩证法思想。

注释

[1] 古学派是朱子学的反对派,名为复古,事实上乃提倡一种新学,即以复古的名义从朱子学里解放出来。其理论来源于中国宋代张载和明代罗钦顺的思想。

[2] 宽政异学之禁指日本宽政年间,幕府对朱子学者以外的儒者实行封锁门户的禁令。

[3] 1918年春,日本政府准备出兵干涉苏联革命。地主和米商看到了大米在战时的重要,米价暴涨,引起了人民暴动。这次暴动地区之广、时间之长,在日本历史上是罕见的。

(载《中州学刊》1986年第3期,第42—47页)

儒学与日本

儒学是东方思想的主流之一，是华夏文化的基干。在中国两千多年漫长的封建社会里，不论政治思想、教育宗旨，还是社会制度、人伦道德，都以儒学为最高原则。秦汉以后，高度发达的儒学影响四周的邻国，儒学本身亦在吸收外来文化的基础上，成为东方文化的代表。

约在晋朝初年，儒学向日本传播，朝鲜为其津梁。当时朝鲜半岛上的高丽、百济两国竞争颇力。百济王想结好新兴的日本以为己助，派使臣阿直岐前往日本，游说应神天皇。阿直岐博见多闻，对于中国孔孟各家的经典，都有研究，得应神天皇的赏识。他便竭力向应神天皇推荐王仁，日皇亲派使臣前往百济，征聘王仁。在应神天皇十六年（285年）王仁带《论语》十卷、《千字文》一册到达日本，开始在日本教授儒学。从学的有日本皇室子弟，如太子菟道稚郎子学习儒家经典后，居然熟谙汉文，通晓典籍。这样不仅日本文字深受汉字的影响，而且中国儒学也为日本皇室所重视。继体天皇七年百济博士段扬尔到日。他游历日本各地，将中国儒学传播到民间，深受日本民众欢迎。其后三年，高丽五经博士高安茂又带了《周易》、《周礼》、《礼仪》、《毛诗》、《孝经》、《左氏春秋传》等书到日讲学。至此，中国儒学便在日本思想界发芽萌生了。儒学直接从中国传入日本是在日本推古朝时期（七世纪）。日本从推古天皇十五年（607年）开始，先后三次派遣使者、留学生和研究学问的僧侣（日本称为"学问僧"）前往中国隋朝，学习儒家的典籍，探讨中国的文化，研究中国的制度。他们中有的人长期住在中国，奋力攻读儒家的典籍，回国时把大量的儒家经典和文物带到了日本。据记载，平安朝初期传入日本的汉籍有一千五百七十九部合计一万六千七百九十卷。

中国儒学传入日本后，浸润到日本古代社会的政治、思想、文化和法

制各个方面,对日本古代社会起了重要影响,集中表现在三个方面:

第一,"十七条宪法"中的儒学影响。

推古天皇十二年(604年),圣德太子为力图革新当时日本国民道德的低落和国内贵族集团纷争日烈的现状,根据中国儒学思想,制定了"十七条宪法"。"十七条宪法"中除第二条"笃敬三宝"和第十条"绝忿弃瞋"外,其余几乎全部是儒学思想。这一点也为日本学者所公认。如:"十七条宪法"中第一条"以和为贵,上下和睦",出于《论语》的《学而篇》:"有子曰,礼之用和为贵",和《左传》的"上下和睦,周旋不逆"。第三条"君则天之,臣则地之",出于《左传》的"君,天也,天可逃乎"。第三条还有"天覆地载"出于《礼记·中庸》的"天之所覆,地之所载"。这条中的"四时顺行"出自《易·豫卦》的"天地以顺动,故日月不过而四时不忒"。第四条中"上不礼而下不齐",出于《论语》的"道之以德,齐之以礼"。第六条"无忠于君,无臣于民",出自《论语·学而篇》的"君仁臣忠"。第七条"贤哲任官"源于《尚书》的"任官唯贤材","克念作圣",出自《尚书》的"惟圣念罔作狂,惟狂克念作圣"。第九条"信是义本",出自《论语》的"信近义,言复可"。第十二条"国靡二君,民无两主",渊于《礼记》的"天无二日,士无二主"。

"十七条宪法"中的大部分文句都出于中国的《诗》、《书》、《礼》、《易》、《春秋》和《论语》、《孝经》儒家经典。但其中的某些概念随日本国情变更,最明显的是"和"。《论语》中"礼之用和为贵"的"和",是作为"礼"的一种功用,与之相比,"十七条宪法"中的"和"具有两个明显特点:其一,具有佛教色彩。6世纪中叶,朝廷提倡佛教。当时,接受佛教就意味着接受超越于原有各氏族之神之上的神,以此新信仰统一贵族的思想,并使中央和地方的氏姓贵族与群众对朝廷的威力产生强烈印象。圣德太子和苏我氏的朝廷耗用大量国家经费,建筑了远较当时日本建筑水平为高的四天王寺、法兴寺、法隆寺等结构复杂、极为壮丽宏大的大型寺院,这些寺院只有天皇和朝廷的贵族去参拜。而"十七条宪法"中,"和"也带有佛教色彩。如第二条说:"笃敬三宝。三宝者佛法僧也,则四生之终归,万国之极宗,何世何人,非贵是法,人鲜尤恶,能教从之,其不归三宝,何以直枉"。关于"和"可分为"和合"与"平和"

两大种类。"平和"在佛教中意为消除烦恼、断灭欲望,与"寂静"、"寂灭"同义,可引申为涅槃。以此便会明了,作为治国原则的"和"与作为超世人生原理的佛教是互为沟通的。"和"的根基是作为"四生之终归,万国之极宗"的佛教,佛教的入世表现形式是治国原理的"和"。日本古代儒学中的"和"具有佛学的内涵,佛教在日本社会意识形态中占有重要地位。其二,是"和"的制约人际关系的绝对性。"十七条宪法"中的"和"割断了与"礼"的联系,作为联结个人与个人关系的绝对方式而出现。这也出于当时日本社会的政治原因。"十七条宪法"中第三条的"承治必谨"和第十二条的"国非二君,民无二主",表明"和"是牵制各种各样人与人关系的唯一标绳,也是维系整个社会的最高原则。这是日本儒学的又一特点。

不久,在儒学的直接影响下,发生了日本历史上第一次国内大改革——大化革新。这次改革使日本社会由分散的、模拟氏族制度发展为统一的、中央集权制的律令国家,为日本历史上不可轻视的重大事件。并且,"十七条宪法"对后来的明治维新运动也起到了很大的间接影响。中国儒学对于日本社会政治上的影响,由此可见。

第二,日本古典名著中的儒学精神。

日本最古书籍有二:一为《古事记》,成书于712年;相传著者为太安万吕。《古事记》是根据天武天皇的意图,作为"邦家之经纬,王化之鸿基"编写的。著者站在皇室立场,将流传于古代贵族间过去的传说和记录加以整理写成,内容几乎全为神话传说,与中国殷商神话酷似,恐效仿中国古代神话传说。故此,《古事记》犹如中国的儒家古典《尚书》;一为《日本书纪》(三十卷),成书于720年,由舍人亲王等编写。《日本书纪》是出于对外目的而编写出来的国家正史,编纂方法也是模仿中国史书。读《日本书纪》就如同读中国的《史记》和《左传》。日本国学者本居宣长认为它受中国儒学思想影响很深。如其中神卷的天地开辟理论,其根据是儒学的阴阳说;神武纪所载的"逆天道"、"赖以皇天之威"和"获罪于天"等都是出自中国儒家的"薄天"、"祭天"之说。使日本人在世界文坛上引为自豪的名著《万叶集》是日本最早的一部和歌集,收集了自4世纪至8世纪四百年间的长短歌四千五百余首。《万叶集》的作者遍及日本社会各个阶层,有天皇、皇后、公子、王孙、朝臣、名媛、平民等。倘若说《古事记》和《日本书纪》与中国的《尚书》和《左传》、《史记》相似,那么《万叶集》无论在体裁和内容上都宛若中国的《诗经》。如大伴家持(据云他是《万叶集》的总编辑)的《慕振勇士之名歌》:

> 尽心事父母,念念为人子,
> 丈夫岂空谈,弯弓振作起,
> 宝剑佩腰间,千寻射投矢,
> 踏越群峰山,赴任心欢喜,
> 后代好言传,立名从此始。

这首诗中的孝道思想与《孝经》中的"立身行道,扬名于后世,以显父母",有异曲同工之妙。

日本古典名著中被浸注的仁义忠孝儒家精神通过诗歌、散文艺术形式渗透到日本国民的思想意识之中,熔铸陶冶了日本民族爱国、忠义、奋发的性格,对日本民族气质的形成,起了决定作用。现在日本民族的伦理道德、气质修养依然保持着儒学色彩,足以证明中国儒学思想已深入到日本文化的内层,根深蒂固,不易动摇。

第三,日本法制中的儒学痕迹。

圣德太子发布"十七条宪法"后,旋于推古天皇十五年(607年,中国隋炀帝三年)派遣小野妹子到中国留学。嗣后隋亡唐兴,日本又以小野妹子为主,派遣南渊请安、高向玄理等8人至中国唐朝留学。其中南渊、高向在中国学习研究达32年之久,于舒明天皇十二年(640年)归国。他们两人对于大化革新起了积极推进作用,作出了重大贡献,被任为大化革新时的博士,编纂各种律令。由于他们在中国目睹大唐帝国制定律令,实行法令和官僚制度统治的实情,他们认识到只有以此作为新国家的典范,制定律令法制,才能巩固大化革新成果。在他们主持下完成了"近江令二十二卷",至文武天皇时,又编纂律令,至大宝元年(701年)完成律六卷,令十一卷。养老二年(718年)又编成《养老律十卷》、《养老令十卷》,这就是日本法制史上著名的《养老律令》。其中所谓律,大体相当现在的刑法;所谓令,相当于国家组织和行政各法以及现在的民法和诉讼法等法律和其他规定。《养老律令》的制定和实施，名副其实地完成了日本要以大唐国为蓝本来建立"法制完备"的天皇制国家这种大化革新的理想。

《养老律令》以中国大唐法律为滥觞，故其中随处都可寻觅到中国儒学的痕迹。现试就《养老令》中关于大学的课目与唐令比较如下：

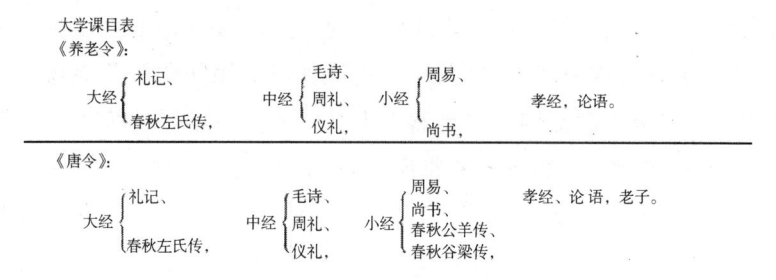

大学课目表

《养老令》：

大经 { 礼记、春秋左氏传， } 中经 { 毛诗、周礼、仪礼， } 小经 { 周易、尚书， } 孝经、论语。

《唐令》：

大经 { 礼记、春秋左氏传， } 中经 { 毛诗、周礼、仪礼， } 小经 { 周易、尚书、春秋公羊传、春秋谷梁传， } 孝经、论语、老子。

根据上表可见，养老令中，除唐令中春秋公羊谷梁两传及老子外，其他与唐令毫无二致。计小野妹子等渡华未及百年，中国的儒学已成为日本国家学问的中心，并且养老令实施以后，京师即设大学寮，各地设国学，教科书均根据儒家经典的七经及孝经、论语。学校毕业生在式部省举行考试，及格者然后任命为官吏。其考试制度分秀才、明经、进士、明法四种，采用标准均须方正清修，各行相副者。所以这不仅是完全根据隋唐时代的学校选举制度，并且汉武帝以来中国的儒学道德政治的理想，都得以在日本实行。这的确是件极可注目的事。

中国儒学真正演绎为日本儒学，并在日本社会历史和哲坛上别具一格地发挥作用，是在德川时代，这是传播中国儒学的鼎盛时期。由于日本民族富于模仿，但也深具创造的本能，所以当中国朱子学和阳明学移植日本后，经日本社会风雨的培育，嬗变为别具一格的日本朱子学和阳明学，宛如两朵奇葩怒放在日本哲学百花园中，对日本社会和历史的发展产生了重大作用。

当中国朱子学走上衰落之途时，在日本却异军突起，重放光彩。日本朱子学具有与中国朱子学相殊的特质。它分主气和主理两大派：

主气派受中国明代大儒朱之瑜和宋儒张载影响较大，尤其是朱之瑜。他倡导的"实学"思想对日本朱子学主气派具有重要影响。朱之瑜在总结明王朝灭亡的经验教训时，指出程朱理学是一种脱离实际，虚伪浮夸，

"纯弄虚脾，捕风捉影"的学问[1]。他在反对宋明理学的基础上提出了"实理实学"的主张。他认为"实理"就是"明明白白，平平常常"的"现前道理"，凡是能取得实际功用与事功的就是实理，有实际效果，有价值的学问便是"实学"。他的这种"实理实学"的朴素唯物论思想为他的高足弟子安东省庵的自由学风开辟了一条门径。省庵是17世纪日本关西著名学者，也是最早跟从朱之瑜学习的一人。省庵称朱之瑜为"大恩师"，朱之瑜称省庵为"贵国白眉"。省庵的学问虽属朱子学系统，而实超然于褊狭的朱子学范围。在自然观上，他从"实学"出发，倾向罗钦顺的"气一元"论。他说："罗整庵曰：'理只是气之理，当于气转折之处观之。往而来，来而往，不知其所以然而然，若有一物主宰其间而使之然，此即所以有理之名。易有太极，即谓此。若于转折之处看得分明，自然头头皆合，此说极明，要须省悟。"[2]与安东省庵齐眉的巨擘是贝原益轩，晚年走上了排斥程朱，提倡气本论的道路。他在代表作《大疑录》中说："理是气之理，理气不可分为二物，且无先后、无离合，故愚以为理气决是一物，朱子以理气为二物，是所以吾昏愚迷而未能信服也。"这些思想受益于张载。益轩称张载："张子之言，气象雄伟，语意淳厚，其学亦可谓正大光明也。"[3]这一对日本朱子学主气派的双璧，将中国朱子学改造、提高到唯物主义的路上，并赋予它力倡实践的特性。

主理派以山崎闇斋及其门人浅见絅斋、三宅尚斋和佐藤直方（所谓"崎门三杰"）为代表。这派的特点在于从道德修养方面修正、深化了中国朱子学，使之具有浓厚的重礼教主义的色彩。闇斋朱子学派扬弃了中国元明以来朱子学者把"仁"和"敬"加以抽象化和概念化的做法，视"仁"和"敬"为人生的最高目标、最完满的道德。与中国朱子学相比较，闇斋的"仁"说是倡导体认主义的"仁"。他认为仁是人的本性，于人身的最里层，所以必须作为自己的问题，切切实实地去体会、觉察它，而不能站在旁观者的立场，仅作为一种知识去探究它。与中国朱子学相比较，闇斋的"敬"说是具有伦理实践色彩的"敬"。他认为明代朱子学者把敬只看成心上功夫，因此只讲穷理，忘了身体力行，在日常生活中去做去行。为此，他提倡一种特别的"敬义内外"说。其特性表现于"敬内"的主旨在于修身，而不是养心。在日用实行中进行居敬的锻炼，这是修己。"义外"的宗旨是以义来正家国天下，这是治人。闇斋非常欣赏自己赋予新意的"敬义内外"说，故而给自己另起一名为山崎敬义。山崎朱子学派强调对道德的笃实信念和实践道德的坚强毅力在德川时期居于正统地位，从将军、诸侯到武士，在这种日本朱子学思想的熏习下，自然而然地酿成了忠君爱国、忠义坦白、仁勇信诚的思想。这仍是儒学对日本国民思想的重大影响。

日本阳明学开创于中江藤树。日本阳明学与中国阳明学相比较，最大的特色是对王阳明"知行合一"学说的实践化。倘若说"知行合一"是王阳明思想的独创，那么将这种理论作为发动起义、从事"勤王倒幕"政治活动的思想指南，并付诸实践则是日本阳明学有别于中国阳明学的一个最重要特质。中江藤树的得意门生熊泽蕃山就特别致力于"知行合一"学说的实际运用。他常用王阳明"事上磨炼"的功夫以自勉教人。在他的著作书信中，随处可见其主张"勤王"的宏论，这实为王政复古的暗示。在德川幕府的全盛时代，公然敢于大揭勤王旗帜，振作人民精神，如果不是受"知行合一"学说的感化，孰敢放此狂言？蕃山的这种思想在另一位著名的阳明学者大盐中斋那里得到了进一步发展。1837年2月19日，中斋愤于贪官污吏为富不仁，领导了震撼日本现代史的大阪城市贫民起义。中斋发动的这次起义是他把"知行合一"学说中的务实求治、即知便行的合理因素付之实行的具体表现。日本阳明学家将以理性思辨为基调的中国阳明学改扮成具有强烈实践性色彩的实践哲学。以苦干实行、有信必行、坚毅奋进、执着实践著称于世的这种日本民族性很难说不是被日本阳明学熔冶、铸炼成的。

在历史上，中国儒学曾与日本民族休戚与共，不仅有助于日本民族气质的形成，而且间接造成了明治尊王倒幕的机运。关于明治维新思想上的原因，冈仓觉三认为日本国内三种思想的合一，乃是促成明治维新实现的最大原因。第一种思想是教以如何研究；第二种思想是教以如何去行动；第三种思想是教以行动的目的。第一种思想的中心是朱子的格物致知之学，教以如何研究学同事理；第二种思想的中心是王阳明的知行合一之学，教以单是知识而无行动不成，主张恢复实践道德；第三种思想的中心是国学派，教以如何使以上两种思想能与日本固有的传统互相符合。当以上三种思想合成一种思想的时候，就会产生一种力量，足以推翻封建，创造现实，这是明治维新的最大的主要原动力。

战后，日本在经济上迅速腾飞，造成了惊人的经济奇迹。探讨日本经济成功的缘由，引起了中国和世界学者的兴趣。目前国际上流行着一种观点：由于传统儒学的世俗理论深入日本民间，成为构成日本思想文化的一大要素，所以儒学一向倡导的勤苦、节俭、敬老、秩序礼节、自勉互励、德智教育等传统美德成为日本战后经济发展的一个重要助因。笔者虽不完全苟同于这种观点，却也认为儒学中的某些积极因素与日本的经济现代化，其间有着某种固然的联系。不过这实在是一个需要认真探索的现实问题。

注释

［1］《朱舜水集》卷八，《答奥村庸礼书》十一。
［2］朱谦之：《日本哲学史》，第88页。
［3］《慎思录》第二卷，第69页。

（载《学术月刊》1986年第12期，第11—14、50页）

朱熹"理"范畴在日本的嬗变及其与日本现代化的关联

新儒学的代表者朱熹思想不仅对中国发生了重要影响，达到了与孔子相等的程度，而且他的学术影响至今仍在整个东亚回响。可以断言，东亚地区在受到西方冲击之前，社会和政治中最权威的价值观念，就是以朱熹为代表的新儒学。中国的明清时代、日本的德川时代、朝鲜的李朝时代，朱子学不仅在学术上为政府所采纳，而且在实践上为政府所推行，成为东亚地区最有影响力的一股学术思潮。

遗憾的是，按照传统思维模式判断，认为朱子学是封建制度所依据的意识形态，所以在接受西方自然科学的过程中，在现代化的进程中，它起了阻碍作用。在东亚"儒教文化圈"里，朱子学的确起过这样的作用。但是，朱子学还有为自然科学的发展做了准备、为接受西学奠定了基础，由此成为现代化原动力的一面。这一面尚未被世人所重视。而本文的兴奋点就在于通过追踪朱熹"理"范畴在日本嬗变的足迹，探求它怎样成为德川时代合理思维的动力？又以什么方式为日本的现代化做好了思想准备？

为了研求朱熹"理"范畴在日本嬗变的进程及与日本现代化的关联，首先要剖析朱熹"理"范畴的建构。朱熹哲学的"理"，具有三重意义：

一是作为形而上本体的理；

二是作为伦理道德的理；

三是作为客观经验的理。

关于"理"的形而上意义，朱熹说："理也者，形而上之道也。"[1]他视"理"为"道"，将日月星辰、山川草木、人物禽兽看作形而下之器（物），而把这形而下之器中的道理，判为形而上之道（理）。这样，便把

"物"（器）与"理"（道）对置起来，并把形而下之物看作形而上之理的使然。

"理"还是伦理道德的准则。朱熹把三纲五常概括为先天的理，用来论证封建制度的合理性。这层意义上的"理"，就是伦理道德的理。

为了反对佛教"一切皆空"的思想，朱熹又提倡"实理"说。"佛说万理俱空，吾儒说万理俱实。"[2] 他的"实理"主要指事物的规律。朱熹认为，"理"为事理之理，作为规律，是不能脱离事物的。为此，又提出了"理在事中"、"理不外事"等命题。寓于事中之理的"理"，由于具有与"气"合的特点，所以才成为"虚"而不"空"的"实理"。朱熹思想中的具有形而上性质的理，并不是与现实客观世界没有任何关系的超越性存在，而是寓于现实客观世界之中的超越性存在。这重意义的"理"，就是作为客观经验的理。

这样，朱熹"理"范畴就同时具有形而上的、人伦的、经验的三重性格。在这浑然一体的三重性质中，价值方面（形而上的性质、人伦的性质）处于优势。"天人合一"思想，就是使这种"理"结构得以成立的原理。这种以浑然一体的理范畴为基点的朱子学，历经元、明、清三个王朝，在国家权力的保护下，作为学问、教育和政治，得到了认可。在中国封建王朝庇护下的朱子学，虽然在政治上荣耀，但在思想上却停滞不前，乃至丧失了魅力。

但正是这种浑然一体的朱子学，于镰仓时代（1192年始）传入日本社会，经过四百年的传播期，形成了日本朱子学，并成为日本封建社会（德川幕府）的官方哲学思想。随着日本朱子学的勃兴，朱熹哲学"理"范畴亦被改扮为日本现代化准备过程中合理思维的出发点和原动力。

朱熹"理"范畴，在日本大体经历了三次嬗变。

第一次演变发生在德川前期。日本朱子学主气派将朱熹经验的"理"，嬗变为具有经验合理主义（经验理性主义）色彩的哲学范畴。完成这次演变的主要朱子学者是贝原益轩和新井白石。

贝原益轩（1630—1714）是德川前期经验合理主义的创始人。在他的倡导下，日本朱子学主气派在经验合理主义方面的展开，使朱熹"理"范畴成为日本现代化准备过程中合理思维的发展基础，成为西方近代自然科学传入的媒体。

益轩改造朱熹"理"范畴的途径是：首先他吸取了张载和罗钦顺的唯物主义思想，用"理气合一"批判朱熹的"理一元"论，并批判地继承了朱熹的"格物穷理"说，然后在此基础上，当他的"穷理"思想与"实学"志向相结合时，就为日本朱子学找到了一条与中国朱子学不同的道路——向着经验理性主义方向发展。

在"理"和"气"的关系上，益轩的基本观点是"理与气一而二，二而一，可谓同而异也"。[3]他认为理和气本来是不可分的，为了表示理对气的优势关系，先儒才暂且将理与气作为两种事物分开了。这一思想在其暮年得到了进一步发展。益轩在去世前一年写的《大疑录》中，明确提出了"理即是气之理"的思想。这是他理观念的重要变化。这一变化表明他捕捉到了朱熹客观经验的"理"，即"实理"。

与此同时，在批判朱熹非合理主义思想基础上，益轩又继承了朱熹"格物穷理"、"格物致知"中的合理因素，认为"格物致知之功，乃博学广闻之事。"[4]从这种格物穷理思想出发，他重视对经验科学的研究，成为一名经验的自然研究家。益轩站在经验科学立场上，将"穷理"与经验科学相结合，赋予了中国古老的"理"范畴以经验合理主义的色彩。

贝原益轩经验合理主义思想的形成，还有其心理动机，这就是他的"实学观"。他认为："为学者以济用为目的。因此，学必须施于事而后为有用之学也。"[5]他把学问分为有用之学和无用之学，倡导以有用之学为志向。益轩所追求的有用之学，就是经世致用之学。这种经世致用的实学观成为他穷万物之理的先导意识，而格物穷理又成为他实学志向的实践指南。为了追求经世致用的有用之学，所穷之理，必然是寓于万事万物之中的理，即经验的理；通过对具体事物的格穷，所得到的理，又必定具有实用价值，即是经世济民的学问。这样，"穷理"与"实学"，两者相益相彰，由此形成了贝原益轩的经验合理主义思想。益轩的这一思想在新井白石那里得到了发扬光大。

新井白石（1657—1725）是继贝原益轩之后，将朱熹"理"范畴中的合理主义更趋深化的重要朱子学者。他着重阐发了朱熹的"穷理"思想。"穷理"就是对绝对真理的追求，对自然规律的追求，但由于朱熹所要探求的是那个超感觉、超时空的绝对的先验的理，所以他穷理的结果仍然是先验的。而新井白石则将"穷理"作为追求一切真理、认识客观事物的手段和途径。通过"穷理",在历史学中他力图揭示日本社会历史发展的规律,成为日本科学历史学的先驱;通过"穷理",在自然科学中他了解了西方自然科学的价值,对经验科学产生了浓厚的兴趣,成为日本西学的开祖;通过"穷理",在经济学中他成为德川时期经济论的三大创始人之一和著名的经世家。为此,日本学者骄傲地称他是德川思想史上的一颗明星。

对于历史研究,白石不满足于对历史事件只作编年式的记述或只作伦理的评价,而是力图从"理"的观点,合理主义地对历史上的因果关系,作出客观的说明。如他研究神代史,从"神者人也"这个命题出发,凡属传说是神的所作所为,都作为"人事"加以解释。这与以前把日本历史作为神统相比,是很大的进步。他参考中国历史,认为日本历史上所谓的"神代"大体上相当于中国周末秦初时期。白石的历史观具有两个特点:一是不停留于尚古,而是面对现实,与中国春秋公羊派(常州学派)相似;二是带有合理主义、实证主义色彩。从而使他成为科学历史学的先驱。

白石的《西洋纪闻》是他通过同潜入日本的意大利传教士西多蒂[6]的对话写成的。由于他对实证科学感兴趣,所以在这部著作中大力提倡和宣传西方先进的自然科学和技术,成为弘扬西学的先驱,为以后移植西学提供了思想准备。

新井白石对经世济民抱有浓厚兴趣,还是位经世家[7]。在德川政府财政困难之际,他提出了治国理民的五条纲领,如改铸货币的理论等。虽然他的建议未被德川幕府全部采用,但他货币论的基本精神,使他同熊泽蕃山、荻生徂徕一起被后来的学者视为德川时期经济论的三大创始人。

由此观之,新井白石思想中的"理",已不是思辨性的理,而变成了蕴含着经验和事实的理。朱熹的"穷理"思想在白石身上得到了充分的展现。他的穷理,是对历史发展根源、科学发展规律、社会发展线索的追寻。白石倡导对事物进行实事求是的研究,注意到了自然科学的价值并积极主张引进吸取。这种经验合理主义思想为日本现代化打下了深厚的思想基础。

朱熹"理"范畴在日本的第二次演变,是日本古学派通过批判朱熹形而上的"理",使"理"成为具有唯物论、经验论色彩的概念,为日本实证主义的发展铺平了道路。这第二次演变的主要承担者是伊藤仁斋和荻生徂徕。

伊藤仁斋（1627—1705）是日本古学派[8]的创立者。他通过吸取中国硕儒吴廷翰的朴素唯物论思想，对朱熹形而上的"理"进行了较彻底的批判。

首先，他以"气一元论"思想批判朱熹的"理一元论"。"故知天地之间，只有此一元气而已矣。"[9]伊藤仁斋明确地认为：物质性的元气是宇宙的最后本原，是天道之全体，反对在气之上，再去求所谓的本原。这些鲜明的朴素唯物主义观点，是对朱熹视理为宇宙本原，即对理的形而上性的批判。

其次，在"气一元论"基础上，他又提出了"天地一大活物"论。他在解释充满宇宙的元气是如何存在、处于何种状态时，在中国《易传》"生生不息"基础上，提出了"天地一大活物"论。他说："天地生生化化之妙也，盖圣人以天地为活物。"[10]伊藤仁斋的"天地一大活物"理论的实质在于：第一，他深刻指出了由于弥漫于宇宙的是生动活泼的元气，所以才有万物生生不息的运动、变化、繁衍、发展。唯有物质性的气，才是宇宙万物的第一主宰者。这种朴素唯物主义思想，引导人们关注客观的物质和事物，教导人们重视经验和事实，为世人指出了一条通往经验主义和事实主义的道路。因此，伊藤仁斋开创的气一元论自然观是日本唯物论发展史上的重要标志。

第二，伊藤仁斋视"气"为活字，"理"为死字。意为气是主宰者、是第一性的，理为被主宰者、是第二性的；气是流行、普遍的，理是呆滞、专一的。进言之，理只能作为气（物）的规律、条理而存在，而且各物有各物之理，不能易换、不能替代。这样，就将朱熹的理范畴限制在事物范围之内，强化了理的物质性、经验性内涵。仁斋在批判朱熹作为形而上本体理的同时，指出了理的依附性、局限性和被动性，说明理只能是"物之理"、"事之理"，"穷理"就是探求具体的事事物物之理。这种思想成了日本现代化准备过程中合理思维的出发点。

日本古学派的重要代表者荻生徂徕（1666—1728）接触到了近代西方立足于实证科学之上的自然科学和技术，成为了继伊藤仁斋之后，对朱熹"理"范畴进一步加以唯物化、经验化的朱子学者。关于什么是"理"

的问题，荻生徂徕认为"理"就是"道"，道在"利用厚生"；"理"就是"学"，学在"实用经验"；"理"就是"政"，政在"经国理民"。

荻生徂徕视"道"为仁者治国之道。他看不起宋学家"以道为当然之理"的虚学，认为"道者所以平治天下也，所以陶冶天下也"[11]。这样，便把"道"的地位提高到了仁者安邦治国的高度。

荻生徂徕视"学"为实用经验之学。他主张学为世用，即学的对象要有实用价值。这种思想反映了日本元禄时代以后经验科学的进步。他说："人生斯世，当为斯世之用，若生斯世，而无济于斯世，则曾草木之不若，岂足为学乎？故曰吾岂瓠瓜也哉。"[12]这一主张表明了徂徕不是站在思辨的立场上，而是站在经验的立场上，认为只有亲自证明了的才是"真知"，才能深知；认为人们学习的东西，只要对社会有实际用处，即便是一技一艺之长，亦有可称之处。这种视对社会和人类有效益的经验认识为"实学"的徂徕学，在理论上肯定了当时兴起的科学意识，越出了朱子学的狭隘框框，向着广阔的经验探索领域突飞猛进。

荻生徂徕视"政"为安民治国之政、在政治思想上，他提倡一种哲人政治。即圣人从政的目的，在治国安邦平治天下。故而，他指出政治的要诀，是《书经》的"在安民，在知人"两句话。安民是"仁"，知人是"智"。此二者是治国安邦平治天下的要诀。其中一些思想不乏有复古政治的因素，但他提倡的治国安民的经世论思想，却不失其积极意义。

朱熹"理"范畴的第三次演变发生于明治初期。这次演变是由"日本近代哲学之"父——西周（1829—1897）完成的。在"理"观念上，他继承了德川时代经验派的成果，并用西方的实证主义思想进一步改造了东方朱熹的"理"，使之成为适合于日本资本主义现代化需要的哲学概念。

19世纪，欧美资本主义国家为了对外贸易，商船相继至日，而德川幕府却采取闭关锁国政策。1837年，美国商船驶入浦贺，要求与日贸易，幕府当即令其返航。这件事引起了一些人的不满。他们认为，西方近代的合理精神是造成西方各国富强的原动力。为了对抗外国侵侮并保持日本的独立，就必须学习西方先进的思想和文化，并用之对日本社会进行根本改革。这些主张触怒了幕府，将他们逮捕入狱。这就是"蕃社事件"。

"蕃社事件"发生的第二年即1840年，中英鸦片战争爆发了，中国战败。这给日本以极大刺激。如何抵抗外来侵略？如何保全日本的独立？成了日本国民最关心的问题。围绕这一问题，出现了"攘夷论"和"开国论"的大论争。结果以佐久间象山为代表的"开国论"取胜。象山也是朱熹"理"范畴在日本嬗变过程中，起承上启下作用的朱子学者。鸦片战争的失败，使他对自己崇拜的朱子学，重新进行反省。他说："西方各国精研学术频频得势，甚至周公、孔子之国亦为此所败，何故也？根本原因在于彼所得其要，我所学不得其要，其间即或有一二志于有用之学者，但多数溺于高远空疏之谈，流于训诂考证之末，丧失了万物穷理的求实国风，陷人言行相违之歧途。"[13]于是，象山把西方的科学技艺之"实理"与东方的格物致知之"穷理"相结合，改铸朱熹的"理"范畴，提出"东洋道德、西洋艺术、精粗不遗、表里兼该"这一具有指导性的口号，成为德川时期经验派的"理"演绎为明治初期西周"理"的中间过渡环节。

明治维新前夕，西周从荷兰留学回到了日本。由于他第一个将西方的实证主义哲学移植到日本，成为日本第一位实证主义哲学家；由于他第一个将英文"Philosophy"译为"哲学"，一直沿用至今，此外，"主观"、"客观"、"理性"、"悟性"、"现象"、"实在"、"归纳"、"演绎"等哲学术语的译名，亦出自他手，在日本和中国广泛使用着；由于他第一个试图融合东方传统哲学和西方近代哲学，创建具有日本民族特点的日本近代哲学，而被誉为"日本近代哲学之父"。

西周哲学是为了适应日本明治维新——资本主义现代化的需要而产生的。明治维新的宗旨是以西方先进资本主义国家为样板，实现日本资本主义现代化，即建立资本主义的物质文明和精神文明。为适应这种形势的需要，西周在德川经验派"理"思想基础上，吸取了佐久间象山关于"实理"的合理因素，进一步用实证主义对"理"进行合理改造，反映了资产阶级反对封建意识形态的革命性，为近代日本社会找到了新的世界观和方法论。

西周哲学中的"理"，既不同于朱熹的"理"，也不同于德川时期经验派的"理"，它是东西方哲学思想的混血儿。西周是如何用近代西方思想改扮东方传统的"理"范畴，而成为日本"理"之集大成者的呢？

实证主义是立足于十七八世纪市民革命和产业革命的成果之上，基于实证的、科学的知识。它反对抽象推理、批判形而上学，主张对于学问、思想、社会诸方面进行逐步改革。西周以此为尺度，对"理"的内容，重新加以排列组合。

首先，他用实证主义统一和分类的方法，将"理"分为"物理"和"心理"。所谓"物理"是指"天然自然之理"，大到宇宙天体，小至一滴水、一撮土，无不具备此理，又不能外乎此理。如果违背了这个理，就会一事无成。西周称此理为"先天的"、"一定无二"的。所谓"心理"是指"唯有人而行之理"。西周认为这个理是"后天的"、"不一定无二"的。其实，"物理"与"心理"是指自然规律与精神规律而言。关于它们的区别，西周指出"物理"是独立于意识而客观存在着的，"心理"是客观存在的反映。关于它们的联系，西周认为心、物二理皆有客观规律的制约性，物理不可违背、心理不能制造；先有物理、后从中产生了人类，才有了人类的心理。这就唯物地说明了自然规律与精神规律的关系。

继而，西周又将"心理"分为"法"与"教"。他认为，以法治人，以教导人，原本两途。西周用这一观点严厉地批判了儒家的政教混同思想，强调法与教、治国平天下与修身养性的区别，主张法律应从道德方面分离出来，成为一门独立科学。这种分离乃是近代社会的一大进步，它本身就是对封建思想的一次革命。

最后，西周认为"心理"之为物，乃本于"人之性情"。在人性方面（即价值的理），他提出了"人生三宝"说。人生有"三宝"："第一健康；第二知识；第三富有。"[14]他认为此三宝是达到"最大幸福的三大纲领"，是"道德之大本"。因为"人生三宝"说是个人履行道德修养的伦理根本，也是人与人进行社会交往的相交之道，还是包括政府在内的所有社会机构的道德目的。如果违反了"人生三宝"说，则"疾病"、"愚痴"、"贫乏"必接踵而来。他认为政府只要奉行"三宝"，那么国家和人民就会幸福。西周伦理思想的基点是资产阶级幸福观。这种基于资产阶级人道主义立场的幸福观，具有激励人们实现资本主义现代化的号召力和鼓动性。

明治初期，作为日本"理"思想集大成者的西周，用西方实证主义哲学改造了东方朱熹的"理"观念，使之成为日本资本主义现代化的指导思想，领导了明治初期的日本社会。朱熹"理"范畴之所以能够在日本发生嬗变并对日本的现代化发生深刻影响，这是由于日本民族的社会结构和独特的民族性决定的。

一，近世日本社会是以武士为统治阶级的社会。这种社会结构与以士大夫为统治阶级的中国社会不同。尽管在中国产生了优秀的科学技术，但以"修身齐家治国平天下"为己任的士大夫不重视自然科学，更不能从事科学技术。可是，日本的武士却不同，由于他们对国防负有责任和义务，因此对技术，特别是军事技术就不可能持蔑视态度。

二，中国的科举考试扼制了知识分子的新思想，剥夺了他们的创造力。由于考试内容是复杂的八股文修辞表达能力和被固定化、教条化了的朱子学大系，由于朱熹的著作完全变成了士子们晋爵升官的敲门砖，所以朱熹思想成了僵化、凝滞的概念。而没有受到科举冲击的日本社会，则具有学术自由和自由学风的有利条件。

三，日本人的自然观和即物的特性。在日本，非常重视人与一个个自然物的关系。这是由于日本人的自然观是把每个具体的自然物都看成是"自然"，而作为自然物根据的自然，这一观念尚未得到确立。这样，就形成了日本人"即物"的特性，即强调经验、试验和实践。

注释

[1]《答黄道夫》，《朱文公集》卷58。

[2]《朱子语类》卷十七。

[3]《慎思录》，《全集》，第65—66页。

[4]《格物余话》。

[5]《日本伦理学汇编》卷八，第12页。

[6] 西多蒂（1668—1715），意大利人，耶稣会会士。1708年抵日，被捕后囚禁于江户（现东京）。

[7] 日本江户时代，对在民间宣传经世济民方策的知识分子的称谓。

[8] 古学派以复古名义从朱子学里解放出来，事实上要复归于经世实用之学，倾向于唯物主义。

[9]《语孟字义》卷上。

[10]《童子问》卷中。

[11]《论语征》甲，第12页。

［12］《论语征》壬，第318页。
［13］《1849年的上书》。
［14］《西周全集》第一卷，第515页。

（载《中国人民大学学报》1989年第4期，第26—31、16页）

中日早期儒学"忠"范畴比较

中国早期儒学的基本特征可以概括为"人学",而借以反映这一基本特点的基本范畴便是"仁"。自原典儒学创始人孔子将"仁"加以系统化、哲理化之后,"仁"便成为展现早期儒学"人学"内容的重要范畴。"仁"集中阐述了为人的规范、待人的方式、修己的途径,明显体现了作为人的个体人格的价值、理想和归宿等,究其实质,就是儒家倡导的一种崇高的道德观念、伦理精神。而要把这种道德观念转变为道德行为,伦理精神转化为伦理行为,其中的重要环节就是"忠"。笔者以为"仁"固然是中国早期儒学的重要范畴,但是,在强调"仁"重要性的同时,不应该忘记"忠"的重要作用,尤其是在早期儒学中的重要性。

"忠"发端于殷周,至春秋战国时与孝、仁、义、礼成为重要的伦理范畴。后汉马融撰《忠经》,使之系统化,并演为早期儒学的重要范畴。综观"忠"的意义,可以分解为三。

一、忠是为仁之道。从人我关系来看,忠是为仁之道,即实践"仁"这一伦理道德的根本途径。要想使"仁"的美德保存于每一独立的人,同时,又使个体的人与人之间相互贯通,以使仁爱精神充溢于人间,那么,就必须要有一条由自我达及他人、由此人通达彼人的桥梁。在孔子看来,这条由此达彼的桥梁就是"忠","能近取譬,可谓仁之方也。"(《论语·颜渊》)这里,"能近取譬"是为仁的方法。这种方法就是将心比心,自己愿意通达,也要使别人通达,即由己推人,由近及远,将仁这一伦理道德推而广之,使道德观念的仁转化为道德行为的仁。正是由于"忠"具有把仁这一道德观念转化为道德行为的重要作用,所以,孔子非常重视它。在《论语》中,"忠"作为一个重要范畴,先后出现过18次。孔子对"忠"重视的另一层原因在于"仁"并不是孔子追求的最高境界,

"圣"才是这种最高境界。圣人的目标是"博施于民而能济众"(《论语·雍也》),"修己以安百姓"(《论语·宪问》)。这意味着圣人的标准是要具有明显的客观业绩。而要想成为圣人,就必须要把美好的道德观念付诸实际,转变为辉煌的社会功绩。这就需要发挥"忠"的作用。所以,在通往圣人的道路上,"忠"是必经的关键。正是在这重意义上,孔子的学生曾参讲:"夫子之道,忠恕而已矣。"(《论语·里仁》)

二、忠是为国之本。《左传》成公二年记载:"忠,社稷之固也。"这是讲"忠"是古代社会生活的至理。之所以这样评价"忠"的重要性,其原因之一是"忠"是处理古代社会君臣关系的规范。封建社会中人与人的关系纵横交错,好比一个大罗网。而在这个复杂的罗网之中,实际上只有两个主要关系,一是君臣之间的政治关系,一是父子、夫妇、兄弟、族人之间的血缘关系,这是稳定封建社会秩序的两个基本环节。而早期儒学认为君臣关系(忠)比父子关系(孝)更重要。"忠"作为处理君臣关系的一种道德规范,其作用表现为两个方面。一方面,"忠"表现为君臣关系的平等思想和民主色彩。如孔子的"忠",作为对臣的规范是相对的。当定公问:"君事臣,臣事君,如之何"时,孔子回答:"君事臣以礼,臣事君以忠。"(《论语·八佾》)这里的"臣事君以忠"是以"君事臣以礼"为条件的,即"忠"以"礼"为前提条件而形成制约、调节君臣上下等级关系的规范。另一方面,"忠"是君对臣进行监督、管理的道德规范。"为臣事君,忠之本也。""夫忠者,岂惟奉君忘身,徇国忘家,正色直谏,临难死节已矣。"(《忠经·守臣章》)臣对君要严守忠道,"忠"具体表现为君可以忘身忘家,可以正色直谏,临难死节。其原因之二是"忠"是辨别贤良人才的标准。早期儒学从治国平天下出发,主张明君要选用贤良之才,而贤良之才的标准就是"忠"。如用"仁而不忠"者,则会"私其恩";用"勇而不忠"者,则会"易其乱";用"知而不忠"者,则会"文其诈",只有用忠良贤臣,则"政教以之而美,礼乐以之而兴,刑罚以之而清,仁惠以之而布,四海之内有太平音"[1]。由此说明了"忠"范畴对于维系纲常,兴国治民的重要性。

三、忠是为德之体。从伦理道德角度来看,"忠"既是中国人在社会生活中形成的一种内向的优秀情操品德,即道德观念,同时又是使人与人关系达到合理规范的外向表现,即道德行为。正是在道德观念与道德行为统一的基点上，说"忠"是道德之体。当"忠"作为内向的道德情操时，它表现为"忠诚"、"忠实"、"忠厚"、"忠贞"等高尚品德。当"忠"作为外向道德行为时，它表现为"尽心"、"尽力"、"尽己"、"为人"、"无私"、"忠勇"等为人处世的品行。

中国儒家典籍最初于公元284年经朝鲜传入日本。儒学直接从中国传入日本，则是7世纪的事。日本从607年始，先后三次派遣使者、留学生和学问僧来到中国。这些人在中国努力学习儒家思想，奋力攻读儒家典籍，回国时又把大量的儒家典籍和文物带回日本。据记载，平安朝初期传入日本的汉籍已达1579部，16790卷之多。从儒学传入日本到平安时代（794—1192年）末，可称为儒学在日本的传播期。自12世纪末，日本进入由武士掌握中央政权的镰仓幕府（1192—1333年）时期。由于武士信奉禅宗，随着禅宗的流行，中国儒学在日本得到了进一步发展。如《花园天皇哀记》中记载：后醍醐天皇即位后的第二年（1319年）请僧人玄惠到宫中讲解《论语》和《尚书》[2]。这时，儒学主要在朝廷和禅僧中流行。至室町时代（1336—1573年）儒学逐渐向民间和地方传播、发展。其中设在关东地区的足利学校成为专攻儒学的学府，对于儒学的普及，发挥了特殊作用。另外，还出现了儒学学派，如九州的萨南学派和四国的海南学派。笔者以为，在日本儒学发展史上，儒学传播期和镰仓、室町时代的儒学，可称为日本早期儒学。

日本早期儒学是为日本古代社会天皇一尊体制提供政治理念的。这种天皇一尊体制是一种严格的等级体制。在日本古代社会中，每个人的身份都是世袭固定的。天皇神圣不可侵犯，是日本等级制度拱门的最高拱顶石。作为日本社会的基本结构的等级制度，使"日本的社会结合大部分是人身或统治服从的关系，而不是个人与个人之间通过自由意志这一媒介的结合，这已经成为一种常识。但这种关系究竟是由什么样的意识来加以维持的？是由什么规范体系来加以确立的？……这种关系最本质的要素就是两个原理，其一是'恩'的原理；其二是家族制或'家'的原理"[3]。作为维系日本社会等级身份制的重要原理之一的"恩"，其实质是一种"债"，即受恩者被动承担的"义务"。在由等级制构成的日本社会中，每个人都蒙受天皇的恩，这是"皇恩"；子女在家庭中蒙受父母之恩，这是"亲恩"；学生要蒙受先生的恩，这是"师恩"；仆人或武士要蒙受主君的恩，这是"主恩"；……。从受恩者的立场来看，每一个日本人要向天皇偿还恩情债，子女要偿还双亲的债，学生要偿还恩师的债，仆人或武士要向自己的恩主还债，……。受恩者偿还恩主的恩情债，回报恩主的义务，就是"忠"。"忠"是对"恩"所作的一种无限的义务。这就是说通过"恩"—"忠"这条链条，把天皇与日本人、双亲与子女、先生与学生、主君与仆人、武士……所有的上下等级关系联结在一起。这是日本早期儒学对"忠"的理解。详析"忠"的意义，可从以下两方面阐释。

第一，忠是对天皇和日本国的责任。在以等级制为社会基本结构的日本古代社会中，天皇站在这个等级制度的顶端。日本天皇的特点在于他是日本国的最高象征，但不是掌有实权的国家元首。唯有如此，天皇才能永远成为日本统一与永存的象征，才能成为日本人敬仰的"神"，也才能使皇统绵延不绝，皇恩浩荡不息。这样，最大的恩是皇恩。每一个日本人都受到了作为象征日本国的天皇之"恩"，报偿皇恩的至高行为，也就成了最大的"忠"。对天皇的效忠、忠诚和忠信，就是对日本国的效忠、忠诚和忠信，而这是每一个日本人义不容辞的义务，即每个日本人必须全心全意履行的责任。这种观念根深蒂固，在日本早期儒学中有明确反映。如日本早期儒学中的"忠"就意味着臣民对天皇的奉献、偿还、报答和义务。而这种奉献、偿还、报答和义务又一起塑造了一个价值的四位一体。这就是对天皇和日本国必负的一种责任。这种责任维系着天皇与臣民的联系，调节着森严的等级关系。

第二，忠是日本伦理道德的支柱。在日本早期儒学中，"忠"属于伦理范畴。由于日本古代社会的等级结构，对各种"恩"的偿还也分成了等级，如偿还皇恩为"忠"，偿还亲恩为"孝"……这样，日本古代社会的伦理道德也显出层次性。基于天皇是等级结构的最高点，偿还皇恩的"忠"就成了道德这座拱门的拱顶石。这就意味着"忠"是日本伦理道德的支柱。之所以说"忠"是日本伦理道德的支柱，还因为"忠"是一种道德自觉，体现了人伦情感。在日本早期儒学中，把受恩者对恩主施以报恩的行为，称之为"忠"。这表明受恩者在道德上意识到自己欠下了恩主的债，并愿意以无限的忠诚，乃至自己的生命回报恩主。为此，受恩者主动地向恩主报恩，这是一种道德自觉的具体反映。这种道德自觉来自受恩者的一种亲情，即受恩者对恩主的爱。因此，在这重意义上，"忠"又是

"爱"的别名。749年诗人大伴家持写道:"让我死在我的君主身旁,我永远不会感到遗憾。"753年一位戍边的武士写道:"从今后,我将不再把家回,我要成为陛下恭顺的盾牌。"[4]如果诗人不是出于对天皇的爱,就不会有死在君主身旁,永不遗憾的"忠";如果武士不是出于对天皇的爱,也不会有以生命为陛下作盾牌无限的"忠"。

历史的回顾表明:作为中国早期儒学的重要范畴"忠"与作为日本早期儒学的核心范畴"忠"具有许多相异之处。这种相异处可以从"忠"的对象、性质和效益三方面加以比较说明。

第一,关于"忠"的对象。

在中国,"忠"的对象历来是握有生杀大权的专制帝王,即皇帝。中国的皇帝掌有统治中国社会的实际权力,对臣民拥有绝对主宰权、统治权和使用权。因此,中国的皇帝是专制者和独裁者。而臣民对这种专制帝王所表示的"忠",一半是慑于威力,一半是出于功利。中国历史上真正使人甘心情愿效忠的圣明皇帝并不多,臣民对皇帝的"忠",不是始终不渝的。在日本,"忠"的对象自始至终是象征着日本国统一与永存的天皇。日本的天皇不是中国的皇帝,主要区别是天皇对于日本臣民没有统治实权。在日本历史上,从大化革新到明治维新的一千多年间,天皇是被关白(天皇的顾问官)、幕府将军(镇压蛮族的派遣军总司令)、上皇(根据神的意旨退位的皇帝)所控制。他们才是这个国家的真正统治者,而天皇的权力不过是名义上的。这一特点决定了日本在它所经历的种种变迁中,从未把社会结构打碎过,整个日本历史上,皇位始终在唯一的皇室中相传,朝代从未中断过。它不像中国的历史,曾先后出现过36个王朝。日本的皇统是万世一系的。为此,日本臣民对天皇的"忠",也是自始至终一脉相承的。

第二,关于"忠"的性质。

中国的"忠"属于理智规范型。在中国,效忠的对象是封建皇帝。而中国的皇帝在历史上不是万世一系,而是频繁地改朝易姓。这其中的一个重要原因是由于中国伦理思想的基石是"仁"的缘故。中国人的伦理观把仁作为一块试金石,以此裁决一切人际关系。如果统治者是个仁主明君,臣民便拥戴他,效忠他;如果统治者是位昏主暴君,不行仁政,那么达到极点时,臣民便会罢黜他。这表明"忠"的基础是"仁"。而"仁"

是一种伦理规范、道德规范、政治规范和社会规范。由于"仁"具有规范、准则、标准的意义,所以,以"仁"为基础的"忠"也就具有了规范、准则、标准的性质。而用这种规范性的"忠"去效忠皇帝,就意味着中国臣民对皇帝的"忠"不是发自内心情感,而是天理良心的使然。由于这种"忠"缺乏内在情感的驱动力,所以它不会持久。

日本的"忠"属于人伦情感型。在日本,尽忠的对象是自始不变的天皇。臣民对天皇的"忠"是建立在认恩情与报恩的基础上。日本人将天皇视为"现人神"即现世活着的神,整个日本民族都置于这位神的庇护之下。因此,对日本人来说,皇恩是至高至大的。而蒙受了这种至高至大皇恩的日本臣民,由衷地产生一种报恩之情。不管是"认恩情"还是"报恩",都是发自人们内心的一种真情实意,是人伦情感的真挚流露。所以,"恩"是具有人伦情感的一个范畴。"恩"的人伦情感性决定了以"恩"为基础的"忠"的人伦情感性。日本人对天皇的"忠"是由衷的、真诚的、忘我的。这种情感性的"忠"达到了一种宗教般的虔诚和执着。所以,森岛通夫在评论日本的"忠"与中国的"忠"之主要区别时讲:"忠诚的意义在中国和日本也不相同。如前所述,在中国忠诚意味着对自我良心的真诚。而在日本,虽然它也在同样的意义上被使用,但是它的准确的意义基本上是一种旨在完全献身于自己领主的真诚,这种献身可以达到为自己的领主而牺牲生命的程度。结果,孔子所说的'臣事君以忠'在中国被解释成'臣子必须以一种不违反自己良心的真诚去侍奉君主';而日本则把此话解释为'家臣必须为自己的君主奉献出全部生命。'"[5]这表明日本的"忠"是一种深沉的"爱"和"情"凝聚起来的"忠"。因为只有用"爱"和"情"凝聚起来的"忠",才能达到"为自己的君主奉献出全部生命"的程度。日本早期儒学中这种人伦情感性的"忠",一直延续发展下去,以至使西方人不能理解。曾在东京大学执教过的德国人雷德拉教授在其著作《日本与欧洲》中,表示了对日本民族"忠"观念的震惊和不可理解。据他讲,在日本有两件事使他最震惊。一件是大政十二年(1923年)12月发生的难波大助狙击摄政宫裕仁天皇的虎门事件。而他的震惊,与其说是难波大助行为的本身,不如说是这次"事件后的反响"。由于这次事件的发生,当时的山本权兵卫内阁总辞职,上至警视总监、下至警备道路的警官,一连串的"责任者",受到惩戒免官。不仅如此,犯人的父亲即刻辞去众议院议员之职,在门前扎起竹栅栏,表示从此杜门不出。难波大助的家乡,全村废止了正月贺典,陷入悲哀之中,就连大助小学毕业的校长及其班主任,也因大助曾是他们的学生而引咎辞职。虎门事件之所以会产生如此巨大而无形的社会压力,其原因就在于这种人伦情感性的"忠"。另一件事是在大震灾时,为从熊熊燃烧的烈火中抢出天皇的像,竟至许多学校的校长为此丧命。这在外国人看来,实在是不值得和无法理解的。而日本人之所以要这样做,是出自他们对天皇的"爱"和"情",也就是日本民族特有的那种人伦情感性的"忠"。

第三,关于"忠"的效益。

这里的效益,指社会效益和历史效益,即对社会发展、历史前进所起的实际作用。在中国,由于"忠"的对象是历代封建皇帝。中国的皇帝是中国封建专制制度的最大代表和实际维护者,所以中国的"忠"与封建专制主义密不可分。从这层意义上讲,这种"忠"也是造成中国社会长期停滞于封建社会的原因之一。这是因为在中国封建社会中,忠君的结果可以在一段时间内起到安定社会秩序,巩固封建皇帝统治的作用。为此,历代帝王为了稳固自己江山的需要,都竭力宣扬忠君思想。

在日本,"忠"的对象是万世一系的天皇。由于天皇是日本国尊严、统一和永存的象征。所以,日本人认为他们对天皇的"忠",就是对日本国的"忠",就是对日本民族的"忠"。这种统一的、持续的"忠",逐渐演为一种民族凝聚力,将日本人团结在天皇周围,聚集成为一个整体。这种以"忠"为基轴的民族凝聚力,在正确思想指引下,可以发扬无穷的道德力量,对促进日本的近现代化起了重要作用。19世纪60年代发生的明治维新运动,是使日本走向近代资本主义道路的关键。这场资产阶级变革运动的指导思想是"尊王攘夷"和"王政复古"。这是由于作为资产阶级革命的维新领导人,利用了传统的日本民族心理——忠于天皇和传统的日本民族道德,从日本社会的权力二元化(天皇和德川幕府)现状出发,以打倒反对变革和向列强投降的德川幕府为手段,以建立日本的资产阶级近代化为目的的缘故。"尊王攘夷"即忠于天皇,走开国富强之路;"王政复古"即将掌握在幕府手中的统治权奉还给天皇。由此可见,"忠"在明治维新这场资产阶级革命运动中所起到的强大凝聚力和感召力。这也是"忠"这一道德力量的实践化。

又如，由于日本的"忠"是人伦情感性的，所以，就很容易在"忠"的基础上，将某些人结成一个类似家庭的集团。集团内的人团结友爱，齐心协力为集团的利益而奋斗。而这正是战后日本经济现代化的秘诀之一。日本的企业公司是家族式的，在"忠"的基础上，雇员与经理之间，雇员与雇员之间，流行着一种可以称之为具有血缘关系的团结感情。"因此，在这种社会中，不可能有什么西方观念中的劳工合同的概念。劳工不被看作一种高级商品，忠诚的精神得到珍视。'忠诚'市场在每个人从学校或学院毕业后的一生中，只对他开放一次。正是在这个市场中，那些能够提供忠诚的人遇到了那些正在寻找忠诚的人，即他们的'主人'。"这样，雇员对公司表示了极大的忠诚。"例如，假定公司计划在周末举行一个雇员运动会，每一个是否参加应该由他自由选择。在英国，许多雇员将不愿意在周末或平时被拴在公司里，他们就不会参加。这将使公司举办一次成功的运动会的企图受挫，也许干脆就放弃了这个想法。但在日本，一个工人参加这种运动会将证明自己是（同时也被公司看作是）关心公司的忠诚工人。"所以，"在一个儒教的社会中，每一个人都必须努力证明他对自己所属的那个社会的忠诚。他的忠诚程度是以他准备为这个社会作出牺牲的程度来衡量的。因此，如果他参加了这个运动会，而放弃了自己已经筹划好了的与家人共享周末的计划，那么这将被看作是他忠于公司的感情的一个确凿的证明。即使公司告诉雇员们，是否参加运动会要由每个人自己决定，情况也不会发生任何变化。表面上公司说这是由自己选择的事，但实际上，任何忠诚的工人都会考虑到经理特别希望举办一个成功的运动会来显示公司的团结。一旦工人掌握了公司的真正意图，并且把其他一切事情放在一边而去参加运动会，那么他就是一个'有道德的'雇员。"[6]这就清楚地表明了"忠"对于促进日本经济现代化的重要作用。这也是"忠"这一道德力量的物质化。

在正确思想指引下，"忠"对于日本社会的进步和历史的发展，曾起到了积极作用。但日本早期儒学中的"忠"还具有极其危险性的一面，如果不正当运用而是愚蠢的指导，则又会把日本推向灾难的深渊。第二次世界大战时，日本之所以疯狂地发动侵略战争并遭到惨败的一个重要原因，就是对天皇的无限忠诚成为了日本军国主义的精神支柱。这一血的教训，是人们不该忘记的。

注释

[1]《忠经·尽忠章》。

[2] 参阅西村天囚《日本宋学史》，第 31 页。

[3] 川岛武宜：《评价与批判》，载《菊花与刀》，第 272 页。

[4] 森岛通夫：《日本为什么会成功》，第 11 页。

[5] 森岛通夫：《日本为什么会成功》，第 10 页。

[6] 森岛通夫：《日本为什么会成功》，第 170—171 页。

（载《孔子研究》1991 年第 4 期，第 110—115 页）

中日近代新学"人"范畴比较

中国近代新学是中国资产阶级的哲学运动，也是中国近代哲学的主流。它的实质是反对封建，开启蒙昧。它的表现是抨击封建专制，宣传"天赋人权"；反对封建礼教，提倡"人性平等"；揭露封建愚昧，鼓吹"开启民智"；批判封建体制，实践"三民主义"。其中，"天赋人权"是从人道主义出发，对人的本质的阐述；"人性平等"是从伦理道德出发，对人的尊严的赞美，开启民智是从人类文明出发，对人的德智的探究；"三民主义"是从进化论的唯物主义出发，对人的理想的追求。由此观之，中国近代新学的核心问题是关于"人"的问题，所以近代新学的基本范畴也是"人"。作为中国特定时代的特定思潮的基本范畴——人，其内涵主要有以下三个方面。

一、博爱——人的本性。

在近代新学思潮中，关于"博爱"思想的集中论述者首推康有为。在康有为的思想中，"博爱＝爱力＝仁"。这一公式具有两重意义。第一，博爱是人之本。康有为把博爱视为人和万物之本。为此，梁启超称这种哲学观为"博爱派哲学"。"先生之哲学，博爱派哲学也。先生之论理，以'仁'字为唯一之宗旨，以为世界之所以立，众生之所以生，家国之所以存，礼义之所以起，无一不本于仁，苟无爱力，则乾坤应时而灭矣。"[1]这表明康有为把博爱作为人和万物的本原。博爱作为人之本，除了本原的哲学意义外，还具有本体的意义。康有为在谈到人时常说："人之所以为人者，仁也"，"舍仁不得为人"。这就是说，人之所以成为人的根据，就在于人具有仁爱精神，否则，无仁爱之心，则无禽兽之异。正是在这重意义上说，博爱就是人的实体。在中国古代哲学中，有以"无"、以"有"、以"理"、以"心"、以"气"为本者，而康有为独以"博爱"为本，这就明显地具备了资产阶级气质。第二，博爱是人之性。康有为反对先验的人性论，而主张自然人性论。这种自然人性就是情欲快乐等人类肉体和精神的需要，而首先还是肉体的需求。这种需求可以概括为"求乐免苦"四个字。"求乐免苦"作为人性，是指人的自然本能，人的自然属性。这种自然本能和自然属性，用资产阶级的话加以注释，就是"博爱"。康有为认为要使人"有乐而无苦"，就必须用墨子的"兼爱"说。由此，可推导出"求乐免苦"这种人的自然属性的实质就是"博爱"。所以，在康有为的思想中，"博爱"又是人之性。

二、平等——人的价值。

如果说在近代新学中，最富有博爱气质的要算康有为的话，那么，最强调平等的则应是维新变法的激进派谭嗣同。谭嗣同思想的核心是"平等"。而这个平等是怎样产生的？它的根据是什么？他说："平等者，致一之谓也。一则通矣，通则仁矣。"[2]这里，他提出了一个重要概念——"通"。而"通"又是什么呢？他说："通之象为平等。"[3]这表明，"通"主要是指事物平等的沟通、联系、一致和统一。而在大千世界中，事物都是相互对立、相互矛盾的，又用什么方法才能达到"通"呢？对此，谭嗣同独特地使用了"破对待"一词，释明了他的"破对待→通→平等"的哲学思想。并运用这一哲学思想，展开了他的反封建思想。他认为现实社会中之所以有君臣、父子、夫妇、君民等的"对待"，是由于封建名教制造出了种种人为的等级、差别、矛盾的原因。所以，他首先要"冲决名教罗网"来"破对待"，以达"平等"。谭嗣同通过对臣、民、子、妇自我人格价值的追寻，强调了臣民与君、子与父、妇与夫具有同样的人格价值和社会地位，由此破除了君臣、君民、父子、夫妇间的"对待"，而达到了君臣通、君民通、父子通、夫妇通，实现了"平等"。所以，在现实社会政治生活中，"平等"成了谭嗣同反对封建主义的一面鲜艳旗帜。在这面旗帜下，他对封建的三纲五常进行了殊死的抗争，具有重要社会意义。这种意义具体表现为——"平等"是对自我人格价值的承认。

三、自由——人的权力。

如果说康有为写《大同书》宣扬"博爱"——人的本体，谭嗣同写《仁学》提倡平等——人的价值，那么，严复翻译《天演论》等西方著作，则是主张自由——人的权利。严复认为自由是天赋的人权。他以为在中国发展资本主义的最大障碍是封建的君主专制。因为资本主义的实质是自由。而"专制"与"自由"是截然相对、不可调和的。关于"自由"的本质,严复接受了伏尔泰的思想——"自由实际上意味着什么呢?意味着认识人权,因为认识人权就是捍卫人权"[4],视自由为人的基本权利。关于人权的来源,他又接受了卢梭的天赋人权论思想——"民之自由,天之所界也"。在理论上,严复以这种天赋人权论向中国的君主专制展开了猛烈批判。

康有为的"博爱"、谭嗣同的"平等"、严复的"自由",完整地构成了中国近代新学——人学的基本内容。他们从不同层面对人的本性、价值和权利进行了论述和宣传,奏出了近代社会反封建的启蒙强音。但由于中国资产阶级的软弱性和妥协性,他们的人学思想又只能囿于理论,而不能付诸实行;只能是憧憬,而不能是实践。

日本明治启蒙思想无论在内容还是在形式上,都与中国近代新学有许多相似之处。如,日本近代启蒙思想的本质是反对封建,开启蒙昧,发展资本主义;日本近代启蒙思想的任务和内容是为富国强兵、殖产兴业而倡文明开化、独立自尊。这与中国近代新学极其相似。在这重意义上,笔者以为可以将明治最初十年间的近代启蒙思想称为日本近代新学。日本近代新学发端于"自我"(人)的觉醒,通过自我的文明观、情欲观、善恶观、智德观、价值观等的演绎而展开它的全部哲学思想。所以,日本近代新学的核心范畴,仍然是"人"。日本近代新学中的人,就其主要内容来说,有以下三个部分。

一、文明——人的智德进步。

"文明"在明治初期不胫而走,达到了家喻户晓的程度。这固然与明治政府大力推行"文明开化"政策有关。除此而外,启蒙学者的宣传也大为有功。这方面首推福泽谕吉为最。而他启蒙思想的核心便是"文明"。用他的话来说,"文明是指人的安乐和精神的进步"。而人的安乐和精神的进步要依靠人的智慧和道德才能达到。所以,"归根结底,文明可以说是人类智德的进步。"[5]关于人的智,福泽指出:"智就是智慧,西洋叫作'intellect',就是指思考事物、分析事物、理解事物的能力。"关于人的德,福泽说:"德就是道德,西洋叫作'Moral',意思就是内心的准则。也就是指一个人内心真诚,不愧于屋漏的意思。"[6]他又把德分为私德和公德,并指出公德是比私德更为可贵的一种道德。因为它是形于外而不是存于内的道德,可以直接衡量人的价值。福泽认为人类智与德的不断进步,是社会文明进化的标尺,而社会文明的不断提高,又是国家富强的标志。所以,必须努力提高日本的文明程度。而提倡文明的目的,在于通过对人的智与德的变革,提高整个日本民族的素质,把日本建成一个发达的资本主义国家。所以,福泽人学思想的特点和贡献就在于通过智与德两条渠道,将具有封建世界观的人塑造为具备资本主义世界观的新人,在变革人的过程中实现日本的资本主义近代化。

二、独立——人的自我觉悟。

在日本近代启蒙期,福泽谕吉是文明的积极倡导者,但文明只是他的手段,"独立"才是他的目的。他说:"把今天的日本人民引进文明境地,只是为了保持国家的独立。因此,国家的独立是目的,国民的文明是达到这个目的的手段。"[7]"独立"是福泽思想中最重要的观念之一。福泽的独立观,主要包含两重意思。第一,独立意味着人的平等和自由。他之所以重视"独立",是因为他把独立作为抨击德川封建社会等级制和封建伦理道德的理论武器。"天不生人上之人,也不生人下之人。"[8]这句名言表明了天生的人一律平等,不是生来就有贵贱之别的。他指出在日本封建社会中,正是由于缺乏独立的人格,所以导致了社会的不平等,挫折了人性的自由,造成了日本社会的落后。要想使日本赶上西方先进国家,就必须使人得到自由和平等,而自由和平等的前提是独立。因此,必须努力弘扬人的独立自尊精神。第二,独立意味着人的主体活动和能力。福泽认为:"所谓独立,就是没有依赖他人的心理,能够自己支配自己。"[9]根据这一定义,福泽认为人具备五种性质,即身体、智慧、情欲、诚心、想法,只有当人能够自由自在地运用这些性质时,才能称为身心独立。这种身心独立是人的主体活动和能力的一种标志。由此,福泽深刻指出,通过人的身心独立意识的不断增强,即人的主体活动和能力的展开,而不断促进人的智德进步,来提高日本民族的文明程度,加速日本的资本主义近代化进程。

三、幸福——人的情感欲望。

如果说福泽谕吉因宣扬"文明"和"独立"而彪炳于明治启蒙史的话,那么,被称为"日本近代哲学之父"的西周则以提倡"幸福"而载誉明治史册。西周在英国功利主义伦理思想影响下，形成了他的幸福观，即"人世三宝说是幸福之学"。所谓"人世三宝说"，即"第一健康，第二知识，第三富有"。[10]他将"人世三宝"视为"达到最大幸福的三大纲领"，是"道德之大本"。[11]西周从功利主义伦理学出发，认为"趋乐避苦"是人的本性，所以，凡是人没有不爱惜自己生命的，没有不好胜过他人的，没有不取财物以供己用的。这些都是人天赋的情感欲望。为了实现这种情感欲望，人就必须保护健康，广求知识，聚财求富，即追求"三宝"。这表明追求幸福是人的一种天赋德性，是理所当然、合乎情理的。西周这种幸福观的实质是把发展资本主义的基本要素，加以道德规范和伦理升华，规定为每个人的行为准则和生活常规。也就是说，试图通过对每个人自身素质的提高，以实现日本社会的资本主义近代化。

在日本近代新学中，围绕着人的文明、独立和幸福，福泽谕吉和西周进行了精辟论述，起到了反对封建和宣传资本主义的启蒙作用。由于他们都留学于欧洲，所以在他们的人学思想中深深镂刻着欧洲近代实证主义和功利主义的痕迹。在中国和日本的近代思想史上，爱国的思想家和启蒙学者都是从一种民族危机感出发，为了应付外来势力的挑战，维护国家独立，振兴民族，推进国家的近代化，以与列强抗衡而开启近代新学的。他们的目的，是通过在理论上弘扬近代新学——人学，在实践上进行启蒙，以变革国内诸制度，富国强兵，与西洋并驾齐驱。但是，在近代化的道路上，不久中日两国便分道扬镳。究其原因，中日近代新学的核心范畴——"人"的思想来源、基本类型、社会效益的差异，是一个重要因素，现比较分析如下：

一、人的思想来源不同。中国的人学思想来源于深厚的传统文化，日本的人学思想来源于西方的实证主义。

中国哲学重视关于人的本质、价值、需要以及人与自然、人与社会关系的研究。因此，较早就提出关于人的学说。如孔子的仁学，核心是讲人，贯穿着爱人而人人互爱的人道精神。孟子强调人的主体自我修养，由尽心、知性而知天，建构了一种主体人与客体自然的内在联系。荀子强调人的本质特性是"义"。墨子提倡"兼爱"说。老子在道、天、地、人中，强调人的自我作用。申不害认为人都是利己的，而无为他人之心。总之，孔、孟、荀从仁学中建立了人学，道家在道大、天大、地大、人大

"四大"中发现了人,墨家从"兼爱"中构筑了人学,法家从"贵己"中认识了人。如此斑斓的人学思想是构成中国传统文化的重要组成部分。以人学为主要内容的中国深厚的传统文化左右着中国人的思维定势。中国近代史上叱咤风云的一代人物——康有为、谭嗣同、严复等无例外地受到了中国传统文化的熏陶和影响。他们不可避免地用中国的传统思想去理解西方近代思想,用儒、道、法的人学思想去附会西方的自由、平等、博爱。如康有为就是用孔子的仁学思想来解释"博爱",谭嗣同的"破对待→通→平等"公式中,就有道家人学思想的影子,即便是直接受到西方近代思想影响的严复,在他的"自由"观中也留有中国传统人学的痕迹。

　　日本的情形与之相异。日本明治初期的启蒙思想家中一半以上的人,在启蒙前游历过西方,直接受到西方近代思想的教育,即使未去西欧留学的人,也都熟悉1—2门外国语,通过读书,间接接受西方思想。例如,西周在1862年受幕府派遣,与津田真道一起留学荷兰,在莱顿大学学习实证主义哲学,受到了被当时荷兰哲学界誉为"荷兰实证主义哲学之父"的奥普周默尔和他的老师、荷兰著名的实证主义者维塞林的深刻影响。西周以"人世三宝"说为基本内容的幸福观,正是在这种实证主义思想影响下形成的。福泽谕吉于1860年至1867年曾先后三次出游欧美,对欧美各国的文物制度、社会设施、科学技术、风土人情等,进行了详细考察,深感西方近代资本主义国家的文明和先进,决心以西欧近代文明为目标,使日本摆脱封建制度的精神枷锁,成为与欧美各国并肩而立的近代资本主义文明国家。为达此目的,他以"文明"和"独立"促进日本的启蒙运动不断高涨。而他的文明观,就是在法国基佐的《文明史》和英国巴克尔的《英国文明史》两本书的影响下形成的。福泽的独立自尊思想则是他多次考察西方近代文明的结果。由此可见,西方的近代思想,尤其是西方近代实证主义思想,成了日本近代人学思想的重要来源。

　　二、人的基本类型不同。就中日近代人学思想的实质内容来看,中国人学思想属于伦理型人学,而日本人学思想属于实证型人学。

　　作为中国传统文化核心的中国古代哲学具有一个重要特点,即"道德的人本主义"。这种道德的人本主义把道德实践提到至高的地位,其结果,一方面丰富了中国人重情操、讲修养的一面,但更重要的一面是,它将中国人的视野局限于社会历史甚而只是道德领域，妨碍了人们对自然科学的研究，视工艺钻研和器物制造为"雕虫小技"，把"身心性命之学"当作毕生追求的"大道"。中国古代哲学的这个重要特点又规定了作为中国古代哲学一个主要部分的传统人学的核心思想是着眼于伦理本位。在儒家人学思想中，不论是孔子"仁者爱人"的说教，还是孟子"尽心——知性——知天"的公式，不论是程朱的天理人欲之辨，还是张载"民胞物与"的思想，都渗透了"吾日三省吾身"，"返身而诚"，革除人欲，恢复天理，以修（身）齐（家）治（国）平（天下）为人生导向，以道德的自我完善为人生价值的伦理精神。道家以对自由人格的追求为基本内容的人学思想，反映了不为境累、不为物役、绝圣弃智、洁身自好的道家伦理观。佛教宣扬的万法皆空、慈悲为本、普度众生的人学思想，仍不脱世俗间明心见性、积善修德的伦理框架。以伦理为本位的儒释道人学思想，在历史进程中，相互影响、渗透，最终凝聚为"三纲"和"五常"，构成封建社会伦理精神的核心。以人学思想为基本内容的中国近代新学是中国古代人学的继承和批判。在大敌当前、民族危机之中，近代新学对西方近代思想加以生吞活剥，举起"自由、平等、博爱"的旗帜，对封建社会伦理精神的核心——三纲和五常，展开了猛烈批判。但这毕竟是旧瓶装新酒。近代新学的内容实质仍然继承了中国古代人学的特点——以伦理为其本位。康有为以"仁"为本位，形成了他的博爱思想。谭嗣同提出的"破对待→通→平等"的思想，其实质也是以"仁"为本位。中国近代新学主要围绕着人的主体道德问题，来理解和阐释西方近代思想。其结果就如同中国古代哲学的"道德人本主义"一样，只重视人的主观道德修养而忽视对自然科学和社会实际的研究。这样就使中国近代新学染上了主观性和空想性。

与中国的伦理型人学相对峙的是日本近代的实证型人学。所谓实证型人学是指日本近代新学注重经验科学，主张实学，提倡功利主义，即把对人的研究和变革与对社会的研究和变革紧密结合起来，企图通过人的变革实现整个社会的变革，通过人的近代化实现日本民族的近代化。而这种实证型人学又来自于明治初期日本启蒙思想家从西方移植来的实证主义哲学。

实证主义哲学产生于19世纪中期的欧洲。它的产生和流行反映了欧洲资本主义从进步转向保守，要求稳定资本主义秩序的社会需要。而日本之所以积极地接受了这一哲学思想，是由于当时东方三个主要的封建国家如印度已沦为殖民地，中国逐渐变成半封建半殖民地国家，唯有日本选择了自己的道路——"明治维新"，即发动一次"带有近代民族民主运动鲜明特点的资产阶级改良运动"，并取得了成功。但是，由于日本资本主义生产关系的不成熟，日本资产阶级几乎是在明治维新之后才形成的，改革运动的领导权，实际上操在下级武士及资产阶级化了的封建领主手里。使得这场自上而下的改革进行得很不彻底，在国家制度、社会生活和意识形态领域里留下了许多封建残余和后患。日本资产阶级雄心勃勃实现近代化的进取精神，要求一种讲究实效的科学哲学。于是，披着"科学"外衣，标榜"科学哲学"的实证哲学，适应日本资产阶级的要求，成为明治初年的主流哲学[12]。这种主流哲学一旦在日本土壤中扎下根来，就与德川时代空洞、荒诞的儒学唯心主义和宗教神秘主义，即所谓"虚学"形成了鲜明对立。由于它注重知识的确实性和实在性，注重经世济民的问题，所以，日本明治初期的这种实证主义哲学又被称为近代实学[13]。究其内涵，日本的近代新学也就是指这种以实证科学为基础而有益于人们实际生活的实学。以西周和福泽谕吉为代表的日本启蒙思想家从主张实学、反对虚学出发，他们所关心的问题不是单纯的人性善、恶的哲学争论，而是试图通过改造人们以儒学为基础的思维方式，建立新的世界观和方法论，进而在促进日本民族文明开化的实践进程中，最终实现日本社会的近代化。

三、人的历史影响不同。虽然中日近代新学在中国和日本的近代史上，都具有反对封建、开启蒙昧、鼓吹资产阶级思想的进步作用，但从两国近代化的实际效果来看，其历史影响决然不同。一个是无助于中国的近代化，一个是促进了日本的近代化。

由于中国近代新学的核心是伦理本位，这就决定了社会实践中道德与政治的混淆。这种混淆带来的结果是无论任何事情、行动和规划，都要转换成伦理价值进行评估，然后决定取舍。这样，就造成了主观动机与客观实际的脱节，难免流于空想主义。

而日本近代新学的长处就在于它的实证性、实学性。明治维新后，明治政府提出了"富国强兵"、"殖产兴业"、"文明开化"三大政策，其目的是以西方先进的资本主义国家为样板，使日本社会由封建社会迅速转变为资本主义社会，实现日本资本主义近代化。为此，就必须建立资本主义的物质文明和精神文明，提倡独立自尊的精神，不断发展资本主义。由此看来，日本近代新学正是适应日本资本主义近代化的需要而问世的，并对日本资本主义近代化产生了积极的促进效应。

注释

［1］梁启超：《康南海传》。

［2］［3］谭嗣同：《仁学》。

［4］转引自 E. 卡西勒：《启蒙哲学》第 245 页。

［5］《文明论概略》中译本，商务印书馆 1982 年版，第 33 页。

［6］《文明论概略》中译本，第 73 页。其中"不愧于屋漏"，比喻不在暗中做坏事，起坏念头。

［7］鹿野政直：《福译谕言》中译本，生活·读书·新知三联书店 1987 年版，第 83 页。

［8］《劝学篇》第 2 页。

［9］《福泽谕吉》中译本，第 65 页。

［10］［11］《西周全集》1 卷，宗高书店 1970—1973 年版，第 515、543 页。

［12］参阅王守华《西周》（《日本近代十大哲学家》，上海人民出版社 1988 年版，第 53—54 页）。

［13］参阅卞崇道《福泽谕吉》（《日本现代十大哲学家》，上海人民出版社 1989 年版，第 95 页）。

（载《日本研究》1991 年第 4 期，第 70—75 页）

中国气学与日本古学比较
——"气"范畴比较

在中国宋元明清哲学思想史上，曾出现过朱子学、阳明学、考据学、实学等学派和思潮。它们各领风骚，相互颉颃诘难，为后世学者所瞩目。但在与朱子学、阳明学的抗衡中逐渐形成、发展起来的气学，却一直未受到人们的重视。中国的气学派以"气"为中心范畴，展开关于宇宙本体和宇宙生成的论述，构成了气学派的理性思辨；以经世致用为其目的，阐释兴邦治国、化民成俗的方针，形成了气学派的社会哲学。中国气学派具有启迪民族智慧、光大东方文明的作用。它和朱子学、阳明学一样，对邻国日本亦发生了重要影响。对此，日本当代著名学者小野沢精一、福永光司、山井涌等编纂了从中国殷周到近代关于"气"演变、发展的巨著——《气的思想》。

日本古学是日本朱子学的反对派，名为复古，事实上乃提倡一种新学，即以复古的名义从朱子学里解脱出来。解剖日本古学，便会看到它把"气"作为核心范畴而开展其哲学思辨的逻辑演绎，进而从"气"发展至"道"、"物"，论述其经邦弘化、经世济民的政治理论。所以，日本古学提倡的经验主义和注重事功的思想，成为日本近代实证科学的滥觞。

中国气学东移日本，影响了日本气学派；在中国气学的启示下，日本古学无论在理论上还是在施政上，又都超过了中国气学，并反馈中国，影响中国气学。中国气学与日本古学相互影响、互相启迪，由此构成了同中有异、异中见同的学术现象。

笔者认为中国宋元明清时期的气学派由张载创立，中经王夫之，最后由戴震完成。

在张载之前，关于"气"的思想早已有之，但这时的"气"都属于生成论范围，而不涉及哲学本体论问题。明确将"气"作为宇宙本体，并从宇宙生成论和本体论相结合的高度，对"气"进行论证的哲学家是北宋的张载。张载从气是万物之质、宇宙之本、人性之源及气具有变动功能四个方面构筑了较完整的"气本论"思想，标示着中国气学派的形式。张载气本论的主要内容有：1. "凡象皆气"——气是构成万物的材质。凡是存在着的一切（象），都是由气构成的。而作为构成万物材质的"气"，又是什么呢？对此，他提出了关于"气"的界说。他认为气具有四方面的特点：气能为人所感觉，气始终处于动态之中，气具有时空的广度和深度，气是物质性的实体。2. "太虚即气"——气是宇宙之本体。本是本来之意，体是恒常之意。张载认为气的本来而恒常之状态，就是太虚。就是说，气的未聚无形状态，叫作太虚；气的凝聚有形状态，叫作物。物散为气，气散为太虚。因此，物、气、虚三者是名异实同的一体。它们的关系是万物只是一气，一气只是无形的太虚，太虚乃气之本然。所以，一切皆一气，气为宇宙本体。3. "一物两体"——气的对立统一功能。张载认为气内涵对待之变动功能，由此，提出了著名的"一物两体"说。"一物两体，气也。一故神（两在故不测），两故化（推行于一），此天之所以参也。"[1]因其在统一物中存在着对立的两体，所以能运动变化，而运动变化的结果又会推出新的统一物。这就是气固有的对立统一功能。4. "合虚与气即性"——人性二元论。张载认为人性有两层。一是天地之性，即气之本性，这性是普遍的；二是气质之性，是每人因其特殊形体而具有的特性。首倡"气本论"是关学的内容，重视社会的变革和自然科学的探求，是关学的学风。鉴于西夏侵扰、国力既殚、边兵日弛、边民日困的情况，他提出了"正经界""复井田"（企图解决贫富不均现象），"封建制"（治国精到的办法）。这些主张，名为复古，实乃革新。此外，张载还热心研究自然科学。他从"气"的角度，解释了地球的构成和关于潮汐、风雷形成的原因。开启一代"实学"新学风。

　　明清之际哲学家王夫之提出"实体论"，将张载的"气本论"思想向前推进了一步，标志着中国气学思想的新阶段。他的发展表现在将"气"规定为实体范畴"诚"。"二气絪缊而健顺章，诚也。"[2]这是说，阳气刚健，阴气柔顺，阴阳二气絪缊变化，使健顺属性得以彰著。积久成大而成宇宙，阴阳变化而生万物。这就是"诚"。"诚"产生了宇宙万物。而它之所以能成为宇宙万物的本源，是由于它是"实有"。王夫之用"实有"概念说明"气"的性质和特征，这就克服了以前气一元论者把气说成某种特殊物质形态的局限性，使气更接近于"物质"这一范畴。他进一步用"天下惟器"这一命题来阐释气的实有性。他说："天下惟器而已矣，道者器之道，器者不可谓道之器也。"[3] 王夫之认为形而上之道以形而下之器为基础，有形之器的表见者乃是形而上之道。气以"道"的形式在宇宙间真实存在着，但它又不是某种具体的存在；它虽不是具体存在，却又不离具体存在，天下之"器"都是它的表现。这就是气的实有性。王夫之不仅在气学理论方面发展了张载学说，而且对于关学讲究实际、重视时务的学风亦有所发扬。他生活在"天崩地裂不汝恤"的明清之际，面对矛盾重重的社会现实，王夫之"抱刘越石之孤愤"，抨击时弊、议论政事、力倡改革、忧国忧民，表现了他的经世致用思想。

戴震吸取了张载的"由气化，有道之名"和王夫之的变化日新思想，提出了道是阴阳气化，宇宙是气之生生的思想，将王夫之的"实体论"发展为"气化流行论"，以此成为中国气学的完成者。戴震"气化流行论"的内容主要包括两个方面。其一是讲，道是阴阳气化。如果说王夫之以气与诚相结合，发展气实体论，那么，戴震则以气与道相结合，发展气化流行论。关于"道"的涵义，戴震提出了新的界说。"道犹行也，气化流行，生生不息，是故谓之道。"[4] 其中，行是过程之意，气包括阴阳五行，阴阳五行变化不息的过程，就是道。所以，气生生不息的变化之流就是道，道的实体则阴阳五行之气。由此，戴震认为气是形而上者。其二是讲，宇宙是气之生生。为进一步说明气化生物，戴震又提出了宇宙是气之生生的观点。"东原言气，不言聚散屈伸，只言生生。东原以为生生是宇宙中一件根本的事实。宇宙只是气之生生不已的大历程。"[5] 戴震认为，宇宙万物在气之生生不息的过程中产生。这是因为：第一，气化之所以能生物，是由于运动是阴阳五行之气自身固有的属性。他认为生生是天地之大德，所以运动变化是气的本性。气先分阴阳，阴阳二气之化又成五行，五行再化而成质，然后合而成万物。第二，世界万物千差万别的原因，是由于气化有规律的结果。他认为生生是变化之源，而变化又必须遵循一定的规律，由此形成了事物的多样性。第三，气化生物的根本原因，是由于其内部矛盾斗争的结果。他用"生"（气化流行）和"息"（将生生机能收敛起来),"显"(化之生)和"藏"(化之息),"动"(生生不息)和"静"(潜移默化)的对立统一,来说明气化的根本原因在事物内部而不在外部。在学风上,戴震与张载、王夫之也是一脉相承。他从研求实际有用之学出发,在天文、地理、数学、水利等方面,均有精湛的研究。他从抨击封建政治出发,作出程朱理学"以理杀人"的结论。他从王道政治出发,提出"以富民为本"的主张。所以,戴震的一生是"抱经世之才"的一生。

由张载——王夫之——戴震提出的"气本体论"——"气实体论"——"气化流行论",标示着中国宋元明清时期气学思想演进的流程。这一流程揭示了中国"气"范畴的意义和功能,指明了中国气学派论"气"其侧重点在于强调气为人类及万物之本,即气为宇宙之本根。

日本古学派形成于德川时代中叶。古学派在政治上代表被闲置的贵族和中小地主阶级,与掌权的幕府官方势力相对而言,属于在野的民间势力。因此,面对居统治地位的朱子学,它只有求助于中国古代圣贤,"借用它们的名字、口号和服装,以便穿着这种久受崇敬的服装,用这种借来的语言,演出世界历史的新场面。"[6]所以,古学派是一个以古代经典为依据的哲学派别,企图以复古的名义,从朱子学的一统天下中解放出来。名为复古,实为革新。日本古学派的主要代表者是山鹿素行、伊藤仁斋、荻生徂徕。他们之间无任何师承关系,也无特殊的联系,只是由于他们都在提倡古典学说旗帜下,以"气一元论"反对朱子学的"理一元论",以经世致用之学反对朱子学的义理之学,才将他们包括在"古学派"的名称之下。古学派的核心范畴是"气"。从这层意义讲,日本古学派又可称为"日本气学派"。而关于气学思想的学脉来源,古学派不像日本朱子学和日本阳明学那样单一,直接来自朱熹和王阳明,显出较复杂的情况。对此,中日学者有种种不同的解释和猜测。如中国学者朱谦之、衷尔钜、王守华、卞崇道等都认为日本古学派受到中国明代吴廷翰思想的影响,日本学者太宰春台、永田广志也有同样看法,但明治后期日本学者岛田重礼、井上哲次郎却认为这是一种妄说。朱谦之还认为古学派中荻生徂徕与颜李学派有关。笔者以为日本古学派直接的思想来源是明末流寓日本二十余载的朱舜水。如日本著名哲学家井上哲次郎博士说:山鹿素行"抱一家之见,主古学,所云古学,在舜水那里多少也有。可见素行在学脉系统中,不能说与舜水全然无关。"[7]另外，朱舜水的实学思想对日本古学派也具有重要影响作用。

日本古学的先导者是山鹿素行（1622—1685）。素行对宋明诸儒持否定态度，而主张回复周孔之道。他在《圣教要录》中说："战国之诸子，汉唐之训诂，宋元之理学，皆非周公孔子之道，予师周公孔子，不师汉唐宋明诸儒。"[8]开古学之先河。山鹿素行以"生生无息"之气批判宋儒的"理一元论"，而被称为日本破理学之魁。他说："上天无形象，唯一气而已。"[9]素行"气一元论"的特点是以"生生无息"之气作为宇宙的本原。"盈天地间所以为造化之功者，阴阳也。阴阳者，天地人物之全体也。互消长、往来、屈伸，生生无息。"[10]他从气之生生无息的观点出发，认为阴阳之气无始无终、生化流行，所以天地亦无始无终。至于"理"，他认为不过是"天地万物生生不息的条理"[11]。这实际上是以生生无息之气为宇宙本原的观点，反对朱子学以理为本原的说法。

日本古学派的开创者是伊藤仁斋（1627—1705）。之所以称他是古学派开创者，是因为仁斋及其长子伊藤东涯（1670—1736）从气之流行、生生不息的观点，论述了"气"与"道"、"性"、"鬼神"的关系，强调了气的生化功能，提出了较完备的气学理论。仁斋的气学理论包括以下四方面内容：1. 从气之生化流行，提出"天地一大活物"说。在理气关系上，仁斋主张气先理后、气体理用的"气一元论"观点。在此基础上，他论述了气在宇宙中存在的状况。"盖天地之间，一元气而已，或为阴，或为阳。两者只管盈虚消长往来感应于两间，未尝止息，此即是天道之全体。自然之生机，万化从此而出，品汇由此而生。"[12]这表明元气充塞宇宙，在时间和空间上无限存在，无生无死，无消无息，生生无穷，是一元之气的存在状态。在气之生生无息的气化过程中，"万化出"、"品汇生"，因此"天地生生化化之妙也，盖圣人以天地为活物"。[13]这就是他的"天地一大活物"说。仁斋的"天地一大活物"说在于通过宇宙的运动变化，万物的不断流变，以阐明万古不灭之气具有生化流行的功能。2. 从气之流行对待，提出"道为万物本原"说。仁斋认为气之所以具有生化功能，最终原因是由于气的流行和对待。一阴一阳之气往来不已，谓之"流行者"，天地、日月、水火、昼夜、寒暑皆有对，谓之"对待者"，而对待又在流行之中。气的流行对待就是"道"。由于道字本活字，具有生生化化之妙用，因此，"《易》曰：'天地之大德曰生'，言生生不已，即天地之道也。"[14]在道生生不已的作用下，日月相推而明生焉，寒暑相推而岁成焉。仁斋以道为万物本原，以此形容天地生生化化之妙用，旨在阐明气具有流行和对待的特性。3. 从气之生生，提出"性即气即生"说。仁斋认为气是万物的本原，而人是万物中最灵者，所以，人之性只能来自气之生生。他说："性，生也。人之所生而无加损也。"[15]性是气、是生，是人生后的本来面目，无后天之加损。就性的本原来说，它是气生化作用的结果，性即气，性不是超于形气之上悬空的理，不能离气言性；就性的产生来说，它是人之生质，性即生，性不是先天的，而是有生之后才产生的。仁斋的"性即气即生"说，表明了气是运动、活泼的。4. 从气之造化，提出"无鬼神"说。伊藤东涯秉承伊藤家学，亦主张气本论，并在无神论方面超过了其父。在渎神万分的神国日本，东涯以气的流行造化，解释鬼神形成的原因。他认为所谓鬼神是"二气之良能也"，"造化之迹也"[16]。这就是说，自然界中风雨雷露倏焉而作，忽然而上，鸟兽草木的荣枯生瘁，人的动息呼吸……皆以为鬼，而其实只是阴阳二气造化之功能。东涯"无鬼神"论的理论依据，依然是仁斋的生化之气。由此可以看出，伊藤仁斋的气学理论特点在于他不仅认为气为万物本原，而且还提出了气是运动的、活泼的，气具有流行对待的特性，由此阐明了生化之气，生生不息的根本原因。

　　荻生徂徕（1666—1728）是日本古学派的重要代表者。如果说素行和仁斋是以"气"批判朱子学的"理"，由此创立了古学，那么，徂徕则是以"物"批判朱子学的"理"，从而建立起古学的。如果说伊藤学派的特点是强调生生不息之气的生化流行，那么，徂徕学派的特点则表现在以安邦治国，经世致用为己任的实学中。徂徕学以尊重"六经"为招牌，强调经邦鸿化治国之道，主张学为世用的经验之学，提倡治国理民的安民知人之政，具有近代经验论色彩。所以，永田广志评价说："徂徕学清算了过去的儒学，为日本儒学带来一股清新之气。"[17]徂徕主实学，讲"物"而不太言"气"。笔者以为，从理论思维分析，徂徕学在理性思维逻辑上要高于伊藤学。在范畴逻辑发展系列中，"物"范畴是"气"范畴必然转化的结果[18]。因此，徂徕更加强调的是比"气"更具有客观实在性的"物"。再者，从社会功效来分析，徂徕学比伊藤学更注重功利。从功利观出发，徂徕更加强调的还是"物"。而关于"物"的含义，徂徕是在批判朱子学"理"之后，对世界作合理性解释过程中阐释的。他说："盖先王之教，以物不以理。教以物者，必有事事焉。教以理者，言语详焉。物者众理所聚也，而必从事焉者，久之乃心实知之，何假言也。"[19] 由于徂徕接触到了近代西方立足于实证科学之上的自然科学和技术，注重实行实用，所以，这里的"物"指的是具有经验性、实证性意义的客观存在。徂徕学源于中国，又影响中国。清代学者俞樾读徂徕的《论语证》后，从书中摘录通达可喜者17条，记载在《春在堂随笔》中。此外，《四库全书》还收录了徂徕的著作。

从山鹿素行——伊藤仁斋——荻生徂徕，构成了日本古学派的系谱。虽然他们之间没有内在的传承关系，但是，从山鹿素行的"生生无息之气"、伊藤仁斋的"气之生生"、荻生徂徕的"物论"，可以看出日本古学派的特点是强调生生不息之气的生化功能。

中国气学派与日本古学派（气学派）都是在反对朱子学"理"范畴的基础上，发展、完善了与之相对的"气"范畴。中日气学派都认为"气"的主要含义是：（1）气能凝聚而成为有形有质之物。由于气没有不可入性，所以可以贯通于有形有质之物的内外。这表明气是构成有形有质之物的原始材料。（2）气具有广度和深度。从时空观来看，弥漫于时间、空间之中的唯有一元之气。这说明气具有广袤性。（3）气是与心相对、离心而独立存在的实体。这意味着气是表示客观存在的范畴。（4）气是能运动的。气具有内在的运动性，即气自身的对待统一性。根据气的对待统一性，使气处于运动变化之中。气的运动变化，又以聚散形式表现出来。气之聚为"物"，物之散为"气"。这体现了气的辩证性。中国气学与日本古学用唯物的和辩证的观点阐释"气"，确立"气"在哲学思想史上的应有地位，由此丰富了东方哲学思维。这是它们的相同之处。

中国气学与日本古学的相异点，主要表现在以下两个方面。

一、日本古学更加强调"气"的生化功能。如山鹿素行认为气是生生不息的。从气之生生不息的观点出发，他认为天地无始无终，宇宙处在不停地运动之中。伊藤仁斋从气的生化功能出发，明确提出"天地一大活物"论。"天地一大活物"论具有宇宙处在运动变化，万物不断流变的思想，是用朴素的辩证观点生动地描述了无物不变的宇宙本然。荻生徂徕的"物"论，是气之生化功能的必然结果。气的聚散运动形成了"物"。同时，由于徂徕接触到了近代西方的实证科学，所以，他的"物"又具有实证经验主义的因素。这样，日本古学从气的生化功能观点出发，一方面强调事物的变革、变易、变化；另一方面注重实证、实用、经验。从"变革"方面出发，山鹿素行对日本的武士道进行了变革，以"道之自觉"变易了以前的"死之觉悟"，成为日本新武士道理论的创立者。荻生徂徕协助八代将军吉宗完成了德川幕府的第一次政治变革。这次变革，虽然在主观上是为了加强德川幕藩体制的封建统治，但在客观上，徂徕学的变革逻辑承认了封建君主统治的社会制度是可以改革和发展的。这种变革思想实开德川幕府末期佐久间象山的"东洋道德，西洋艺术"思想之先河，并且为自上而下的明治启蒙改革运动做好了思想准备。从"实证"方面出发，山鹿素行、伊藤仁斋、荻生徂徕为代表的日本古学均属经验主义，是日本实学思想发展第一期的重要代表人物，其中尤以荻生徂徕最为突出[20]。日本的客观经验理派（以贝原益轩和新井白石为代表）在日本朱子学内部对"理"范畴进行改铸，使"理"具有了经验论色彩，而古学派的荻生徂徕则从朱子学外部对"理"范畴进行批判，使"理"具有了经验的、实证的色彩。这一思想深深启发了"日本近代哲学之父"——西周。西周用实证主义方法，效仿徂徕用重视唯"物"思想，改造朱子学的唯"理"论，使"理"成为具有日本哲学思维特点的范畴，并演变为日本资本主义近现代化指导思想的内容之一。另外，由于荻生徂徕接触到了近代西方立足于实证科学之上的自然科学和技术，所以，徂徕学又成为日本近代实证科学的滥觞。日本古学虽然在宽政异学之禁后被镇压下去了，但它强调实用、实行的思想却被代之而起的日本阳明学所发扬光大，并被演绎为导致明治维新原动力的思想之一。

二、中国气学派讲本根之气，即强调气为宇宙本原，气是构成万物的质料。中国气学派之所以强调气为本根，是被宋元明清时期的哲学思潮所决定的。宋明时期形成的理学标志着中国哲学思维的成熟。理学所探讨的哲学问题由以前的宇宙论而深入到本体论。围绕哲学本体论问题，宋至清的哲学思想界，形成了三个主要流派。第一是以理为本体的唯理流派，始于程颐，大成于朱熹。第二是以心为本体的唯心流派，导源于程颢，成立于陆九渊，大成于王阳明。第三是以气为本体的唯气流派，始于张载，清初王夫之加以发扬，成于戴震。北宋是三派同时产生的时代，南宋、元明是唯理派——朱子学大盛的时期，明中叶至明末是唯心派——阳明学大盛的时期，清初则是唯气派较盛的时期。但是，中国的唯气派就哲学思辨的广度和深度而言，始终不及唯理派和唯心派。如气学派的完成者戴震，就其哲学思想而言，终未形成一个极致圆熟的气学哲学体系，况且他的唯气思想，更多的是强调气化流行的宇宙生成论。这就无怪乎日本许多学者认为伊藤仁斋的气学思想要比具有同样思想的中国清代学者戴震早近百年[21]。这样，中国气学派作为一种哲学思想，对于社会政治经济的影响力也就远不如朱子学和阳明学。理论体系的不完备，不能与博大精深的朱子学和思维精密的阳明学相抗衡，这就决定了中国气学对于中国社会历史的作用，远远不及唯理派和唯心派，甚至被人们所忽视。这是中国气学对中国社会影响较薄弱的理论思维原因。其另一原因是由于气学强调本根之气，导致了政治思想上的"渐变"。在中国哲学思想中，关于本根的性质，主要有四点：一是不生或无待；二是不化或常住；三是不偏或无滞，四是无形或形上[22]。作为中国气学创立者张载，虽然他的气学思想是丰富的，但是，由他开创的"气本论"却旨在强调气为宇宙之本，万物之根。对本根之气的强调，表明他多是从哲学上的不生、常住、不偏、无形方面对气进行论述。这种思维方法，必然导致政治思想上的"渐变"论。如张载对王安石大张旗鼓地"顿革"式变法，持反对意见，而主张"渐化"。所以，虽然他提出了正经界、复井田、封建论等变革措施，但在"渐变"论思想指导下，只能是一种理想主义的空想。中国气学对社会影响较弱的社会原因，是由于清统治者的文化镇压。清初是气学较盛的时期，清政府为了对抗气学思潮，利用权力大力提倡被唯气论者加以摒弃的朱子学。如顺治十三年（1656年），敕大学士傅以渐撰《易经通注》，康熙十九年（1680年）敕大学士库勒纳等编《日讲四书解义》等。同时，清政府还重用理学家，如理学家李光地奉命主编《性命精义》、《朱子全书》等，宣扬朱子学。另一方面，清政府制造文字狱，杀害知识分子。在这种情况下，王夫之只能隐姓埋名，改易衣冠，自称瑶人，在瑶洞中写作《周易外传》和《老子衍》，借《易经》和《老子》阐发他的思想。戴震也只能以字义疏正，抗议理学的吃人。

总之，中国气学虽然也主实学、实用，但由于气学自身理论的不成熟，由于与之对峙的朱子学和阳明学在理论上的传统文化优势以及政治上的过分强大，由于清统治者的文化政策，决定了中国气学的历史作用远不如日本古学派对日本历史发展所起的作用。

注释

[1]《正蒙·参两篇》。

[2]《思问录·内篇》。

[3]《周易外传五》。

[4]《孟子字义疏证·天道》。

[5] 张岱年:《中国哲学大纲》，第 83 页。

[6]《马克思恩格斯全集》第 8 卷，第 121 页。

[7]《日本朱子学派之哲学》，第 817 页。

[8][10]《圣教要录》卷中。

[9][11]《山鹿语录》卷 36。

[12][14]《语孟字义·天道》。

[13]《语孟字义·理》。

[15]《语孟字义·性》。

[16]《经史博论》卷 4。

[17]《日本的古学及阳明学》，第 141 页。

[18] 参阅张立文《中国哲学范畴发展史》5 章 8 节。

[19]《辨道》。

[20] 参阅源了圆《实学思想的系谱》，第 69 页。

[21] 参阅青木晦藏《伊藤仁斋和戴东原》，载《斯文》第 8 编第 2、4、8 号。高桥正和《孟子字义疏正和语孟字义》，载《别府大学园国语文学》第 10 号。

[22] 参阅《中国哲学大纲》，第 10—11 页。

（载《福建论坛》（文史哲版）1991 年第 6 期，第 1—6、25 页）

中日朱子学"理"范畴比较

朱子学精深博大，古人和今人对之研究者甚多。全面分析朱子学者有之，探求朱子学逻辑结构者有之，研究朱子学分化演变者有之。笔者在这篇文章里，着重分析朱子学"理"范畴及中日朱子学"理"范畴的异同。

"理"是朱子学的核心范畴。剖析朱熹"理"范畴的建构，可以看到它具有三重意义：一是作为形而上本体的"理"；二是作为伦理道德的"理"；三是作为客观经验的"理"。

在中国哲学史上关于本体论的探究源远流长，老学讲"道"、玄学讲"无"、释学讲"心"，朱熹对这些思想加以改造，建立了以"理"为本体的哲学。理本论哲学是朱熹"综罗百代"的结果，它具有较高的理论思维水平。此后，历代哲学家都把作为形而上本体的"理"视为主要范畴而加以讨论、研究。作为伦理道德的"理"，则集中体现了朱熹的圣人观。他认为只要克去人欲，便可以体认天理；体认了天理，就能达到"赞化育而与天地参"的圣人境界。因此，"存天理，灭人欲"作为官方教条，代代相传、影响几百年，桎梏着中国人的心灵。为了反对佛教"一切皆空"的思想，朱熹又提倡"实理"说。他的实理主要指事物的规律、规则、本质、原理等意义，含有这种意义的"理"就是朱子学中具有客观经验的"理"。为了探究这种客观经验的"理"，朱熹提出了"穷理"说。"穷理"的主旨就是接触客观事物，穷尽事物中具有的属性、规律、规则和本质。为此，穷理的前提条件是"格物"，即强调穷理不能离开具体事物。朱熹格物穷理的基本精神是要求人们通过对外在对象的考究，以把握其中的义理。按照格物穷理的认识路线，朱子学应当走向通往科学的殿堂，但它未能起到这种作用。究其原因，除了当时中国社会的政治、经济原因外，还有朱子学自身的原因。这就是：其一，朱熹把"穷理"概括为穷"所当然之则"（人的行为规范）和"所以然之故"（事物的本质、属性、规律）。他根据儒家经典《大学》的要求，强调在穷理过程中，不仅要穷"所以然"，更应当从认识一切"所当然"根源于天命出发，提高主体的道德自觉，即把格物穷理之功归结为使"吾心之全体大用无不明"的道德境界。从这个意义上说，朱熹的穷理说旨在提高人的主体道德。其二，朱子学中知识主体与道德主体的混淆。出于儒家正宗思想的嵌制，朱熹提倡人们学习知识的目的，不是为了促进科学的发展，而是为了修身、齐家、治国。所以，他所谓的知识多是历史、政治、道德类知识，而这些知识又常常与道德修养、人际关系糅合在一起。知识主体和道德主体的混淆，就决定了朱熹穷理的最终目的是通过道德践履以把握道德准则，而不是通过科学的实践活动，掌握客观事物的本质及规律，以促进科技发明和人类进步。

日本镰仓时代（1192—1333）中国朱子学东渡扶桑，经过400年的传播期，终于在德川时代（1603—1867）迎来了自己的全盛期。鼎盛时期的日本朱子学由于从不同侧面改造、发展了朱熹思想，所以形成诸多学派。如日本著名学者阿部吉雄将日本朱子学分为两个系谱：（1）主知博学派（主气派——知识主义派）；（2）体认自得派（主理派——精神主义派）。源了圆教授将日本朱子学分为：（1）经验的合理主义；（2）思辨的合理主义（价值合理主义）两大派系。中国已故著名学者朱谦之先生将日本朱子学分为五派：（1）京师朱子学派；（2）海西朱子学派；（3）海南朱子学派；（4）大阪朱子学派；（5）宽政以后朱子学派。笔者依据日本朱子学对朱熹"理"范畴的不同发展，将日本朱子学划分为客观经验理派和主观道德理派。

所谓客观经验理派，笔者以为就是将朱熹"理"范畴的第三个层面即客观经验之理进一步改造、发展，使之嬗变为具有经验合理主义色彩范畴的朱子学派。通过客观经验理派的改造，朱子学"理"范畴演变为日本现代化准备过程中合理思维的出发点和原动力。完成这一改造工作的日本朱子学者是贝原益轩、新井白石、佐久间象山，最终由明治初年的"日本近代哲学之父"西周完成。

贝原益轩（1630—1714）是德川前期客观经验理派的创始人。在他的倡导下，日本朱子学在经验合理主义方面的展开，使朱熹"理"范畴成为日本现代化准备过程中合理思维的发展基础和西方近代自然科学传入的媒体。他改造朱熹"理"范畴的途径是：首先吸取了张载和罗钦顺关于"气"的思想，用"理气合一"论批判朱熹的"理一元"论，并批判地继承了朱熹的"格物穷理"说。以此为根基，当他的"穷理"思想与"实学"志向相结合时，就为日本朱子学找到了一条与中国朱子学不同的道路——向着经验合理主义方向发展。

在"理"和"气"的关系上，益轩认为它们本来是不可分的，为了表示"理"对"气"的优越关系，先儒才暂且将"理"与"气"作为两种事物分开。这一思想在其暮年得到了进一步发展。他在《大疑录》中说："理是气之理，理气不可分为二物，且无先后、无离合，故愚以为理气决是一物。朱子以理气为二物，是所以吾昏愚迷而未能依服也。"[1] 这表明他捕捉到了朱熹客观经验之"理"。在此基础上，他继承了朱熹"格物穷理"、"格物致知"中的合理思想，认为"格物致知之功，乃博学广闻之事"。从这种"格物穷理"思想出发，他重视对经验科学的研究，成为一名经验的自然研究家。他站在经验科学立场上，将"穷理"精神与经验科学相结合，赋予了中国古老的"理"范畴以经验合理主义色彩。他从经验合理主义方面对朱熹"理"范畴的改造，还有其心理动机，这就是他的实学观。[2] 他以倡导有用之学为志向，所谓有用之学就是"经世致用"之学。这种"经世致用"的实学观成为他穷万物之理的先导意识，而格物穷理又成为他实学志向的实践指南。为了追求经世致用的有用之学，所穷之理，必然是寓于万事万物之中的理，即经验的理；通过对具体事物的格穷，所得之理，又必定具有实用价值，即经世济民的学问。这样，"穷理"与"实学"两者相得益彰，由此形成了贝原益轩的经验合理主义思想。益轩这一思想在新井白石那里得到了发扬光大。

新井白石（1657—1725）着重发挥了朱熹的"穷理"思想，认为"穷理"就是对绝对真理的追求，就是对自然规律的追求。他通过"穷理"，在历史学中力图揭示日本社会历史发展的规律，成为日本科学历史学的先驱；通过"穷理"，在自然科学中了解了西方自然科学的价值，成为日本西学的开祖；通过"穷理"，在经济学中成为德川时期经济论的三大创始人之一和著名的经世家。为此，日本人骄傲地称他是德川思想史上的一颗明星。

在朱子学"穷理"精神指导下,对于历史研究,白石不满足于对历史事件只作编年式的记述或只作伦理评价,而是力图从"理"的观点出发,对历史上的因果关系作出合理的、客观的说明。如他研究神代史,从"神者人也"这一命题出发,凡属传说是神的所作所为,都作为"人事"加以解释。并参考中国历史,认为日本历史上的所谓"神代",大体相当于中国周末秦初时期,这是他对日本历史的合理考证。白石的历史观具有两个特点:一是面对现实,不尚古;二是带有合理主义、实证主义色彩,由此使他成为日本科学历史学的先驱。对于自然科学研究,白石主张最大限度地发挥"穷理"精神,将"穷理"思想贯彻于一切领域,在《西洋纪闻》中他把西方的自然科学同基督教有关造物主和不灭的灵魂等观念区别开来,承认前者的优越性和后者的非科学性,明确了西方形而下文化的价值。这种卓有远见的观点打破了当时日本禁教时一说起西方文化,便认为与基督教分不开的偏见,同时也启发了日本政府的文化政策,即虽然禁止基督教,但还是主张移植西方自然科学和技术。同时,他还践行朱子学的"穷理"说,在实际考证基础上,于本草学、地理学、军事学等自然科学方面都有较深造诣,写出了许多论著,促进了经验科学的勃兴。他从合理主义方面发挥了"穷理"精神,成为弘扬西学的先驱,并为以后日本移植西方科学技术提供了思想准备。对于经济研究,他对经世济民抱有浓厚兴趣,并成为一位经世家[3]。在德川政府财政困难之际,他提出了治国理民的五条纲领,被誉为德川时期经济论的创始人之一。白石倡导对事物进行实事求是的研究,注意到了自然科学的价值,这表明他思想中的"理"已不是形而上的理,而是客观经验之理。这种经验合理主义为日本现代化打下了思想基础。他的"穷理"思想在幕末维新志士佐久间象山身上得到了进一步发展。

佐久间象山(1811—1864)把西方的科学技术之"实理"与东方的格物致知之"穷理"相结合,使朱子学客观经验之理进一步朝着经验合理主义方向发展,为日本引进西方科学技术创造了更为成熟的条件。

1840年的鸦片战争给崇拜朱子学的象山很大刺激。他思考着这样的问题:西方各国精研学术频频得势,甚至周公孔子之国亦为彼所败,原因何在?他认为多数人丧失了穷万物之理的求实学风,陷入言行相违的歧途。于是,重新反省朱子学。他认为:"为学之要,在格物穷理。"而

"宇宙实理无二"[4]。他把西方的科学技术称为"实理",并认为"实理"必须与"穷理"相结合,才能创造出有用的学问。为此,他提出了"东洋道德,西洋艺术(即科学技术),精粗不遗,表里兼该"这一著名口号。在这一口号指导下,幕末维新志士强烈要求幕府"开国",积极提倡学习西方先进的技艺,以促成日本的富强。在象山以"穷理"探究"实理"精神指导下,迎来了明治初年全面学习西学的高潮。

日本朱子学派中的客观经验理派就这样一步一步地将朱熹客观经验之理引向经验合理主义。至明治初年,"日本近代哲学之父"——西周用西方的实证主义进一步改造了朱熹客观经验之理,使之成为日本资本主义现代化指导思想之一。西周也因此被誉为日本"理"思想集大成者。

所谓主观道德理派是指对朱熹伦理道德之"理"朝着主观主义、实践伦理主义和神学主义方向发展的一大学派。这就是以山崎闇斋为代表的崎门学派[5]。崎门学派主要从以下两个方面进一步发展了朱熹伦理道德之"理"。

第一方面是提倡"敬义内外"说。闇斋认为中国元明理学家只是将朱子学作为纯学术研究,而不付诸实行。为了从切身的实感中,从生活日用间体认、践履朱子学的伦理道德之理,他根据《易传》"敬以直内,义以方外"思想,提倡"敬义内外"说。他认为"敬"包身心,故敬不能只是心上功夫,更重要的是身体力行,强调行敬、居敬的实践性。他把"义"解释为笃实,亦为了突出道德的实践性。进一步,他将《易传》"内"指"心","外"指"身"的观点修正为"内"指"身","外"指"家、国、天下"。这样,"敬内"就是"修身","义外"就是"治国"。由此强调了对道德之理的笃实信念和实践道德的重要作用。闇斋非常欣赏自己赋予新意的"敬义内外"说,故另起一名为"山崎敬义"。日本当代著名学者冈田武彦教授认为,如果说周子以太极、邵子以数理、张子以太虚、程朱以理气、陆子以心、阳明以良知为学术宗旨而各为一派的话,那么闇斋则以"敬义"为其学术宗旨,而为"敬义派"[6]。将朱子学伦理道德之理,向着实践伦理主义方向发展,成为崎门学派的一大特色。

第二方面是创立垂加神道。闇斋在把朱子学伦理道德之理实践化基础上,又进一步神学化,创立了神儒合一的垂加神道。"垂"为"敬","加"为"义","垂加"意为"神垂以祈祷为先,冥加以正戊为本。……嘉（即闇斋）自赞：神垂祈祷，冥加正直。我愿守之，终身勿贰。"[7]他将朱子学伦理道德之理视为日本神道中的本源神国常立尊,其他诸神都是理的具体体现。"理"产生"神","神"体现"理",这就是神理合一的垂加神道基本内容。闇斋在把伦理道德之理神学化的同时,并加以主观化。他认为神理合一的神也就是"心"。如他写诗云："永言神妙在心根,敬直义方道尚尊；俯仰乾坤惟一耳,更于内外示宗源。"[8]当与理为一的神和心为一时,才能达到理想的"敬义"道德境界。所以,道德之"理"也与"心"同。对此,他直言不讳地说："嘉谓明德也,心也、知也、一理也。"[9]在他这种思想影响下,无怪乎他的学生三宅尚斋将道德之理视为人的精神主体。他认为人的精神是"本天地之理"而生的[10],这是说"理"是一种有生命的、能运动的精神实体,并且是人的精神和灵魂作用的原动力。崎门学派就是这样将朱子学道德之"理"向着实践伦理主义、神学主义和主观主义方面发展的。

中日朱子学"理"范畴之所以沿着不同的轨迹发展,是由于对理的价值取向不同造成的。归结起来,有这样三点区别:

第一,价值内涵不同。中国朱子学之理侧重于理性价值,而日本朱子学之理则侧重于经验价值。

中国朱子学赋予"理"以形上性、本体性、法则性、规律性等理性内涵,而这种理性的"理"又是朱子学的中心范畴。于是,围绕着这个"理",中国朱子学展开了一系列理性思辨,形成了一整套独具特色的价值范畴体系。如形而上、形而下,理、气,道、器,性、理,理一分殊,格物穷理……这一套价值范畴体系,表明中国朱子学理性思维和辩证思维的发达。从形而上（理）和形而下（人、物）范畴出发,中国朱子学探讨了宇宙生成演变的过程;从理、气范畴出发,中国朱子学论证了理为万物本原的思想;从道、器范畴出发,中国朱子学阐述了理与物之间"你中有我、我中有你"的辩证关系;从性、理范畴出发,中国朱子学得出了"性即理"这一左右中国人性问题的重要命题;从"理一分殊"出发,中国朱子学探究了个别与一般、特殊与普遍的辩证关系;从格物穷理出发、中国朱子学研求了主观认识客观诸问题。由此,形成了中华民族庞大而深邃的思辨洪流,对华夏文化传统起到了持续的强大作用。

日本朱子学从即物观点出发,将"理"阐释为经验型范畴。这样,

"理"就具有自然性、实在性的意义。所以,日本朱子学总是强调一草、一木、一虫、一物中的具体的理,即经验性的理。以此理为重心,日本朱子学很重视即物穷理和格物穷理,认为要把握住这一经验性的理,就必须接触具体事物,通过分析、调查、研究、实验等实证方法,穷尽事物之理。其穷经验之理的结果,是对客观事物的本质、对自然科学的法则的探求。这种探求导致了日本朱子学对经验科学的兴趣,所以,日本朱子学从经验价值出发,围绕着自然、科学、实用、经世等问题展开。围绕着自然问题,日本朱子学热衷于寻求自然中的实理,由此发展了日本的科学历史学、本草学、地质学等经验科学;围绕着科学问题,日本朱子学成为传播西方自然科学的媒体;围绕实用问题,日本朱子学提倡利国济民……这样,就形成了日本民族讲究实际、倡导实用的民族性和提倡经验科学、实证科学的良好风气。

第二,价值导向不同。中日朱子学都崇尚"理"的道德价值,但道德价值的导向却彼此相异。中国朱子学倡导道德价值是为了成为"圣人",而日本朱子学提倡道德价值是为了成为"武士"。

中国朱子学道德之"理",为儒家道德价值之大成。因为其中心思想是在宣扬儒家的"圣人"观。如孔子提出"义以为上","好仁者无以尚之"[11]的道德至上论。这里的"上"字与"尚"字相通,意为道德是至上的。这里的道德就是"义",其内容是"好仁者无以尚之"。"仁"是最高的道德规范,是圣人必备的道德品质,所以在生与仁发生矛盾时,孔子认为"志士仁人,无求生以害仁,有杀身以成仁"[12]。在杀身成仁,实现仁德最高价值之际,便意味着超凡成圣了。汉大儒董仲舒继承孔子思想,视道德为最高价值。他提出的著名命题是"仁人者,正其道不谋其利,修其理不急其功。"(《对胶西王越大夫不得为仁》)仁者具有求义弃利的高尚品质。只有具备这种品质的仁人,才能通往成圣的道路。朱子学秉承儒家思想,极力宣扬道德价值,强调建立个体的道德自觉性,乃是成为圣人的基础。朱子学的道德之理,有一个值得注意的特点,即对个体道德自觉性的强调。朱子学认为,人与禽兽的区别就在于人有道德自觉性,也就是理性。人要体现道德,就要发挥自己的理性。所谓发挥自己的理性,就是朱熹所说的心与理一的境界,"圣人大而化之心与理一,浑然无私欲之间而然也。……此圣人之德之至而圣人之道所以为终也。"(《论语或问》卷二）达到这种心与理一境界的，就是发挥了个体自觉性，就是圣人。所以，成圣、为圣、作圣，是中国朱子学道德价值的目的。

而日本朱子学的道德之"理"，已不是正统儒家道德观，它具有神、儒合一的性质。日本神道教的核心思想是忠于象征日神的神国日本，具体化为象征日本国的天皇。这种天皇崇拜思想与儒家的忠信仁义思想相结合，构成了日本朱子学道德之理的基本内容。而这种具有"神理合一"特点的道德观，又成为德川时代新的武士道德意识。日本的武士起源于战国时代（1467—1568），但那时未形成武士道德。镰仓时代，武士道与禅宗相结合，禅宗的哲学观念与修养方法便成为武士精神陶冶的指南。德川时代由于朱子学成为占据统治地位的意识形态，所以儒家倡导的忠信仁义道德使整个武士阶级形成了忠信相依、生死与共的共同体道德。这种共同体道德一旦与神道教宣扬的天皇崇拜思想相结合，就生出了忠君、爱国、忠诚、牺牲、信义、廉耻、名誉、尚武等种种道德信条，形成了武士最完善的道德——武士道。所以，直到德川时代武士道德才理论化、完善化。这样，日本朱子学的价值导向自然而然地就是以成为武士为其目的。

第三，价值效应不同。由以上中日朱子学"理"的价值内涵不同、价值导向不同，决定了价值效应的不同。

中华民族擅长辩证思维，这可以说是中国朱子学"理"价值的具体表现。中华民族还是一个注重气节、重视品德、奋发立志的民族，这也是朱子学"理"价值的一种反映。朱子学的道德价值表现为它强调一个人的气节和操守，主张通过"立志"、"修身"，最终达到为仁、为圣，进而"治国平天下"。这样，道德修养与社会责任联系在一起，更显出朱子学道德之理的积极意义。如文天祥的《正气歌》不就是朱子学所宣扬的这种道德价值的具体体现吗？

但是，另一方面，我们不能不看到，由于朱子学崇尚形而上的理性思辨，鄙视事功，脱离现实，所以，久而久之成为一种模式、一种教条，桎梏着中国人的思维。朱子学又过分地强调道德价值的至上性，主张"存天理、灭人欲"；强调君权、父权、夫权，倡导圣人之学，这些都成为中国人的一具精神枷锁。在这具精神枷锁的嵌制下，中国封建官僚的选拔和晋升多是以是否尽忠、尽孝等道德品操作为标准，这就使原有的封建官僚体制日趋闭塞、内向、因循、腐朽，日益丧失了本来就不高的行政效能，这也是朱子学作为统治的意识形态的后果之一。同时，这也使中国人的心理趋向小心、谨慎、保守，而缺乏开拓、进取、无畏精神。

而日本朱子学倡导的经验合理主义则成为日本社会现代化的原动力之一，这是日本朱子学的最高价值之所在。由于日本朱子学不擅长于形而上的思辨，而热衷于形而下的即物穷理，所以构成了日本民族轻思辨、重实用的特性。因此，就宇宙观而论，日本没有中国人那样规模庞大的宇宙观理论；以辩证思维而言，中华民族辩证思维的精巧丰富，在日本始终未出现过。但日本民族特性的另一个方面，那就是重现实、尚经验、肯实践。"日本人的特长，不在于创造丰富的思想理论，而在于日常行动方式的丰富性与有效性。"[13]从这一特长出发，日本人养成了对一切外来的、优于本民族的文化，采取兼收并蓄和实际运用的习惯。德川时代以前就贪婪地摄取中国文化的精华，德川时代又积极吸收西方的自然科学。明治维新后，进一步吸收西方先进文化，这无疑为日本的现代化奠定了思想基础。日本社会能迅速发展的另一个重要原因是日本人的团体意识和团结精神。这种精神的养成，不可说与日本朱子学的道德价值无关。日本朱子学宣扬的"忠君爱国"道德思想和武士的"仆忠于主"道德原则，将整个日本民族维系在天皇周围，同荣辱、共生死。由此，形成了一种民族凝聚力。这种力量在日本现代化进程中，所向披靡。

但另一方面，忠于天皇的道德观又充当了日本法西斯侵略战争的精神武器。这是日本朱子学的消极效应。

造成中日朱子学"理"范畴种种区别的原因是多方面的。其中，最主要的有：

科举制的压抑。中国自隋唐以来实行的科举制，像一条绳索，将无数追求功名利禄的文人士子引向脱离实际的故纸堆。这种现象自宋明以后，愈演愈烈。南宋以后，随着朱熹著作成为科举考试的唯一标准，朱子学也逐渐丧失了生命力，成为空洞的教条。士子们追逐朱子学，只是将它作为进入仕途大门的敲门砖而已。而在日本没有出现过科举制的压抑，人们的思想可以朝着实用和科学的方向发展。

文化心理的制约。中华民族具有悠久的传统文化，其中儒家文化是中国传统文化的脊梁。先秦和两汉儒学宣扬的"君子喻于义，小人喻于利"[14]和"利以养其体，义以养其心"[15]的思想，至宋朱子学形成了

"重义轻利"、"重德轻才"的传统文化心理。在这种文化心理的规范下，人们以修身养性、成圣成仁为高尚，而鄙视事功，轻蔑才学。与之相反，由于日本没有深厚的传统文化影响，它是在基于对本民族有实际利益基础上，积极摄取先进国家的优秀文化而构成了本民族的传统文化。因此，重实效、尚实用就成了日本民族的文化心理，在这种文化心理的作用下，深入自然去探索知识，尊重科学，蔚然成风。

思维习惯的规定。作为中华民族传统思维的一个特点，是其思辨思维的发达。这种思维的优点是擅长理性思索，缺点是易脱离实际。按照朱子学寻求形而上本体的思维定势，中国人的思维习惯必然是向着研求天理、义理、性理等形而上的方向发展，而不热衷于探究形而下的一草一木、一物一事。在思维习惯上，日本民族有一特点，即它的"即物思维"。源了圆先生把这种思维称为"日本人的即物性格"[16]。笔者以为这种即物思维就是讲究实际、贴近自然，在具体的现实中研究事物的性质和规律。因循即物思维，日本人更讲究实际、实用和实效。

上述原因决定了中日朱子学"理"范畴价值取向的不同。通过中日朱子学"理"范畴的比较研究，可以得出这样一个看法：现代化是一个传统文化的变革和转化过程。当中国朱子学"理"范畴作为日本朱子学的基本范畴出现时，它已发生了重要的变革和转化。以后，在西方自然科学和社会科学的冲击下，又再次发生了变革和转化。由于这种变革和转化，才使得它对日本社会的现代化起到了促进作用。而中国朱子学"理"范畴于后期封建社会，在官方倡导下，成为社会意识形态的核心，控制着中国人的思想和行为，具有较强的稳固性，不易发生变革和转化，所以，它具有维系封建社会的功能。由此可见，现代化实现的一个重要条件，就是要不断发扬本民族传统文化中的优秀部分，改造不适宜现代化的部分，批判阻碍现代化的部分。

注释

[1]《大疑录》卷上，第212页。

[2] 源了圆：《德川合理思想的系谱》，第32页。

[3] 世家是日本江户时代对在民间宣传经世济民方策的知识分子的称谓。

[4]《象山全集》卷一，第51、60页。

［5］崎门学派主要代表者是山崎闇斋（1618—1682）及其三位高徒：浅见絅斋（1652—1711）、三宅尚斋（1662—1741）和佐藤直方（1650—1719），号为"崎门三杰"。

［6］冈田武彦：《江户时期的儒学》，第 16 页。

［7］《山崎闇斋全集》上卷，第 4 页。

［8］《山崎闇斋全集》上卷，第 50 页。

［9］《山崎闇斋全集》上卷，第 170 页。

［10］永田广志：《日本哲学思想史》，第 105 页。

［11］《论语·阳货》，《论语·里仁》。

［12］《论语·卫灵公》。

［13］魏常海：《日本文化概论》，第 174 页。

［14］《论语·里仁》。

［15］《春秋繁露·身之养重于义》。

［16］源了圆：《德川合理思想的两个系谱》，第 20 页。

（载《哲学研究》1991 年第 9 期，第 69—75 页）

中日阳明学"知行"范畴比较

一

"知行"范畴是中国哲学史上的一对古老范畴。溯其源,《尚书》的"知之非艰,行之惟艰"已开古代知行观之先河。关于知行观的讨论,在中国哲学史上出现过两次高潮。一是先秦时代,一是宋明时代。先秦诸子的知行学说主要是围绕着知的来源、求知的途径、验知的标准等问题展开的。而宋明理学家的知行观,主要是侧重于伦理道德问题而展开。王阳明的知行学说是在对先秦和宋代各种类型知行说批判、继承基础上的一种创新。其新意表现在他的知行学说是围绕着知行目的、知行本体、知行实质、知行方法诸方面而构建的一种别具风格的知行观体系,予"知行"旧范畴以新说。

王阳明之所以要创建与众不同的知行观,其目的是惩治朱明王朝"文盛实衰"的弊病,为了塑造一种理想的圣人人格。他生活在激烈动荡的明王朝,认为明朝乱就乱在"文盛实衰",人们只求"知"而不顾"行"。故他说:"今人却将知行分作两件去做,以为必先知了然后能行,我如今且去讲习讨论做知的功夫,待知得真了,方去做行的功夫,故遂终身不行,亦遂终身不知。此不是小病痛,其来已非一日矣。吾今说个知行合一,正是对病的药。"[1]他的"知行合一"说就是为惩治由宋儒先知后行、重知轻行、空知无行的学风造成的社会时弊而发的。他之所以把"知行合一"作为救世良方,是要人们把对封建道德的认识(知)和践履(行)统一起来,以完成圣人人格的塑造。

关于知行本体,王阳明说:"《大学》指个真知行与人看,说:'如好好色,如恶恶臭。'见好色属知,好好色属行。只见那好色时已自好了,不是见了后另立个心去好;闻恶臭属知,恶恶臭属行,只闻那恶臭时已自恶了,不是闻了后别立个心去恶。……知行如何分得开。此便是知行的本体,不曾有私意隔断的。"[2]这表明王阳明认为知行"本体本来合一"。他之所以认为"合一"是知行的本体,是由于他视认识的主体与客体"合一"。这种思想具体表现在他的"心即理"命题中。这一命题标示着在阳明哲学体系中,作为认识主体的心,只能在心中认识,反映认识客体的理。因为"万事万物之理不外于吾心",所以,"外吾心而求物理,无物理矣。"[3]由此可以得出这样的公式:知是知此理,行是行此理;在心中知此理之时,便是行此理之际;行此理之刹那,即是知此理之瞬间;所以,知行本体本来合一。

关于知行的实质,王阳明认为"知行原是两个字说一个功夫"。[4]这一个功夫即是"一悟本体即是功夫"。[5]在阳明哲学思想中,这个本体就是"心"。因此,这个功夫指的是对"心"的体悟、体认。这样,阳明哲学中的"知行"范畴又有了特定含意。其中,"知"是心之体。如他说:"知是心之本体,心自然会知。""知是理之灵处,就其主宰处说,便谓之心;就其禀赋处说,便谓之性。"[6]这样的"知",其实质成了心的本体。它具有先验的能动性和主宰功能,而具有这种性质和功能的"知"与见闻之知的"知",判为二物。对于这种知的认识,无须在实践中得到,只须作心上功夫,便可体悟到。如果"知"是心之体的话,那么"行"则是心之用。王阳明认为,"行"不一定要有主观见之于客观的活动,"知"的向外发动、显露,就是"行"。这就是说,人的主观意念、感情、动机,都可以视为"行"。正如王阳明所说:"我今说个知行合一,正要人晓得一念发动处便即是行了。"[7]知是心之体,知的一念发动便是行,这样,"行"就是心的作用和表现。所以,在阳明哲学思想中,"知"与"行"是心的体与用。从知行本体合一角度来看,知行合一处就是"心"。知是知此心,行是心的发动和外露。他的"知行合一"说是从心的体、用范畴出发,通过以知代行、销行归知、知而必行、知行并进等论述,又返归于心,以此论证心的本体性和主宰性。这就是他的心一元论哲学。

关于知行方法,王阳明总括为"致良知"。其中,良知是"知",致良知是"行"。而致良知作为一种方法论,基本上是讲道德修养法。这样,"知行"范畴又成为涵养圣人道德的方法。为了提倡圣人道德,王阳明将"知"(良知)的基本内容规定为一种先验道德。如他说,"知善知恶是良知","见父自然知孝,见兄自然知悌,见孺子入井自然知恻隐,此便是良知。"[8]这样,"知"(良知)就成了三纲五常封建伦理道德的代名词。而"行"(致良知)的功夫就成了为善去恶,"存天理、去人欲"的过程。

阳明哲学思想中的"知行"范畴具有主观本体性(心)和先验道德性(善),最终演为一种非理性主义。这种非理性主义学说在中国后期封建社会中起到了整饬道德、振作人心、维系纲常的作用。

二

中国阳明学传入日本的时间是16世纪中叶,但它嬗变为日本阳明学派则是在17世纪30年代。17—19世纪德川时代是日本封建社会完成和解体时期。德川时代日本哲学发展的历史可分为三个阶段,即德川初期为朱子学勃兴时代,中期为朱子学与古学对立时期,后期和末期为阳明学隆盛时期。日本阳明学在日本哲学思想史上,大致出现过三次高潮。第一次高潮以日本阳明学元祖中江藤树和他的两位门人熊泽蕃山、渊冈山为代表,第二次高潮以日本阳明学中兴之祖三轮执斋为代表,第三次高潮以幕末阳明学派为代表。笔者认为日本阳明学最突出的特色是强调实践性、事功性,即提倡力行哲学。下面,从"知"与"行"两个方面来分析这种特色。

首先,就"知"而言,日本阳明学者继承了王阳明思想,视"知"为"良知"。但是,由于这个良知是以实学观为基础的良知,所以,从良知引导出了"气一元论"自然观,并在这种自然观指导下,强调实行和事功。

中江藤树(1608—1648)是日本阳明学的开创者。他跟踪中国理学在日本传播的足迹、由朱子学转趣阳明学,开日本阳明学之端。他亲书"致良知"三个大字,揭于楣间,并令其徒皆攻读《王文成公全书》。他精心绘制了一套哲学体系,奠定了日本阳明学的基本格局。他哲学体系的逻辑结构是"明德"(孝)→"良知"(心)→"太虚"(虚)。他称这一模式为"全孝心法"。在"全孝心法"模式中,"知"(良知)是连接

"孝"与"虚"的重要范畴。由于藤树追求的是"实理实用之学,而力排虚妄之学",所以,这个"知"除了具有心之本体良知的意义外,还含有讲究实行的合理意义。[9] 循着这一思想发展,佐藤一斋明确提出了"知"为"气"的观点。

佐藤一斋(1772—1859)说:"良知即元气之精灵也。天地万物,非元气则不生焉。"[10] 这样,"良知"(知)就不是作为主观意识的"心",而变成了代表客观物质的"气"。由此,在自然观上就不可避免地放弃了心本论,而转向气本论,形成了日本阳明学"气一元论"的自然观。在这种"气一元论"自然观指导下,一斋明确指出:"行而真知之,是知;不行而徒知之,仍是不知。真知为知,以徒知为不知,而无容一点虚伪,是即良知本体。"[11] 这里的"知"具有行是知之源、知是行之果的合理性。以这种合理主义观点看待"知",使他晚年承认了西方科学技术之"知"是先进的,是有功于"利"的。这种态度深刻影响了他的学生——幕末志士佐久间象山积极主张吸取西方自然科学之知,以利于日本富国强兵之事功。由此形成了明治初年大规模学习西方科学文化之"知",促进日本社会发展的高潮。

其次,就"行"而论,日本阳明学者抛开王阳明视"行"为心之用的观点,将"行"引向实行、事功,强调"行"的实践性和致用性,以提倡重行、主行、力行、笃行而成其为最显著的特色。同时,日本阳明学的敦笃实行和事功致用精神成为明治维新的直接动力。

中江藤树的高足熊泽蕃山(1619—1691)以事功派而闻名。他非常注重"行",认为"知而不行,有始无终;知而不行,故不成也"[12]。在这种即知便行、行而有功思想指导下,他提出了许多经世济民的改革措施。如他发展了藤树的"时、处、位"思想,并付诸于实际。经世济民之道被实践化了的现实状况,叫作"时",这个"时"又分为"天、地、人"三元素,称为"时处位"。蕃山进一步提出了"时中"概念。所谓"时中",就是行的最好处,行的最恰当处,即指因地制宜的行。他针对幕府"公七私三"的税赋,提出恢复古代的"十抽一"制;为了解决武家经济贫困和防止武士堕落,提出了"农兵论";从经世济民出发,对佛教和耶稣教采取排斥政策。他的这些措施在当时起到了反对幕藩体制的作用。另外,在蕃山的著作书信中,随处可见其主张"勤王"的宏论,这实为王政复古的暗示。在德川幕府的全盛时代，公然敢于大揭"勤王"旗帜，振作人民精神，如果不是受"知行合一"学说的感化，孰敢放此狂言？他的"勤王"主张成为明治维新"尊皇倒幕"的先声。

熊泽蕃山的实行实功思想被大盐中斋（1794—1837）所继承和发展。他是日本近代阳明学者中以"实践"二字为其内心信仰者第一人。大盐在思想上笃信王阳明的"良知"说，在行为上又极力把良知理论付诸实践。1837年正值日本"天保大饥馑"。大阪米商趁机操纵粮价，价格暴涨，饥民乞丐饿死街头。大盐将自己的1200部藏书全部卖掉，赈济灾民。但是，杯水难解车薪。在忍无可忍的情况下，大盐纠集学生门徒、近郊农民、城市贫民共300人，发表檄文，号召农民进城起义，分粮分财。1837年1月8日，大盐率领农民和城市贫民"义盟血誓"，决定于2月19日晚举行起义。后因叛徒告密，提前起义。起义军兵分三路，焚毁奸商的住宅和商号，抢米散财，与官兵展开血战，烧掉了大阪百分之四十的街道。但由于力量悬殊，起义只持续了几小时，就被镇压下去了。起义者被捕被杀，大盐在民间隐藏了9天被发现，在官兵包围中引火自焚。这就是有名的"大盐平八郎起义"。起义虽然失败了，却打击了封建统治，传播了平等思想，鼓舞了民众，影响极大，直到1918年日本"米骚动"时，人民还打着大盐的旗帜，把他作为农民和城市起义的领袖。大盐以身殉难，留下了所谓"英雄观"。即代表日本武士的那种一旦以为是者，立即接受，不仅珍贵其言，而且一一见诸于行，虽生死祸福在所不计的思想。这种英雄观也是日本阳明学者的最大特色。正是在这种超生死以救国救民的"英雄观"鼓舞下，使幕末阳明学成为日本明治维新的思想先导。

孙中山先生评价阳明学对日本明治维新作用时说："日本维新之业，全得阳明学说之功。"[13]章太炎也说过："日本维新，亦由王学为其先导。"[14]梁启超也曾说："日本维新之治，心学之为用也。"[15]他们的评论，真实地反映了日本倒幕维新派的理论状况。日本幕末阳明学正是在"体究践履，实地用功"思想的指导下，推翻了封建幕府，实现了明治维新。

吉田松阴（1830—1859）是明治维新运动的先驱者，幕末四杰之一。松阴将王阳明的"知行合一"学说发展为酝酿明治维新运动的思想动力和造就明治维新一代新人的思想指南。关于知行关系，他认为知行是"二而一，一而二"的关系，"以知废行非真知，以行废知非实行。故知行二而一，先后亦相待而相济也。"[16]依据这种观点，他反对两种错误倾向：一种是"舍学问功夫一偏于行事者"，对这种人要强调"以知为先"，切忌以行废学；另一种是"专务读书明理，对于实行实事上不曾下一毫砥砺之功者"，对这种人要强调"以行为重"，切忌以学废行。同时，他又吸收了朱熹的"论先后，知为先；论轻重，行为重"的思想，认为知对行具有指导作用，所以"知为先"；而实行是真知的结果，所以"行为重"。他以"一而二"进行具体分析，以"二而一"进行理论总结，用朱熹观点补充、完善阳明的知行学说，将知行辩证法提到了新水平。在对知行进行辩证分析的基础上，他更强调"行为重"。从重行思想出发，他主张为学应当"去虚就实，略冗揽要"，即提倡有用之学。因此，他把"训诂之学、词章之学、考据之学、佛老之学"统统斥为无用的"曲学"，而以治国理民的"义理经济之学"为"正学"。所谓"义理经济之学"就是他的老师佐久间象山提倡的"东洋道德，西洋艺术，精粗不遗，表里兼该"的学问，即用西方科学文化补充、发展传统学说。从重行思想出发，他积极主张尊王攘夷、尊王倒幕，并以身殉行。从重行思想出发，为宏扬阳明的"知行合一"说，他创建了松阴村塾。松阴门下多阳明学者，多卓越人才。明治维新前后叱咤风云、雄飞庙堂的许多俊杰之辈如伊藤博文、木户孝允、高杉晋作、山县有朋、井上馨等皆出其门下。小小村塾的80名学生中，竟有一半为明治维新的参与者。无怪乎人们称赞松阴村塾为"孵化颠覆幕府之卵"的一保育场，为"点燃维新革命天火"的一圣坛。

日本阳明学者从敦笃践履、经世致用方面发展了"知行"范畴。对于"知"，他们没有停留于抽象的理论，而是与具体的社会实践结合起来，将"知"运用于实际斗争之中。对于"行"，他们打破了以"行"为道德践履的框架，将"行"的内容扩展到社会实践和政治斗争中去。这种具有实践意义的"知"与"行"的结合，形成了一种力量，即推翻长达260年的德川幕藩领主统治，发展日本资本主义的原动力。同时，日本阳明学者大都出身于下级武士，因此把即知必行与置生死于度外作同一解释的思想，深刻反映了日本武士的品格与道德。但另一方面，武士的这种品格和道德又被发挥为军国思想，为侵略战争所利用。

三

知行范畴同是中日阳明学最核心的基本范畴,但由于对知行内涵的不同理解,使之向着不同方向发展,所以形成了中日阳明学的差异。围绕知行范畴,中日阳明学的主要区别有以下四点。

第一,实践观的区别——事功实践观和道德实践观。

"知行合一"是王阳明的独创,也是阳明哲学形成的标志。"知行合一"说的提出赋予了阳明学有别于朱子学的实践性。当中国阳明学东移日本后,为日本阳明学者所钟爱和发展的,也正是这种具有实践品格的"知行合一"说。但是,由于中、日两国阳明学者对"知行"本质的理解不同,故形成了两种不同类型的知行观。

日本著名学者井上哲次郎博士说:"日本的朱子学和阳明学各有长短,但考察德川时代的儒教史,朱子学派中不无伟人,然固陋迂腐者颇多。反之,阳明学派中人物,则多有建树者,固陋迂腐之人几乎没有。可见,阳明学果有陶冶人物之功决无疑。"[17]这是因为日本阳明学者将"知行合一"说引向实行实功,把"即知即行"的理论付诸于经世致用之实践的结果。在日本,阳明学者是把"知行合一"、"即知即行"作为一种至善的理念,即一种精神信仰去追求,尽量从真善美方面去作。因此,他们视"知"为改革社会、经邦弘化的真知识、真学问;认"行"为把这种真学问、真知识,即自己的美好理念,付诸于现实的实际行动。在这种思想指导下,他们竟把"知行合一"与"置生死于度外"作同义解释。为了事业,日本阳明学提倡知而必行、行而不息,甚至以身殉行的精神。正是在这种精神指导下,大盐中斋为了救济灾民,领导了大阪城市贫民和农民的起义,并自焚身亡;正是在这种精神指导下,吉田松阴及其门人为尊王倒幕、明治维新的伟业,抛头颅、洒热血、前仆后继、一往无畏。所以,日本阳明学的实践观可以称为"事功实践观"。

中国阳明学是在深厚的中国传统文化为其背景而形成、发展起来的,所以,它不可避免地印有伦理道德的印记。王阳明的"知行合一"、"即知即行"说固然是在强调实行、实用,具有实践意义,但这种实践,主要是指人伦道德修养的实践,人格涵养的实践。王阳明认为理想人格的培养,在于"正心"。所以,他从心学角度阐释"知行"范畴。认为"知"是心之体,"行"是心之用,知行合一于"心",即知即行亦指"心"上功夫。只要下力气在心上用功,便可做到正心诚意,达到道德修养的目的。由此,知行合一的实践意义便落到了实践于"心",进而实践于道德之上。为此,中国阳明学的实践观可以称之为"道德实践观"。

第二,价值观的区别——多元价值观与一元价值观。

日本阳明学是在与处于官学地位的朱子学相颉颃中发展起来的,这就决定了日本的阳明学者或打着阳朱阴王的旗帜宣传阳明学,如佐藤一斋;或公开主张吸取朱子学的合理思想,如佐久间象山,由此形成了日本阳明学有别于中国阳明学的一个显著特点:这就是他们把王阳明重实行的思想与朱熹"格物穷理"的理论相结合,从而积极提倡吸收西方近代自然科学。如佐藤一斋至暮年时,已不再排斥西方科学技术,认为洋学之穷理与周易之穷理犹如一棵大树的根株与枝叶,虽有主次之别,但又不可分离。他的这一思想开启"东洋道德,西洋艺术"之先河。他的高徒佐久间象山兼采程朱、陆、王众家之长的学风,遵循这一学风,他将王阳明重实行的合理思想与程朱"格物穷理"中的合理因素相结合,开日本学术界一代新风。他首倡"东洋道德,西洋艺术",而沟通"东洋道德"与"西洋艺术"的桥梁,就是朱子学格物穷理的方法。他认为"格物穷理"说具有比较科学的认知功能,当这种认知功能与阳明学的重行思想结合在一起时,就使"行"的内涵更加合理化、科学化,也造成了广泛吸取西学的新格局。象山融会阳明学、朱子学和西学,用西方的科学文化补充、发展传统文化,并将西学普及于武士和知识分子阶层。日本阳明学这种不拘一家之见,广采博览的价值观,可以称为是多元价值观。

与之相反,中国阳明学固守一家之见,对朱子学采取排斥态度。王阳明的许多哲学命题如"心即理"、"知行合一"、"致良知"等都是针对朱子学而发的。这些命题从理论上确实弥补了朱子学中的一些不合理性;但另一方面,也加深了朱王学派之间的门户之见,不可能对朱子学中的合理性取吸收态度。造成这种现象的一个重要原因,是由于中国阳明学的道德实践观将"知"、"行"的内涵只限于伦理道德领域。封建伦理规范是心中自明的,只需要知于心、行于心,就可以了,因此,不需"格物穷理"的外求功夫,只需持自家之言便可一通百通,一了百了。这种思想反映于价值观,就是一元价值观。

第三,道德观的区别——武士道德与圣人道德。

在日本,阳明学是代表下级武士和市民阶级的哲学。日本阳明学者或自身是下级武士,或出身于下级武士。这就自然而然地决定了日本阳明学道德观的取向——日本武士。同时,决定这种道德观取向的另一个重要原因,便是日本阳明学的事功实践观。事功实践观强调实功实利,提倡实行重行。而这正是日本武士的追求。故此,日本阳明学者以言而不行深为耻辱,以知而必行、行而不息、即知即行、笃敦践行为武士必备的理想道德。大盐中斋、吉田松阴等著名阳明学者,就是为了追寻这样一种理想道德,最终以身相殉。

中国阳明学的道德实践观决定了它理想的道德是成圣、为圣,圣人道德。这种圣人道德观强调的是知,即良知。王阳明生前曾标榜他一生最得意的理论发明便是"致良知"三字。"吾平生讲学,只是致良知三字。"[18]"致良知之外无学矣。"[19]王阳明强调致良知的目的是要人人自觉地信守固有良知,认为这样就可为善去恶、奉行封建道德,达超凡成圣的目的。

第四,功效观的区别——瓦解作用和维系作用。

日本阳明学从事功实践出发,成为颠覆、瓦解封建幕府的催化剂,尤其是幕末阳明学对日本明治维新起到了先导作用。大盐中斋从重行出发,发动和领导了农民及城市贫民的起义,客观效果是对封建幕府的严重冲击;吉田松阴从实行出发,不怕坐牢杀头,为尊王倒幕奋斗一生,客观效果是对幕藩制的有力打击;明治开国元勋伊藤博文和西乡隆盛从知(西学)与行(励行)的结合出发,提倡民权、民主,废藩置县,为日本资本主义的实现奠定了基础。在功效观上,日本阳明学对日本封建体制起到了瓦解作用。这是日本阳明学的积极作用。同时,日本阳明学在第二次世界大战中又起到了宣扬、鼓吹军国主义的反作用,对世界和平起到了破坏作用。这又是日本阳明学的消极作用。

中国阳明学从道德实践观出发,教人"致良知"的目的是自觉地接受封建伦理道德的要求,以维护封建制度。王阳明作为一位大明王朝的高级文武官吏,一生做了三件大事:一是镇压大庾岭南北的农民起义,二是压服广西大藤峡少数民族的起义,三是完成了自诩为"天下可得而治"

的阳明哲学。他镇压农民起义，是为了扑灭导致明王朝倾倒的熊熊烈火；他集心学之大成，提倡"致良知"说，是为了为行将衰败、没落的阶级提供新的兴奋剂和麻醉剂。中国阳明学对明王朝封建社会起到了维系作用。

中日阳明学的比较说明了这样一个道理，即在现代化的进程中，合理地摄取外来文化的重要意义。日本阳明学派出于经世致用、倒幕维新的社会需要，对于中国阳明学的"知行"范畴，加以合理地摄取。如他们从"气"的观点出发，用"气"释"知"，这就使"知"具有了行是知之源，知是行之果的合理性。他们又抛弃了王阳明视"行"为心之用的观点，而发挥了重行、力行、笃行的思想，将"行"引向实功、实效，强调行的实践性和致用性。经过这样有选择地加以吸取，"知行"范畴就演变成了日本传统文化的一部分。这样形成的传统文化无疑对于日本社会的发展，近现代化起到了促进作用。日本在现代化进程中，对外来文化加以合理地摄取的做法，给我们两点启示。一是在我们中华民族的传统文化中，有着许多可以诱发现代化发展的文化精粹，我们应该根据社会发展的需求，积极挖掘、发扬和光大，使优秀的传统文化成为现代化发展的动力。二是我们在现代化的进程中，应根据国情的需要，积极摄取外来文化中的合理因素，以加速我国的现代化发展。

注释

[1] [2] [6] [8]《传习录下》，见《王文成公全书》卷 1。

[3]《传习录中》，《王文成公全书》卷 2。

[4]《答友人问》，《王文成公全书》卷 6。

[5] [7]《传习录下》，《王文成公全书》卷 3。

[9] 源了圆：《近世初期实学思想研究》，第 343 页。

[10]《传习录栏外书》。

[11]《论语栏外书》。

[12]《集义和书》卷 14。

[13]《孙文学说》。

[14]《答铁铮》，《民报》第 14 号。

[15]《宗教家与哲学家之长短得失》。

[16]《吉田松阴全集》，第 258 页。

［17］《日本阳明学派之哲学·序》。
［18］《寄正宪男手墨二卷》，《王文成公全书》卷 26。
［19］《书魏师孟卷》，《王文成公全书》卷 8。

（载《中国人民大学学报》1992 年第 4 期，第 38—44 页）

李贽和吉田松阴

李贽（1527—1602）是我国明代进步的思想家、哲学家，是300多年前反对封建正统思想的先进人物。他不畏强暴、不惧权威，同腐朽的封建当权派进行过不屈不挠的斗争。在他76岁高龄时，被以"敢倡乱道，惑世诬民"的罪名逮捕下狱，最后不堪凌辱，自刎于狱中。

明末冯仲元在《吊李卓吾先生墓诗》中说：

手辟洪蒙破混沌，浪翻古今是非场。
浑身是胆通身识，死后名多道益彰。

这确实是对李贽较公允的评价。

李贽的思想和他批判封建正统思想的战斗精神，对中国近代社会发生了重要影响作用。

同时，他的思想对东邻日本国的幕末阳明学派亦产生过重要的影响作用。

日本幕末阳明学派是推翻代表封建势力的德川幕府，导致明治维新的重要社会力量。19世纪中叶日本封建制度崩溃，同时接连而来的是外国资本主义列强的压力。当时进步的思想家，在"尊王"与"攘夷"的口号下，开始把下级武士、中小地主、商人们的改革势力团结起来，与德川幕府相对立。虽然当时的"攘夷"，还只是武士的封建的攘夷主义；当时的"尊王"，在本质上即是对封建制度的拥护，尽管如此，当他们以尊王攘夷反对德川幕府时，就使他们从政治上觉醒过来，从纯封建观点逐渐走向资本主义变革的道路。而这些进步的思想家，就是以吉田松阴等为代表的幕末阳明学派。

吉田松阴（1830—1859），名矩方、字义卿，通称寅次郎，号松阴，又号二十一回猛士。他出身于长州藩（今山口县）下级武士家庭。父亲的俸禄不够全家九口人生活，还要种田谋生，过着半农半士的生活。5岁时他被叔父（吉田大助）领养，后来正式出嗣吉田家。吉田是长州藩的兵学教师。9岁时，松阴入藩学明伦馆，学习兵学、炮术、西洋阵法等。19岁时，承袭兵学教师职，多次给藩主讲授《武教全书》、《孙子》、《中庸》等，深得藩主赏识。1858年（安政五年），德川幕府与美国签订了丧权辱国的条约（即"日美友好通商航海条约"，亦称"安政条约"），遭到爱国的志士仁人的反对。幕府派老中（江户时代直属于将军的总理政务的幕府官员）间部胜诠严加镇压，许多爱国志士被捕下狱。松阴上书《时势论》，陈言尊王攘夷，以求中兴。松阴又与人策划图谋行刺间部，然事未果而败露，被捕下狱。1859年10月27日被处死刑，年仅29岁。

松阴思想深受李贽影响，尤其是李贽的《焚书》和《续藏书》对他思想的形成，产生了极大的影响作用。松阴与李贽思想的接触，最初是从嘉永五年（1952年）读陈龙川文开始。此后，又于安政三年至六年间，反复熟读《焚书》六卷，《续藏书》二十七卷，并边读边抄写，极其精细。

松阴对李贽的思想倍加赞赏，他在《己未文稿》中写道："卓吾居士一世之奇男子，其言往往与仆之心合，反复甚喜。"还说："夫卓老七十之老人，犹能如此，况吾辈三十，安可可遽为衰飒老人之态哉！"他又对门徒高杉晋作说："抄李贽藏书，卓吾之论大抵不泄。谁不一读而不与吾同拍案叫绝者哉！"松阴读李贽书后写了《李氏焚书抄》、《李贽续藏书抄》、《鸿鹄志》等，其中所涉及的问题甚广，尤其是关于生死问题（生死观）、心气问题（宇宙观）、交友问题（交友观）等，其字里行间，无不闪耀着李贽思想的光泽。

一　生死观

在生与死的问题上，松阴持有一种视死如归的大丈夫的英雄气概。这种生死观深受李贽思想的影响。

李贽作为中国的一代狂狷，之所以能够成为封建社会中反对封建传统思想的先驱者，正是由于他具有"不怕人"、"不畏死"的大无畏生死观。李贽以"堂堂之阵，正正之旗"的勇往直前精神，批判程朱理学是虚伪腐朽的说教，理学家是一群"被服儒雅，行若狗彘"的道貌岸然的假道学；贬抑孔子达到"非圣无法"的程度，对孔丘戏谑嘲弄达到淋漓尽致的程度；对两千余年封建礼教的勇敢挑战，倡导男女平等、婚姻自主，夸奖女子"才智过人"，"男子不如也"等。正是由于李贽这种对封建社会的叛逆精神和异端思想，使他在76岁高龄时，被缉捕入狱。下狱期间，虽重病在身，然仍著书不止。表现了他置生死于度外，坚强不屈的生死观。这一生死观的具体体现，就是他在狱中写的《系中八绝》。

　　老病始苏
　　名山大壑登临遍，独此垣中未入门。
　　病间始知身在系，几回白日几黄昏！
　　杨花飞絮
　　四大分离像马奔，求生求死向何门？
　　杨花飞入囚人眼，始觉冥司亦有春。
　　中天朗月
　　万里无家寄旅村，孤魂万里锁穷门。
　　举头喜见青天上，一大圆光照覆盆。
　　书幸细览
　　可生可杀曾参氏，上若哀矜何敢死！
　　但愿将书细细观，必然反复知其是。
　　书能误人
　　年年岁岁笑书奴，生世无端同处女。
　　世上何人不读书，书奴却以读书死。
　　老恨无成
　　红日满窗犹未起，纷纷睡梦为知己。
　　自思懒散老何成，照旧观书候圣旨。
　　不是好汉
　　志士不忘在沟壑，勇士不忘丧其元。
　　我今不死更何待，愿将一命归黄泉。

这几首诗充分体现了李贽临难不苟，临死不惧的生死观。活，则作一斗士，堂堂正正地生；死，则作一好汉，光明磊落地死。李贽在诗中说，我一生走遍名山大壑，唯有监狱的大门还未进来过，进来看看不正弥补了一生中这一缺憾吗？他还说，在牢房中看到那随风飘舞的柳絮，看到满窗的红日，觉得春天就在牢房中，地狱何所惧？诗中，李贽还表示，怕死就不是好汉。他决心作一个不怕弃尸山野的志士，不怕丢掉头颅的勇士。"我今不死更何待，愿将一命归黄泉"。李贽死得其时，死得其所。

李贽这种生死观的理论基础是他的"童心说"。所谓"童心"，就是真心、初心、每个个体"我"的心。他说：

"夫童心者，真心也。若以童心为不可，是以真心为不可也。夫童心者，绝假纯真，最初一念之本心也。若失却童心，便失却真心；失却真心，便失却真人，人而非真，全不复有初矣。"[2]

李贽受佛教禅宗影响，认为人具有童心（真心），就是虽死犹生；反之，失去它，就是虽生犹死，不足为人。在这种理论指导下，形成了李贽敢生敢死、视死如生的生死观。

也正是在李贽这种置生与死于度外精神的感召下，吉田松阴亦步亦趋，以其短暂一生的业绩，圆了他的英雄梦。活着，他"是不屈不挠的斗士，是具有渊博知识、敏锐洞察力和温暖的人类之爱的领袖人物，是当时日本的第一流的人才"（井上清语）。死后，他被说成"松阴的见识、经历、气魄和人格，是日本人共有的大和魂的体现"（山中峰太郎语）。

松阴之所以成为反对封建幕府的斗士、幕末阳明学派的代表，其原因应归之于他对李贽生死观的继承和发扬。

一方面，他在行动上，继承了李贽以英雄气魄对待生与死的品格。如他在《与高杉晋作书》写道：

贵问丈夫所可死如何？仆去冬以来，大有发明。《李氏焚书》之功为多，其说甚长，约言之，死非可好，亦非所恶，道尽心安，便是死所。世有身死而心死者，有身亡而魄存者，心死，生无益也，魂存,亡无损也。

这种宁愿魂存而不可心死的思想,还表现在他谋刺间部诠胜前的《诀别书》和在狱中写的《自警诗》中。他在《诀别书》中说:"近日正三位源公,以'七生灭贼'四大字见赐,且传其世子诗数章,德高望重,博浪铁锥,其意甚切,岂可不死哉!"在《语诸友书》中说:"吾之将去,子远赠吾以死字,吾复之以诚字。"而《自警诗》则是松阴幽囚所作,其中年英迈之气,勃勃纸上。诗文云:

> 士当得正而毙,何必明哲保身?
> 不能见机而作,犹当杀身成仁;
> 道并行而不悖,百世以俟圣人。

正是在这种大丈夫不畏死、不怕死精神指导下,吉田松阴一生屡遭坎坷,但他从不退却,从不屈服。如1854年,他感于时势,决心出国考察形势,以报效国家,便潜上美舰,因违反幕府锁国令,被捕关入江户野山狱。一年后改为软禁。禁中,他以叔父名义在家乡办了一所学塾——松阴村塾,从事教育活动。在松阴与幕府作殊死斗争思想哺育下,小小村塾先后培养了80名学生,而其中竟有一半人为明治维新作出了贡献。为此,后人称颂松阴村塾是"点燃明治维新革命天火的一圣坛"。又如松阴被杀就义前,念念不忘的是赠"诚"字予战友。而这一个"诚"字,成为幕末志士共同的哲学信仰,鼓舞着他们去从事倒幕维新的伟业。

另一方面,他在理论上继承了李贽的"童心说",认为只要"心"不死,就是万古不朽之人。如他在《哭无逸之心死》中说:

> 古语曰:哀莫大于心死,盖身死而心不死者,古圣贤之徒,不朽之人也;身不死而心死者,今鄙夫之流,行尸之人也;世人以身之生死为大小之大事,而不知心之死生关系万世,其大小乃更大。

这里他所提倡的"心不朽"的思想是李贽"童心说"的再版,也是他生死观的理论基石。

二　宇宙观

在哲学宇宙观上，松阴20岁之前持"气一元"论，20岁之后，主"心一元"论说。他哲学思想转变的这一轨迹，与李贽同出一辙。

由于李贽早年信仰伊斯兰教，受封建正统思想影响较小，所以他讲："余自幼倔强难化，不信学，不信道，不信仙、释，故见道人则恶，见僧则恶，见道学先生则尤恶。"[3]此时，他以"气"解释自然界和人类的组成，认为"夫厥初生人，惟是阴阳二气，男女二命耳，初无所谓一与理也"。[4]这表明，李贽是以"气"来解释人类的产生。他40岁之后，接受了明代心学集大成者王阳明的"心本论"思想，并认为这乃是"真人不死"的学问，于是提出了"童心说"，主张自然界是"我妙明真心中的一点物相"。这就是说，世界上只有"妙明真心"的存在，没有物的存在。而人们见到的物、山河大地并非独立存在于世，而只存在于"真心"之中。

李贽思想的这一转换，虽然在客观上起到以"心"学抨击程朱学派的"理"学作用，但这种"心本论"毕竟是对物质世界的一种颠倒的反映。

吉田松阴的早期思想，在哲学宇宙观方面，主"气一元"论。如他在《日蚀论》和《云之说》中，用"气"来解释云的生成和聚散，批判人们把日蚀等自然现象与时势、朝代兴衰联系起来的错误认识。松阴从19岁左右开始接触阳明学，22岁时师事于属阳明学的佐久间象山门下。他自己说："吾曾读王阳明《传习录》，颇觉有味。顷得李氏《焚书》，亦阳明派，言言当心。"[5]自此，松阴思想从"气"说转为"心"说。如他在临终前三年所作《七生说》云："天之茫茫有一理存焉，父子祖孙绵绵有一气属焉，人之生也，资斯理以为心，禀斯气以为体，体私也，心公也，役私殉公者为大人，役公殉私者为小人；故小人者体灭气竭，则腐烂溃败不可复收也。君子者心与理通，体灭气竭而理独亘古今，穷天壤，未尝暂歇也。"这里的意思是说，人禀气为其体，禀理为其心，而"心"是永远存在的，不会像"气"那样，"体灭气竭"。这实际上是在宣扬肉体消灭而灵魂是不灭的。

这种哲学宇宙观，反映在英雄观上，又成了松阴生死观的理论之一。

三　交友观

在交友问题上，松阴的宗旨是努力寻求知己之主，这一交友观来自于李贽的寻胜己之友的思想。

李贽一生孤傲、矜高、狂痴，他所认为的可交之友，即所谓"知己"，指的是"胜己之友"。[6]如他的好友之一马经纶，字主一，顺天通州人。他对于神宗斥逐言官、罚俸停职的荒谬行为极为愤怒，直言进谏。结果引起神宗大怒，贬斥为民，从此杜门不出。可见马经纶是一位敢于犯上，打抱不平的人。正是基于这一共识，他与李贽交友甚厚。1600年，李贽在麻城受害被逐，躲入河南商城县黄檗山中，当马经纶听到这一消息后，不管自己被斥为民之难，不顾数千里之遥，冒雪从北通州（今北京通县）赶到黄檗山中，陪侍李贽，并为李贽被逐一事，激愤地写了《与当道书》，替好友李贽伸张正义。1601年，马经纶接李贽回到通州自己的家中。李贽从此寓居马家，直到被捕下狱。李贽被捕后，马经纶不仅亲自去探视，而且不顾自身安危，多次上书，为李贽鸣冤。他在《启当事书》和《与李麟野都谏转上萧司寇》中，有理有据地驳斥了劾疏中诬蔑李贽"淫纵"、"勾引"的诬妄，同时，用李贽的清标苦节、一介不取，对比当时贪官污吏的满载而归、恣欲而行；用李贽的被逐之于湖广，被拿之于通州，遍天下无容身之地的不幸遭遇，对比贪官污吏广被纳交、延誉、推荐、问请的飞黄腾达。"岂贪者乃真孔氏家法，宜亲宜近，而廉吏若先生，乃为惑世诬民，应逐应拿应拟罪耶？"这一质问既是为李贽的清白辩解，也是对明朝当权者打着孔子家法的伪善和丑恶的揭露。除马经纶外，李贽的好友还有湖北公安派"三袁"，即袁宗道、袁中道、袁宏道。在文艺思想上，三袁主张写作要自然，不拘格套，反对文必秦汉、诗必盛唐的拟古风气，主张创新。三袁和李贽正是在这一共同的思想基础上——对理学家的憎恶，对传统的叛逆，才在李贽受迫害之际，与他结下了深厚友谊，密切过往。[7]除以上友人外，李贽尚有焦竑、刘东星、梅国桢等友人。

从李贽所交友人来看，基本上都是与他有共同的思想、共同的理想，即为了变革传统，而创建一个新的"道"。这是李贽交友的原则和意义。

在交友观上，吉田松阴以李贽的原则为指导。他在评《周友山》一文中说："李卓吾曰：'以良友为生'，甚同余心。"又在《评与耿司寇告别》一文中讲："卓老可羡，嗟吾唯有求友于古人之一道耳！"在李贽交友观的影响下，松阴主张，所寻知己为知己之主，如藩主毛利敬亲。[8]毛利敬亲器重松阴的才能，深知他的志向，在他每次遇难时，都千方百计地营救他、保护他。如安政元年，因黑船密航事件，松阴被关入野山狱。他后被从狱中放出，幽禁在家，都是毛利敬亲的主张。松阴知道后，对毛利敬亲感激涕零。以后，松阴倒幕勤王的主张得到了藩主毛利敬亲的支持。对此，松阴将藩主毛利敬亲引为"知己之主"，愿以死相报。

由此可见，松阴的交友是为了尊王攘夷，为了创建一种新的社会体制。

从松阴的生死观、宇宙观、交友观上，可以清晰地看到李贽思想对他的深刻影响。在李贽思想影响下，吉田松阴本人及他的学生们成为倒幕维新运动的先驱，日本近代化的开启者。

对此，黄遵宪有诗赞他：

丈夫四方志，胡乃死槛车？
倘遂七生愿，祝君生支那。[9]

而李贽思想也由吉田松阴的关系，间接地对日本社会的近代化，产生了一定作用。

注释

[1]《续焚书》卷五。

[2]《童心说》，《焚书》，第 98 页。

[3]《阳明先生道学钞》，附《阳明先生年谱后语》。

[4]《夫妇篇总论》，《初潭集》，第 1 页。

[5]《己未文稿》，《与入江杉藏书》。

[6]参阅［日］沟口雄三《李卓吾》，集英社 1985 年版，第 1 章第 4 节。

[7]参阅张建业《李贽评传》（修订本），福建人民出版社 1992 年版，第 119、

238页。

[8] 同[6]第1章第5节。

[9]《人境庐诗草》卷三,《近世爱国志士歌》。

(载《中日关系史研究》1993年第1期,第46—51页)

中日心学比较

——王阳明与石田梅岩思想比较

王阳明（1472—1528）是中国心学的集大成者。石田梅岩（1685—1744）是日本德川时代一位商人哲学家，创建的石门心学亦被称为日本心学集大成。阳明心学盛行于中国明代，石门心学崛起于日本德川中期，它们都是心学，有其称为心学的共性。又因为阳明心学和石门心学形成的历史条件、社会背景有异，这就决定了它们在心学体系建构、心学范畴理解诸方面的相异性。所以，通过王阳明和石田梅岩思想的比较研究，可以透视中国和日本传统文化的特殊性及其对各自国家历史发展的作用。

一　心学根据比较

按照冯友兰先生的观点，儒学经典《大学》是王阳明心学思想的理论根据。王阳明对《大学》提出了一个通盘全新解释，以作为他的哲学在经典上的理论根据。这部著作就是《大学问》。冯先生还指出，《大学问》的基本内容有两点：一是主张"以天地万物一体"为"仁"，二是强调"致良知"。[1]

关于"致良知"，可以说这是王阳明心学思想发展的最后形态，也是他晚年论学的宗旨。

阳明心学的理论体系由三部分构成，即"心即理"、"知行合一"、"致良知"。其中，"心即理"虽然不是王阳明的独创，但这一命题却是王阳明龙场悟道的真心所得。所以，它具有阳明心学特色。这种特色就是王阳明强调心与理、心与性、心与物的统一性。这种统一性的深化发展，其结果便指向"良知"本体的"致良知"。而"知行合一"说的思想实质也是"致良知"。这又像冯友兰先生所云：王阳明讲"知行合一"，并不是一般地讲认识和行为的关系，也不是一般地讲理论和实践的关系。他所讲的"知行合一"，其实就是"致良知"。[2] 而"良知"在王阳明思想中，是一个集认识（良知是是非之心）、道德（良知是谓圣）、本体（良知是天理）为一的范畴，所以良知终究为心之本体。"良知者，心之本体，即前所谓恒照者也。"（《传习录》中）"致"含有实行义。"致良知"就是充拓心本体到极致。

可见，阳明心学以《大学》为其理论根据，导致了"致良知"。而"致良知"又决定了阳明心学的本质特点是主体性哲学。

石田梅岩在创建石门心学的过程中，主要依据的理论根据是孟学和朱子学。梅岩自己就说过："我之所依，即孟子的尽心、知性、知天之说。此说与吾心合，故以此为立教之本。""我的学问修行，以论（语）孟（子）为基础，又依据程朱之注解其意"。[3] 据日本学者柴田实教授在编纂《石田梅岩全集》时的统计：《孟子》几乎每一篇都被梅岩引用过，而且有的篇章被引用达十多次。[4] 孟学的许多基本观点如"性善"论、"知心知性知天"论、"求放心"论等都成为石门心学的基本理论。除《孟子》而外，梅岩受朱子学影响亦颇多。如朱子学的"格物致知"论、"性理"论等思想也都被梅岩所摄取。除此而外，梅岩从"和合学"思维出发，还广泛吸取了佛教、神道教和道家思想，作为其心学的理论根据。

这里，有一个重要的现象应引起注意。这就是在石田梅岩的著作中从未引用过王阳明的典籍。梅岩后学上河淇水在其《心学承授图》中，也是将石田梅岩直接承袭朱熹。而且，此图根本未列陆（九渊）王心学系统。据笔者分析，这种现象有客观原因，是由于"宽政异学之禁"，使朱子学成为日本德川时代的唯一正统思想。因此，上河淇水将石田梅岩直接秉承朱熹，以表示石门心学的正统地位。其主观原因，是因为梅岩及其后学在思想上确实认为孟学和朱子学与石门心学相吻合。

由于石田梅岩以孟学和朱子学为其基本理论根据，又由于孟子和朱子不仅讲"心"，而且讲"性"，这就决定了梅岩也不仅重视"心"范畴，而且也重视"性"范畴。故此，石门心学更确切地说，应该称为石门心性学。

石门心性学以"心"和"性"范畴为核心，建构了一个从内向外、开放的立体思维理论体系。在这个立体思维体系中,"心"首先开显为"性"。进而,心、性范畴向四个不同的方向继续开显为四个范畴系列。即:

伸向"生生哲学"和"性善哲学"的"心→性→天"范畴系列。

伸向"道德哲学"和"价值哲学"的"心→性→形→法"范畴系列。

伸向"认知哲学"和"实践哲学"的"心→性→行→知"范畴系列。

伸向"俭约哲学"和"经济哲学"的"心→性→俭约→正直"范畴系列。

从这四个范畴系列可以看出,在石田梅岩思想中,"心"范围是他的中核范畴。这也就表明了石门心学从哲学意义加以判断,属于主体性哲学思维。

通过以上分析可以看到,阳明心学和石门心学虽然都属于主体性哲学范围,但是,阳明心学强调的是"致良知",即心本体。而石门心学讲"心"、也讲"性",并强调心在物中。所以,确切地说,阳明心学的本质是主体的主体性,而石门心学的本质是普遍的主体性。

二 心学范畴比较

(一) 心、性范畴的比较

心和性范畴是心学基本范畴。关于心、性范畴,王阳明认为"心之本体即是性,心即性"。如《传习录》上载:"心之本体原自不动,心之本体即是性。性即理,性元不动,理元不动,集义是复其心之本体。"阳明这里说的"心之本体即是性","心即性"在表面上似乎与朱子学的距离并不大,但实际上却并非如此。

因为在阳明思想中,心之本体虽然是"本体",但仍然保有心的性格。如心之本体"能视听言动",这表明它有"灵"的性格。就是说"心"至少在逻辑上有思维的功能,而"性"的规定无论如何也不包括这一点。所以,从陆象山到王阳明,心学中的"本心"或"心之本体"概念不能等同于朱子哲学意义上的"性"概念。当王阳明说心之本体即是性的时候，并不表示他把心之本体理解为朱子哲学的性。也就是说，阳明所谓的"性"，就是心之本体，而不是古典的人性观念或宋儒的性理概念。比较合乎逻辑地说，在朱子学中，心、性为二；在阳明学中，心性不是二物，二者实际是同一的。[5]

这表明阳明心学的核心就是一个"心"范畴，晚年，他发展为"良知"范畴。"良知"的实质，应归属于道德范畴，具有较强的道德属性。如阳明视良知为是非之心，这实际上是把良知作为道德判断和道德评价的标准；他把良知作为圣人，认为人人胸中有圣人，这实际上是突出了人的道德主体性和道德主体的内在完满性；他认为良知就是天理，实际上是指人类社会的普遍道德法则。

对于心、性范畴，石门心学的基本观点有如下三点：

第一点，石田梅岩注意到了心与性的区别。在《石田先生语录》中，有这样一段记录。"行藤氏问：'心和性有异吗？'先生答曰：'心兼性情，有动静体用。性为体为静，心为动为用。……心属气，性属理。'"[6]根据柴田实教授的注释，梅岩的这段论述是对宋儒陈淳《北溪字义》的运用。《北溪字义·心》写道："心有体有用，具众理者其体，应万事者其用。寂然不动者其体，感而道通者其用。体即所谓性，以其静者言也；用即所谓情，以其动者言也。"（《北溪字义》第11页）这表明，在心和性的区别上，石田梅岩基本上采取了从朱熹到陈淳这一派系的观点。

第二点，关于"心"范畴。日本研究石田梅岩的专家石川谦博士曾说过，梅岩的"心不是与物相对立的存在……所以，梅岩的心不像朱子学派或阳明学派那样，即不是与形色脱离的、抽象的一般者，而是在形色中显现的、具体的、普遍的，同时又是作为特殊的东西来把握。这就是梅岩心学独特的理解"。[7]

石川谦先生的这段话包含了两重意思。其中一重意思是说，梅岩思想中的"心"是寓于"物"（形色）之中，"心"与"物"不能分离。有什么样的"物"，"物"之中就寓有什么的样的"心"，这是心的特殊性。"物"是普遍存在的，寓于物之中的"心"也是普遍的，这是"心"的普遍性。正是在这重意义上，笔者将梅岩思想中的心规定为普遍的主体性。

其中另一重意思是说，有什么样的"形"，就有什么样的"心"。

"心"与"形"是相即相一的。譬如梅岩经常说"形直接就是心","心由形","寒暑直接是心"等。梅岩这一思想是受庄子思想的影响。在《庄子·秋水篇》里有"夔怜蚿,蚿怜蛇,蛇怜风,风怜目,目怜心"的喻言。梅岩引申其义,用来说明"形直接就是心"的思想。"夔有一只脚,因此有夔之心;蛇无足,因此有蛇之心……"[8]梅岩之所以强调有什么样的"形",就有什么样的"心",其目的是高扬商人的主体性,对商人价值的确认。梅岩认为人的"形"可分为两种,即身份的形,有贵贱之分、上下之别;另一种是职业的形,无贵贱、上下的区别,一律平等。因为日本德川时代是严格的四民等级社会。在士、农、工、商四民等级社会中,商人处于最低层,所以,商人哲学家石田梅岩为了确立商人的价值,强调职业的形是没有贵贱上下区别的。"士农工商皆天下之治相。士本来就是臣,农民是草莽之臣,商工是市井之臣"。[9]这是说被人们视为最低下的商人,在职业的"形"上,与处于最高位的武士是等价的。可见,这里的形具有价值属性。与形相即相一的心,也具有价值的属性。这是石门心学的一个重要特色。故此,日本学者源了圆教授说:"梅岩是日本价值的创始者。我不能不得出这样一种新的结论。"[10]

第三点,关于"性"范畴。柴田实教授在注释梅岩思想中的"性"时说:"自性是从天给予自己的本性。自性是对程朱学的性通天地本体说法的发展。自性也是梅岩最重要的用语。"石田梅岩对"性"有独特的定义:"自性是天地万物之亲。"这是梅岩经过两次开悟后得到的一点"亲骨血"。何谓"自性是天地万物之亲"?梅岩自己描述修行开悟后,体悟到的自性是"那时,看到鸟在空中飞,鱼在水中跃,自身是裸体虫。知道自性是天地万物之亲,实在是极大的喜悦"。又写道:"尧舜之道,孝悌而已。鱼在水中游,鸟在空中飞。诗云:鸢飞戾天,鱼跃于渊。观上下之道,何疑之有?人是孝悌忠信。除此而外,还会是什么呢?"[11]这两段话表明,所谓"自性是天地万物之亲",就是说,人自身是"裸体虫",是"孝悌忠信"。

正因为人自身是"裸体虫",所以,一方面人与天地万物浑然成为一个整体,"天心即人心,人心即天心";另一方面,人也像鱼在水中游、鸟在空中飞一样,在宇宙中具有固有的、本来的、真实的存在方式,这就是"孝悌忠信"。"孝悌忠信"是人的真实的存在方式,也是人的"天地万物之亲"这一自性的自觉存在方式。"孝悌忠信"是儒家基本的道德规范。这种道德规范从道德理念上来看，就是"性善"说。石田梅岩是"性善"论者。

通过以上分析，可以看到阳明心学是在批评朱子学中发展起来的。因此，它在一些基本理论观点上与朱子学相背。如阳明心学中的"性"范畴，其实质就是"心"范畴。所以，阳明心学只讲"心"。而这个"心"更多地具有道德属性。

石门心学由于德川时代的日本以朱子学为正宗，要想发展巩固，就必须沿袭朱子学的理路，所以，石门心学注意到了"心"与"性"的区别。并且，在石门心学中，"心"范畴具有价值属性，而"性"范畴则归属于道德范围。

以上是阳明心学与石门心学相异性的一面，它们的共同性便是不论是从良知是谓圣出发，还是从"自性是天地万物之亲"出发，在道德观上，都是"性善"论者。

（二）知、行范畴的比较

在知行观上，阳明心学最显著的特征之一便是由他倡导的"知行合一"说。

这种知行观基于王阳明格心致知的思想。如《传习录》说："格物如孟子'大人格君心'之格，是去其心之不正，以全其本体之正。"又说："然至善者心之本体也，心之本体那有不善：如今要正心，本体上何处用得功？必就心之发动处才可著力也。心之发动不能无不善，故须就此著力，便是诚意。如一念发在好善上，便实实落落去好善。一念发在恶恶上，便实实落落去恶恶。"王阳明认为格物就是格心。虽然心之本体是全善的，但心之发动处不能无不善，所以必须以诚意格心。格心而致知，致知即是行。

王阳明的"知行合一"说也是针对程朱理学分知行为二而发。王阳明强调知是心之体，《传习录》说："知是心之本体，心自然会知。见父自然知孝，见兄自然知悌，见孺子入井自然知恻隐。"这里的知，是心的本体、主宰。对于这种知的认识，无须在实践中得到，只需作心上功夫，便可体悟到。如果说知是心之体，那么行则是心之用。王阳明认为，行不一定要有主观见之于客观的活动。知的向外发动、显露，就是行。知是知此心，行是心的发动和外露。王阳明的"知行合一"说是从心的体用范畴出发，通过以知代行、销行归知、知而必行、知行并进等论述，又返归于心，以表心的主宰性和本体性。

而石田梅岩在知行观上则主张"行重"、"知贵"。

石田梅岩认为心、性、行的关系是"尽心知性，则至性。循其性，行其所"。用图表示则为：心→性→行。梅岩的这一思想是对孟子的"尽心知性"思想和"集义"思想的吸取及发挥。具体表现为以下两点：

第一点，孟子强调对性的扩充存养，并把扩充存养的手段和方法，叫作"集义"。按着孟子的这一思想，梅岩不仅讲"知性"，而且强调"至性"，即到达性。笔者以为所谓"至性"，就是孟子说的对性的扩充存养。所以，"至性"的实质就是"性至"。"性至"也就是对性的善养后，使性达到最大限度的扩充的程度。因此，"性至"也就是梅岩经常提到的"自性"。"自性是天地万物之亲"，是"孝悌忠信"。这就是说，当人达到"性至"，体悟到"自性是天地万物之亲"时，人就会像鸟在空中飞，鱼在水中游一样，自觉地以人应有的行为方式去行动。具体讲，就是按着"孝悌忠信"的原则去行。这就是梅岩所说的"行"由"性"发。同时，他还特别指出，"行"不能由"心"而发。这是因为人们常常有"放其心而不知求"的时候，即心被各种各样的欲望所遮蔽的时候。倘若由这种心支配的行，便会违背孝悌忠信的原则。所以，梅岩十分强调行由性发。

第二点，孟子的集义思想只是讲了要日积月累地集正义的行为，才能养浩然之气，才可以有正义的行动，但并未将"性"与"行"联系起来进行论述。石田梅岩则将"性"与"行"视为"体"与"用"的一体关系。如他说"性和行是体用一源"。由于行要遵循性而发，所以性为体、行为用。性行的体用一源关系，表明在梅岩思想中，"知性"、"至性"、"性至"就是"集义"。同时，这也表明了石田梅岩对于"性"的重视。

关于"行"与"知"的关系，石田梅岩在回答学生提问"程子重行。先生之意如何？"时，说道："然，行重矣。只知不行，何益之有？然而如众人不知行的路，就不能行，故知为先。"[12]行之所以重，是因为梅岩哲学的最终目标是要实践人伦之大道，即圣贤之道。而实践圣贤之道的途径有二：一是道德实践，二是力行实践。关于道德实践，梅岩认为孔子讲

"仁"、孟子讲"善",孔孟的学问就是道德实践。为此,梅岩主张存心养性,实行仁义的道德践履,以知圣人之心。关于力行实践,梅岩认为只知圣人的心,而身不力行,也不能成为圣人。为此,他乐观地确信,凡人与圣贤绝不是缘远,只要通过身体力行的实践,就可以超凡入圣。这表明梅岩哲学思想中的"行",具有两重意义,一是主体道德的实践;二是客体行为的实践。

知之所以贵,一个理由是知在行先。梅岩讲要行路,首先要知路,然后才能去行。这就是说,行要循知而行。从先后来说,是知先行后。所以,以知为贵。另一个理由是圣知是圣人之知。梅岩将知分为两类:一类是私知,一类是圣知。私知就是人心被七情六欲所遮掩时,对事物不能得到完整的认识,而只能得到支离破碎的知识。圣知就是知心、知性、性理大明时获得的对事物完整的认识。圣知与私知,有如天地云泥之差。这一差别也就是圣人与凡人的区别。梅岩认为只有将私知完全变成圣知时,才能由凡人变成圣人。圣知是圣人的一个重要标志,所以,知为贵。

通过以上分析,可以看到"知行合一"是王阳明独特的知行观。这是他格心致知的结果,也表明了他对心的重视和强调。而石田梅岩沿循程朱的知行观,主张"行重"、"知贵"。同时,又强调行从性发,可谓是格性致知。这表明梅岩不仅重视心,而且也强调性。而这一点恰是石门心学独特的风格。

(三) 致良知与俭约范畴的比较

"致良知"是阳明心学的一个专有范畴。

"良知"的观念出自《孟子》。《孟子·尽心上》说:"人之所不学而能者,其良能也。所不虑而知者,其良知也。孩提之童无不爱其亲者,及其长也,无不知敬其兄也。"根据这个说法,良知是指人的不依赖于环境、教育而自然具有的道德意识和道德情感。"不学"表示其先验性,"不虑"表示其直觉性,"良"即兼此二者而言。王阳明继承了孟子这一思想,认为"良知"是至善至美、完好无缺的。为了使良知毫无滞碍地充塞流行,阳明又吸收了孟子"扩充四端"的思想,即孟子的"凡有四端于我者,知皆扩而充之矣。若火之始燃,泉之始达,苟能充之,足以保四海;苟不能充之,不足以事父母。""人能充无欲害人之心,而仁不可胜用也。"(《孟子·公孙丑上》、《孟子·尽心下》)如此,阳明以"充"释"致"。"致良知"就是努力充拓、扩充自己已有的良知,当良知达到至极时,就可超凡入圣。

王阳明的"致良知"思想还来源于他将"心"与"良知"视为一体。如他强调"心之本体"即指"良知"。这样,"心"和"良知"在本质上都是至善的。所以,阳明心学的工夫论就是努力扩充至善的良知,使其达到至极。

"俭约"是石门心学的独有范畴,也是石田梅岩思想中的一个重要范畴。为此,日本学者也把梅岩的哲学思想称之为"俭约哲学"。

关于"俭约"的内涵,在石田梅岩的思想中,有这样三层意义。

第一层意义,俭约是一种爱的实践。

所谓"俭约"是一种"爱"的实践,是讲梅岩从"性理"的形而上学体认观出发,视"俭约"为"仁"。梅岩指出,他所说的俭约,不是为了自我、自家的俭约,而是为了"天下公的俭约",为了"世界的俭约"。他认为"俭约"与"吝啬"有本质的不同。"俭约"的基础是仁心,"吝啬"的基础是欲心,即不仁心。正是从仁心出发,梅岩主张作为人君,每年应将三石年贡减少为二石,节约自己的费用,为天下人所用。作为每一个普通人,也应珍惜生活物品,不随便浪费,使天下的财富越聚越丰厚,以"助世界之用"。所以,在"聚集财富俭约一事中,具有爱人的道理。"[13]从俭约中的爱人道理出发,梅岩主张对于需要救济的贫穷困难者,要不惜财物,给予援助。他认为扶贫解困不是浪费,而是俭约。因此,俭约也是慈悲的行为。从俭约这一慈悲的行为中,即从仁心中,可以看到梅岩的经济合理主义思想。他认为世上的财产,该聚则聚,该散则散。财产的聚(俭约)是为了散(为了世界的需要),而散(资助需要帮助的事或人)还会带来更大的聚(生物、生人)。所以,从仁心出发的俭约,是对财富的合理使用和积累。

第二层意义,俭约是对"自性是天地万物之亲"的一种具体生存方式。

如上所述,"自性是天地万物之亲"是石田梅岩心性学中的一个核心命题。它的主旨是说,当人觉悟到"自性是天地万物之亲"时,就自觉到了人应具有的生存方式。具体讲,就是士有士的生存方式,农有农的生存方式，工有工的生存方式，商有商的生存方式。梅岩认为，士农工商要与各自的身份相适应。这就是说，士农工商在生活水准上不能超越与其身份相适应的水平。这就是俭约。

第三层意义，俭约是以正直为本。

梅岩所谓的与身份相应的俭约，其实质是在寻求正直。这是因为作为商人哲学家，梅岩竭力提倡正直，其目的是在为商人、为商业的本义正名。世俗的看法认为商人的买卖，就是私心；商人的利润，就是私欲。对此，梅岩纠正说，正直的俭约就是处在自己生来具有的位置上，做与自己身份相应的事情。商人的买卖行为，对利润的追求，是要取得理应属于商人自己的那分利。这是商人的正直，应当与一般的利欲区别开。所以，"真正的商人是你先有利，我也有利"，商人"得福而使万民心安"，"使天下太平"。可见，商业社会中正直的俭约，可以助人、可以乐世，具有重要的社会意义。诚然，梅岩也反对商场中那些营私舞弊、不正当竞争的行为，指出这全是出于自私心或私欲。为此，梅岩在《俭约齐家论》一书的末尾，反复强调说："我所说的俭约，不是只指衣服财器之类事，而是告诫世人要立去私正心之志。"[14]由此可见，石田梅岩重视俭约的本意，是视其为去私心私欲，立正直之心的道德修养功夫。从修心养存的功夫论来看，俭约又被称为精神卫生。这就是说，石门心学以俭约的方式对心进行清扫，除去私心私欲，使人得到本来的善性仁心。

通过"致良知"与"俭约"范畴的分析，可以看到阳明心学在关于修养"心"的问题上比较侧重于扩充至善的心，使之发扬光大。而石门心学则侧重于正心，清除蒙在心上的杂念和欲望，也就是重视精神卫生。从思想路线来分析，石门心学的"俭约"是对孟学与朱子学的结合。孟学主张人固有善的本性，称为"四端"；朱子将性分为至善的"天命之性"和可善可恶的"气质之性"，将心分为至善的"道心"和有善有恶的"人心"，并认为除去私欲使心呈现本来至善的面目，就如同洗去蒙在明珠上的污垢，使明珠呈现原貌一样。而阳明心学的"致良知"思想则是对孟学充扩良知思想的高度发挥。但不论是石门心学的"俭约"，还是阳明心学的"致良知"，虽然修养心的功夫有所不同，但最终都是为了超凡成圣，都是为了追求人性的至善至美。

三　心学价值比较

由王阳明及其弟子的心学思想构成的中国心学即阳明心学左右中国思想界达一百多年之久，并对中国近现代思想的发展起到了一定作用。其具体作用表现为以下三点。

1. 对人的主体作用的肯定。

从汉而宋，在中国传统哲学思想中，"天"、"天命"、"天理"、"理"等范畴不仅具有至上性，而且能主宰、支配自然、社会和人事。人完全是被动的，消极的。也就是说，人被取消了独立存在的价值。与此相对立，阳明心学把"良知"作为哲学思想体系的最高范畴，并取"天理"而代之。这就突破了"天理"的一统局面，而使"良知"确立了最高本体的地位，其实质是对人的主观能动作用的肯定。

2. 对传统价值观的否定。

自从汉代"罢黜百家，独尊儒术"以后，孔子逐渐被历代封建者和士人学子尊为圣人、"大成至圣先师"等，孔子的言论也成了判断善恶是非的唯一标准。而阳明心学却主张"良知"是检验真理、判断是非的标准。王阳明认为人们的善恶是非，只有依据人人先天具有的"良知"，才能作出判断，与"良知"合的就是善，就是是；不合的就是恶，就是非。离了良知是无法进行判断的。王阳明的这种反传统价值观的思想，对中国近现代许多进步思想家起了重要的影响作用。

3. 对"所以然"与"所当然"的解释。

"所以然"是指事物的所以道理，"所当然"是指人的行为规范。"所以然"与"所当然"在程朱理学中统一于"理"范畴。所以，"穷理"就是穷所当然之则与所以然之故。"知其所以然故志不惑，知其所当然故行不谬"。按照这一解释，知孝之所以然，就必定行孝之所当然。但事实上，常常是知孝与行孝相脱节，即所以然与所当然不统一，知而不行。针对这一弊端，阳明心学提出了"知行合一"说，强调知与行的统一性。知与行的统一性也就是所以然之故（知）与所当然之则（行）的统一，不过这二者是统一于"心"。阳明心学通过强调所以然（知）与所当然（行）在心中的统一，而使知而不行、知行脱节的不良现象得到了某些纠正，使文昌实衰的大明王朝得以补救偏弊。

而石门心学的价值主要表现在以下三个方面。

第一方面，石门心学是商人教化的学问。

石门心学之所以被称为"商人哲学"，一个重要理由因为它是对商人进行教化的一门重要学问。其中，"俭约哲学"是教化的中心理念。石门心学强调商人应该按照商人自己的地位、身份进行经营和生活，遵守这种"俭约哲学"原则，才能确立和维护商人之道。教化的具体内容是"正直"和"安分"。关于"正直"，石门心学教导商人首先要有一颗正直的心。因为商人社会、经济社会的一个基本原理就是尊重所有关系和契约关系。所以，石田梅岩反复告诫商人说："我物是我物，人家的物是人家的物，货物要取，借物要还。"正确地维护所有和契约这一基本关系，对商人来说，是最基本的正直。关于"安分"，就是说商人要恪守商人的那个"分"生活，这就是"俭约"。否则，超过商人生活的那个"分"，就是奢侈；而低于商人生活的那个"分"，就是吝啬。商人应在自己的商业买卖地位上，以无杂念的精进姿态，尽商人对社会的责任和使命。这就是"安分"。

第二方面，石门心学是农民洗心的原理。

石门心学虽是商人的哲学，但在江户中期以后，随着商品经济在农村的浸润和发展，心学也逐渐在农村发展起来，成为农民改变观念、更换思想即"洗心"的原理。所谓"洗心"，就是说随着商品经济的深化，农民以前局限于农村和农业的知识、道德、观念已落后于农村新的结构和变化，需要吸取基于广泛而深厚的商品社会之上的人间观和社会观方面的各种各样新知识和新观念。这也就是对农民进行心学修养的教育。这场农民的心学修养教育，被称为是一场"安稳的革命"。通过这场"安稳的革命"，加快了日本农村的近代化。

第三方面，石门心学是士魂修养的理论。

作为商人哲学的石门心学在梅岩大弟子手岛堵庵时代，开始向上流社会武士阶层浸透。武士修行心学的目的，不是为了追求商人之道，而是紧紧围绕着人本来应该具有的样子，即人本来应该具有的真实的人性这一根本问题而学习心学。也就是说，武士学习心学，是为了追寻作为武士的人的本质和真实。在这重意义上，可以说石门心学是士魂修养的理论。

如上所述，最初以商人为目标创建的石门心学随着历史的流逝，又逐渐浸润到农民和武士之中。这就表明，石门心学的社会价值遍及士、农、工、商各个阶级，而成为一种普遍的社会价值。

通过阳明心学与石门心学的比较分析，可以看到王阳明和石田梅岩的思想在中日心学思想史上，都具有重要的价值，都给后人以启示和教育。由此，它们构成了东亚传统文化的重要一环，熠熠生辉。

注释

[1] 参阅冯友兰的《中国哲学史新编》第55章第4节。

[2] 参阅冯友兰的《中国哲学史新编》第5册，第215页。

[3] 参阅竹中靖一的《石门心学的经济思想》，第96、97页。

[4] 柴田实：《都鄙问答的形成——关于石田梅岩心学诸典籍》，载《史林》1956年第6号。

[5] 参阅陈来的《有无之境——王阳明哲学的精神》，第82、83页。

[6] 《石田先生语录》81条，见《石门心学》，第68页。

[7] 石川谦：《石门心学史的研究》，转引自《石田梅岩的思想》，第165页。

[8] 《石田先生语录》第96段，见《石门心学》，第469页。

[9] 《都鄙问答》卷2，见《石田梅岩全集》上，第83页。

[10] 源了圆：《石田梅岩论》，见《石田梅岩的思想》，第98页。

[11] 《石田先生语录》54条，见《石门心学》，第55页，《都鄙问答》卷1，见《石田梅岩全集》上，第8页。

[12] [13] [14] 《石门心学》，第72、32页。

（载《中国哲学史》1996年第3期，第114—121页）

中江藤树的儒佛融合思想

中国阳明学传入日本的时间是 16 世纪中叶，但它嬗变为日本阳明学派则是在 17 世纪 30 年代。

日本阳明学的源头可追溯至禅僧了庵桂悟和尚。桂悟曾以 87 岁高龄，于 1510 年奉足利义澄之命，远使中国，与明一代儒宗王阳明相遇。1513 年，临东归时，王阳明作序一篇相送。其序云：

> 世之恶奔竞而厌烦挈者，多遁而之释焉。为释有道，不曰清乎！挠而不浊，不曰洁乎！押而不染，故必息虑以浣尘，独行以离偶，斯为不诡于其道也。苟不如是，则虽皓其首，缁其衣，焚其书，亦逃租谣而已耳，乐纵诞而已耳，其于道何如耶？今有日本正使堆云桂悟字了庵者，年逾上寿，不倦于学，领彼国王之命，来贡珍于大明，舟抵鄞江之浒，寓馆于鄞。予尝遇焉，见其法容洁修，律行坚巩。坐一室，左右经书，铅采自陶，皆楚楚可观爱，非清然乎！与之辩空，则出所谓预修诸殿院之文，论教异同，以并吾圣人，遂性闲情安，不哗于肆，非净然乎！且来得名山水游，贤士大夫而从。靡曼之色，不接于目；淫哇之声，不入于耳；而奇邪之行，不作于身。故其心日清，志日净，偶不期离而自异，尘不待浣而已绝矣。兹有归思，吾国与之文学交者，若太宰公及诸缙绅辈，皆文偶之择也，咸惜其去，各为诗章，以艳饰回躅，固非货而滥者，吾安得不序？
>
> 皇明正德八年癸酉五月既望
> 余姚王守仁[1]

此序作于王阳明提出"知行合一"说之后，所以，它备受日本学者重视。井上哲次郎称："桂悟亲与阳明接触，为哲学史上决不可看过的事实。"[2] 川田铁弥说："如桂悟禅宗之处，兼传程朱之学、余姚之学，论知行合一之义，为日本王学倡导嚆矢，其在斯人乎！"[3] 武内义雄讲日本阳明学时，则直接从了庵桂悟开始。[4]

中江藤树（1608—1648）是日本阳明学的真正开创者。他曾当过武士，近江（今滋贺县）人，名原，字惟命，号默轩，因常在藤树下讲课，故被称为"藤树先生"。中江藤树跟踪中国宋明理学在日本传播的足迹，由朱子学转趣阳明学，开日本阳明学之端。他亲书"致良知"三个大字，揭于楣间，并设令其徒皆攻读《王文成公全书》。中江藤树作为一位阳明学家，活动的时间只有五年。然而，他在这五年中对中国阳明学作了重要发展，奠定了日本阳明学的基本格局。中江藤树以日本阳明学创始人的身份，在日本近世思想史上占有重要位置。

中江藤树的主要著作有《翁问答》、《大学解》、《中庸解》、《鉴草》等。

中江藤树作为一名阳明学者，从儒教立场对佛教进行过尖锐的批判。如他在《翁问答》中把佛教看作与"俗儒、墨家、杨氏、老子"同类的"伪学问"，并指出五山禅僧所谓佛教的"五戒"是儒教"五常"的说法，是毫无道理的。然而，晚年的藤树，在思想上发生了明显转变，由批判佛教，变为与佛教相通，流露出儒佛调和的迹象。如他在晚年写的《翁问答改正篇》中表示："如问答之中论儒佛处，今读之，觉其理不精当。"其实，在《鉴草》、《春风》等训诫书和为教化庶民而写的著作中，都流露出藤树三教一致的思想。

中江藤树关于儒佛调和的思想，集中表现为他的"明德"与佛教的"佛性"是相通的，他的"意念"与瑜伽行派的"阿赖耶识"十分接近。

首先，考释藤树的"明德"观。

藤树对"明德"的解释，大致如下：

（一）"明德虽云具于方寸，但大虚寥廓，其为本体也，包括天地万物。其大无外，其尊无对。"[5]

（二）"明德，人性之殊称也。人之性，得于天，神灵光明，无不烛，无不自得。虽才云下愚，不减不昧。故号明德。"[6]

（三）"明德为人之根本也。无此根，则不能受人之形故也。虽才有差别,但明德乃凡圣一体,在下愚而不减不昧;于其不减不昧之处留意扩充之,则虽下愚亦可升至圣地。"[7]

(四)"明德为圣人之本体,明是则虽凡夫亦升大圣。"[8]

(五)"明德者,天地之性。""明德者,人性之总名。""学之道无他,在克去人欲之己,以复明德之本然而已矣。"[9]

这些论述可以归纳为以下三点:

第一,藤树的"明德"是指一种普遍的人性。在藤树的思想中,"明德"就是"人性"。如他所强调的"明德者,人性之总名";"明德,人性之殊称也",很明显是将"明德"视为"人性"的代名词。他之所以认"明德"为"人性",是因为他认为"明德"是人之所以能成为人的根本,"明德为人之根本也。无此根,则不能受人之形故也"。

第二,藤树的"明德"无贵贱、多寡、明昧的区别。藤树认为,人的才能有上下、聪愚的区分,但人人具有的"明德"是同一的,不会因愚人而暗昧,也不会因下人而减少。这诚如他所说"虽才有差别,但明德乃凡圣一体,在下愚而不减不昧";"虽才云下愚,不减不昧,故号明德"。这就是说,"明德"对任何人来说都是一样的,是同等同质的。

第三,藤树的"明德"是成圣的根本依据。儒教修行的最高境界是成为"圣人"。关于成圣的根本,藤树认为就是"明德",如"明德为圣人之本体"。人只要具备了"明德",就可以成为圣人,即使是凡夫俗子亦可成为圣人。"明是则虽凡夫亦升大圣","于不减不昧之处留意扩充之,则虽下愚亦可升至圣地"。关于成圣的修炼功夫,藤树指出一定要克去人欲之私,才能恢复明德之本来状态,即努力扩充明德,使之达到"明德"本应有的境界,凡人、愚人都可成为圣人。"学之道无他,在克去人欲之己,以复明德之本然而已矣"。

具有上述意义的"明德"与佛教的"佛性"是相通的。

佛性论是佛教的中心问题,其基本内容包括:

(一)一切众生,皆有佛性。

佛性是众生的本和源,众生是末和流。有佛性才有众生,没有佛性也就没有众生。众生之所以为众生,就是因为禀有佛性。对于人来说,人人心中普遍具有佛性。这是每个人可能成佛的先天的内在原因和共同根据。

(二)佛性是"自然"。

佛性既是"本有",也就是"自然"。佛性不因因生,无有作者,无起无灭,湛然常真,自然而常,所以也叫"自然"。这是说,佛性是众生自然而然地具有的。只要是众生,就自然地具有佛性,连断了善根的"一阐提人"也具有佛性[10]。

(三) 佛向自身求。

关于如何成佛,禅宗主张"即心即佛"。如《坛经》说:

> 本性是佛,离性无别佛。
> 佛是自性,莫向身外求。
> 听吾说法,汝等诸人,自心是佛,更莫狐疑。
> 我心自有佛,自若无佛心,何处求真佛。
> 菩提只向心觅,何劳向外求玄?

这表明本心就是佛,自性就是佛。因此,不可离生身而另外求佛。

既然"即心即佛"、"离心无别佛",为什么世上多是凡夫俗子、芸芸众生,而不能人人成佛呢?对此禅宗解释说:这是由于种种妄念将明净的心性覆盖住,就如同乌天遮住了本来明净的月亮一样。"人性本净,由妄念故覆盖真如,但无妄念,性自清净"[11]。凭借什么力量可以去掉妄念,达到明心见性?禅宗主张无须依赖外力,提倡内求于心,因为心性本觉,即众生之心可以自己认识到自己的"灵知不昧"的心性。

"明德"是人人具备的,"佛性"是众生俱有的;"明德"是成圣的依据,"佛性"是成佛的根本;克去人欲之私,复明德本然,是成圣的修炼,除去妄念,明心见性,是成佛的功夫。可见,在普遍性、本体性、修炼功夫方面,藤树的"明德"与佛教的"佛性"是相通的。这就无怪乎藤树自己在晚年常常将"明德"与"佛性"作为同一意义的术语使用。如他在《鉴草》中说:"人既为以明德佛性为根本而生者,则无人无此性者,因此性为人之根本,故又名本心。"[12] "明德佛性"成了藤树晚年使用的一个重要概念。而"明德佛性"的并列使用,充分表明了藤树思想中的儒佛和合。正是在这重意义上,日本学者源了圆说:

> 如果盘圭从备前一儒生那里所得悉的是藤树晚年的明德观点,会

产生怎样的思考呢？也许盘圭会抱有这样的感慨：自己花费十多年心血探求何为"明德"，但最后却未能得到这样的"明德观"，不得已而走上不同的道路，在禅的世界达到见性，作为禅者而达到此境。而这位藤树的"明德"观是他自己在儒教的世界中认真寻求得到的。[13]

作为阳明学者的中江藤树和作为禅师的盘圭永琢，在思想上是相通的。

其次，探究藤树的"意念"观。

在藤树思想中，"意"与"意念"基本上属同一用语。关于"意"、"意念"，藤树的主要论述有：

> 心之所发，本来灵觉有善而无恶者也。凡心之所发，有美有恶，本心之里面有意伏藏故也。然则，恶念由意之伏藏起发，非本心之发见也。
>
> 意者，万欲百恶之渊源也。
>
> 意念之有无，五事无时，伏藏难辨。[14]

可见，藤树的"意念"，有以下三层意义：

一层意义是"意念"为"恶念"。"心"所发的结果，有"善"亦有"恶"，而"恶"来自于"意"，非始于"心"。

二层意义是"意念"为本渊。如上所言"意者，万欲百恶之渊源也"。人的各种欲望和各种恶行，都出自"意念"。

三层意义是"意念"为潜在。藤树特别强调这一点，反复讲"意念"处于一种"伏藏"状态，是藏而不露，潜而不显的。

具有这些特性的"意念"与王阳明的"意念"有较大差别。

王阳明哲学中的"意"、"意念"，主要指意识。其特点有二：一是"良知"是"意念"的根据；二是"意念"或为善，或为恶。

"良知"是王阳明哲学中的根本范畴，尤其晚年，更加重视"良知"。王阳明在《大学古本旁释》中说："心者身之主，意者心之发，知者意之体，物者意之用。"嘉靖初，阳明答顾东桥书，对此加以解释："心者身之主也，而心之虚灵明觉即所谓本然之良知也，其虚灵明觉之良知应感而动者谓之意。有知而后有意，无知则无意矣，知非意之体乎。"[15]按这种解释，"知之感动便是意"，显然强调了良知的本体意义，即良知是意念的根据[16]。

王阳明晚年提出"四句教法"，即：

无善无恶心之体，
有善有恶意之动。
知善知恶是良知，
为善去恶是格物。

其中"有善有恶意之动"，说明王阳明认为"意"、"意念"的发动，或者为善或者为恶。"意"、"意念"是把握不住的，只有"良知"能够判断善恶，"格物"功夫可以去恶从善。

藤树与阳明关于"意念"的差别显而易见：藤树的"意念"是本体，是潜伏着的；阳明的"意念"是"知之感动便是意"，"良知"是"意念"之本。再有，藤树的"意念"是恶念，而阳明的"意念"或善、或恶。这些差异构成了中日阳明学的区别。

虽然藤树的"意念"与王阳明的"意念"有区别，但与佛教瑜伽行派的"阿赖耶识"却很相近。这种相近性亦是中江藤树儒佛思想融合的一个表现。

佛教瑜伽行派宣扬"赖耶缘起论"。即认为"阿赖耶识"中含藏着一切现象的"种子"，故"阿赖耶识"又叫作"种子识"。宇宙间一切现象的种子，都含藏在"阿赖耶识"之中，由种子的变现而成森罗万象。具体讲就是"阿赖耶识"中的种子，依前七识（眼、耳、鼻、舌、身、意、末那七识）熏力的熏发，即长期的观念、经验、习惯的熏习影响、作用，使种子生长，生起"现行"（显现行起），展现为宇宙万物。瑜伽行派有见于植物的种子能生长结果，借用种子以比喻阿赖耶识中藏有产生世界一切现象的根源[17]。

藤树的"意念"从其是"万欲百恶之渊源"，是"优藏难辨"来考查，与佛教瑜伽行派的"阿赖耶识"极其贴近。不过，"阿赖耶识"是森罗万象的根源，而"意念"只是"恶"、"欲"的渊源。

这就无怪乎源了圆将藤树的"意念"与佛教的"阿赖耶识"联结在一起。藤树的意念观走到了儒教内向化道路的极限，最终与佛教相沟通[18]。

中江藤树的这种儒佛融合思想是形成日本民族"共生意识"的一个重要因素。"共生意识"是日本民族的一个很重要的思想。这种意识来源于日本的传统文化之中，如日本民族宗教——神道教即是儒、释、道三教的融合，日本的石门心学也是儒、释、道三教融合。从三教的融合中逐渐形成了"共生意识"。所谓"共生意识"就是指以"和合"精神为基本内容的一种意识。21世纪人类社会面临五大冲突、五大危机，即人与自然的冲突（生态危机）、人与社会的冲突（社会危机）、人与人的冲突（道德危机）、人的心灵的冲突（精神危机）、文明之间的冲突（信仰危机）[19]，而"共生意识"则能有效地化解五大冲突、五大危机，并以此促进人类社会的和平进步。

注释

[1] 师蛮：《本朝高僧传》，《伊藤威山·邻交征书》，斋藤拙堂·拙堂文话。

[2] 井上哲次郎：《日本朱子学派之哲学》，东京：富山房，明治三十八年，第636页附录。

[3] 川田铁弥：《日本程朱学的源流》，东京：东高高千穗学校排印，明治四十一年，第64页。

[4] 武内义雄：《儒家之精神》，东京：岩波书店，昭和十四年，第200页。

[5]《大学解》，《大学蒙注》。

[6]《大学蒙注》。

[7][8]《大学解》。

[9]《古本大学全解》。

[10] 方立天：《魏晋南北朝佛教论丛》，中华书局1982年版，第171页。

[11]《坛经》。

[12] 中江藤树：《藤树先生全集》，卷三，第321页。

[13][18] 源了圆：《江户时代前期儒教和佛教的关系》，《中日文化交流史大系·宗教卷》，第325、326页。

[14]《大学考》。

[15] 王阳明：《答顾东桥书》，《王阳明全集》，卷二，《传习录》中，上海古籍

出版社 1992 年版,第 47 页。

[16] 陈来:《有无之境——王阳明哲学的精神》,人民出版社 1991 年版,第 168 页。

[17] 方立天:《佛教哲学》,中国人民大学出版社 1991 年版,第 217 页。

[19] 张立文:《东亚意识何以可能》,亚文,1。

(载《中华文化论坛》2002 年第 2 期,第 116—119 页)

论石田梅岩的町人伦理思想

石田梅岩（1685—1744）是日本江户时代的一位重要的商人学者。正是他，在日本商人受难期间的享保年间，创立了一门崭新的学问——反映新兴商人精神觉醒的石门心学。石门心学不仅是一种性理学，更是一种伦理学。这种伦理学的基本内容是：一是町人哲学；二是俭约哲学。

一 町人价值哲学

日本学者源了圆教授在评价石田梅岩思想时曾说过："梅岩是日本价值论的创始者。我不能不得出这样一种新的结论。"[1]

石田梅岩之所以能够被誉称为日本价值论的创始者，这还要从他哲学思想的"形"范畴谈起。而要了解"形"范畴的内涵和意义，首先要了解"形"范畴和"心"范畴在梅岩哲学思想中的关系。

在石田梅岩的哲学思想中，本心＝自性，自性是"天地万物之亲"。"天地万物之亲"的意思是说，天心是在天生育万物时寓于万物之中的心。所以，天心是万物的心，就是万物的存在方式。

至于"心"与"形"的密切关系，用梅岩自己的话来说，即为：

形直接就是心。

心由形。

寒暑直接是心。

这些话都出自梅岩的经典著作——《都鄙问答》。梅岩在《性理问答段》里讲："如孑孓在水中不能叮人，但变成蚊子就会咬人。可见，心由形。"

这是说，有蚊子的形，便有蚊子的心，就要咬人、叮人。所以，心由形。还讲:"我是万物之一,万物由天所生,是天之子。你不根据万物,又根据什么生心呢?所以,万物是心。寒来时,身便屈;暑来时,身便伸,寒暑直接是心。"[2]

这是讲寒暑直接是心。

以上引文表明,石田梅岩认为有什么样的"形",就有什么样的"心"。"心"与"形"是相即相一的。如具有武士形的人,一定有武士的心;如具有町人的形,一定有町人的心。石田梅岩心形关系的这种思想,一方面是石田梅岩哲学体系发展的必然;另一方面也是受庄子思想的影响。在庄子《庄子·秋水》中有"夔怜蚿,蚿怜蛇,蛇怜风,风怜目,目怜心"的寓言。石田梅岩引申其义,用来说明"形直接就是心"的思想。"夔有一双脚,因此有夔之心;蚿有百只脚,因此有蚿之心;蛇无足,因此有蛇之心……"[3]

既然"形直接就是心",那么石田梅岩思想中的"形"也一定具有其特定意义。石田梅岩认为对自然界中的物来说,其存在的形式、方式,就是"形"。如鸟在空中飞,鱼在水中跃,柳绿,花红……这些鸟、鱼、花、树存在的各种方式,就是各种各样的"形"。自然界中的这种"形",也适用于人间社会。石田梅岩认为,人间社会的"形"主要有四类,即士、农、工、商。这是来自天命的"职分"。同时,在德川封建等级社会中,个人又在封建阶层秩序中占有一个位置,这也是"形"。而这种"形",又可称为"身份"。所以,按照相良亨教授的观点,石田梅岩所谓的人间社会中的"形",应分为两类:一类"形"是职业,即"职分";另一类"形"是身份的"形",即"身份"。

其中,关于"身份"——身份的"形",石田梅岩这样解释:"虽说天赋万物之理相同,但形有贵贱。贵食贱乃天之道(中略)。以此证明君贵臣贱。只听说过贱臣替贵君死,未闻贵君替贱臣死。故贱替贵,乃天地之道,不是私心。"[4]

这说明,石田梅岩认为身份的"形"有贵贱之分,贵上贱下,贵食贱,贱替贵是贵贱身份等级秩序的规律。这是石田梅岩对德川封建社会阶层秩序现实的肯定。由于石田梅岩出身于农村,少年和青年时代去商家奉公,因此对社会中存在的明确的身份秩序持肯定态度。这是石田梅岩关于"形"思想的一方面。

石田梅岩关于"形"思想的另一个更重要,更具有石门心学特色的方面,就是职业的形——职分。

日本德川社会结构的框架是四民等级社会。商人排列在武士、农民、工匠之下,为四民等级社会的最下层。石田梅岩作为商人哲学家,为了确立商人的主体地位,他强调职业的"形"没有贵贱的区别。如他说:"士农工商,皆天下之治相。治理四民是君之职,相君是四名的职分。士本来就是臣,农民是草莽之臣,商工是市井之臣。臣相君,是臣之道。商人的买卖是天下的相。"[5]这是石田梅岩以四民作为"臣"的平等主张。这一"四民平等"的主张,表示石田梅岩强调职分是没有贵贱之分的,是等价值的。这就意味着以前被人们视为最低下的商人,在职业的"形"上,与处于最高位置的武士是等价的。商人与武士的等价性,其实质是对商人主体性的高扬,是对商人价值的确认。

石田梅岩之所以高扬商人的主体性,确认商人的价值,也是针对德川时代一些著名学者如荻生徂徕、林子平、高野昌硕等人散布的"町人无用"论而发。石田梅岩批评这种论点说:"如果无买卖的话,那么卖的人无事可做,买的人也无东西可买。这样,商人都变成了农夫和工匠。如果商人都变成了农夫和工匠,社会就没有流通财宝的人。那样的话,将会为万民带来困难。"[6]

虽然石田梅岩认为身份的"形"有贵贱之别,但贵与贱的价值标准并不是以人的价值的优劣为其标准。石田梅岩所谓的贵贱,只是指官位的有无上下而言。这点与同时代的町人学者西川如见的贵贱观基本相同。如西川如见在《町人囊》(此书于享保四年即1719年出版,与元文三年即1739年出版的《都鄙问答》为同一时代著作)中写道:"贵,只是官位","毕竟人在根本上无尊卑之理","人在本性上无贵贱之别"。石田梅岩也是这样,认为身份"形"的贵贱是"命运",但这不能否定人的本来的平等性。因为人在本心上是平等的,是没有贵贱区分的。这就是说,从人的本心角度来看,士农工商四民是平等的。所以,石田梅岩认为职业的"形",是无贵贱区分的,是平等的。这是石门心学的要点之一。

进一步,石田梅岩为了在理论上确立商人的主体地位,高唱"立我",强调人的"自我价值"。石田梅岩通过人的道德修养,以突出人的"自我"价值。如他说:"所谓'自我',就是侍奉先君以忠,像唐(指中国）的比干，我朝的楠那样，就是立我。侍奉父母以孝，像舜，曾子那样，就是立我。对待学问，像子游，子夏那样，就是立我。……我以忠为主，世上的善事都集于我一身，这就是立我。并且，我与天地为一体，这就是立我。通过立我，可以信心坚固的恪守我这个自我。"[7]

可见，石田梅岩的"立我"思想是对"自我"主题的确立，是对"自我"价值的确认。对石田梅岩来说，最大的权威者就是"自我"，即他把自我主体性的确立作为最大的目标。石田梅岩的意图是通过对"自我"价值的确认，来确定商人在社会中的价值。这就是石田梅岩的价值观。石田梅岩这种对"自我"的积极主张，对"自我"价值的强烈要求的价值观，不论在日本还是在东亚社会，都是非常罕见、非常珍贵的。

石田梅岩的"四民平等"观，不仅是对商人主体性的确立、商人价值的确认，也是对商业伦理的弘扬。

石田梅岩的商业伦理思想的要点，可以用三个字加以概括。这就是"仁"、"利"、"立"。

第一，仁。

在德川封建社会中，对商人有一种偏见，即"商人性恶论"。这种偏见也是对商人社会地位低下的鄙视。为此，石田梅岩主张商人之道为仁。他说：不知商人之道者，则贪婪亡家。若知商人之道者，则应离欲心，勉仁心。此乃是学问之德。[8]

石田梅岩提倡商人要离"欲心"，行"仁心"，把"仁"作为商人必备之德。这种思想还是对职业的"形"无贵贱观点的发挥。石田梅岩把商人作为"市井之臣"来辅助君治理天下，商人在社会机能运转中，具有士农工不可替代的重要作用。而商人要充分发挥出自己的作用，就要以行"仁"为道。为了弘扬商人的仁道，石田梅岩特意在"月会"上，以"行仁为本"这一题目，教导他的门人弟子说："我儒以仁爱万物，不杀无益之物。二十年来，或洗浴，或洗足，待热水冷却后再倒掉。这样做，只是担心热水将土中或沟中的虫子烫死。区区小事，不足为举。一家有仁，则一国兴仁。一人贪戾，则一国作乱。尧舜率天下以仁，则民从之……做人处世应以仁为本。"[9]石田梅岩从儒家观点出发，认为只有行"仁"道，才能治家，治国。商人作为"市井之臣"，对社会起到应有的作用，也必须以行仁为本。

第二，利。

首先，商人从事商业的目的，就是为了获取"利"。石田梅岩首先从"四民平等"的角度，为商人营利的正当行为正名。由于职业的"形"是不分贵贱，是平等的，所以，商人在为社会尽职的同时，取得利益是天经地义的。这就如同武士为主君奉公，从主君那里领取俸禄是同样性质的事情。"获取利益是商人之道……商人的卖利与武士的俸禄一样。无卖利也就如同武士无俸禄。"[10]这说明，商人获取"利"，是商人伦理道德的实现。

其次，石田梅岩又指出，商人获取的"利"，必须是正当的利，而不能是不正当的利。用石田梅岩自己的话来说，就是取"直利"，而不取"曲利"。石田梅岩把通过正当的商业活动而获取的利，称为"直利"。如石田梅岩认为卖主与买主的心是相通的，推及我爱惜钱财之心，考虑买主之心。这样，买卖场上就会少一些钩心斗角。这种情况下取得的利，就是"直利"，否则，便是"曲利"。石田梅岩把通过不正当手段获取的利，例如商人通过缺斤短两的买卖取得的利，叫作"曲利"。

最后，石田梅岩进一步肯定了商人在自由经济中获大利是不违背商业伦理的。他说：买卖东西根据市场行情，100元钱的东西以90元钱卖出，是亏；100元钱的东西以120元钱或130元钱卖出，是赚。卖的行情好，是强；行情不好，是弱。这是天之所为，而非商人之私。[11]

石田梅岩指出，市场行情的变动是天意所为，是"公"，所以，商人在买卖中若得到很多、很大的利，这也是自然正直的利，而不是商人的欲心。这表明石田梅岩一方面肯定了市场经济的作用；另一方面也肯定了商人通过市场经济得到的"自然正直"的利，是公，不是私，是符合商业伦理道德的。

第三，立。

石田梅岩作为中小企业町人的代表者，堂堂正正地主张商人与武士和农民一样，都是辅佐君主的"臣"。为了确立商人在社会中的信用，石田梅岩强调商业伦理的核心是：真正的商人让别人先立，自己也立。[12]

所谓自"立"，是指站得住，相互讲信用。石田梅岩从商人的买卖活动中悟到，商人同顾客的关系如同武士同主君的关系。但是，商人的主君——顾客是普天下之人，商人活动的场所——市场是普天下之地。于是，商人与天下之人的关系成了商业活动的关键。石田梅岩遵循儒家"行仁为本"的原则，提出只有让天下之人先"立"，即获得利益，活得好，商人自己也才能"立"，即才能获利，活得好。这种伦理原则不仅适合于商人之道，而且也适用于为人之道。石田梅岩提出的"你先立，我也立"这一伦理思想具有非常深刻的意义。为此，相良亨教授指出："我要特别指出这一点。石田梅岩为日本人开启了一崭新的伦理观。我要高度评价他的这种自觉。"[13]

石田梅岩的商业伦理思想通过论证商人的获利如同武士的俸禄一样合理，表明了商人的获利是商业伦理道德的实现。商业伦理道德即商人之道是以取"直利"为基础，以"你先立，我也立"为核心，这是一种仁义之道。石田梅岩以此仁善之道修正了德川时代所谓的"町人无用论"和"商人性恶论"等偏见。正因为如此，石门心学在江户后期，对町人社会产生了巨大的影响作用。

二 俭约哲学

在石田梅岩的心性学思想中，"俭约"与"心"、"性"范畴有着密切关联。如他在《俭约·齐家论》中说："你说町家事琐细，不行大道。但请作如下考虑。从上至下，职分相异但理却只是一个。俭约就是得心之事，也就是齐家，治国，平天下。这不就是行大道吗？所谓俭约，究其实就是修身。《大学》云：'从天子至庶人，皆以修身为本。'修身对于士农工商皆无例外。修身又以何为主？这就是心。以身之微来比喻，心如大海中一粟。但是，成就天地人三才唯有心。古今谁又能无此心呢？由此可见心的重要。知此理者，畅通无阻。君子存诚，克念克敬。天君泰然，百体从令。然不知者，使见闻之欲扩充，丧失固有仁心而不知求，这就叫作不仁。不仁就是放心。"[14]

所谓俭约没有其他的意思，只是要活得正直。由天生民，万民是天之子。因此，天是一个小天地，所以，本应没有私欲。

这段话包含了两重意思。一重意思是说"俭约"的实质是修身，而修身的要点又是修心，修仁心。所以，修心的过程，就是俭约。这是"俭约"与"心"的关系。另一重意思是说"俭约"就是"正直"，而

"正直"的基础就是回归无私欲的状态。这是"俭约"与"性"的关系。可见，在石田梅岩的心性学思想中，只有知"心"，知"性"才能知"俭约"为何物。这表明："俭约"是石田梅岩思想中一个极为重要的范畴。日本学者也把石田梅岩的哲学思想称之为"俭约哲学"。

"俭约哲学"可以说是作为商人哲学家的石田梅岩在日本享保改革特殊时期，为确保商人的自主性和主体地位而创建的经济哲学。

德川时代的日本是封建体制社会，农本商末思想占主导地位。当时的儒者也纷纷论证以农为本，以商为末，发展农业，压抑商业的正确性。如见原益轩说："古代的明王重农抑商，贵五谷而贱金玉，行俭约而禁华美，重本抑末之道乃治国安民之政。"[15]主张贵谷贱金，抑制工商。熊泽蕃山也认为："农为本，工商只能助农。"并且还指出："商人有心取得天下的财富，得天下之利。于是与武士渐渐疏远。财富逐渐集中到奸商之手中，故此，商日日富而士日日贫。"[16]荻生徂徕也认为，"掌有流通"的商人凭借"诸侯的力量"，使武家"被商人所限制"[17]。而享保改革也就是在这种"农本商末"思想指导下产生的。其结果，町人在强权压抑下，迎来了自己的受难期。

作为商人哲学家的石田梅岩顶着"农本商末"思想潮流而上，于享保十四年以町人为对象，开席讲座；于享保改革末期，出版著作《都鄙问答》。不论是讲座，还是著作，他竭力阐明的一个中心思想就是指出町人存在的社会意义，强调商工为市井之臣，商人的"权利"与武士的"俸禄"在本质上是一样的，町人并不比武士低劣。石田梅岩在对外抗议的同时，也在反复思考：商人生存的道路应是什么样的？作为一个商人，在社会中的存在方式应是什么样的？最终，石田梅岩的思考集中在与日常生活物质消费和日常生活实践的物质要素都有密切关系的"俭约"这一概念上。

关于"俭约"的内涵，在石田梅岩的思想中，有这样三层意义。

第一层意义，俭约是一种爱的实践。

所谓俭约是一种爱的实践，是讲石田梅岩从"性理"的形而上学体认观出发，视"俭约"为"仁"。"通过俭约，使性理达仁。"[18]在石田梅岩的思想中，"俭约"与"仁"基本上是同义语。众所周知，"仁"是儒教道德的核心范畴。但在石田梅岩的思想中，则是从经济合理主义角度来发挥作为俭约的仁的意义。

石田梅岩明确指出,他所说的俭约,不是为了自我、自家的俭约,而是为了"天下公的俭约",为了"世界的俭约"。"我所说的俭约与世俗所说有异。不是为了自我而吝啬物,而是为了世界,需用三物而用两物。这就是俭约。"[19]

石田梅岩认为"俭约"与"吝啬"有着本质的不同。"俭约"的基础是仁心,"吝啬"的基础是"欲心",即不仁心。正是从仁心出发,石田梅岩主张作为人君,每年应将三石年贡减少为二石,节约自己的费用,为天下人所用。每一个普通人,应珍惜生活物品,不随便浪费,使天下的财物越聚越丰厚,以"助世界之用"。所以,在"聚集财富,俭约一事中,具有爱人的道理"[20]。对于俭约中的爱人道理,石田梅岩努力贯穿于日常生活实践之中。如他30年来,出门旅行大小便时,总是到厕所,实在找不到厕所,就到田地里。他这样做,是为了不浪费粪便。庄稼生长离不开粪便,这样做可以节约肥料,有利于庄稼丰收。石田梅岩20岁时因脾胃不适,每日食两餐。此后,他一直坚持日食两餐的习惯。他讲,每天节约一餐,可以救济天下挨饿的人。

从俭约中的爱人道理出发,石田梅岩主张对于需要救济的贫穷困难者,要不惜财物,给予援助。他讲,财物固然很宝贵,但正确地使用财物更重要。这就是说,对世界上那些因缺乏财产而贫穷困难的人,给予财产的援助,以帮他们解脱贫困,这不是浪费,而是俭约。因此,俭约是慈悲的行为。从俭约这一慈悲的行为中,即从仁心中,可以看到石田梅岩的经济合理主义思想。他认为世上的财产,该聚则聚,该散则散。财产的聚(俭约)是为了散(为了天下,为了世界的需要),而散(资助需要帮助的事或人)还会带来更大的聚(生物,生人)。所以,从仁心出发的俭约,是对财富的合理使用和积累。

第二层意义,俭约是"自性是天地万物之亲"的一种具体生存方式。

如上所述:"自性是天地万物之亲"是石田梅岩心性学的一个中心命题。它的主旨是就当人觉悟到"自性是天地万物之亲"时,就自觉到了人应具有的生存方式。具体讲,就是士有士的生存方式,农有农的生存方式,工有工的生存方式,商有商的生存方式。石田梅岩认为,士农工商要与各自的身份相适应。这也就是说,士、农、工、商在生活水准上不能超越与其身份相适应的水平。这就是"俭约"。如人君在生活上不能奢侈，尽量减少年贡，使民逐渐富有，过与人君身份相应的生活。这就是作为人君的俭约。又如商人如果守法不奢，可能买卖利润会下降，但自觉到"自性是天地万物之亲"，那么为了"天下之公"，为了"世界"，会安心地过与商人身份相应的生活。这就是作为商人的俭约。石田梅岩把这种与身份相应的俭约，又叫作"守约"。

关于"守约"的意思，石田梅岩讲："约，就是重要的意思，即物的肝腰。"[21]他的这一思想来自于《孟子·公孙丑上》："孟施舍似曾子，北宫黝似子夏。夫二子之勇，未知其孰贤，然而孟施舍守约也。昔者曾子谓子襄曰：'子好勇乎？吾尝闻大勇于夫子矣：自反而不缩，虽褐宽博，吾不惴焉；自反而缩，虽千万人，吾往矣。'孟施舍之守气，又不如曾子之守约。"其意是，孟施舍的勇气像曾子，北宫黝的勇气像子夏。这两个人的勇气，我也不知道谁强谁弱，但从培养方法而论，孟施舍更加简要。从前曾子对子襄说："你喜欢勇敢吗？我曾经从孔老师那里听到关于大勇的理论。反躬自问，正义不在我，对方就是卑贱的小人，我也不去恐吓他；反躬自问，正义却在我，对方就是千军万马，我也要勇往直前。"孟施舍的勇气，只是保持一股无所畏惧的盛气，曾子却以理的曲直为断，孟施舍自然不如曾子这一方法简要。《孟子》所谓的"守约"就是简要，即重要之意。石田梅岩把"俭约"看作"守约"，其意在于教导人们认识自己在社会中本应具有的存在方式，并过与自己身份相适应的生活。这是最重要的。

为了使人们能够做到"守约"，石田梅岩又提出"分限"这一概念。"俭约……要与分限相适应，既不是过也不是不及。"[22]这里的"分限"就是适度的意思。体悟了"自性是天地万物之亲"的石田梅岩，强调人们要过与自己身份相适应的生活，既不要过，也不要不及。这样做，就是"俭约"。

"分限"的实质就是"法"。所以，当别人问："俭约的大意如何？"石田梅岩回答说："随万物之法。"[23]"随法"，就是说世上的万事万物（包括人）都有自己固有的一定存在方式，服从这种客观的存在方式，就不会被人的主观意愿所左右。这就是说人们的消费行为是与应消费的事物性质相适应的消费。这样，可以充分发挥物的效用，不使物有一丝一毫的浪费。从经济学观点来看，这无疑是一种经济合理主义思想。

第三层意义，俭约是以正直为本。

石田梅岩所谓的与身份相应的俭约，其实质就是在寻找正直。他说："俭约没有别的什么意思，就是活得正直。"[24]可见，真实的俭约是根植于正直基础之上的。如同柳绿花红一样，石田梅岩认为凡是天生之物，都应出于自己固有的绝对的位置上。这就是正直。"凡贵则应贵，贱则应贱。町家应有与町家相应的名，称呼相应的名，则为正直。"[25]与自己应有的身份、名称相适应的俭约，就是真实的俭约，或叫作正直的俭约。与这种正直的俭约相对立的，是欲心的俭约。正直的俭约根植于正直心之上，是石田梅岩所提倡的真正的俭约；而欲心的俭约，是建立在私欲基础之上，是石田梅岩所反对的吝啬。对此，石田梅岩说："士作为主政的农工商的头，应清廉正直。如果有私欲，其所行则常暗。农工商作为一家之首，如果有私欲，则家内常暗……所以，十五年来，我常讲去私欲之事，因为私欲实在害世。如不懂这个道理，那么所谓的俭约，不过是吝啬而已，其害甚大。我所说的俭约，是来自于正直的俭约。正直的俭约可以助人。"[26]可见，石田梅岩所提倡的基于正直心的俭约，其实质是无私心私欲。

石田梅岩作为商人哲学家，竭力提倡无私心私欲的正直的俭约，其目的也是在为商人，为商业的本义正名。世俗的看法认为商人的买卖，就是私心；商业的利润，就是私欲。对此，石田梅岩纠正说，正直的俭约就是处在自己生来具有的位置上，做与自己应有身份相应的事情。商人的买卖行为，对利润的追求，是要取得理所应当属于商人自己的那份利。这是商人的正直，应当与一般的私欲区别开。所以，"真正的商人是，你先立，我也立"，商人"得福而使万民心安"，"使天下太平"。可见，商业社会中正直的俭约，可以助人，可以乐世，具有重要的社会意义。诚然，石田梅岩也反对商场中那些营私舞弊，不正当竞争的行为，指出这全是出自私心私欲。为此，石田梅岩在《俭约·齐家论》的末尾，反复强调说："我所说的俭约，不是只指衣服财器之类事，而是告诫世人要立去私正心之志。"[27]由此可见，石田梅岩重视俭约的本意，是视其为去私心私欲，立正直之心的道德修养功夫。他这一思想也表明了"正直"范畴是比"俭约"更深一层次的范畴，即"俭约"→"正直"。

"正直"范畴在日本神道教中占有重要地位,是神道教的主德。如《神道五部书》讲:"神垂以祈祷为先,冥加以正直为本。"这是把正直作为神道教的一种最基本的道德。近世以唯一神道说为基盘的吉川神道,把"正直"解释为像儒教中的"性"、"理"一样的发挥心的本性状态时的一种"清净心"。另外,度会神道将"正直"与"诚"相结合,视"正直"为"神明"。……总之,在神道教中,"正直"是一种传统的美德,常常被看作是"清明心"、"清白心"、"净明心"、"明净正直之心"等一种否定私心私欲的高尚的德行。

石田梅岩年轻时渴望成为一位神道家。因此,神道教的有关书籍,他都有所涉猎。关于"正直"的论述,石田梅岩也是清楚的。因此,他吸取神道教中的"正直"这一概念,作为自己心性学中的一个重要范畴。不过,石田梅岩心性学思想中"正直"的内容已经超越了神道教对于"正直"的解释,而具有石门心学的独特性。

独特性之一:石田梅岩从经济主义角度解释"正直"。

石田梅岩具有多年的商人生活的实践经验,很清楚所有关系和契约关系是商业社会的基础。因此,他很重视所有关系和契约关系,并认为这两种关系中寓有"正直"的德行。关于这一点,石田梅岩说:"我物是我物,人物是人物。货物要收,借物要追……为正直也。"[28]

这里,诚如和辻哲郎博士所指出的那样,石田梅岩所说"我物是我物,人物是人物",这是对所有关系的尊重;石田梅岩所说"货物要收,借物要追"是对契约关系的重视。而对所有关系的尊重和对契约关系的重视,才是"正直"。这种正直可以说是反映商业社会经济观的一种经济伦理思想。

进一步,石田梅岩还将这种经济伦理思想规定为"商人的正直"。他强调指出,对商人来说,最重要的商业道德是以"正直"为本。石田梅岩举问屋买卖例为说明商人的正直。所谓问屋,原本就是依托贩卖,原价明示,不论买方还是卖方,都一清二楚。作为卖方的问屋,不隐秘,正直,这才是堂堂正正的营利行为。石田梅岩说,世上的商人如果都这样营利的话,"去掉欲心,行正直",那么,不正的买卖就会逐渐根绝。所以,商人的正直是促使商业社会正常发展的因素之一。

独特性之二:石田梅岩从人道主义角度解释"正直"。

石田梅岩思想的基本特点,是一种内向型思想,即注重对主体心性的研究和内在道德的修养。他这一特点也贯彻于"正直"范畴。如石田梅岩在《俭约·齐家论》中,关于"正直"的论述有:"由天生民,万民是天之子。因此,人是一个小天地,本无私欲。……如此,为正直。行此正直,世间一同和合,四海之内皆兄弟也。

子曰:'人之生也直,罔之生也幸而免。'可见,不正直地生,犹如死人。

关于祝事,无其他仪式,只是要守正直。所谓正直,就是远离利欲。恻隐之心的发动,就是正直。"[29]

从上述论述中可以看到石田梅岩把"正直"作为道德的根本。他主张人活在人世,要像孔子所说的"生也直",即正直地做人,这才有意义。否则,"罔之生",即不正直地生活,即使侥幸活下来,也犹如死人一般,没有任何价值。而作为道德之本的正直,其核心就是无私欲的真心。石田梅岩认为,人来自于天,天是一个大人,人是一个小天地。这就是说,人得天地之心为心,因此没有私心私欲。无私,才能呈现出人本来应该具有的样子,也就是达到行仁义的境界。所谓行仁义,就是从人固有的不忍人之心的恻隐、怜悯出发,施爱于天地万物,构成了天地万物一体之仁的系统。在这天地万物一体之仁的系统中,世界和合,四海之内皆兄弟。这就是恻隐之心的发动,也就是"正直"。从内在道德修养的角度来看,"正直"的实现过程就是对"自性是天地万物之亲"体悟的过程,也就是对真心即仁心修养的通程。

石田梅岩的"心→性→俭约→正直"范畴系列所表述的经济哲学思想在日本近世会经济思想史上,具有重要意义。

众所周知,马克斯·韦伯是从新教出发,即以宗教精神来解释和理解资本主义社会物质生产基础的根源。而石田梅岩作为一位东方哲学家,把儒教作为关于日常生活物质消费的"俭约"这一范畴的哲学根据,视"俭约"为儒教的"仁"德,从儒教角度解释日本德川时代的商业社会。可以说,这也是东方哲学家的共性。如中国南宋哲学家朱熹经济思想中的消费观念,就与石田梅岩的"俭约哲学"颇为相似。

朱熹的消费观念,主张俭、奢都要合乎"中",俭、奢都要以"礼"为标准。《论语集注》中说:"礼贵得中,奢易则过于文,俭戚则不及而质，二者皆未合礼。然凡物之理，必先有质而后有文，则质乃礼之本也。"奢侈则过于华丽，节俭就会不及而显得简朴。"过于"和"不及"都失掉"中"，"奢俭俱失中"。失"中"，就是不合"礼"。反之，合"礼"就是奢不"过于"，俭不"不及"。这就是说，朱熹的消费标准是"奢不违礼"，"俭不失中"。所谓"奢不违礼"，说明这种消费不是适合自然经济的要求，而是按照封建等级（礼）的规定来消费。朱熹鉴于南宋贵族的穷奢极欲，企图以等级的规定加以限制，既不超过规定的消费也不过俭而不及。但他认为"质"相对于"文"来说，"质"是礼之本，而"奢之害大"，反对尚奢。《语类》记载："问：饥食渴饮，冬裘夏葛，何以为之天职？曰：这是天教我如此。饥便食，渴便饮，只得顺他，穷口腹之欲便不是。盖天只教我饥则食，渴则饮，何曾教我穷口腹之欲。"饥则食，渴则饮是"天职"，"穷口腹之欲"便是奢。

根据朱熹奢不违礼，俭不失中的消费标准，他主张崇俭。他在《论语集注》中对于管仲的奢和僭礼作了评论："愚谓孔子讥管仲之器小，其旨深矣。或人不知而疑其俭，故斥其奢以明其非俭；或疑其知礼，故又斥其僭，以明其不知礼。"

对于个人的生活消费，朱熹主张"安贫"。他在注释颜回的"一箪食，一瓢饮，在陋巷，人不堪其忧，回也不改其乐"时说："颜子之贫如此，而处之泰然，不以害其乐，故夫子再言贤哉回也，以深叹美之。"处贫泰然，才不会知不足，以不足为足，就会"乐不足"。朱熹说："颜子之乐，非是自家有个道至富至贵，只管把弄来后见得这道理后自然乐，故曰：见其大则心泰，心泰则无不足，无不足则富贵贫贱处之一也。"这就是"安贫"。[30]

可见，石田梅岩的"俭约"、"分限"与朱熹的"安贫"、"中"等概念很相似，不过，石田梅岩这方面的论述，在宽度和深度上都大大超越朱熹。石田梅岩从务商的实践出发，把与人们的物质生活具有密切关系的"俭约"作为其经济哲学的基本概念，并将儒学的核心概念"仁"与"俭约"相结合，从中推演出商业社会中商人根本道德的所在，所有关系和契约关系的模式，作为人的消费观念的准则，人与人之间的人际关系的构想等。这些构成了石田梅岩的"俭约哲学"。从石田梅岩的"俭约哲学"中可以透视日本德川时代新兴町人阶级的活跃，幕藩体制下人道主义思想的活泼以及日本四民等级社会的矛盾等。由此可以说，石田梅岩凭借着他所构筑的"俭约哲学"而成为东亚近世哲学家中最具有经济思想特色的一位哲人。

注释

［1］［13］源了圆：《石田梅岩论》，见《石田梅岩的思想》，第98、160页。

［2］《石田梅岩全集》上卷，第105、113页。

［3］［9］［14］［18］［19］［20］［21］［22］［24］［25］［26］［27］［28］［29］见《石门心学》，第469、46、26—27、50、34、23、50、24、27、17、28、32、27、27—30页。

［4］［5］［6］［7］［8］［10］［11］［12］《石田梅岩全集》上卷，第54、83、81—82、335—337、77、78、81、87页。

［15］《贝原益轩全集》卷三。

［16］《日本伦理汇编》册一，第509页。

［17］《日本伦理汇编》册六，第169页。

［23］《石田梅岩全集》下卷，第381页。

［30］参阅张立文《朱熹思想研究》，中国社会科学出版社1981年版，第109—111页。

（载《价值与文化》（第四辑），北京师范大学价值与文化研究中心《价值与文化》编委会，北京师范大学出版社2005年版，第142—154页）

第四部分　中韩日比较儒学

中、日、朝实学比较

20世纪80年代，随着中国社会现代化建设的深化，中国学者开始对祖国历史上出现的"实学"进行反思和研讨。围绕着实学的含义、实学的价值、实学的近代指向诸问题，形成了百家争鸣的学术氛围。笔者以为，从中国、日本和朝鲜（李氏王朝）这一宏观角度，对东亚实学进行比较研究，可以更加客观、公允地评价实学，故撰文请教于学术界的前辈和同人。

一

中国、日本和朝鲜是地处东亚、唇齿相依的三个国家。17世纪至19世纪的三百年间，中、日、朝先进的社会人士，为了祖国的繁荣富强、民族的独立生存、社会的进步开化、人民的独立自主，上下而求索——他们试图从传统的儒学思想和价值评判的束缚中解脱出来，实事求是地研究现实的实际问题，为走向国家富裕、百姓民主的世界，去进行着苦涩的探索和艰辛的努力。这就是在中、日、朝三国文化思想史上，都曾出现过的"实学"思潮。

中国实学发生于明朝中叶至清代末期。明代为中国实学的"形成期"。中国实学在其"成熟期"出现过两次高峰，即"天崩地解"的明末清初之际和内忧外患双重煎迫下的清道光、咸丰期间。清朝末期为中国实学的"衰微期"。

日本实学产生于日本近世初期。源了圆教授将日本实学的发展分为四个时期：第一时期为江户前期，从藤原惺窝至荻生徂徕。这一时期日本实学的内容为追求人间真实的实学，道德实践的实学。其具体表现为日本朱子学、日本阳明学和古学的一部分（如伊藤仁斋）。第二时期为江户后期，从荻生徂徕到会泽正志斋。第二时期实学的内容由第一时期实学对内部的关心而移向外部，即以实证为对象，涉及社会、政治、经济等一系列现实问题。第三时期为幕末实学。这一时期的实学，以国家危机和社会变动为其背景，而强化了实践的品格。具体表现为三类：第一类是洋儒兼学的实学（佐久间象山），第二类是儒教改革的实学（横井小楠）；第三类是政治变革的实学（吉田松阴）。第一类实学的基本内容是将朱子学的"穷理"与西洋的科学技术结合在一起；第二类实学的要点是立足于西洋的政治制度和社会制度而力倡儒教改革；第三类实学的目标是在"尊皇讨幕"口号下打倒封建幕府。第四时期为明治以后实学，即近代实学。近代实学以功利主义和进化论为其基础，更加强了实利的性格。[1]

朝鲜实学产生于17世纪初期，但按照李佑成教授的观点，18世纪英正以后，朝鲜实学才形成为时代潮流。这一时代潮流发展演变的层次为：第一期为"经世致用"派（18世纪前半期），这一派注重土地制度、行政机构和其他方面的改革。第二期为"利用厚生"派（18世纪后半期），这一派以搞好工商业，进行生产工具和生产技术的改革为其目标。第三期为"实事求是"派，这一派以考证经书、金石、典故为主。若以人物划分，则"经世致用"派以星湖李瀷为代表，"利用厚生"派以燕岩朴趾源为代表，"实事求是"派以阮堂金正喜为代表。

对中日朝三国来说，这股"实学"思潮有其共性，即都包括：政治之要求修明；经济之要求改良；文学之要求革命；自然科学之要求提倡；史实之要求解放；哲学之要求重新反思。但亦有其特殊性。而惟有深入探讨中、日、朝三国实学思想的特殊性，才能明示中、日、朝三国的社会结构和文化思想的独特性，并进而揭示实学对中、日、朝三国近代社会发展的指向所在。

笔者以为，中国实学的基本特征和本质内容可以用"经世实学"加以概括。

目前，中国学术界有些学者将中国实学分为"理学化的实学"、"心学化的实学"、"实体实学"、"质测实学"、"考据实学"等。笔者以为这种分类法，没有捕捉住中国实学的实质和要点。所谓"理学化的实学"和"心学化的实学"，不过是中国实学思潮形成的思想来源的学术思想形态而已；所谓"实体实学"，则应归属于中国"经世实学"的理论基础；所谓"质测实学"和"考据实学"，则为中国"经世实学"的具体内容。

"经世"一词，详见于《庄子·齐物论》："春秋经世，先王之志，圣人议而不辩"。"经世"亦即治世。之后，"经术"（经世之术）、"经实"（经世之实用）、"经济"（经世济民）等用语，频频出现。它们大都是指一种与消极遁世相背的价值取向，其精义在于引导人们经邦治国，建功立业。逐渐，"经世"思想演为中国儒家文化的一种传统精神，成为千百年来士人安身立命的信条。这一信条集中反映为儒学的"外王"思想。而这一"外王"思想又被"实学"加以强调和扩充。

中国实学作为"外王"思想的一种延续，承袭了儒家的经世传统。这种经世传统每当到了社会危机四伏的关头、民族矛盾尖锐化的时候，便会从埋藏在士大夫古色古香的学术躯壳中，强有力地爆发出来。具体表现为士大夫忧患意识的大觉醒，其学术也在现实生活的冲撞、磨砺下，沿着经世方向发展。这说明了中国实学与中国社会矛盾和历史发展，有着密不可分的联系。这一联系决定了中国实学在明清时代，出现了两次高潮期，即明末清初之际和清道光、咸丰年间。具体表现为被誉为"一堂师友，冷风热血，洗涤乾坤"的东林学派和清道、咸间的经世学者。他们的经世思想可以归纳为六个方面：第一，反对宦官独裁，以革新朝政；第二，抨击科举弊端，以革新吏治；第三，鞭挞封建专制，以启迪民主；第四，研讨漕运、海运、盐法、农事，以倡实政之学；第五，探究边疆史地、"淡瀛海故实"，以筹边防、以谋御外；第六，变考辨古史以写现实历史，以改变学风[2]。从中，可以看到中国经世实学的基本特征是：

（一）"经世实学"强调社会的改革。明清的经世学者大都以匡济天下而自命，以挽救民族危机为己任。

（二）"经世实学"提倡学风的转变。明清的经世学者认为空谈心性和训诂章句的迂腐学风是导致明灭亡和清衰危的重要因素，因此，大都提倡一种"经世致用"的活泼学风。

（三）"经世实学"反对程朱陆王末流，而不反孔孟。经世思想是中国儒家思想的传统。明清经世学者认为正是程朱陆王末流放弃了儒学的这一传统思想，而导致学术走向歧途。所以，为恢复儒学的经世传统，他们都不约而同地将批判程朱陆王末流的空寂之说，作为自己的任务之一。因此,"经世实学"不过是中国儒学在特定历史条件下的自我调节,是中国儒学内部一个阶段对另一个阶段的辩证否定。

(四)"经世实学"的承担者基本上是具有忧患意识的知识分子。一批忠贞爱国、思想敏锐的知识分子,在国破家亡的紧急关头,殚精竭虑,崇实黜虚,构成了中国"经世实学"的载体。

(五)"经世实学"具有软弱性和不彻底性。由于社会和时代的局限,中国知识分子本身的软弱性和局限性,决定了"经世实学"的软弱性和不彻底性。由此,也决定了"经世实学"思潮的必然消失和被近代新学所取代的命运。

如果说中国实学可以用"经世实学"四字加以涵盖的话,那么日本实学的本质和特征,则可以用"开明实学"四字加以总括。

所谓"开明实学"就是指日本实学是立足于"开明思想"之上的一种实学。关于"开明思想",源了圆先生将其归纳为五个方面:1. 通过批判旧习俗和价值观,使社会获得进步;2. 持对知性信赖之念,丰富人类生活,提高社会生产力;3. 充分发挥人的能力,消灭人与人之间的不平等;4. 立足于普遍主义立场,提高对人类尊严的觉悟;5. 努力构成包含如上所述的思考方法和价值观[3]。

之所以说日本实学为"开明实学",是因为可以从两个方面进行阐明。一方面从日本实学的源头,看其"开明思想"的端倪;另一方面是从日本实学的实质内容,看其"开明思想"的本质。

第一个方面,审视日本实学的源头思想,看其"开明性"。之所以要进行这方面的论述,是因为日本学术界的传统观点,将日本的"开明思想"规定为明治维新以后,即通过"明六社"的同人接受西欧启蒙思想之影响而形成的。源先生将"开明思想"的产生,提前到18世纪后半期。笔者以为,审视日本实学发展、演绎的全部过程,"开明性"作为日本实学的本质内容,贯穿日本实学的始终。这就是说,在日本实学产生的最初阶段,就具有"开明思想"的萌芽和因素。这种"开明思想"的萌芽和因素,主要表现为日本近世初期的实学者大多是日本朱子学者和古学者。他们不拘泥于朱子学的传统思维方式和价值观念,在对朱子学形而上本体"理"改造的基础上,积极摄取朱子学的"格物"和"穷理"的合理思维方法,形成了日本的经验合理主义。在经验合理主义指导下,日本实学者提倡研究经世济民的学问，对自然科学认真探求，对西学大胆摄取。由此，对德川时代的日本社会发展，发挥了有益的作用。

第二个方面，考释日本实学的本质内容，看其"开明性"。日本实学从18世纪后半期，进入了成熟期，中经德川幕府末期的政治变革的实学，到明治维新初期，进入到近代实学。日本的实学者在提倡知性启蒙的同时，积极主张维护个人的尊严，不断地促进人们意识到自己的人权。又在合理思维方式指导下，提倡科学技术，并以此为基础，谋求产业的进展、人民生活水平的提高和以个人独立为基础的国家独立。他们将这些作为社会文明发展的必要条件。

由此，可以看到日本"开明实学"的基本特征有：

第一，"开明实学"思想上的特色，表现为经验合理主义的形成。这是因为日本朱子学是日本实学思想发展的第一阶段。日本朱子学者在学习朱子思想的同时，根据日本社会的需要和发展，对朱子学进行了修改，强化了朱子思想中的合理因素，使日本朱子学沿着经验合理主义方向发展。这一发展趋势，就为日本的"开明实学"奠定了思想基础。

第二，"开明实学"的自觉意识较强。所谓自觉意识较强，包含两重意思：一是指日本实学者能够自觉地根据社会和人民的需求，因地制宜地提出对策，解决实际问题。二是指日本实学者能够自觉意识到自己的学问是与国计民生有着密切关系的实际有用的"实学"，也就是说，自觉地将自己的学问称为"实学"。

第三，"开明实学"的承担者，范围很广。在日本，由于没有科举制的影响，学术思想自由的风气很浓厚，所以，日本实学的承担者范围很广泛。不仅有儒者，还有武士、商人、农民等。日本实学承担者范围的广泛性，决定了日本实学对日本社会影响的普遍性和深刻性。

第四，"开明实学"发展速度很快。按照源先生的观点，日本实学系谱第一期代表人物之一的藤原惺窝与第三期代表人物之一的吉田松阴，只相距269年的时间。这就是说，日本实学从发端起，只经历了269年短暂时间，就进入到了近代实学。

与中国的"经世实学"、日本的"开明实学"相比较，朝鲜实学的本质特色，可以用"厚生实学"四字加以界说。关于这一点，可以从"利用厚生"学派在朝鲜实学史上的主导地位，加以说明。

综观儒学的学问体系，尤以"正德"为首要之事。儒学经典中，"正德利用厚生唯和"句典型地体现了这一学问的价值观。而朝鲜一部分实学者却勇敢地对这一传统的学问体系进行了头足倒置的改造："利用然后可以厚生，厚生然后正其德矣，不能利其用而能厚其生鲜矣，生既不足以自厚亦恶能正其德乎！"（《燕北集》卷十一）由此，将原来的"正德利用厚生"的顺序颠倒了过来，把"利用厚生"放到了"正德"之首。对传统儒学观念进行根本改造的，便是"利用厚生"实学派。这一派，在朝鲜实学史上，又被称为"北学派"。"北学派"思想的核心是他们的"北学"主张。"北学"一词，来源于《孟子·滕文公章句上》："陈良，楚产也。悦周公、仲尼之道，北学于中国"。因"利用厚生"派主张向北面的中国学习，故又称为"北学派"。

18世纪，西洋文明还没有直接叩击朝鲜大门，但随传教士传入的西洋天文地理学，在中国却颇为流行。中国本身也正值乾隆盛世，国富民安。因此，相对于朝鲜的先进的西洋文明和清朝文明都见于北部清朝。然而，当时在朝鲜正统卫道士眼中，清朝和西洋都是华夷秩序中近于禽兽的夷狄，屈尊向夷狄学习可谓大逆不道。因此，学习"夷狄"文明，必然伴随一场思想大革命。而正是"北学派"的北学主张，为这场思想大革命揭开了序幕。具体表现为北学派思想家提出了"苟使法良而制美，则固将进夷狄而师之"（朴趾源：《北学议序》）的主张。这种"师夷狄"的主张，比中国魏源提出"师夷之长技以制夷"的主张要早近半个世纪。

"北学派"的"进夷狄而师之"的具体内容，就是要学习中国清朝和西方"利用厚生"的先进技术和方法，以达"富国强民"目的。例如他们在"利用厚生"思想指导下，频繁地往来汉城与北京之间，积极吸取中国先进的技术文化，在朝鲜国内大力发展商业经济并竭力主张开国贸易以富国。"北学派"思想在一定程度上反映了正在兴起的汉城市民阶层要走出自然经济圈子，发展工商技术的时代意识。这一意识总体具有超出旧层次，指向近代的进步一面。这是"利用厚生"实学派在朝鲜实学史上占有主导作用的一个重要原因。

因此，这种"利用厚生"的学问价值观，成为朝鲜实学的根本价值观念。综观朝鲜实学的另外两个派别："经世致用"派将着眼点放在农村的土地改革和经济改革方面，目的是为了发展经济，富国利民。"实事求是"派将注意力从古文学转向了今文学,提倡实证的研究方法和务实学风。可见,朝鲜实学的本质要点就在于"利用厚生"。

朝鲜的"厚生实学"具有如下特征:

(一)自由性。自由性就是指自主性和主体性。朝鲜实学者认为要挽救祖国危亡,建设富强国家,就必须克服盲目崇拜外国的事大主义,独立自主地研究自己国家的文化遗产;另外,又要在自主立场上,努力学习外国先进的科学技术,以促进朝鲜的文明开化。

(二)科学性。科学性就是指"实证主义"精神和"实事求是"态度。朝鲜实学者几乎都反对朱子学的"空疏"和"虚谈",强调研究对生产与生活实际有用的学问。

(三)现实性。现实性就是从现实社会的价值观念出发,对传统价值观念的否定和更新。朝鲜实学者从社会现实出发,进行价值观念转向,是以国家富裕、百姓民主为目的的。

通过以上中日朝实学内涵的分析比较,可以得出这样几点结论:

第一,从实学发展速度来看,日本实学和朝鲜实学的发展速度要比中国实学发展速度快。如上文所述,在日本,藤原惺窝和吉田松阴的年龄只差269年。在朝鲜,实学创始人柳馨远和实学第三期代表金正喜的年龄只差164年。而在中国,如果将实学思潮从明代正德嘉靖年间的罗钦顺和王廷相算起,到清道、咸年间经世实学代表人物魏源,约经历了329年。日本实学和朝鲜实学发展速度要比中国快,这主要是由于日本和朝鲜文化的后进性所决定的。日本和朝鲜比起邻国中国,文明开化要迟,没有传统文化的重压,它们可以积极吸取中国先进的文化思想,以促进本国文化的发展。

第二,从实学载体来看,日本实学承担者的范围,要比中国实学和朝鲜实学范围广。由于日本没有科举制的压迫,实学思想可以自由展开,所以日本实学的承担者涉及士、农、工、商各个阶层,实学更易被广大人民接受。而中国和朝鲜则不同,在中国,实学承担者大部分是读书人;在朝鲜,实学承担者基本上是两班中的年轻知识人和一部分中等阶级。

第三,从实学与朱子学的关系来看,中日朝三国实学各具特色。在日本,实学思想的第一期代表人物就是日本的朱子学者。日本朱子学可分为主气和主理两大派。而主气派在日本朱子学发展史上,一直占有主导作用。日本实学从属于主气派朱子学系谱。所以，日本实学以朱子学为出发点，在吸收、修正朱子学过程中发展起来。在16世纪朝鲜，学术界也分为主理派和主气派两大系谱。但与日本相反，主理派是学界主流思想。这就是号称小朱熹的退溪哲学。所以，从属于主气派的朝鲜实学是在与朱子学的对抗、斗争中发展起来的。在中国，朱子学是元、明、清三朝的官方思想。朱子学作为中国后期封建社会中的正宗儒学思想，无疑继承了中国儒学中的经世传统和求实作风。"实学"较早就是由理学创始人程颐提出来的，以后，朱熹在批评佛教"空"、"无"思想时，也曾讲过"实学"、"实理"。所以，朱子学是中国实学思想来源之一。但是，在科举制压迫下，朱子学至晚明成了空洞无物的教条，程朱末流渐趋于"空谈心性"一途，放弃了儒学的经世传统。中国实学由批评朱子学，以达"由虚返实"目的，实学也就在批评朱子学的过程中发展成熟。所以中国实学与朱子学关系是连续性与非连续性的统一，是继承性与批判性的统一。

第四，从实学自觉意识来看，日本实学与朝鲜实学有很大不同。在日本，实学思想的展开很自觉，实学者很强调自己的学问是"实学"。这说明日本实学的自觉意识较强。而在朝鲜，实学者从没有使用"实学"这一概念来规定自己的学问。（请参阅韩国岭南大学洪淳昶教授的观点）

二

中、日、朝实学的理论基础是"气"的哲学，"气一元"论构成了实学的本体论哲学和自然哲学。这是中日朝实学共同的理论本质。但剖析"气"哲学的深层理论结构，又可发现中日朝实学理论的区别点。

与日本和朝鲜实学理论基础气哲学相比较，中国"经世实学"理论基础的气哲学，更加强调"气"的本根性，这是中国实学的特色。

作为中国"经世实学"的气哲学，之所以强调"气"的本根性，是由宋元明清时期的哲学思潮所决定的。宋至清的哲学思想界，围绕哲学本体论问题，形成了三个主要流派：一是以理为本体的唯理派；二是以心为本体的唯心派；三是以气为本体的唯气派。其中，气学派始于北宋张载，清初王夫之加以发扬，成于戴震。但气学就哲学思辨的深度和广度而言，始终不及唯理派和唯心派。所以，气学对中国社会的作用，远远不及唯理派和唯心派，甚至往往被人们所忽视。另外，由于这种气学强调本根之气，即强调气为宇宙之本、万物之根，所以中国气学难以开创出科学。由于中国气哲学的这种局限，所以，中国实学既不能像日本实学那样，成为西方科学传人的中介，也不能像朝鲜实学那样，注重对自然科学的研究，而只能是一种"经世"意义上的实学。可以说这是中国实学的基本特点。又因为中国气学对中国社会影响力和作用的薄弱，导致中国实学的过早衰亡，其作用远不及日本实学和朝鲜实学。

与中国和朝鲜实学相比较，作为日本"开明实学"理论基础的气哲学，具有两个特点：一是"开明实学"是以"气"与被改造的"理"的结合为其理论基础；二是日本的气哲学，强调气的生化功能。

中国朱子学传到日本演变为日本朱子学后，日本朱子学分为两大派系：一派是主观道德理派，这一派发展了朱熹的伦理道德的"理"；另一派是客观经验理派，这一派发展了朱熹的客观经验的"理"，而这一派朱子学者，就是日本实学第一期代表者。他们将朱熹"理"范畴的第三个层面即客观经验之理，进行改造、发展，使之嬗变为具有经验合理主义色彩的范畴。完成这一改铸工作的是贝原益轩、新井白石、佐久间象山等。贝原益轩将"穷理"思想与"实学"志向相结合，经国利民的实学观成为穷理的先导意识，而格物穷理又成为实学志向的实践指南。新井白石强调"穷理"就是对真理的追求，就是对自然规律的追求。佐久间象山将"穷理"和"实理"结合在一起，提出"东洋道德，西洋艺术（科学技术），精粗不遗，表里兼该"这一著名口号。可见，具有经验合理主义色彩的"理"与"气"结合在一起时，就使得日本气学也具有了经验的、实证的意义。

日本气学的另一特点是强调气的生化功能。如伊藤仁斋提出"天地一大活物"说，认为在气生生不息的气化过程中，"万化出"、"品汇生"。三浦梅园发展了张载"一故神，二故化"的矛盾思想，提出了"一即一一，一一则一"的气矛盾运动学说。他认为一元气是一阴一阳的对立，同时，一阴一阳又混合成为一元气。这就是一元气的矛盾运动规律，也是气生化功能的根本原因。

具有这种特色的气哲学与被改造了的理相结合，就使得日本实学一方面强调事物的变革、变易、变化；另一方面注重实证、实用和经验。

与中国和日本实学相比较,作为朝鲜"厚生实学"理论基础的"气"哲学,也具有两个特性:一是强调气的科学理论性;二是强调气的普适性。

所谓强调气的科学理论性,是指朝鲜实学者大都是从对天文学等自然科学的研究中,形成了关于"气"哲学的思想。因此,他们的气哲学理论是立足于坚实的自然科学理论之上。所以,朝鲜实学者的气哲学思想,既不像中国"经世实学"那样,强调气的本根性,也不像日本的"开明实学"那样,强调气的生化功能,而是注重"气"的科学理论性。如"星湖学派"创始人李瀷根据对天文现象的观测,提出了"气动"和"气化"的观点;根据宇宙间自然现象的运动变化,他又将"气"分为"大气"和"生气"两类。

所谓强调气的普适性,是说朝鲜实学者在气哲学思想指导下,形成了他们进步的自然观、认识观和辩证观。如"北学派"代表洪大容进步的自然观就是确立在气哲学基础上。他认为世界的始源是物质性的"气",从"气一元"论观点出发,对宇宙天体的结构、自然现象的变化,给以合理解释,对天主教、佛教的欺骗性给予揭露。在认识观方面,李瀷从气哲学出发,对认识过程进行了唯物的解释。他在《心统性情图说》中,明确回答了意识是物质的人心的产物,并对感性认识和理性认识的关系,作了客观论述。在辩证观方面,朝鲜实学集大成者丁茶山从气的矛盾运动出发,形成了他哲学思想上的辩证法。他认为宇宙的产生是由于气辩证运动的结果,并把阴气和阳气两个对立势力的相互作用看作是一切事物发生、变化的根本原因。

朝鲜气学的这两个特性具有指向科学、技术、实证的趋向,由此规定了朝鲜实学的本质内涵为"厚生实学",即主张以科技富国,以利用厚生。

三

中、日、朝三国实学在中国、日本和朝鲜的历史发展中,都是作为一种进步的社会思潮出现的。因此,就实学价值共性来说,它们或多或少,都对本国的历史发展作出了一定贡献。但是,由于中日朝各国的历史发展、社会结构、文化背景的不同，又决定了中国、日本和朝鲜实学价值的区别。

中国的"经世实学"，对中国社会的发展，表现为一种软弱的指导作用。

中国的"经世实学"与中国社会的内忧外患紧密联结在一起。每当社会危急关头，中国的经世派身居庙堂，心忧万民；远处江湖，思存魏阙。正是从这种刻骨铭心的忧患意识出发，他们竭知尽力，寻觅救亡图存的方略。而当时经世派所能做到的，只是尽力发掘中国传统文化中固有的生生不已、自强不息的优良传统，由此推演出"经世致用"、"变法图强"的策略和措施。但是，就中国"经世实学"的学术品格而言，它不具备近代学术的许多基本属性，再加之自身的软弱性和妥协性，所以，它既不能像日本的"开明实学"那样具有推动日本社会近代化的价值；也不能像朝鲜的"厚生实学"那样，具有对李氏朝鲜社会近代指向的价值，而只能对中国社会的发展，起一种软弱的指导作用。这种软弱性表现在清朝以后，科学思想发展的停滞，清末改革思想的推迟，"经世实学"思潮的过早衰亡。中国的"经世实学"是一朵不结果实的花。

日本的"开明实学"成为推动日本社会近代化的原动力。日本实学者以"开明思想"为指导，在提倡知性启蒙的同时，主张个人的尊严，不断地促进人们意识到自己的人权。他们又在合理思维方式的指导下，提倡科学技术是文明发展的必要条件，提倡以此为基础，谋求产业的进展和提高人民的生活水准，主张以个人独立为基础的国家独立。因此，日本的实学者直接成为明治维新运动的发动者和明治初期西学的传播者。

朝鲜的"厚生实学"，就其思想意识总体来看，具有超出旧层次，指向近代的进步价值。朝鲜"厚生实学"的一系列进步主张是对贫穷迂腐的朝鲜历史现状的反思，是基于忧患意识，试图从传统的儒教思想束缚中解脱出来，实事求是地研究现实的实际问题，为国家富强、人民幸福所做的一种探索和努力。这种探索和努力，随着国王正祖和一代英杰的相继离世，也在一片呐喊声之后偃旗息鼓了。但"厚生实学"者主张利用厚生、启迪蒙昧等一系列主张和思想并没有付之东流。他们的思想直接为70年后的朝鲜"开化派"所继承和发挥。"开化派"的"开化"、"开国"等一系列新主张，都是"厚生实学"的进步思想在新的历史条件下的进一步延伸和发展,而"厚生实学"的自主性和主体性又成为"开化派"主张人民民主与民族独立的先导意识。正是在这种意义上,可以说朝鲜的"厚生实学"具有指向近代的积极价值。

注释

[1] 源了圆:《近世初期实学思想的研究》,创文社1975年版,第91—100页。

[2] 详见步近智《东林学派与明清之际的实学思潮》和冯天瑜:《道咸间经世实学在中国文化史中的方位》,载《中日实学史研究》,社会科学出版社1992年版。

[3] 参阅源了圆《从开明思想言实学》,载《中日实学史研究》,第207页。

(载《哲学研究》1995年第4期,第39—45、73页)

阳明心学、石门心学、霞谷心学的比较

本文通过对中国、日本、韩国传统文化进行比较研究，特别是通过对中国的阳明心学、日本的石门心学、韩国的霞谷心学三种心学的"心"、"性"、"良知"、"俭约"、"生理"哲学范畴及其社会价值的比较研究，探讨了中国、日本、韩国三种不同心学的本质特征，并从中研讨了东亚意识的基本内容即主体意识、人文意识和多元意识等。

阳明心学是由中国明代大儒王阳明（1472—1528）创立的、盛行于中国明代的一个重要学派。石门心学是由日本商人哲学家石田梅岩（1685—1744）开创的、崛起于德川时代中期的一个重要学派。霞谷心学即霞谷学，是由朝鲜阳明学派主要代表者郑齐斗（号霞谷，1649—1736）建立的、流传于朝鲜朝后期的一门家学。

在中、日、韩文化思想史上出现的阳明心学、石门心学和霞谷学，由于它们都是心学，都是以"心"范畴为其思想体系的核心，所以有其称为心学的共性。又因为阳明心学、石门心学和霞谷学形成的历史条件、社会背景有异，这就决定了这三种心学在理论体系建构、重要范畴理解等方面的相异性。研究、探讨阳明心学、石门心学和霞谷学的共性与异性，即通过中、日、韩三种心学的比较研究，可以透视东亚传统文化的基本特质及其核心——东亚意识。

阳明心学、石门心学和霞谷学的比较研究，可以从以下四个方面具体运作。

一　心学理论基础比较研究

按照冯友兰先生的观点，儒家经典《大学》是王阳明心学思想的理论根据。王阳明对《大学》提出了一个通盘全新的解释，以作为他的哲学在经典上的理论根据。这部著作就是《大学问》。他的大弟子钱德洪就说过："大学问者，师门之教典也。学者初及门，必先以此意授。"由于阳明心学以《大学》为其理论基础，这就决定了阳明心学最基本的特点有二：一是主张"以天地万物一体"为"仁"；二是强调阳明心学的核心是"致良知"。阳明心学的理论体系由"心即理"、"知行合一"、"致良知"三部分构成。其中，"心即理"虽然不是王阳明的独创，但这一命题却是王阳明龙场悟道的真心所得。所以，它具有阳明心学的特色。这一特色就是强调心与理、与性、与物的统一性。这种统一性的深化发展，其结果便是指向"良知"本体的"致良知"。而"知行合一"说的思想实质就是"致良知"。这又诚如冯友兰先生所云：王阳明讲"知行合一"并不是一般地讲认识和行为的关系，也不是一般地讲理论和实践的关系。"知行合一"是王阳明哲学思想中一个重要部分，他所讲的"知行合一"也就是"致良知"[1]。由此可见，阳明心学的本质特点是其主体性。

石田梅岩在创建石门心学的过程中，主要依据的理论是孟学和朱子学。梅岩自己就说过："我之所依，即孟子的尽心、知性、知天之说。此说与吾心合，故以此为立教之本。观求圣人之道者，必自孟子始。""我的学问修行，以论（语）孟（子）为基础，又依据程朱之注解其意。"[2] 孟学的许多基本观点如"性善"论、"尽心知性知天"论、"求放心"论等都成为石门心学的基本理论。《孟子》而外，梅岩受朱子学影响亦颇多。如朱子学的"格物致知"论、"性理"论等思想都被梅岩所摄取。除孟学和朱子学之外，石田梅岩从"和合学"哲学思维出发，还广泛吸取了佛教、神道教和道家思想，这样，就以孟学和朱子学为基础，又兼收并蓄其他学派思想，建构了一个以"心、性"范畴为核心的从内向外的开放的立体思维体系，其中，"心"居于中核位置，由"心"向外一层一层开显，形成"心→性→天"、"心→性→行→知"、"心→性→形→法"、"心→性→俭约→正直"四个范畴系列的结构。这种理论体系，从哲学意义加以判断，居于主体性哲学思维。所以，主体性是石门心学的基本属性。

霞谷学最根本的理论依据是王阳明的《传习录》。据韩国史料《纳斋集·年谱》和《十清轩集》的记载，《传习录》在朝鲜中宗十六年

(1521年)传入朝鲜;另一说法是据《西厓文集》记载,《传习录》在朝鲜明宗十三年(1558年)传入朝鲜。但《传习录》一传入朝鲜半岛,就受到了朝鲜性理学大师李退溪(1501—1570)的批评。退溪著《传习录论辩》,从朱熹理学立场对王阳明心学进行了理论的辩斥。与退溪齐名的朝鲜大儒李栗谷(1536—1584)在理气观上批评了退溪的"理优位说"立场而主张"气发理乘一途说"[3]。李朝性理学的论辩和排斥王阳明心学为异端的斗争,对郑齐斗建立霞谷学,产生了重要影响。所以,霞谷学是在全面摄取《传习录》基础上,又吸取了栗谷学"理气观"而形成的。按照韩国哲学会编著的《韩国哲学史》的观点,霞谷学由"生气说"、"生理说"、"良知说"和"至善说"四部分构成[4]。无疑,"良知说"是霞谷学的核心部分,但"生气说"却是霞谷学很别致的一个组成部分。"生气说"是针对朱子学将理气分为二而发。郑齐斗认为朱子学只强调"气道之条理",而这种"理"是抽象虚无的,是无实体的死理。"朱子则以气道之条路者,为之理。气道之条路者,无生理,无实体,与死物同其体焉。苟其理者,不在于人心神明,而只是虚条,则彼枯木死灰之物,亦可以与人心神明同其性道而可以谓之大本性体者欤?可以谓人之性,犹木之性;木之理,犹心之理欤?"(《霞谷集·存言上》)并认为这种"理""非所以为统体本领之宗主者也。"(《霞谷集·存言上》)所以,他取"主气说",认为"气亦理,理亦气"。(《霞谷集·存言中》)从理气一体出发,他视良知为天理。气是生生不息的,因此,良知、太极、神亦生生不息。"周程曰:太极阴阳动静相生。阴阳无始,动静无端,此天道之生生不息也。岂独其气生生不息,而其神生生不息也……岂独其血气生生不息,而其良知生生不息也,此乃性体也。"(同上)生气的灵通处,就是理。这就是郑齐斗的"主气说"。"发者气也(非气无所发),发之者理也(非理无能发)"。(《霞谷集·存言上》)这里,值得注意的是郑齐斗所谓的气,不是存在论的气,而是人心神明上的生气。所以,理气不在心外,而是"气者,心包气膜"(同上)。由此可见,霞谷学这种主气的心学,其实质仍然是一种主体性哲学。

通过以上比较分析,可以看到阳明心学、石门心学和霞谷学都属于主体哲学范围。但阳明心学强调的是心本体,属主体的主体性。石门心学讲心,亦讲性和物,主张心在物中,可称为普遍的主体性。霞谷学是主气的心学，可视为客体的主体性。

此外，阳明心学、石门心学和霞谷学都主张人与天地万物为一体，以天地万物一体为仁，这是东亚心学的共同特点。

二　心、性范畴的比较研究

"心"和"性"是心学的基本范畴。关于"心"与"性"的关系，阳明心学认为"心之本体即是性，心即性"（《传习录》上）。但是，阳明心学中的"本心"或"心之本体"概念不能等同于朱子学意义上的"性"概念。也就是说，阳明所谓的"性"，就是心之本体，而不是宋儒的性理观念。所以，在朱子学中，心、性为二；而在阳明学中，心、性不是二物，二者实际是同一的[5]。所以，阳明心学的核心范畴就是一个"心"范畴。晚年，阳明发展为"良知"范畴。

而石门心学关于心、性关系有以下三点值得注意：

第一，石田梅岩注意到了"心"与"性"的区别。他说："心兼性情，有动静体用。性为体为静，心为动为用。……心属气，性属理"。这种理论是对程朱学派的继承。

第二，关于"心"范畴，研究石门心学的专家石川谦博士说："梅岩的心不是与物相对立的存在。……换言之，否定物，并没有直接否定心，但否定心时，便断然得不到物。……梅岩的心，不像朱子学派或阳明学派的心那样，即不是与形色脱离的、抽象的一般者，而是在形色中显现的、普遍的，同时又是作为特殊的东西来把握的。这就是梅岩心学独特的理解。"[6]石川谦先生这段话包含了两重意思。一重意思是说，梅岩思想中的"心"是寓于"物"之中，"心"与"物"不能分离。有什么样的"物"，"物"之中就寓有什么样的"心"，这是"心"的特殊性。而"物"是普遍存在的，所以寓于"物"之中的"心"也是普遍存在的，这是"心"的普遍性。另一重意思是说，有什么样的"形"，就有什么样的"心"。"心"与"形"是相即相一的。如梅岩经常说："形直接就是心"，"心由形"，"寒暑直接是心"等。梅岩之所以强调有什么样的"形"，就有什么样的"心"，其目的是为了高扬商人的主体性，对商人价值的确认。因为梅岩认为在四民等级的德川时代，作为最低层的商人与处于最高层的武士，从职业的"形"来看，是无贵贱、无高低区别的，都是平等的，即从价值观来看，是等价值的。这是说，梅岩思想中的"形"具有价值属性，而与"形"相即相一的"心"也就具有价值属性。这是石门心学的一个重要特色。

第三，关于"性"范畴，梅岩有独特的定义，即"自性是天地万物之亲"。这个"亲"，梅岩解释为"孝悌忠信"。"孝悌忠信"是儒家基本的道德规范。这种道德规范从道德理念上来看，就是"性善"说。梅岩是"性善"论者。

以上三点表明，梅岩视"心"、"性"为二物，既重视"心"亦重视"性"，所以，石门心学更确切的称谓，应是"石门心性学"。

霞谷学在心、性范畴方面，基本上遵循阳明心学思想，但在性与情的规定上与阳明心学有细微的分殊。如郑齐斗在《天地良知体用图》中，将最里面的圆圈叫作"心之性"。"心之性"圈，包括"仁、义、礼、智"，他认为这是"心之本然，良知之体"。《天地良知体用图》的第二个圆圈，叫作"心之情"。"心之情"圈包括"恻隐、羞恶、辞让、是非"和"喜怒哀惧爱恶欲"内容。他把"心之情"圈规定为"心之发、心之情、良知之用"。[7]可见，郑齐斗认为"仁义礼智"四端是心之性，属"良知之体，心之本然"，即未发之性。又把"恻隐、羞恶、辞让、是非"和喜怒哀惧爱恶欲"七情"，规定为心之情，视为"良知之用，心之发"，即已发之情。这种思维路数属朱熹理学，而与阳明心学有异。

在阳明心学中，四端作为良知，就是本心的呈现，未发之性是不必要的。如《传习录》上载："澄问：仁义礼智之各因已发而有？曰：然。他日澄问：恻隐羞恶辞让是非之表德邪？曰：仁义礼智也是表德。性一而已。自其形体也谓之天，主宰也谓之帝，流行也谓之命。赋予人也谓之性，主于身也谓之心。心之发也，遇父便谓之孝，遇君便谓之忠，自此以往至于无穷，只一性而已。犹人一而已，对父谓之子，对子谓之父，自此以至于无穷，只一人而已。"而在朱子哲学中，仁义礼智分别对应于恻隐羞恶辞让是非。前者为性，为未发；后者为情，为已发。这是第一层意思。阳明又认为，心之发动，遇父谓之孝，遇君谓之忠，因此，与孝悌忠信一样，仁义礼智也都是此心在各种不同场合下的具体表现，这种具体表现，用理学的语言，就是"表德"。阳明认为，一切道德规范、准则都是

"一性"的不同的具体表现。他所说的"一性",其实就是一心,这个心当然是指本心,而不是经验的习心。这是第二层意思[8]。可见,郑齐斗将"四端"作为"心之本然"的未发,旨在表明这是"良知之体";将"七情"作为"心之发"的已发,意在说明这是"良知之用"。郑齐斗强调良知体、用的思想是对王阳明"体即良知之体,用即良知之用,宁复有超然于体用之外乎"思想的深化。

通过以上比较分析,可以看到阳明心学是在批评朱子学中发展起来的,因此,在一些基本理论观点上与朱子学相背。其中一个重要差别是阳明心学中的"性",其实质就是"心"。所以,阳明心学只讲"心",而这个"心"更多地具有道德属性。日本德川时代由于以朱子学为正宗、正脉,石门心学要想发展巩固,就必须沿袭朱子学的思想理路,所以石门心学注意到了"心"与"性"的相殊性。并且,在石门心学中,"心"范畴具有价值属性,而"性"范畴则归属于道德属性。朝鲜的霞谷学在"心"范畴方面,基本上继承了阳明心学思想,不过在良知体、用说方面深化了王阳明思想。

三 致良知、俭约、生理范畴的比较研究

"致良知"是阳明心学的一个专有范畴。在王阳明思想中,"良知"是至善至美,完好无缺的。为了使良知毫无滞碍地充塞流行,阳明吸收了孟子"扩充四端"的思想,以"充"解释"致"。"致良知"就是努力开拓、扩充自己已有的良知,当良知达到至极时,就可超凡入圣。所以阳明心学的功夫就是努力扩充至善的良知,使其达到至极。

"俭约"是石门心学独有的范畴。石田梅岩思想中的"俭约"有这样四层意义:

第一层意义,俭约是一种爱的实践。梅岩从"性理"的形而上学体认观出发,视"俭约"为"仁"。"通过俭约,使性理达仁"[9]。在梅岩的思想中,俭约与仁基本上是同义语。"仁"是仁学道德的核心范畴。但梅岩是从经济合理主义角度来发挥作为"俭约"的"仁"的意义。并且,梅岩明确指出,他所说的俭约不是为了自我、自家的俭约,而是为了"天下公的俭约",为了"世界的俭约"。所以他指出"俭约"与"吝啬"

有本质的不同。"俭约"的基础是"仁心","吝啬"的基础是"欲心"。正是从仁心出发,梅岩主张对需要救济的穷困者,要不惜财物,给予援助。

第二层意义,俭约是"自性是天地万物之亲"的一种具体生存方式。"自性是天地万物之亲"是石田梅岩心性学的一个中心命题。它的主旨是说,当人觉悟到"自性是天地万物之亲"时,就自觉到了人应具有的生存方式。这就是士有士的生存方式,农有农的生存方式,工、商亦然。梅岩认为,士农工商要与各自的身份相适应。这也就是说,士农工商在生活水准上,不能超越与其身份相适应的水平,这就是"俭约"。

第三层意义,俭约以正直为本。梅岩所谓的与身份相应的俭约,其实质就是在寻找正直。他说:"俭约没有别的什么意思,就是活得正直"[10]。可见,真实的俭约根植于正直的基础之上。如同柳绿花红一样,梅岩认为凡是天生之物,都应处于自己固有的绝对的位置上。这就是正直。与自己应有的身份、名称相适应的俭约,就是真实的俭约,或叫作正直的俭约。

第四层意义,俭约是精神卫生的一种方式。石田梅岩作为一名商人哲学家,他认为,"俭约"不仅是金钱的使用方法,而且也是"心"的使用方法。按着俭约的原则,可以节省不必要的心力,使心集中于有意义的事情和工作,花费少的心力,办更大的事情。其实质是说,"俭约"是修养心的一个重要方式。为此,梅岩专门写了《俭约齐家论》。他认为,齐家最终要归结于修心,修心方可正身,正身方可丰衣足食而齐家,齐家方可使社会安定。

"生理"是霞谷学的独特用语[11],也是霞谷学的一个重要范畴。郑齐斗的"生理"出自王阳明的《传习录》,也是对王阳明思想的一个深化和发展。关于"生理",《传习录》上载:

> 先生曰:"美色令人目盲,美声令人耳聋,美味令人口爽,驰骋田猎令人发狂。这都是害汝耳目口鼻四肢的,岂得是为汝耳目口鼻四肢?若为着耳目口鼻四肢时,便须思量耳如何听,目如何视,口如何言,四肢如何动;必须非礼勿视、听、言、动,方才成得个耳目口鼻四肢,这个才是为着耳目口鼻四肢。汝今终日向外驰求,为名为利,

这都是为着躯壳外面的物事。若汝为着耳目口鼻四肢，要非礼勿视、听、言、动时，岂是汝之耳目口鼻四肢自能勿视、听、言、动，须由汝心。这视、听、言、动皆是汝心：汝心之视，发窍于目；汝心之听，发窍于耳；汝心之言，发窍于口；汝心之动，发窍于四肢。若无汝心，便无耳目口鼻。所谓汝心，亦不专是那一团血肉。若是那一团血肉，如今已死的人，那一团血肉还在，缘何不能视、听、言、动？所谓汝心，却是那能视听言动的，这个便是性，便是天理。有这个性才能生。这性之生理便谓之仁。这性之生理，发在目便会视，发在耳便会听，发在口便会言，发在四肢便会动，都只是那天理发生，以其主宰一身，故谓之心。这心之本体，原只是个天理。"

这里的"生理"，是王阳明在回答学生萧惠"如何克己"时使用的一个概念。他的意思是说，"生理"发出的视听言动，便是仁、是善。郑齐斗将这一概念，加以深化，进行了哲学意义的界说。他说：

一团生气之元，一点灵昭之精，其一个生理（即精神生气为一身之生理）者，宅窍于方寸，团团于中极，其植根在肾，开华在面，而其充即满于一身，弥乎天地，其灵通不测，妙用不穷，可以主宰万理，真所谓周流六虚、变动不居也。其为体也，实有粹然本有之衷，莫不各有所则，此即为其生身命根，所谓性也。只以其生理，则曰生之谓性，所谓天地之大德曰生，惟以其本有之衷，故曰性善，所谓天命之谓性，谓道者其实一也。

万事万理，皆由此出焉。人之皆可以尧舜者，即以此也；老氏之不死，释氏之不灭，亦皆以此也；凡夫之贪利殉欲，亦出于此，而以其拚弊也，禽兽之各一其性，亦得于此，而持其一端也。此即生身命根，所谓天地之大德曰生然，惟其本有之衷，为之命元，故有不则乎此也，则生亦有所不取，利亦有所不居。（《霞谷集·存言上》，《一点生理说》）

根据郑齐斗的这些话，可以从人身论、宇宙论、人性论三方面来理解"生理"的含义。

所谓"人身论",是讲"生理"乃"精神"与"生气"为一身之生理。它存于方寸间,植根在肾,开华在面,充满全身。它是生气之元,灵昭之精,是生身命根。也就是"心"。

所谓"宇宙论",是讲"生理"可以弥乎天地,灵通不测,妙用无穷,使天地生生不息。所以,它是"中"、是"性"。"性者,天降之衷,明德也,自有之良也,有是生之德,为物之则也,故曰明德,曰降衷,故曰良知良能。"(《霞谷集·存言下》)也就是"良知"。

所谓"人性论",是讲有了"生理",人人皆可以尧舜。所以,"仁为生理之主"(《霞谷集·存言中》)。也就是"仁"。

通过以上比较分析,可以看到阳明心学的"致良知"思想是对孟学充扩良知思想的高度发扬。石门心学不仅把"俭约"作为节省物资的一种方式,而且视"俭约"为精神卫生的一种方式。郑齐斗将"生理"概括为"性"、"中"、"天理"、"心"、"良知"、"仁",是对中国阳明心学的深化发展。可见,虽然"致良知"、"俭约"、"生理"等范畴都是独创的思想,但都涉及了修养心性问题,其最终目的也都是为了超凡成圣,追求人性的至善至美。

四 社会价值的比较研究

社会价值主要是指一种思想学说对本国当时社会所起的作用。就此而言,阳明心学的作用,表现为以下三点。

第一点,对人的主体作用的肯定。在中国传统哲学中,从汉而宋,天、天命、天理、理等哲学范畴不仅具有至上性,而且能主宰、支配自然、社会和人事。个人完全是被动的、消极的,也就是说,人被取消了独立存在的价值。与此相对立,阳明心学把"良知"作为哲学思想体系的最高范畴,并取"天"、"天理"而代之。这就突破了"天理"的一统局面,而使"良知"确立了最高本体的地位,其实质是对人的主观能动作用的肯定。

第二点,对传统价值观的否定。自从汉代"罢黜百家,独尊儒术"以后,孔子逐渐被历代统治者和士人学子尊为"圣人"、"大成至圣先师",成了人们顶礼膜拜的偶像。孔子的言论也成了判断善恶、是非的唯一标准。而阳明心学却主张"良知"是检验真理，判断是非的标准。人们的善恶是非，只有人人先天具有的"良知"，才能作出判断，与"良知"合的就是善，就是是；不合的就是恶，就是非，离了"良知"是无法进行判断的。阳明心学这种反权威、反偶像崇拜的思想，是对传统价值观的否定。阳明心学否定传统价值观念的思想，对中国近现代许多进步思想家起了重要的影响作用。

第三点，对"所以然"与"所当然"的解释。"所以然"与"所当然"在程朱理学中统一于"理"。如《大学或问》说："天下之物则各有所以然之故，与其所当然之则，所谓理也。"而阳明心学指出，知与行的统一就是所以然之故（知）与所当然之则（行）的统一，不过这二者是统一于"心"。阳明心学通过强调把"所以然"与"所当然"在"心"中统一起来，而力倡"知行合一"。其结果，使文昌实衰的大明王朝得以补救偏弊。

石门心学的社会价值主要表现在以下三个方面。

第一方面，石门心学是町人教化的学问。在日本德川思想史上，石门心学又称为商人哲学。这是因为石门心学是在享保年代，即商人的受难期，为高扬商人坚韧的主体性和维护商人的实利而创立的一门学说。在石门心学以"俭约"、"正直"、"知足安分"思想的教化下，使处于日本四民等级社会中最低层的商人认识到了自我存在的价值，积极发挥商人对社会不可缺少的作用，促进了日本社会商业经济的繁荣，对德川时代社会的发展，作出了重要贡献。

第二方面，石门心学是农民洗心的原理。江户中期以后，随着商品经济在农村的浸润和发展，心学也逐渐在农村推广，成为农民改变观念，更换思想即"洗心"的原理。这一时期，心学讲舍由江户、京都、大阪等城市，向农村发展，心学讲舍数目大约有62个之多。农村心学讲舍的基本内容为：报国恩、重国法、求仁立直、更新村风等，总之，以正心治身为主要内容。其结果，心学成为了日本近世农村社会精神构造的指导原理。

第三方面，石门心学是士魂修养的理论。石门心学在石田梅岩的大弟子手岛堵庵时代，开始向上流社会武士阶层浸透，至手岛堵庵的嫡传弟子中泽道二时代，则成为一种普遍的社会现象。之所以说石门心学是士魂修养的理论,是因为所谓士魂不是战场上经历生死体验的士魂,而是通过对透彻的人间哲学——心学的修行,体悟人性的实质而养成的士魂。具体讲,就是进行忠、孝、慎的修养功夫,这是武士所具备的品格。可见,石门心学的社会价值遍及士、农、工、商各个阶层,而成为一种普遍的社会价值。

由于霞谷学在朝鲜时代始终没有形成一种学派,一直以"家学"形式流传,所以其社会价值不像中国的阳明心学和日本的石门心学那样突出。但是,霞谷学的社会价值,也可以归纳为以下两项。

一项是对实学的影响。如柳承国教授指出,"在实学派中,欲脱离朱子学的权威,受阳明学的学问与精神相当影响者,从李瀷、洪大容等学者的思想中亦可见。"[12]又据《韩国哲学史》讲:洪大容的《鹥山问答》与郑齐斗的《存言》,讲的都是一个实[13]。此外,洪大容认为矜心、胜心、权心、利心都是"虚",而只有实心是"实"。这些思想与霞谷学亦有一定关联。

另一项是对西学派的影响。霞谷学敢于排斥被指为异端学说的批评,而昌明朝鲜阳明学的观点。这种勇敢学风,给西学派以很大影响。如柳承国先生讲:"在完全受朱子学支配的社会中,不顾被指为异端的批判,而探求阳明学问者,一如朱子学派追求正统思想的纯粹性的意志,阳明学派发挥了寻求学问自由的意志,欲从正统思想的权位下解脱,寻求学问自由的风气,对形成朝鲜近世思想的一支的实学派与西学派,造成相当的影响。……此乃西学派学者权哲身试图接近阳明学的原因。"[14]

中国的阳明心学、日本的石门心学、朝鲜的霞谷学构成了东亚心学思想。通过上文对东亚心学的比较研究,可以看到它们是同中有异,异中有同的。进一步,通过对东亚心学的共性与异性要素的探究,可以明晰东亚传统文化的核心——东亚意识。东亚意识包括:

主体意识:从哲学主体性来看,虽然阳明心学属一种主体的主体性、石门心学属普遍的主体性、霞谷学属客体的主体性,但它们都是主体性哲学,都强调主体作用和主体价值。东亚心学的这种主体精神,从东亚意识来看,就是一种"主体意识"。这种主体意识的现代价值,就表现在对西方一元价值观的冲击。近代以来的价值判断标准,都以西方文化、西方模式为标准、为准则,而这种主体意识则要打破以往既定的价值标准,强调东亚文化的优质和功用,确立东亚价值标准。这是东亚主体意识的世纪意义。

人文意识:从道德哲学来看,阳明心学强调"致良知",提出"人人皆可成圣"(追求人性完美);石门心学提出"自性是天地万物之亲",主张"元性善";霞谷学高唱"至善说","良知说",这表明东亚心学的一个重要共同点是重视人的道德修养,以追求至美至善为理想道德目的。这种道德观念,从东亚意识来分析,便是一种人文意识。东亚人文意识的特点在于:注重人的道德主体价值和道德修养,热衷对人的本性的探求。这一特点符合"21世纪将是生命世纪"的时代发展。东亚人文意识将在下一世纪中,具有重要指导作用。

多元意识:从相异性观点来看,虽然阳明心学、石门心学、霞谷学都属于心学范畴,都强调道德主体性,但三种心学又有许多相异性。其最重要的相异性,就是阳明心学是中国的一种文化形态,石门心学是日本文化的一种表现,即使霞谷学是以《传习录》为其主要理论依据,但霞谷心学作为朝鲜时代一种文化,也与中国阳明学有许多重要差别。这就是东亚文化的多元性。这种多元性演绎为东亚意识的多元意识。今天,多元意识的价值在于可以营造进行"真正的文化交流"的氛围。所谓"真正的文化交流",就是指"平等"条件下的文化交流。只有这种"平等"条件下的"真正文化交流",才能使东亚文化在当代社会发挥更大的作用。而这也就是东亚多元意识在本世纪和下一世纪的时代价值。

注释

[1] 冯友兰:《中国哲学史新编》,人民出版社1988年版,第5册,第215页。

[2] 竹中靖一:《石门心学的经济思想》,岩波书店1973年增版,第96、97页。

[3] 柳承国:《韩国儒学史》,台北:商务印书馆1989年版,第五章第四节。

[4] 《韩国哲学史》下卷,社会科学文献出版社1996年版,第5章。

[5] 陈来:《有无之境——王阳明哲学的精神》,人民出版社1991年版,第83页。

[6] 石川谦:《石门心学史的研究》,见《石田梅岩的思想》第165页。

[7] 《韩国哲学史》下卷,第57页。

[8] 陈来:《有无之境——王阳明哲学的精神》,第85页。

[9] 《石田先生语录》第52段,见《石门心学》,岩波书店,第50页。

[10]《俭约齐家论》,《石门心学》,第 27 页。
[11] 李丙焘:《韩国儒学史论》,汉城亚细亚文化社 1986 年版,第 272 页。
[12] 柳承国:《韩国儒学史》,第 161 页。
[13]《韩国哲学史》下卷,第 40 页。
[14] 柳承国:《韩国儒学史》,第 160 页。

(载《孔子研究》1999 年第 2 期,第 91—99 页)

17世纪东亚"气"学的发展

——以王夫之、宋时烈、伊藤仁斋为代表

"气"学是东亚儒学的一个重要方面。本文试图通过对中国王夫之（1619—1692）、韩国宋时烈（1607—1689）、日本伊藤仁斋（1627—1705）气学思想的论述，阐明17世纪东亚"气"学的发展并对中、韩、日气学的价值进行比较。

一

17世纪的中国社会处于明末清初之际。这是一个"天崩地裂不汝恤"的大变动时代，剧烈变动的时代孕育了明末清初一代人才。王夫之就是其中的一位杰出的代表。王夫之字而农、号薑斋、又称船山先生，湖南衡阳人。

之所以称王夫之是中国17世纪儒学史上的一位杰出代表，是因为他在继承张载"气"学思想基础上，对朱熹理学进行了全面总结，由此建立了集气学大成的船山哲学。

其实早在明中期以后，朱熹哲学就分化为两个对立的派别，一是以王守仁为代表的"心"学，一是以罗钦顺、王廷相为代表的"气"学。王夫之继承了罗钦顺、王廷相等人的气学传统，并以"入其垒，袭其辎，暴其恃，而见其瑕"的精神和"六经责我开生面"的气魄对朱熹哲学进行了批评、分析，从而构建了自己的气学思想。王夫之气学思想的主要内容有：

（一）"理气"说

王夫之和朱熹一样，认为"理"与"气"是最基本的范畴。关于"气"，他认为就是指阴阳变化的物质实体。他说："阴阳具于太虚絪缊之中，其一阴一阳，或动或静，相与摩荡。""二气之动，交感而生，凝滞而成，物我之万象"。[1]这是说"太虚"中充满了阴阳二气，阴阳二气的运动、交感形成"物我万象"。关于"太虚"，王夫之说："阴阳二气充满太虚，此外更无他物，亦无间隙。天之象，地之形，皆其所范围也。"[2]太虚并不是虚空无一物，也不单是虚空中无形之气，而是物质存在的空间形式。因此，"凡虚空皆气也"，所谓聚散不测之妙，并不是从太虚中来，又回到太虚中去，其实太虚中皆"有迹可见"，故"太虚一实者也"。[3]充满宇宙的万事万物，都是具体存在，所谓太虚之气，无非是关于宇宙间一切物质存在的一个概括或总名，可见太虚之气是"实有"。值得注意的是王夫之用"实有"这个概念来说明气的特征。如他说："盖视之不见而非不能为形矣，听之不闻而非不能为声矣。然则天下之可见者形尽于可见之中，可闻者声止于可闻之际，而此之不遗者，则天下之无形之境，无声之时，而皆其性情功效之实有者矣。"[4]这就是说，凡可见可闻者，都是有形有声的具体事物，气则视之不见，听之不闻。气虽然不可见不可闻，但可见可闻之物都是气的性情功效。因此，尽天下可见可闻之物而"不遗"，这就是无声无形之气，因而气也是"实有"。这就是王夫之所说的"太虚一实者也"。这种气即"实有"的思想，是王夫之气本论的一个重要特点，也是他对中国气一元论的重大发展。因为他的气为"实有"的思想，克服了以往将气视为特殊物质的局限性，而具有物质一般的特性。这就是说，它既不脱离具体事物，而又不是任何具体物质形态，它不过是对物质抽象的概括而已。

关于"理"，王夫之认为"理"有两方面的意义。其一是指事物的规律；其二是指事物的性质。这是在对朱熹思想进行批判继承基础上提出来的。他说："凡言理者有二：一则天地万物已然之条理；一则健顺五常天以命人而人受为性之至理。二者皆全乎天之事。"[5]条理就是规律，或必然性。它是看不见、摸不到的，但它就在事物之中。"理本非一成可见之物，不可得而见，气之条诸节文，乃理之可见者也。"[6]规律虽不可见，但可以通过事物的运动发展表现出来,所以规律并不是不可捉摸的。所谓健顺五常之理,也就是"所以然",是指物质所固有的本质属性,也就是人性的来源。无论从哪种意义上说,"理即是气之理",而不是相反。

因此关于理气关系,王夫之认为"理气相依","理即是气之理,气当得如此便是理,理不先而气不后"。[7]这是说气是理之所依,理即气之理,理与气相依而不相离,物质实体与其固有规律相互联系。进而他又提出了"理在气中"的观点。"气以成形而理具也。"[8]理是气之理,虽然理非气,但气外无理,"气外更无虚托孤立之理",[9]"理在气中"。[10]王夫之的"理气相依"和"理在气中"的观点是他对朱熹"理"本体论哲学进行批评改造的结果。他针对朱熹"理体气用"的观点,提出了理气"互相为体"的观点。王夫之认为"天下无无用之体,无无体之用"。这里的所谓"体",指本体,实体;所谓"用",指本体的表现,作用。所谓互相为体,就是理以气为体,气以理为体,体用不可分离。理以气为体,就是气为本体,理是气的作用。气作为本体是第一性的,而理是由气所派生的,是第二性的。至于气以理为体,王夫之一般是从理为规律,气为理的物质载体这个意义上说的。总之,他认为"理与气互相为体,而气外无理,理外亦不成其气。善言体用者,必不判然离析之"。[11]王夫之讲"互相为体"的主旨是要从根本上解决理气关系。他的基本思想是要把理与气统一起来,反对离气而言理,从而坚持了气一元论哲学。王夫之既否定有脱离物质而存在的精神,同时也很重视精神的相对独立性及其重要作用。

(二)"道器"说

王夫之对理气论的最大贡献,是关于道器问题的论述。他所说的道,具有两方面的意义。一是指一般规律,即"一阴一阳之谓道"或太极阴阳之道;一是指具体规律,即万事万物及人伦日用之道。

在道器问题上,王夫之提出了"天下惟器"、"道者器之道"、"道在器中"的光辉命题,把气哲学发展到一个新水平。他说:"天下惟器而已矣。道者器之道,器者不可谓道之器也。"[12]这是说,世界上只有物质(器)存在,精神性的道是物质的产物,而物质不是道的产物。王夫之针对程朱从"形而上、形而下"的意义上论道器的观点,否定了有超乎形器之上的所谓道，提出了"形而上之道即在形而下之器中"[13]的观点。他说："形而上者，非无形之谓，即有形矣，有形而后有形而上。无形之上，亘古今，通万变，穷天穷地，穷人穷物，皆所未有者也。"[14]朱熹的形而上之理，是一个脱离具体事物而独立存在的绝对精神，先有无形之道，后有形而下之器。王夫之反其道而言之，认为形而上并不是无形的精神存在，它是形而下者所具有的，即有形而下则必有其道。但他并不认为道器无区别。其区别为"形而下者，可见可闻者也；形而上者，弗见弗闻者也"。但必有形而后有形而上，因此"形而上者，亦有形之词，而非无形之谓也。"[15]这里的所谓"非无形之谓"，并不是说"道"就是"器"，而是说道不能独立存在，道必以器为根据，器则是有形之物。"及其形之既成而形可见，形之所以用以效其当然之能者，如车之所以可载，器之所以可盛，乃至父子之有孝慈，君臣之有忠礼，皆隐于形之中而不显，二者则所谓当然之道也，形而上者也。"[16]形而上之"道"虽不可见，但它"隐"于形而下（器）之中，之所以称道为形而上，正因为有形而下之器。这就是"道在器中""道不离器"。这样，王夫之用气本体论观点解释了形而上与形而下，道与器的关系。

在道器问题上，王夫之还提出了"道本器末"的思想。这里的"本"是指事物的本质，"末"是指事物的现象，本质与现象是统一的，而不是分离的。他说："物之有本末，本者必末之本，末者必本之末。"[17]他认为道与器就是这种本末关系。道是本质，器是现象，道隐于器中，通过器表现出来。本质和现象不可分，现象表现本质，本质即在现象中。现象是具体的，本质是抽象的，但抽象即存在于具体之中。这就是本末一贯之说。因此，本末、道器不可"相与为二"，而是"相与为一"。[18]

（三）"实有"说

"气"范畴是王夫之对宇宙万物追根究底的终极说明。如上所述，王夫之用"实有"这个概念来规定气的特征，是他气本论的一个重要特点。他的主旨是要说明作为宇宙本体的"气"，虽然是无形不可见的，但它却是真实存在着的，即无形而实有。作为"实有"的阴阳二气绸缊变化的结果，生成了实存的宇宙万物。这就是王夫之的"气实有"论。

王夫之的"气实有论"成为中国气学发展的一个重要里程碑。

二

宋时烈（1607—1689），号尤庵、字英甫，为沙溪长生的门生，被称为溪门之杰。宋时烈一生历仕仁祖、孝宗、显宗、肃宗等四朝，为朝鲜朝历史上不可多得的政治家学者。

宋时烈作为一名政治家学者，其学脉属栗谷一系。宋时烈的学生权尚夏在为其撰写的《墓表》中说："睡翁公（宋时烈之父）……尝责勉曰：朱子后孔子也，栗谷后朱子也。学朱子者，当自栗谷始。先生（即宋时烈）自儿时已受此教，遂自任以圣贤之学及师沙溪先生，尽得其所传于栗谷者。又专读朱子书以成家计。"[19]宋时烈可算是栗谷的再传弟子，故十分尊崇栗谷，并以栗谷上承朱子和孔子。他常说："朱子后孔子也，栗谷后朱子也。学孔子当自栗谷始。"[20]因此，"读书当以栗谷先生所定次第为主"。[21]关于读书，宋时烈认为："栗谷尊《四书》，沙溪尊《小学》、《家礼》。"[22]栗谷所尊的《四书》，乃是朱熹所注；沙溪所尊的《小学》和《家礼》，则为朱熹所重视，故宋时烈认为读书应当从《小学》、《家礼》和朱熹注《四书》开始。这是为学入头处。

尊栗谷必尊朱熹，尊朱子的言论在《宋子大全》中俯拾皆是。如：

> 先生每言曰：言言皆是者，朱子也；事事皆是者，朱子也。故已经乎朱子言行者，夬履行之而未尝疑也。[23]

宋时烈认为朱子的言行举动皆为真理，按照朱子的言行而言行，决无错误。他不仅自己以朱子之言行为准则，而且还劝谏朝鲜君主应重视朱子之言行。

> 上曰：卿言必称朱子，卿几何年读朱子书，如此惯熟乎？
>
> 对曰：臣自少读《大全》、《语类》，心诚好之。而心力未强，其未读者尚多矣。
>
> 上曰：朱子之言行，果可一一行之乎？
>
> 对曰：古圣之言，或以时势异宜，而有不能行者。至于朱子，则

时势甚近,且其所遭之时与今日正相似,故臣以为其言一一可行也。[24]

宋时烈视朱子、栗谷、沙溪为性理学主脉,而他的"直"哲学也成为对朱子和栗谷思想的具体化和实践化。

关于宋时烈学问之主旨,《墓表》中有这样一段记录:

> (先生) 尝以为天地之所以生万物,圣人之所以应万事,直而已。孔孟以来相传者,惟是一直字,以此为终身服行之。凡是以其动静,言为正大光明。如青天白日,人得以见之。此其为学之大略也。[25]

这表明宋时烈一生为学,在于一"直"字。这个"直",就是《墓表》所说的"正大光明"的意思。宋时烈认为这是孔孟相传下来,后朱子又继承并留传于世的一点真骨血。

> "直是孔、孟、朱三圣同一揆也。"[26]

宋时烈认为孔子—孟子—朱子三圣为人处世的准则是一样的,这一准则就是"直"。孔、孟、朱三圣的所言、所行,都遵循着"直"这一尺度,即动静举止、为人处世,皆正大光明。宋时烈以圣人为楷模,将"直"作为终身服行的准则。他在《示诸子孙姪孙等》书信中说:

> 朱子之学,以穷理、存养、践履、扩充为主,而以敬为通贯始终之功。至于临箦而授门人真诀,则曰:天地之所以生万物,圣人之所以应万事,直而已。明日又请,则曰:道理只如此,但须刻苦坚固。盖孔子曰:人之生也直,罔之生也幸而免。孟子所以养浩然之气者,亦惟此一字而已。[27]

这段话揭示了宋时烈关于"直"哲学思想的三个重要内容。即:
第一,宋时烈的"直"哲学凸显了人的主体性。

笔者以为韩国儒学与中国儒学和日本儒学相比较，它的一个突出特点就是具有一种强烈的民族主体性，而这种民族主体性又常常通过对人的主体性的张扬而表现出来。栗谷一系，就是以强调"气"的功能和价值而凸显出人的主体能动性。作为栗谷二传弟子的宋时烈则将"气"具体化、实践化、道德化为一个"直"。他将"直"作为人之所以为人的一个重要标志，认为人就是因为具备了"直"的品质，才可以挺立于天地之间，才可以为万物之灵，才可以尽人之职责。对此，宋时烈常缅怀先师沙溪先生和朱子的教导，如他在《杂著》中记有：

> 沙溪先生之学专出于"確"之一字，而每以"直"之一字为立心之要。此朱子易箦时授门人之单方也。其言曰：天地之所以生万物，圣人之所以应万事，直而已矣。[28]
>
> 朱子于易箦前数日，诸子问疾而请教焉，则应之曰：为学之要，唯事事审求其是，决去其非，积集久之心与理一，自然所发，皆无私曲。圣人应万事，天地生万物，直而已矣。又曰：道理亦只是如此，但相与倡率，下坚苦工夫，牢固著足，方有进步处。我文元公先生每诵此，以教小子曰：吾平生所为，虽有不善，未尝不以告人。虽发于心，而未见于外者，苟有不善，未尝不以语人。汝须体此心此一直字。[29]

可见，"直"就是"立心之要"。所谓"立心"，就是要尽净私欲，以达到审事求是，决去其非，慎独为善，进而再达到集久之心与理一，洞然通达的境界。这种境界也就是宋时烈所说的"心直"、"身直"、"无所不直"的境界。他说：

> 自吾心直而吾躬直，吾事直，以至于无所不直而以无负生直之理矣。[30]

宋时烈认为从"心直"可以达到"身直"，进而达到"无所不直"的境界。这与上述的去私欲、去非求是、心与理一是同一个意思。两者讲的都是"生直之理"。这种"生直之理"其实质就是一种人应追求的道德境界。这种境界也就是正大无私、光明磊落的道德体现。只有具备了这种道德品质,达到了这种道德境界,才是天地间一顶天立地的人。而只有这样的人,才可以"应万事",即肩负起社会的责任和道义。所以,"直"揭示了人的功能,张扬了人的价值,显示了人的主体性。

宋时烈的"直"哲学不是一种凭空杜撰的概念,而是他从自己的毕生实践中,从对先贤为人处世的体悟中,总结出的一种主体道德哲学。

第二,宋时烈的"直"哲学与孟子"浩然之气"的关系。

宋时烈作为栗(谷)门弟子,将栗谷的重气思想向实践哲学方面作了发展和深化,提出了关于"直"的哲学。而他的"直"哲学又根植于栗门的重气理论之上。

宋时烈14岁开始读《孟子》书,对其中的《浩然之气》章下功夫最甚,可以说一生精力都在研读这一章。对这章每个字、每句话的理解,他都记录在《杂著》中。其中最具代表性的论述有:

1. 孟子之学固主于心,而于言与气,亦未尝放过。必曰知言,必曰养气。[31]

2. 曾子谓子襄止吾往矣,孟子于此收杀,以义理之勇以扫去贲黝舍粗的勇,而只以缩之一字为本根。此缩字即下文所谓以直养之直字。然则于此虽无浩然之名,而其本根血脉则已具矣。[32]

3. 配义与道云云:上文所谓以直养者,以道养之之谓也。夫此气始从道义而生、而养之既成,则此气还以扶助道义。正如草木始生于根,而及其枝叶畅茂;则其津液反流于其根,而其根亦以深长。极其本而言之,则阴阳生乎太极,而及其阴阳既生,则反以运用乎太极,以生万化。大小虽殊,而其理则一也。[33]

4. 先生又曰:以直养之直,即道义。而既以道义养成此气之后,则又便扶助此道义,此所谓配义与道者也。[34]

上述第一段论述表明宋时烈认为孟子在《公孙丑》篇中讲到了"浩然之气"。从这一观点出发,他着重论述了孟子的浩然之气与直的关系。这两者的关系主要有两方面内容:

一方面,浩然之气是直的本根。

上述第二段论述主要就是讲这个意思。这是宋时烈在读曾子谓子襄曰："子好勇乎？吾尝闻大勇于夫子矣：自反而不缩，虽褐宽博，吾不惴焉；自反而缩，虽千万人，吾往矣。"这些话时写下的感悟。宋时烈认为孟子之所以能够用义理之勇扫去（孟）贲、（北宫）黝、（孟施）舍的粗鲁之勇，关键在于以缩为本根。并且，宋时烈按照朱熹的解读法，将"缩"字解释为"直"[35]。"缩"为"直"，孔子原话的意思就是：反躬自问，正义不在我，对方纵是卑贱的人，我也不去恐吓他；反躬自问，正义确在我，对方纵是千军万马，我也勇往直前。进而，宋时烈认为这个"直"就是"浩然之气"的本根，因为它们在"本根血脉"上是一样的。

"浩然之气"是孟子的一个专用名词，但其确切的意义，孟子却又说"难言"。宋时烈在《杂著》中引朱熹的解释为解释："先生（指朱熹）尝谕：浩然之气若粗说，只是仰不愧、俯不怍，无所疑畏"。"浩然之气只是气，大敢做一样人畏避退缩、事事不敢做；一样人未必识道理，然事事敢做，如项羽力拔山、气盖世，便是这样人。须有盖世之气，方得"。"无浩然之气即如饥人"。"无此气以扶持之，仁或见困于不仁，义或见陵于不义"[36]。这表明，宋时烈认为"浩然之气"是一种"正气"（仰不愧、俯不怍），人具有了这种"正气"，就会"事事敢做"，决不"畏避退缩"，否则，人无此气，就像饥饿的人一样。究其实质，浩然之气也就是仁义。仁义者，即有浩然之气者，便会做到"富贵不能淫，贫贱不能移，威武不能屈"。其中不淫、不移、不屈就是"直"。

另一方面，浩然之气与直相资相助。

上述第三段论述是宋时烈对《孟子》"配义与道"体悟的心得记录。宋时烈这段话的意思是讲：浩然之气由道义而生，但此气养成后又对道义以扶助。宋时烈这一思想来源于朱熹。如朱熹在对"其为气也，配义与道，无是馁也"进行解释时说："配者，合而有助之义。义者，人心之裁制，道者，天理之自然。馁，饥乏而气不充体也。言人能养成此气，则其气合乎道义而为之助，使其行之勇决，无所疑惮；若无此气，则其一时所为，虽未必不出于道义，然其体有所不充，则亦不免于疑惧，而不足以有为矣。"朱子将"配"解为合而为之助，是很特别的训解。他将"其为气也，配义与道"，解为浩然之气配合道义而又帮助道义，意即此气使人在实践道义时，能勇敢果决地实践出来。"无是馁也"的"是"，朱子认为是指"气",即若无此气之助,道义便不容易实践出来,或人即使可一时表现出道义,但必不能持久。至于"无是馁矣"之"馁",是指人无浩然之气,则其体不充,便无气魄以担当道义之义,即是指人之体馁。朱子认为践行道义,须气为之助。朱子对自己的这种解释,十分自信,他说:"某解此段,若有一字不是孟子意,天厌之!天厌之!"[37]

宋时烈对朱熹这一思想进行了发展,他从直哲学思维出发,认为"道义"就是"直"。上述第四段论述就是他回答学生提问时对道义的诠释。他认为"直"就是"道义","直"养成浩然之气以后,此"气"又扶助直,这就是"配义与道"的意思。按照宋时烈的逻辑,浩然之气有赖于直养之资助,如他说:"先生(指朱子)尝以为养气之药头,只在于以直养","先生(指朱子)尝试至大至刚以直绝句,曰:若于直字断句,则养字全无骨筋,却似秃笔写字,其话没头。"[38] 所谓浩然之气有赖于直养,是说以正义、正大光明培植的气,一定也是一种纯正无私的正气。当这种正气养成后,又会扶助此"直"。所谓"直"有赖于浩然之气之相助,是说有浩然之气者,堂堂正正立于宇宙之间,一身傲骨,满腔正气。到此地位者,真可以说是一个顶天立地的"大人","伟丈夫"。这就是宋时烈所谓的"浩然之气"与"直"的相资相助的关系。就这样,宋时烈借助于《孟子》的"浩然之气",将气实践化、道德化,演绎为他的直哲学。这是宋时烈性理学的一个突出特点。

第三,宋时烈的"直"与修养功夫。

宋时烈从他的"直"哲学出发,在修养功夫上强调"敬"。

在"敬"功夫上,宋时烈遵循朱子的"敬字功夫,乃圣门第一义";"敬之一字,真圣门之纲领,存养之要法"[39]的精神,非常重视"敬"功夫。这可以其学生权尚夏的评价为证。权尚夏在《墓表》中这样说:

> 其用功也,致知、存养、实践、扩充,而敬则通贯始终。[40]

"敬"作为一条红线,贯穿致知、存养、实践和扩充各个方面。这表明在宋时烈思想中,"敬"具有普遍的重要价值。为此,宋时烈对"敬"功夫十分在意,并努力贯彻于自己的举止言行之中。在仪容行为方面,他努力做到正衣冠、尊瞻视,端庄严肃、举止有度。他认为人的外在表现是其内在精神的体现。因此，他更加重视内在修养，认为持敬功夫主要在正心。他常常提到"敬以直内"功夫，"敬以直内"就是以敬治心，使心专一，专一则无委曲，无委曲则直。这样，性发为情，天理流行，便能直接呈现出来。由此，"敬"功夫的结果使人做到知行并进，表里如一。这样的人，便是宋时烈所称赞的心直、身直、无所不直的正人君子。这样的人，是治国之栋梁，是理民之贤才。这也是宋时烈强调"敬"功夫的目的之所在。

宋时烈通过"主敬"的修养功夫而达到"直"哲学的境界。他的"直"哲学克服了朝鲜性理学的重理论的特点，而成为一种重视践履的实践哲学。正是这种实践哲学，使朝鲜主气学派越来越贴近社会现实，对社会发展的指导价值也越来越清晰。

三

伊藤仁斋（1627—1705），名维桢、号仁斋、平安（今京都）人。据《先哲丛谈》记载：仁斋自幼颖异挺发，是位异群儿。他一生主要在京都堀河家塾收徒讲学，长达40年之久，受教授者达3000人之多，被誉为一代儒宗，天下学者四面来归之。在学术宗旨上，青年时代笃信朱子学，中年以后渐放弃宋学而倾向古学。其中，最尊崇《论语》和《孟子》，认为"天下之理，到《语》、《孟》二书而尽矣"。[41]伊藤仁斋先后写了《论语古义》（1662年）、《语孟字义》（1683年）、《童子问》（1691年），完成了他的古学思想体系。由此，他成为日本古学派（气学派）的创始者，他的思想为日本思想界开辟了一个崭新阶段。

伊藤从气之生化流行，提出"天地一大活物"说。

伊藤仁斋不同意朱子学的"理一元"论观点，关于"理"，他分析道："理本死字，在物而不能宰物，在生物有生物之理，死物有死物之理，人则有人之理，物则有物之理。然一元之气为本，而理则在于气之后，故理不足以为万化之枢纽也。"[42]气先理后、气本理末，这是仁斋的理气观。在气一元论的基础上，他又进一步论证了元气在宇宙中存在的状况。"盖天地之间，一元气而已，或为阴，或为阳。两者只管盈虚消长往来感应于两间，未尝止息，此即是天道之全体，自然之气机，万化从此而出，品汇由此而生。"[43]阴阳之气浩浩荡荡，两者盈虚、消长、往来，不肯滞息，如同流水永流无止。这表明元气充塞宇宙，在时间和空间上无限存在，无生无死、无消无息，所以，气化流行、生生无穷，是一元之气的存在状态。在气之生生无息的气化过程中，"万化出"、"品汇生"，因此"天地生生化化之妙也，盖圣人以天地为活物"。[44]这就是他的"天地一大活物"说。他认为："天之所以为活物者，以其有一元之气也。一元之气，犹人之有元阳，饮食言语，视听动作，终身无息，正如其有元阳也。若元阳一绝，忽为异物，与木石无异。唯天地一大活物，生物而不生于物，悠久无穷。"[45]仁斋的"天地一大活物"说在于通过宇宙的运动变化、万物的不断流变，以阐明万古不灭之气具有生化流行的功能。仁斋的"天地一大活物"说是关于宇宙生生不息，变化发展的重要理论。

综上所述，可以看出伊藤仁斋的气学理论特点，在于指出了气是运动的、活泼的，气具有流行和对待的特性，因此，气有生化、造化的功能。

伊藤仁斋从气学观点出发，批评了中国朱子学用"理"将"天道"与"人道"联系在一起的思维模式。如他说："圣人曰天道，曰人道，未尝以理命之。""说卦明说，立天之道，曰阴与阳；立地之道，曰柔与刚；立人之道，曰仁与义。不可混而一之。"[46]在仁斋看来，"阴阳"这样的自然范畴属于"天道"，"仁义"这样的伦理范畴属于"人道"，而"天道"与"人道"不可混为一谈。推而论之，作为"气之条理"的"理"，仁斋认为主要是指"物理"。虽然他不反对封建伦理道德，但他这种割断自然界与人类社会连续性的思维方式，尽管有忽视自然界与人类社会内在统一性的不合理方面，却从根本上动摇了朱子学将封建伦理道德普遍化、绝对化的依据，而且为发展探求"天道"、"物理"即自然界客观规律的自然科学开辟了道路。因为只有讲究天人相分、天人相争即人与自然的对峙、斗争，才能产生近代的自然科学。伊藤仁斋这种对中国传统思维模式——"天人合一"的背离的思想，凸显了日本儒学的特色。[47]

四

通过以上论述可以看到在17世纪东亚儒学史上，气学作为一种重要的哲学思潮，出现在中国、韩国、日本社会。它们同属于气学范畴，这是它们的共性。但是，由于17世纪的中国、韩国、日本不同的社会背景、历史条件、文化积淀而造成了中国、韩国、日本儒学史上的气学的发展方式、理论形态和价值取向的不同。这又是它们的特殊性。下面，就中、韩、日气学的同中之异、异中之同，谈几点感想。

第一，笔者以为中国宋明儒学主流派可以概括为三派，即以程朱（二程和朱熹）为代表的"理学"学派，以陆王（陆象山和王阳明）为代表的"心学"学派，以张戴（张载和戴震）为代表的"气学"学派。[48]这三系中，尤以朱熹哲学对中国社会影响最大。南宋以后，中国儒学史的发展和朱子学有着密切的关系，不论是哪派学者，他们所讨论的问题几乎都在一定程度上和朱子学产生了各种各样的关系。因为朱子学是"综罗百代"且"博大精深"。这是说朱熹作为理学集大成者，将各种不同倾向的哲学思想，经过改造后，容纳在一个庞大的思想体系中，这一方面构筑成了朱熹哲学体系，同时另一方面也造就了朱熹哲学体系的内在矛盾。这种矛盾具体表现在两个方面，即一方面是理本论同气化学说的矛盾（理学与气学的矛盾）；另一方面是理本论同心本论的矛盾（理学与心学的矛盾）。这两大基本矛盾决定了朱熹哲学的必然分化。

事实上，朱熹哲学分三个方向发展。一是继续向理学学派方向发展，继承这一思想的是程朱理学正统派，他们在理论上没有什么贡献。二是向心学方向发展，从南宋末年到明中期，这一派占了很大势力。三是向气学方向发展，这一派是理学的批判者，他们对朱熹理学体系进行了长期的批判和改造，终于产生了成熟的气学学派。这一派在明中期以后，特别是在明清之际的17世纪得到很大发展。[49]也就是说，17世纪的中国儒学是以气学为主。

中国气学派的开创者是张载，中经罗钦顺和王廷相，至王夫之为一里程碑，到戴震完成。

张载（1020—1077）是中国宋元明清时代气一元论的开创者。关于张载的气学思想，中国学者张岱年评价说："唯气的本根论之大成者，是北宋的张横渠（载）。张子认为气是最根本的，气即是道，非别有道。宇宙一切皆是气，更没有外于气的。气自本自根，更没有为气之本的。"[50]又说："张载是宋元明清时代唯物主义气一元论哲学的开创者。"[51]日本学者山井涌认为，明确提出"气"的生成论和本体论的学者是张载。张载以"气"之聚散说明物的生灭，是宋学中气理论的确立者。[52]王廷相和王夫之对张载的气学思想十分推崇。王廷相推崇张载的《正蒙》说："张子曰：'太虚不能无气，气不能不聚而为万物，万物不能不散而为太虚。循是出入皆不得已而然也'。'气之为物，散入无形，适得吾体；聚而有象，不失吾常'。'聚亦吾体，散亦吾体，知死之不亡者，可与言性矣。'横渠此论，阐造化之秘，明人性之源，开示后学之功大矣。"[53]王夫之说："张子之学，上承孔孟之志，下救来兹之失，如皎日丽天，无幽不烛，圣人复起，未有能易焉者也。"[54]他们认为张载的学说上承孔孟之学，下启后学，显示了真理的光辉。张载的唯气论思想宏大而丰富，他从"气"是万物之根、"气"是宇宙之本、"气"是人性之源及"气"固有之变动功能四个方面，构成了较完整的"气本体论"思想。

将张载的"气本体论"思想加以继承和发展的是明代唯气论者罗钦顺（1465—1547）和王廷相（1474—1544）。在学术思想上，他们都是通过对朱熹理学思想的分析和批评而走上了气学之路。

罗钦顺在学术思想上虽然出于朱熹哲学，但通过对朱熹"理先气后"和"理在气上"思想的批评、改造、提出了"理气为一"的观点。他认为气是世界万物的本原，理气关系必须在这个前提下解决。他说："盖通天地亘古今，无非一气而已。气本一也，而一动一静，一往一来，一阖一辟，一升一降，循环无已。积微而著，由著复微，为四时之温凉寒暑，为万物之生长收藏，为斯民之日用彝伦，为人事之成败得失，千条万绪，纷纭胶葛而卒不可乱，有莫知其所以然而然，是即所谓理也。初非别有一物依于气而立，附于气而行也。"[55]这段话集中代表了罗钦顺的气一元论思想。他认为物质气才是宇宙的根本存在，是世界万物的本原。四时的变化，万物的生长收藏，乃至人类的日用彝伦，成败得失，都是一气之发育流行。而理无非是一气发育流行之所以然者。世界只有一个本原，这就是气。而理是物质运动的规律。理只是气之理，是物质本身所固有的，不是"别有一物依于气而立，附于气以行也"。这就从根本上改造了朱熹关于理的思想并理顺了理气关系。罗钦顺虽然认理气为一物，但并不认为理就是气，理气是一回事。任何规律都是物质运动的规律，同物质不可分。但事物的规律与事物本身毕竟不能等同。他说："理须就气上认取，然认气为理便不是。此处间不容发，最为难言，要在人善观而默识之。只就气认理与认气为理,两言明有分别,若于此说不透,多说亦无用也。"[56] "只就气认理"说的是理为气之理,"认气为理"则将理气混淆为一。罗钦顺的这个观点十分重要,这表明他不是简单地回归气一元论,而是在批判地吸取朱熹哲学基础上,提出了具有理性主义特点的气学思想。[57]

如果说罗钦顺的主要贡献是从气学角度对朱熹哲学的"理"进行改造的话,那么王廷相的主要贡献则是对气学的发展。王廷相对朱熹思想的最大改造是认为太极即气。王廷相要确立气本论就必须对朱熹的理本论进行彻底改造,而理本论的核心就是太极观。王廷相把太极说成"元气"或"混沌未判之气",以此论证气是万物的本原。他说:"太极者,造化至极之名,无象无数,而万物莫不由之以生,实混沌未判之气也,故曰元气。……元气化为万物,万物各受元气而生,……万万不齐,谓之各得太极一气则可,谓之各具一太极则不可。"[58]王廷相否定了朱熹以太极为理的根本观点,把太极说成无形无象之气,是产生万物的本原,这个本原就是"元气",又叫"太虚之气",是造化至极之名,故曰"太极"。太极是王廷相哲学的最高范畴,但是他所谓的"太极"已不是朱熹以太极为理的太极而是太极为气。由此确立了以气为本体的气学思想,在中国哲学史上具有重要意义,并对王夫之产生了直接影响。[59]

王夫之在张载、罗钦顺、王廷相的气学理论基础上,通过全面总结朱熹理学,提出了"气实有"论的宝贵思想,集中国古代气学思想之大成。王夫之的气学思想是中国古代唯物论和辩证论的高峰。冯友兰评价他说:"唯物主义和辩证法是王夫之的哲学思想的主要的一面,他的哲学体系是后期道学的高峰","在学问广博和体系庞大这两方面,他都可以成为后期道学的主将,跟前期道学的主将朱熹并驾齐驱"。[60]

在中国气学派谱系上,稍晚于王夫之的唯气论者是颜元(1635—1704,号习斋)及其颜李学派。[61]他们在以"开两千年不能开之口,下两千年不能下之笔"批判朱熹理学的过程中,阐释了他们的气本论思想。他们认为天道之体是阴阳之气,元亨利贞为气之四德,理气顺逆交通、融为一片,则万物于以化生。

"根据颜李的思想更大加发挥,成立一较精密的宇宙论系统的,是戴东原(震)。"[62]戴震(1724—1777)以其"气化生生"论成为中国气学派的完成者。戴震"气化生生"论的主要内容包括两个方面,其一是讲道是阴阳气化；其二是讲宇宙是气之生生。对此，张岱年评价说："东原言气，不言聚散屈伸，只言生生。东原以为生生是宇宙中一件根本的事实。宇宙只是气之生生不已的大历程。"[63]这说明戴震的气学焦点是宇宙生成论。

由张载——王夫之——戴震提出的"气本体论"——"气实有论"——"气化生生论"标示着中国宋元明清时期气学思想的演进流程。这一流程揭示了中国气学的价值取向。这就是气是指客观实体，气是指人身性命，气具有对待统一的动态功能，所以以气为人类及万物之本，即气是宇宙的本根。

中国气学的这种价值在17世纪表现得十分突出。诚如上文所说，17世纪的中国儒学是以气学为主。这不仅因为大儒王夫之生活在这一时期，颜李学派出现在这一时期，除此而外，还有一支讲气的学派，即以刘宗周（1578—1645）为首，以其中坚弟子黄宗羲（1610—1695）为代表的蕺山学派。在学脉上讲，蕺山学派属于晚明时期的阳明后学。但从学理上看，他们与陆王有别而接近于张载的气学理论。如刘宗周就经常说："天地之间，一气而已。"[64]"盈天地间一气而已矣。有气斯有数，有数斯有象，有象斯有名，有名斯有物，有物斯有性，有性斯有道。故道其后起也。"[65]这表明他认为天地万物都以气为存在的根据，没有高于气的本体存在。黄宗羲秉承其师刘宗周的气学思想，亦强调"天地间无非一气"。[66]他们的气学思想反映在社会政治伦理方面，则是强烈的节义观。刘宗周在明清易代之际绝食而亡，黄宗羲先是积极参加抗清斗争，后又屡拒清王朝的招聘而潜心著述以昭示后人。蕺山学派在节义观上颇有民族气节，刘宗周的弟子在清亡之后，或以身殉国，或削发为僧，或终老布衣，几乎无一人变志事清。[67]这种节义观与韩国历史上丽末鲜初的郑梦周的义理精神极其相似。

生活在17世纪的王夫之、黄宗羲、颜元的气学对晚清学术思想和社会产生了重要影响。诚如梁启超所说："清初几位大师——实即残明遗老——黄梨洲、顾亭林、朱舜水、王船山、颜习斋之流，他们的许多话在过去二百多年间，大家熟视无睹，到这时忽然像电气一般，把许多青年的心弦震得直跳。"[68]

第二，朝鲜朝五百年间是韩国儒学的鼎盛期。之所以这样讲，是因为在这一时期形成了有别于中国儒学的韩国儒学。韩国巨儒李退溪和李栗谷的出现标示着独具特色的韩国儒学的形成。笔者以为韩国儒学可分为四大系，即以李退溪为代表的岭南学派或称"主理"学派和以李栗谷为代表的畿湖学派或称"主气"学派，而朝鲜实学为第三大系，朝鲜阳明学为第四系，它们都受到了"主气"学派的影响。所以，以栗谷为代表的"主气"学派不论是其理论的思辨性、细密性还是对其他学派的影响作用，都是很值得研究探讨的。

李栗谷（1536—1584）是韩国历史上一位有原创性的儒学大师。由他提出的理气是一而二、二而一的辩证关系即"理气妙合"的观点和在此基础上提出的"理通气局"说及"气发理乘一途"说影响了他以后的韩国儒学的走向并成为韩国性理学者争相议论的话题。栗谷儒学观的基础是要成为"圣人"。为此，他在理论上主要关心的不是本体的未发状态，而是已发后的善恶之分以及如何将恶恢复为本然之善的问题。这是栗谷性理学的基点。由此基点出发，他非常重视人的修养，提出了主"诚"说。有的学者将栗谷的学问概括为一个"诚"，并认为他的重要著作《圣学辑要》就是一部关于"诚"学问体系的著作。[69]

作为栗谷门下卓越英才的沙溪金长生（1548—1631）在理气观上忠实地继承了栗谷思想，强调理与气"一而二，二而一"的辩证关系。如他说："理气二字，知之难，而言之尤难。徒知理在气中而不知理自理，气自气，则有理气一物之病；徒知理之自为一物而不知与气元不相离，则有悬空独立之误。须知一而二，二而一，然后可无弊也。"[70]沙溪按照栗谷的说法，既不认为理气是二物，也不认为理气是一物。理与气的关系是一而二，二而一。所谓"一而二"，是说理与气不是一物，而是理为理，气为气。所谓"二而一"，是说理与气元不相离。沙溪之所以坚持其师栗谷的理气一而二、二而一观点，是为了强调"气"的功能性，进而强调人的能动性。这与他的礼学思想具有密切关联。礼学的目的是要通过礼仪节文的规范而达到对人主体的修养。在心性修养方面，如果说李栗谷主"诚"的话，那么沙溪的特点则是主张"戒惧慎独"。沙溪之所以强调"戒惧慎独"，就是主张将人欲遏制在萌芽之中，努力发扬人心中的善，以存心养性。

宋时烈作为溪门之杰，他的"直"哲学、理气说及主"敬"的修养说都充分体现了栗门风格。

宋时烈的嫡传弟子是遂庵权尚夏（1641—1721）。他在《四七互发辩》中阐明了他与栗谷、宋时烈相同的理气思想。如他认为：栗谷先生说发者气也，所以发者理也。深味此言，可辩互发之说矣。孟子曰恻隐之心仁之端也，盖栗翁所谓气者即心也，所谓发者即心之用，恻隐也，所谓所以发之理即心之礼仁也。孟子之言如彼其分晓，何故以四端偏属理发也？[71]

权尚夏曾讲学于清风的黄江书院，其门徒众多，而最杰出者为南塘韩元震（1682—1751）和魏岩李柬（1677—1727）。韩、李二人在栗谷"主气"学问传统下，对于"未发心体善恶"问题、"人性物性同异"问题等，产生了分歧，随着对这些问题的论辩，逐渐形成了湖论和洛论。这就是韩国儒学史上著名的"湖洛论争"。

可见，李栗谷→金长生→宋时烈→权尚夏→韩元震和李柬构成了畿湖学派（主气派）的基本学脉。

笔者以为韩国儒学与中国儒学和日本儒学相比较，其主要特点和基本品格就是重气、重情、重实。其中的重气，就是说主气学派不仅是韩国儒学的一个重要部分，而且主气学派不论是其学术价值还是其社会价值，都十分突出，可归纳为如下四个方面。即：

第一个方面，对中国朱子学的发展。以栗谷为代表的主气学派在继承朱熹思想的同时，又深入地发展了朱熹思想。例如，在理气关系问题方面，栗谷提出的"理气妙合"说就是对朱熹理气观的发展。在朱熹思想中，"理"与"气"有无先后，有无离合，这是一个复杂的问题。他44岁完成《太极解义》时强调的是理气的无先后，无离合；朱熹关于理先气后的思想是在50—60岁时形成的；但朱熹65—71岁时，理先气后的理气观又发生了变化，他认为理与气实际上无所谓先后，但从逻辑上"推上去"，可以说理在气先。[72]栗谷在继承朱熹这些思想时提出了一个基本观点即认为理气是："一而二，二而一"的。"理气既非二物，又非一物。非一物故一而二，非二物故二而一也"。[73]所谓一而二，讲的是理气之异、之分；所谓二而一，讲的是理气之同、之合。其中的异和分，是从理气的特性和功能性来看；而同和合，是从理气的圆融性和内在性来看。理气的这种微妙关系，栗谷又称为"理气妙合"，"一理浑成，二气流行。天地之大，事物之变，莫非理气之妙用也。"[74] "理气之妙，难见亦难说"。[75] 栗谷提出的"理气妙合"是对理气的特性、功能性及辩证关系的实质性概括。

又如，宋时烈在理气观方面说过："理气只是一而二，二而一者也。有从理而言者，有从气而言者，有从源头而言者，有从流行而言者。盖谓理气混融无间，而理自理，气自气，又未尝夹杂。故其言理有动静者，从理之主气而言也。言其理无动静者，从气之运理而言也。言其有先后者，从理气源头而言也。言其无先后者，从理气流行而言也。"[76]宋时烈在这里将理气关系分属四个范畴进行了精辟总结。从理而言即理主宰气，是讲理有动静；从气而言即气包理，是理无动静；从本体而言即源头处，是理先气后；从作用而言即流行处，是理气无先后。这种理性分析是对朱熹理气观的本质总结和细微梳理，而这种总结和梳理也正是对朱熹思想的发展。

再如，栗谷的"理通气局"说是对朱熹"理一分殊"思想的丰富和发展。"理一分殊"四字最初是程颐在回答杨时对《西铭》的怀疑时首先提出来的。程颐讲的"理一分殊"主要表现为一种伦理学的意义，朱熹则从哲学层面对其作了发展。朱熹"理一分殊"思想有两个基本点：一是理一分殊的主要意义之一是讨论一理与万理的关系；二是他的理一分殊的前提是理先气后、理本气末。[77]笔者以为如果说"天理"二字是中国理学家二程自家体贴出来的，那么"理通气局"四字则是韩国性理学家李栗谷的自谓见得。栗谷的"理通气局"说对朱熹"理一分殊"思想的丰富和发展表现为以下四点。第一点，朱熹的"理一分殊"讲的是一理与万理的关系，局限于理范畴。而栗谷的"理通气局"谈的是在理气共同运行过程中，理气间的相互依赖又相互制约的辩证关系。第二点，栗谷的"理通气局"探究了人性善恶的根本原因。他指出荀子和告子只看到"气局"即由于气之异，乘气之理也不同而形成性异的一面，所以有"性恶"论和"性善恶混"说。与之相反，孟子只看到"理通"即本体之理同一的一面，所以有"性善"论。因此，必须从理通气局角度全面考察人性问题。第三点，"理通气局"是对"理一分殊"的理论阐释。栗谷说："所谓理一分殊者，理本一矣。而由气之不齐故随所寓而各为一理。此所以分殊也，非理本不一也。"[78] "气之一本者，理之通故也；理之万殊者,气之局故也。"[79]本体之理之所以能够分殊,是由于理乘气流行时,在气的各种蔽塞之障下随所寓而成为分殊之理。所以,万殊之理是气之局的结果。第四点,栗谷的"理通气局"强调了"气"的功能和价值。"理无形而气有形,故理通而气局;理无为而气有为,故气发而理乘"。[80]"气发理乘"是栗谷学说的一个重要命题,这一命题凸显了气的功能和价值。而他的"理通气局"就建立在这一命题之上,强调的仍然是气的作用。[81]

第二个方面,对韩国实学的影响。韩国学者尹丝淳教授在《实学思想之哲学性格》一文中,曾对李瀷、洪大容、朴齐家、丁若镛等13位实学者的理气观进行了考察,发现主气与主理的比例为7:3。这就是说主气是主理的两倍以上,是压倒性的倾向。重"气"成了韩国实学的哲学品格,而韩国实学者重气的思想则受到了主气学派的影响。[82]

第三个方面,对韩国阳明学的影响。霞谷郑齐斗(1649—1736)是韩国阳明学的集大成者。他的阳明学思想的一个显著特点是把"气"引入心学,故称为主气心学。而他这种思想亦受到了主气学派思想的影响。

第四个方面,主气学是一种实践性理学。韩国的主气学在理论形态上有一种向元典儒学即孔孟学说回归的趋势。主气学者大都忠实地继承了孔孟的仁义思想并笃实地在道德践履方面下功夫,从栗谷的"诚"到沙溪的"戒惧慎独"再到宋时烈的"敬",都是一种心法之学。通过心性修养,达到孔孟所说的仁义境界。所以,这种心法之学也是一种道德哲学。主气学者的这种心法之学或道德哲学就是一种实践性理学。这种实践性理学以元典儒学为基本理论,以下学上达为方法论,以修身养性为手段,以达到孔孟的仁义境界为安身立命之所在。这种实践性理学成为了韩国17世纪儒学的主题并影响了整整一个世纪的韩国儒学。

在韩国,17世纪是朝鲜朝的中期。笔者以为17世纪韩国儒学的主要特征和基本内容就是对实践性理学的提倡。这就是说17世纪韩国儒学者不论是主气学者,还是主理学者或折衷学者大都主张实践性理学。例如:

慎独斋金集(1574—1656),沙溪金长生的儿子,尤庵宋时烈的老师。他早承家学,鼓吹栗谷思想,号慎独斋,以明示与其父相同的心法之学。

西溪朴世堂(1629—1703)被称为17世纪大放异彩的学者。即是说他是一位与众不同的学者。其与众不同处表现为他不是通过继承朱子思想而是通过以孔孟思想解释道家学说和批评朱子对儒学经典的注释来恢复儒学元典的本来精神。西溪倾注毕生心血的事业是对儒家原始经典的注解。除此而处，他还对《老子》和《庄子》进行了注解。通过这些注释，表明了他的实践性理学。如西溪研究《老子》的目的是要根据儒学的观点评价《老子》，最终达到其实现儒学的理想——修己治人。他认为《老子》中有许多关于"修己"（修身）、"治人"的道理，像第54章所说的"修之于身，其德乃真；修之于家，其德乃余；修之于乡，其德乃长；……修之于天下，其德乃普"与《大学》的八条目相似。他这样解释说："修之于身，则实德在我；修之于家，则推余而及人；修之于乡，则所施者渐远……修之于天下，则凡有血气者，莫不尊亲而德乃普矣。"[83]他用孔孟"推己及人"、"扩而充之"的思想解释《老子》的思想，企图说明修身治家，德惠他人，最终以德治天下的儒家思想。为此，西溪称《老子》"此章最醇修身"。西溪还批评了朱熹对六经的注释并指出六经的趣旨是从"浅近"开始而至"深远"，这才是了解事物的正确途径。然而，今日学者超越浅近而追求深远，如此方法必导致失败。他认为程朱学风与六经的本旨相异其趣，舍去紧要的日常之物，而沉溺于追求深远之物，这正是程朱学风的弱点。所以，西溪对六经的注释正是为了克服这个弱点，而克服这个弱点的目的又是为了恢复六经的本旨。这正是孔子"下学而上达"的学问精神。[84]

眉叟许穆（1595—1682）与其同时代的尤庵宋时烈和炭翁权諰是17世纪实践性理学的代表人物。他的实践性理学主要表现在心法之学方面。他认为人心本来就是虚明而又无所不通的，因此人生而正直，正直故能大公无私，公则溥。这样，明通公溥为心学大要。但是，由于后天私欲的作用而使明通公溥之心变得混昧不直。所以必须排除私欲，才能圆满完成心法之学。心法之学的顺序为"心法莫先于定，心曰定则静，静则安，安则虑，虑则得"。[85]许穆的"定→静→安→虑→得"的顺序与《大学》的"知止而后有定，定而后能静，静而后能安，安而后能虑，虑而后能得"基本相同。更为重要的是他指出心法之学的目的不是为了存养心性，而是要在实践之中努力提高修养，磨砺为圣人。这就是他心法之学的知行并进说。为了强调实践儒学，许穆对近世儒者脱离实际的学风进行了批评。

"近世学者之弊,践履不足,先立意见,转成矫激;浮薄日滋,忠信笃厚之风大不如古人。有一分实见,必有一分实行,知与行不相悬绝。为学之务,先于彝伦日用之则,勉勉孜孜,思无一分不尽,然后可谓善学"。[86] 这种强调"下学上达"的精神正是元典儒学的品格。

炭翁权諰(1604—1672)的"生"哲学与宋时烈的"直"哲学都是17世纪韩国儒学的重要内容。权諰"生"哲学的主要内容是好生、生民。所谓"好生",就是对生命的敬畏和热爱,所谓"生民",就是无愧于民之死活的同乐同苦。他的好生、生民的生哲学的思想基础是孔子的仁和孟子的义。如在学问观上,他主张"敬以直内"、"义以方外"和"求放心"的心法之学。"忠信笃敬,终日乾乾,直内方外,君子之事也。故曰博学而笃志,切问而近思,则仁在其中矣。故曰学问之道无他焉,求其放心而已。"[87] 在性理学命题中,比起理气论来,他更加重视躬行论。因此,他反对躐等,尊崇下学上达的方法,强调明心力行和诚身务本。后世学者称权諰为实践的儒学者,他的"一动一静,必以诚信,而衷里如一。一事一行,必求其中"。[88]

作为韩国17世纪儒学主题的实践性理学不仅成为了韩国儒学的一大特色,而且这一特色又极大地丰富了17世纪东亚儒学的内容。

第三,17世纪的日本社会是德川时代的前期社会,这一时期具有代表性的儒学者除了伊藤仁斋和伊藤东涯(1607—1736)父子外,还有山鹿素行(1622—1685)、荻生徂徕(1666—1728)、贝原益轩(1630—1714)、山崎闇斋(1618—1682)、中江藤树(1608—1648)、熊泽蕃山(1619—1691)等。这些儒学者按学派划分,山鹿素行、伊藤仁斋、荻生徂徕为日本古学派,贝原益轩和山崎闇斋属日本朱子学派,中江藤树与熊泽蕃山归日本阳明学派。

所谓"古学派",就是打着回归儒学元典的旗帜,企图依据元典重新构建不同于朱子学和阳明学的学问体系并努力从儒学元典中寻求对当时的现实社会生活有用的智慧,即回归到经世之学与实用之学。日本古学派是日本儒学中最具日本特色的一部分,充分地表现了日本文化与日本民族心理特征。

日本古学派的主要代表者除伊藤仁斋外,还有山鹿素行和荻生徂徕。他们三人虽无师承传授关系,但在主张返回古典这一点上是一致的,故将他们称为古学派。

日本古学派的先导者是山鹿素行,他6岁进私塾,8岁能背诵四书五经,9岁从林罗山学朱子学,才华出众、有神童之称。在研究朱子学的过程中,认为程朱的持敬功夫埋没人才,滞息社会,不足以救世。为此,写《圣教要录》,反对宋儒观点,激起了在幕府执政的山崎闇斋的门人保科正之[89]的责难和反对。45岁时,被放逐赤穗。对此,井上哲次郎在《日本古学派之哲学》中引松宫观山的话评价素行是日本破理学之魁。"有甚左卫门山鹿子者,出自我先师之门而成家,著《圣教要录》,梓行于世。非陆也,非朱也,此方破宋学者,素行子其嚆矢也。世人皆以原佐伊藤子(即伊藤仁斋)为破理学之魁。不知素行子在其前也。"[90]素行对宋明诸儒持否定态度,而主张回复周孔之道。他在《圣教要录》中表示:儒学的道统正传先有伏羲神农等十圣,次则天生仲尼以身立教,是儒道之正宗,纲常之主。孔子之后如曾子、子思、孟子于孔子已不可企望,到了宋儒就"口唱异教",实为异端了。所以"予师周公孔子,不师汉唐宋明诸儒"。由此,开古学之先河。

井上哲次郎之所以称山鹿素行是日本破理学之魁,是因为他首先以"生生不息"之气,批判宋儒的理一元论。关于"理",他认为"理"是"天地万物生生不息"的"条理"。这样,就否定了理是先验的形而上的实体。关于理气关系,他说:"凡理与气相对,有此气则有此理,有此理则有此气,不可论先后。"[91]这是以理气合一论反对宋儒的理一元论。继而,又提出"气一元论"观点。"上天无形象,唯一气而已。"[92]素行"气一元论"的特点是以"生生不息"之气,作为宇宙的本原。他认为生生不息的阴阳之气是万物的终极原因。"盈天地之间所以为造化之功者,阴阳也。阴阳者,天地人物之全体也。互消长、往来、屈伸、生生无息。"[93]阴阳之气动而不息,妙合而凝为天地人物。所以,"天地者阴阳之总管也","阴阳者天地之所以为天地也。"[94]素行从气之生生无息的观点出发,认为阴阳之气无始无终、生化流行,所以天地亦无始无终。以此反对邵雍"天地以十二万九千六百年为一元"的天地有始有终说。"天地生生无息,唯自强不已也,复之见天地之心,终而复始,无始终也。"[95]他又从气之生生无息观点出发,反对朱熹"无极而太极"的说法。他认为,阴阳之气相根相因、气化流行的结果,使太极者象数已俱,人人共见。所以,以"无极而"三字居太极之上,有悖于圣人原意。这实际上是以生生无息之气为宇宙本原的观点,反对朱子学以理为本原。[96]

山鹿素行重视"气"的思想反映在人性方面,就是对朱子学"存天理、灭人欲"禁欲主义的异议和批评。他说:"去人欲非人"(《谪居童问》)。山鹿素行对人的感性欲求表现了较为宽容的态度,认为幸福与感性快乐是人生应有之义。但他也不是无限制地肯定"人欲",而是主张以"礼"来节制"人欲"的"过"与"不及"。山鹿素行对情欲取宽容态度,这是日本民族文化心理在儒学中的反映。自古以来,肯定生命、尊重情感正是日本民族文化心理的重要特征。德川前期,日本的幕藩体制已进入稳定发展时期。当时以松尾巴蕉为代表的町人文学,或肯定商人的营利才干,或表现人的感官欲求,或寄精神于自然风光,总之洋溢着一种追求现实幸福的生活情趣。正是在这样一种文化氛围中,产生了山鹿素行肯定情欲合理性的反朱子学思想。

古学派的另一重要代表者荻生徂徕因受中国明代学者李攀龙和王世贞的影响,提倡"古文辞"。因此,他的古学主张被称为"古文辞学"。在学术思想上,荻生徂徕不像山鹿素行和伊藤仁斋那样讲"气",而是讲"道"。"道"的本质在于治国平天下。而他所谓的"道"或"先王之道"的内涵,主要指"礼乐行政"。"道者统名也。举礼乐行政凡先王所建者,合而命之也。非离礼乐行政别有所谓道也"。[97]这些礼仪制度,是"先王"(荻生徂徕指中国的尧、舜、禹、汤、文王、武王、周公)为了治国平天下而制定的。它们既不是自然之道,也不是"理"的外化,而是人为制定的,是可以变革的。这样,他对现实政治秩序的认识,就从自然秩序的逻辑转变为人的"作为"的逻辑,强调了人的主体性,开辟了走向近代政治秩序观的道路。可见,荻生徂徕割断了儒学所包含的政治学与伦理学的连续性,把儒学单纯说成是治国安民的政治学。

古学派的山鹿素行、伊藤仁斋和荻生徂徕在主观上并不反对当时的封建统治,而且是为了维护儒学的纯洁性去反对有违"古圣人之道"的朱子学。但是,与其主观意愿相反,他们在复古旗帜下提出的对朱子学"存天理、灭人欲"的批评,对传统儒学"天人合一"思维模式的质疑,对将儒学主张的"修身"与"治国"连接的切断,无一不是对儒学的变革。[98]

日本朱子学可分为两个系谱即（1）主知博学派（主气派——知识主义派）和（2）体认自得派（主理派——精神主义派）。生活于17世纪的贝原益轩就是朱子学主气派的主要代表者。益轩在《大疑录》中明确提出了"理即是气之理"的思想，又吸取了朱子学"格物致知"、"格物穷理"中的合理因素，将"穷理"与"实学"联系在一起，成为一名经验的自然研究家。如他著的《大和本草》成为日本中草药学和植物学的开基；他写的《筑前土产制》是通过实地调查，从化石研究地壳的变迁。贝原益轩将"穷理"精神与经验科学相结合，赋予了"理"范畴以经验合理主义色彩。这是对朱子学的一种改造。

以山崎闇斋及其三位高足浅见絅斋（1652—1711）、三宅尚斋（1662—1741）、佐藤直方（1650—1719）为代表的崎门学派是日本朱子学主理派的代表。山崎闇斋是朱熹的忠实信徒，他提出了"回归于朱子"的口号。但他仍然对朱子学进行了改造，这表现为他将朱子学伦理思想神学化，创立了"垂加神道"。[99]

中江藤树与其弟子熊泽蕃山为阳明学者。其中，中江藤树被认为是日本阳明学的元祖，熊泽蕃山则扩大了阳明学在日本的影响。虽然他们讲"心"和"良知"，但也对阳明学进行了改造，尤其是熊泽藩山积极主张神儒结合，认为只有借助儒家学说才能阐明神道的真谛。他倡导的神儒融合思想集中体现在《三轮物语》一书中。[100]

可见，日本17世纪气学（古学派）的价值取向是对传统儒学的变革，这种变革表现在两个方面：一方面是对传统儒学的一些基本思维方式，如"天人合一"、"存天理、灭人欲"的变革，其结果导致了对近代科学的兴趣；另一方面是将儒学与日本固有的神道教相结合，产生了神儒融合的神道教，其结果使儒学变成了神道教的理论基础。17世纪日本气学（古学派）的这种价值取向成为了17世纪日本朱子学和日本阳明学共同的价值取向。

（此文为韩国17世纪东亚儒学比较会议论文）

注释

[1][2]《张子正蒙注·太和篇》。

［3］《思问录·内篇》。

［4］《四书训义》卷2中。

［5］《论语·泰伯》，《读四书大全说》卷5。

［6］《孟子·离娄上》，《读四书大全说》卷9。

［7］［8］［9］《孟子·告子上》，《读四书大全说》卷10。

［10］《张子正蒙注·太和篇》。

［11］《孟子·尽心上》，《读四书大全说》卷10。

［12］《系辞上》，《周易外传》卷5。

［13］《学记》，《礼记章句》卷18。

［14］《系辞上》，《周易外传》卷5。

［15］《汤诰》，《尚书引义》卷3。

［16］《系辞下》，《周易内传》卷5下。

［17］《论语·子张》，《读四书大全说》卷7。

［18］以上参阅蒙培元的《理学的演变——从朱熹到王夫之戴震》，福建人民出版社1984年版，第428—449页。

［19］《墓表·附录》卷13，《宋子大全》7，第280页上。

［20］［21］《年谱·附录》卷之2，《宋子大全》7，第12页下、18页下。

［22］［23］《尤庵先生言行录》下篇，《宋子大全》8，第548页下、549页上。

［24］《拾遗》卷7，《宋子大全》7，第547页上。

［25］《墓表·附录》卷13，《宋子大全》7，第280页。

［26］［27］《杂著》卷134，《宋子大全》4，第696页下。

［28］《杂著》卷131，《宋子大全》4，第650页上。

［29］《杂著》卷136，《宋子大全》4，第718页下。

［30］《杂著》卷135，《宋子大全》4，第705页上。

［31］［32］［33］《杂著》卷130，《宋子大全》4，第621页下、621页上、622页下。

［34］《语录·附录》卷14，《宋子大全》7，第306页下。

［35］朱熹在《四书集注》中关于"吾尝闻大勇于夫子矣：自反而不缩，虽褐宽博，吾不惴焉；自反而缩，虽千万人，吾往矣"这段话中注有："夫子，孔子也。缩，直也。"

［36］《杂著》卷130，《宋子大全》4，第625页。

［37］以上见杨祖汉的《朱子对孟子学的诠释》，刊于黄俊杰主编的《孟子思想的历史发展》，台湾中央研究院中国文哲研究所筹备处1995年版，第143—144页。

［38］《杂著》卷130，《宋子大全》4，第625页上。

[39]《朱子语类》卷12，第210页。

[40]《墓表·附录》卷13，《宋子大全》7，第280页上。

[41]《童子问》卷上，见《日本伦理汇编》第5册，第77页。

[42]《童子问》卷中，见《日本伦理汇编》第5册，第131页。

[43][44]《语孟子义》卷上，见《日本伦理汇编》第5册，第11、22页。

[45]《童子问》卷中，见《日本伦理汇编》第5册，第130—131页。

[46]《日本思想大系33 伊藤仁斋·伊藤东涯》，第125页。

[47]以上参阅拙著《圣人与武士——中日传统文化与现代化之比较》，中国人民大学出版社1992年版，第85页；王家骅的《日本思想与日本文化》，浙江人民出版社1990年版，第135页。

[48]参阅拙著《圣人与武士——中日传统文化与现代化之比较》，中国人民大学出版社1992年版，第66页。张立文教授认为中国气学派以张（张载）王（王夫之）为代表，参阅张立文的《船山哲学》，（台北）七略出版社2000年版，第464页。

[49]参阅蒙培元的《理学的演变——从朱熹到王夫之戴震》第8页。

[50]张岱年：《中国哲学大纲》，中国社会科学出版社1982年版，第42页。

[51]张岱年：《张载》，载《中国著名哲学家评传》第3卷，齐鲁书社1981年版，第118页。

[52][日]小野沢精一、福永光司、山井涌：《气的思想》，东京大学出版社1980年版，第358页。

[53]《横渠理气辨》。

[54]《正蒙注序·张子正蒙注》。

[55]《困知记》卷上。

[56]《困知记》卷下。

[57]以上参阅蒙培元的《理学的演变——从朱熹到王夫之戴震》第367、371页。

[58]《雅述·上篇》。

[59]以上参阅蒙培元的《理学的演变——从朱熹到王夫之戴震》，第393、394页。

[60]冯友兰：《中国哲学史新编》第五册，人民出版社1988年版，第297、298页。

[61]颜李学派指颜元及其弟子李恭（1659—1733）的气学思想。

[62][63]张岱年：《中国哲学大纲》，第82、83页。

[64]《刘子全书·圣学宗要》。

[65]《明儒学案·蕺山学案·语录》。
[66]《宋元学案·濂溪学案》下。
[67] 衷尔臣:《蕺山学派哲学思想》,山东教育出版社1993年版,第205页。
[68] 梁启超:《中国近三百年学术史》,第35页。
[69] 蔡茂松:《韩国近世思想文化史》,(台北)东大图书公司1995年版,第367页。
[70]《附录·语录·沙溪先生全书》卷45,《沙溪·慎独斋全书》下,第83页。
[71] 李丙焘:《韩国儒学史略》,第200页。
[72] 陈来:《朱熹哲学研究》,第5—8、18、24—25页。
[73]《答成浩原》,《栗谷全书》卷10,第197页上。
[74]《易数策》,《栗谷全书》卷14,第304页下。
[75]《答成浩原》,《栗谷全书》卷10,第204页下。
[76]《附录》卷19,《宋子大全》7,第396页下。
[77] 陈来:《朱熹哲学研究》第一部分第三章。
[78]《圣学辑要》,《栗谷全书》卷20,第457页上。
[79]《与成浩原》,《栗谷全书》卷10,第216页上。
[80]《答成浩原》,《栗谷全书》卷10,第208页下。
[81] 张敏:《立言重教——李珥哲学精神》,北京大学出版社2003年版,第79页。
[82] 尹丝淳:《韩国儒学研究》,新华出版社1998年版,第299页。
[83]《新注道德经》54章注。
[84] 参阅尹丝淳的《韩国儒学研究》,第218、232页。
[85] 许穆:《记言·上篇学·答问目》。
[86] 许穆:《记言·上篇学·答文翁》。以上参阅《韩国哲学史》(中),第251、252页。
[87] 权諰:《炭翁集·答洪公叙锡》。
[88] 以上参阅《韩国哲学史》(中),第272、274页。
[89] 保科正之:会津藩主,德川秀忠之庶子,辅佐四代将军家纲。信奉朱子学。
[90] 井上哲次郎:《日本古学派之哲学》,第58页。
[91]《山鹿语类》第36卷,见《日本伦理汇编》第4册,第351页。
[92]《山鹿语类》第40卷,见《日本伦理汇编》第4册,第477页。
[93][95]《圣教要录》卷中,见《日本伦理汇编》第4册,第23—24、24页。
[94]《山鹿语类》第40卷,见《日本伦理汇编》第4册,第482页。
[96] 朱谦之:《日本的古学及阳明学》,人民出版社2000年版,第2章。

［97］《日本思想大系 36 荻生徂徕》，第 203 页。

［98］王家骅：《日本思想与日本文化》，第 130、131、140、142 页。

［99］李甦平：《圣人与武士——中日传统文化与现代化比较》，第 50、54、56 页。

［100］张大柘：《当代神道教》，人民出版社 1999 年版，第 26 页。

附：李甦平代表著作

（一）独著

《中国传统思维向现代思维的转型》，职工教育出版社1989年版。

《圣人与武士——中日传统文化与现代化之比较》，中国人民大学出版社1992年版。

《朱舜水》，（台北）东大图书公司1993年版。

《朱熹评传》，广西教育出版社1994年版。

《石田梅岩》，（台北）东大图书公司1998年版。

《韩非》，（台北）东大图书公司1998年版。

《朱之瑜评传》，南京大学出版社1998年版。

《韩国儒学史》，人民出版社2009年版。

（二）合著

《中国、日本、韩国实学比较》，安徽人民出版社1995年版。

《和魂新思——日本哲学与21世纪》，华东师范大学出版社2001年版。

《东亚与和合——儒释道的一种诠释》，百花洲文艺出版社2005年版。

（三）主编

《韩国哲学家评传》，山东人民出版社2000年版。

《文明对话丛书》，河北人民出版社2006年版。

《韩国名人名著汉译丛书》，人民出版社2008年版。

《东方哲学史》（5卷本），人民出版社2010年版。

等22部。